国家社科基金项目（"古罗马近卫军研究"，项目批准号09BSS003）结项成果

罗马近卫军
史纲

张晓校 ·························· 著

中国社会科学出版社

图书在版编目(CIP)数据

罗马近卫军史纲 / 张晓校著 . —北京：中国社会科学出版社，
2017.11(2019.5 重印)
ISBN 978 - 7 - 5203 - 0402 - 3

Ⅰ.①罗… Ⅱ.①张… Ⅲ.①罗马帝国－军事史 Ⅳ.①K126

中国版本图书馆 CIP 数据核字(2017)第 109820 号

出 版 人	赵剑英
责任编辑	宫京蕾
责任校对	秦 婵
责任印制	李寡寡

出 版	中国社会科学出版社
社 址	北京鼓楼西大街甲 158 号
邮 编	100720
网 址	http：//www.csspw.cn
发 行 部	010 - 84083685
门 市 部	010 - 84029450
经 销	新华书店及其他书店

印刷装订	北京君升印刷有限公司
版 次	2017 年 11 月第 1 版
印 次	2019 年 5 月第 2 次印刷

开 本	710×1000 1/16
印 张	19.25
插 页	2
字 数	330 千字
定 价	80.00 元

凡购买中国社会科学出版社图书，如有质量问题请与本社营销中心联系调换
电话：010 - 84083683

序　言

我和晓校教授同出于王阁森先生门下。我比晓校教授早毕业几年，就年龄、年级而论，我当然是师兄。尽管在学校学习期间彼此没有交叉，但当年一见如故，兄弟情谊保持了三十余年。三十多年来，我们交往愈多，感情愈深。晓校教授为人厚道、治学严谨，常有见人之所未见、言人之所未言之举。晓校教授新作《罗马近卫军史纲》（以下简称《近卫军》）即将付梓，邀我写一序言，深感荣幸，因本人水平所限，难免有以管窥豹之嫌。

罗马帝国横跨欧亚非三大洲，鼎盛一时。然而，其亡也忽焉，衰亡原因非常值得探究。纵观罗马帝国衰亡的历史，近卫军无疑是影响罗马帝国兴衰的重要因素。但据本人所知，国内外学术界系统梳理近卫军纵向发展史的、属于"一以贯之"的著述尚未见到。由于罗马帝国历史上近卫军好事无多、坏事不绝，古典史家对近卫军没有好感，留下的记录是零散的，更无系统性记载传世。后世史家对近卫军的各种研究多散见于通史、断代史、专门史著述中，主要为"定性分析"，即使少数学者出版了关于近卫军的研究成果，也都属于个案或断代研究，尚不能视为整体性书写。由于学术传统等方面的差异，既古又洋的罗马史，在国内学术界研究者不多，研究帝国历史上的近卫军更无人涉足，甚至专题性论文至今也未见到。《近卫军》的出版无疑免除了些许缺憾。

《近卫军》以时间为纵向线索，较为详细地讨论了近卫军的来龙去脉。从奥古斯都至君士坦丁大帝300余年间，《近卫军》对每一朝代、每个皇帝与近卫军之间的关系均以阐释说明，结构合理、叙事流畅，重大问题交代清楚。《近卫军》集中关注了近卫军与皇帝与帝位更迭之间的关系，特别强调了近卫军与皇帝之间一种特殊的、罕见的悖论关系，深入剖析了近卫军由皇帝保卫者沦落为杀君弑主的不逞之徒的种种原因。一些论述见解独到，给人启迪，引人思考。《近卫军》以大量第一手资料为依据（个别资料国内学术界罕有引证）支撑论述，另引用了数以百计的、跨度长达一个多世纪西方学者的研究著述为相互印证，文中一些统计数据亦堪称珍贵，可谓资料翔实、有理有据。

根据国内外研究现状可知，《近卫军》带有较多的原创性。《近卫军》的出版，有助于我们加深对罗马帝国史的理解。近卫军荣辱兴衰，是罗马帝国历史上的重要内容，与帝政史、军事史、制度史、军队史等关联密切，是认知君士坦丁大帝之前罗马帝国历史的重要内容之一。《近卫军》的出版拓宽了国内罗马史学界的研究视域，既是一种思路、参照系，也为我们从事相关研究提供了借鉴，甚至提供了新的学术增长点。无论是专业罗马史学者抑或是初学者，对于认知近卫军，以及了解近卫军流变的历史，《近卫军》均可提供某些参考。

按照一般写序言的做法，本应就"学术价值""学术意义""填补空白"之类多费一些笔墨；理应就《近卫军》多一些溢美之词。但我个人认为，学术著作的价值与生命力不仅在当下，更在长远。《近卫军》如有值得褒奖之处，也留给读者评说。作为同门师兄弟，我倒觉得《近卫军》的出版，应当有另外一层意义，这就是仙逝业师王阁森先生如若九泉之下有灵，亦会对弟子的点滴进步感到欣慰。

据个人理解，序言一般具有"导读"功能。如果写一个冗长的序言，逐一章节展开说明，总觉得有些落俗套。师弟盛情难却，根据个人理解略陈己见，权当序言。

田德全
丙申仲秋于曲师寓所

目　录

第一章

总论：近卫军概说

　　近卫军是皇权的伴生物，罗马帝国也不例外。"帝国近卫军是罗马军队的精锐之师，最基本的职能为保卫皇帝及其家人的生命安全"[1]；"这支精锐部队的主要功能是保卫元首，并希望借以威慑可能出现的反对元首的阴谋家和叛逆者。"[2] 有皇帝才有近卫军，不仅是历史客观事实，而且昭示出皇帝与近卫军之间的"因果关系"。近卫军在罗马帝国历史上延续300余年，在君士坦丁时代提前退出历史舞台，并没有与帝制"共存亡"，为罗马帝国特殊的帝制形态使然。自奥古斯都公元前 27 年组建近卫军，至公元 312 年 10 月 28 日，被君士坦丁在米尔维安桥（Milvian Bridge）战役中消灭，历时 338 年。三个多世纪的历史上，近卫军作为帝国一支特殊的武装力量，对帝国政治生活产生了重要影响[3]。

　　一个耐人寻味的历史现象是，近卫军的创建者是奥古斯都，终结者为君士坦丁大帝。奥古斯都、君士坦丁同属罗马帝国历史上有作为的君主，同属在位时间较长的帝王。奥古斯都治下的近卫军对皇帝保持了差不多空前绝后的忠诚，君士坦丁大帝则鉴于近卫军作恶多端，"一劳永逸"地解决了近卫军问题——将其遣散，并将近卫军营地拆毁。数百年历史时段内，近卫军从无到有，从"安分守己"，到不可一世，荣辱兴衰，波折起伏，从不同层面折射出罗马帝政史、军事史、政治史的变迁轨迹。近卫军

---

[1]　Sandra J. Binghan, *The Preatorian Guard in the Political and Social Life of Julio-Claudian Rome*, The University of British Columbia, 1997. p. ⅱ.

[2]　Jerry Fielden (1999), *The Praetorian prefecture under the Julio-Claudians - path to power or dead-end job?* from: http://www.jerryfielden.com/essays/praetorians.htm.

[3]　西方学者 Boris Rankov 指出，近卫军对帝国政治和军事都产生过重要影响，但直接描述近卫军的作品却不多见。Boris Rankov, *The Praetorian Guard*, Osprey Publishing, Midland House, 1994. p. 3.

是帝国历史上屡遭诟病的皇家卫队，原因在于近卫军好事无多、恶贯满盈，多次成为帝国动荡的祸根，多位皇帝死于自己的御林军之手，历代史家对近卫军颇有微词，贬多褒少。故此，中国学者冯仲民先生指出，近卫军"是罗马帝政的重大弊害之一"①。通过对近卫军的整体了解，可印证学术界某些定性分析言之有据。

第一节　近卫军源流发微

公元前 27 年②，奥古斯都在罗马军团之外，新建了一支精锐部队——近卫军。公元前 27 年是一个比较特殊的年份，正是在这一年，屋大维一方面言不由衷地表示要交出手中所有权力，恢复共和国：在元老院发表"鼓舞人心"的演说，宣布把手中的权力交还给元老院和罗马人民；另一方面，又装出迫于元老院和罗马公民请求的表象，接受与共和制背道而驰的绝对权力。元老院为屋大维的"慷慨大度"所感动，将"奥古斯都"（拉丁语意为"神圣"，成为此后罗马帝国历代元首、君主所共有的称谓）和"祖国之父"等荣誉称号授予他。然而，身为帝国的奠基者，屋大维从未使用过"皇帝"称谓。名义上，他治下的罗马仍是共和国，他只是"第一公民"。"他的权力与绝对君主并无二致，但他一直谨慎地回避使用君王甚至是独裁官的称号……"③"理论上讲，元首制的国家仍由元老院和罗马人民统治……但实际权力却由元首把持。"④ 屋大维以这种独特的"共和其名，帝制其实"政治手段开启了帝国历史的帷幕⑤，以

---

① 冯作民编著：《西洋全史（四）罗马兴亡史》，燕京文化事业有限公司 1975 年版，第436 页。

② 这一年份源自狄奥·卡西乌斯记载。见 Dio, 53. 11. 5. 但后世学者认为，这一年并非一个确凿的年份，因此，一些学者在著述中称近卫军"大约"组建于公元前 27 年。见 Robert F. Evans, *Soldiers of Rome: Praetorians and Legionnaires*, Cabin John, Md.: Seven Locks Press, 1986. p. 1.

③ Charles Seignobos, *History of The Roman People*, Translatian Edited by William Fairley, Ph. D., New York, Henry Holt and Company, 1902. p. 263.

④ J. B. Bury, *A History of The Roman Empire From Its Foundation to The Death of Marcus Augustus* (27 B. C. – 180 A. D.), New York, Harper & Brothers Publishers, 1893. pp. 16 – 17.

⑤ 关于罗马帝国时间上限，中外学术界有不同见解。例如，公元前 31 年、公元前 29 年等都被中外史家视为帝国起始之年。笔者认为，公元前 27 年更有说服力，因为"奥古斯都""第一公民"等名号都出现在这一年。

"元首"——*princepes*——的称谓代替了"王"——*rex*——的称谓，一种经过"掩饰的君主制"① 堂而皇之地取代了共和国。在屋大维接受绝对权力和奥古斯都称号的同时，近卫军出现在历史舞台上：两者同时诞生，绝非偶然巧合，恰恰说明彼此之间相互依存的密切关系：君主需要近卫军"防身""近卫"，近卫军则必须依赖帝制存在。古典史家也明确指出，奥古斯都创建近卫军一方面为了保证自己的绝对安全；另一方面，最真实的目的则是建立君主政体②。当"第一公民"成功遮蔽罗马公众的目光时，为君主服务的近卫军与君主制一同出现在历史记忆中。

罗马帝国近卫军的历史源头可上溯到共和国的大征服时代，甚至更早一些时候③。古典史家阿庇安等人对此有所记载。一般认为，近卫军的原型是公元前 133 年布匿战争中斯奇皮奥·埃米里亚努斯（*Scipio Aemilianus*）的私人卫队，被称为"友人部队"（*troops of friends*）或"友人卫队"（拉丁语为 *cohors amicorum*，与 *cohors praetoria* 意义等同）④。其时，由于在西班牙的罗马军队情绪不稳、纪律松懈，出于人身安全考虑，斯奇皮奥带领了一支由 500 人组成的私人卫队，前往西班牙。据此，近卫军与共和国时代的名将斯奇皮奥结下不解之缘。共和国时代，尤其是共和国中后期，将领身边有保镖、卫队已经成为惯例："军事将领一直有自己的保镖"⑤。共和国末年内战期间，前后"三头"都有自己的私人性质的卫队，

---

① J. B. Bury, *A History of The Roman Empire From Its Foundation to The Death of Marcus Augustus* (27 *B. C.* – 180 *A. D.*), New York, Harper & Brothers Publishers, 1893. p. 28.

② Dio, 53. 11. 5.

③ Sandra J. Binghan, *The Praetorian Guard in the Political and Social Life of Julio – Claudian Rome*, The University of British Columbia, 1997. pp. 266 – 268. 该著述结尾部分详细地记录了共和国时代私人卫队存在的时间、拥有者等，还标明了资料出处、这些卫队的名称等。这些实事说明，奥古斯都所创建的近卫军由来已久。

④ 共和国时代，军事将领的卫队还有其他称谓。见 Sandra J. Binghan, *The Praetorian Guard in the Political and Social Life of Julio – Claudian Rome*, The University of British Columbia, 1997. pp. 266 – 268. 也有西方学者认为，*cohors praetoria* 一词的含义是，共和时代，罗马将军、总督带到战场的朋友、门客的非正式称谓。见 *The Cambridge History of Greek and Roman Warfare*, Volume Ⅱ, Rome from the late Republic to the late Empire, Edited by Philip Sabin, et al. , Cambridge University Press 2007. p. 44. "友人卫队"由此得名。这一史实透露出的信息是，不同名目的"卫队"都与主人的信任、依赖、嫡系等有直接关系。

⑤ J. C. Stobart, *The Grandeur that Was Rome：A Survey of Roman Culture and Civilisation*, London, 1912. p. 172.

而执政官却没有①。比如，"后三头"之一的安东尼在与屋大维争夺天下时，在亚洲所率领的军队包括 3 个警卫大队②。帝国时代的近卫军显现雏形，是在共和国末年的"后三头"争霸期间。据蒙森考证，当时屋大维组建了一支 500 人的卫队，在此之前，即使有卫队，人数也从未达到 500人，其中某些人是将军的私人朋友③。共和国时代，这些保镖性质的卫队被称为"cohors praetoria"（即警卫队），既有骑兵，也有步兵。进入帝国时代，其则成为罗马帝国近卫军的专用名称。据阿庇安记载，腓力比战役之后，安东尼和屋大维除了让一些服役期满的士兵退伍外，留下部分士兵组成了"卫兵大队"④。在此之前，恺撒也曾拥有与此相类似的卫队。但共和国时代的保镖、卫队，无论规模、人数，还是职能等，尚不具有常备武装力量性质，更不属于国家正规军事建制⑤。共和国时代的卫队成员主要是所保卫将领的亲属、朋友，私人性特征明显。这种属于私人性质的卫队，一直到帝国时代依然存在。卫队成员除了军事将领的亲友之外，也有外族人。例如，恺撒就拥有一支由西班牙人组成的"佩剑卫队"⑥。"后三头"时期，屋大维与安东尼争夺天下时，两人也各自拥有一支规模可观的私人卫队。内战结束后，屋大维独掌罗马权柄，他的那支卫队却没有解散，并最终演变成为保卫他本人和家族成员的近卫军⑦，变成了"和平年代的近卫军"⑧。

---

① Fergus Millar, *Rome, the Greek World, and the East*, Volume I, The University of North Carolina Press, 2002. p. 255.

② [古罗马] 普鲁塔克著，席代岳译：《希腊罗马名人传》第 3 册，吉林出版集团有限责任公司 2009 年版，第 1668 页。

③ Theodor Mommsen, *A History of Rome under the Emperors*, English translation by Clare Krojzl, Routledge, 1996. p. 64.

④ [古罗马] 阿庇安著，谢德风译：《罗马史》（下册），商务印书馆 1997 年版，第424 页。

⑤ Graham Webster, *The Roman Imperial Army of the First and Second Centuries*, University of Oklahoma Press, 1998. p. 26.

⑥ [古罗马] 苏维托尼乌斯著，张竹明等译：《罗马十二帝王传》，商务印书馆 1995 年版，第 45 页。

⑦ Pat Southern, *The Roman army: a social and institutional history*, ABC - CLIO, Inc. 2006. p. 115.

⑧ Lawrence Keppie, *The Making of the Roman Army: From Republic to Empire*, Routledge, 1998. p. 132.

　　在拉丁语中，近卫军一词——*cohors praetoria* 得名于 *praetorium*（*prœtorium or pretorium*），即共和国时代军事指挥官营地帐篷，包括了营地中心地带的司令部及卫兵部队①。从词源上看，*cohors praetoria* 还与罗马历史上大法官 praetor 一词有直接关系②。*praetor* 一词历史悠久，早在奥古斯都之前 500 年，*praetor* 即是军队司令官的头衔。后来，*praetor* 又变成拥有军事权力的行省总督的头衔。在罗马，长期以来，*praetor* 一词还被用于其他高级官职的称谓。*Praetorium* 一词的本意为军事将领在军营中的驻扎地。军营的大门称之为 "*porta praetoria*"，那些在军事将领卫队中服役的士兵则成为 "*cohors praetoria*"③。鉴于 *praetor* 的军事职能，*cohors praetoria* 的出现与军事、战争有直接关系，旨在保护战场上 *praetor* 的人身安全。但无论词义有哪些指代，"近卫军" 并非帝国第一位元首的发明创造，奥古斯都所做的是将其制度化，使近卫军成为帝国的 "常设" 的军种，直接服务于帝制，成为帝制的构成要素。因此，5 世纪希腊历史学家佐西木斯将 *praetorian* 释义为 "宫廷卫兵"（*court - guards*）④ 更合乎实际。"除了称谓以外，帝国时代的近卫军与共和国时代的卫队毫无共同之处……"⑤ 总的来说，共和国时代存在的卫队，既是帝国近卫军的前身，也为奥古斯都创建近卫军提供了可参照的蓝本。当然，最重要的还是传统的巨大影响。既然共和国时代的将领可以在自己的指挥部设置卫队，那么作为帝国最高军事统帅的奥古斯都，在自己的 "指挥部" 所在地——罗马城驻扎卫队也 "顺理成章"。只不过奥古斯都的 "指挥部" 变成了宫廷，卫队则走向职业化、专门化，成为整个帝国武装力量的一部分。

　　奥古斯都最初创建了 9 个大队，3 个驻扎罗马，其余 6 个驻扎罗马附近的意大利城镇⑥。出土碑铭显示，奥古斯都统治末年，近卫军大队驻扎

---

① http：//www. romanarmy. com/elitepraetorian. htm.

② 一般情况下，praetor 被译为共和国的 "大法官" "行政长官" 等。

③ Robert F. Evans, *Soldiers of Rome*, *Praetorian and Legionnaires*, Washington, 1986. p. 2.

④ Zosimus, *New History*, London：Green and Chaplin , 1814. p. 39.

⑤ Graham Webster, *The Roman Imperial Army of the First and Second Centuries*, University of Oklahoma Press, 1998. p. 22.

⑥ 苏维托尼乌斯记载，奥古斯都 "从不允许驻扎罗马的步兵大队超过 3 个，而且即便这些人也没有永久性营房……" ［古罗马］苏维托尼乌斯著，张竹明等译：《罗马十二帝王传》，商务印书馆 1995 年版，第 78 页。

在亚得里亚海岸北端的阿奎利亚①。除 3 个大队近卫军之外，3 个城市警卫大队②负责罗马城的警卫。如此计算，奥古斯都共创建了 12 个带有警卫、保卫性质的大队。关于近卫军大队的数量，古典史家记载不一。塔西佗记载，公元 23 年时，提比略手下的近卫军为 9 个大队。奥古斯都创建近卫军具体细节已无从可考。需要注意的是，驻扎罗马城各种名目的军队，除了保卫元首，也肩负其他军事警卫任务。苏维托尼乌斯记载："他（奥古斯都）将剩余的部队一部分用来保卫罗马，一部分用来保卫他本人。"③ 当代西方学者认为，奥古斯都组建了 12 个大队，9 个用于保卫元首，余下 3 个用来保卫元老院④。这些大队中，一个大队经常驻扎在他的宫廷⑤，成为名副其实的宫廷卫队。关于奥古斯都组建近卫军的数量，除了文献记载外，出土碑铭显示，近卫军最初是 9 个大队⑥。无论最初近卫军人数、建制如何，奥古斯都组建常规近卫军的举措，在罗马史上前无古人，也等于向祖传旧制提出了挑战，因为从苏拉独裁时代开始，甚至在意大利也不允许驻扎军队，罗马人"一直厌恶在罗马城内驻扎武装军队"⑦，

---

①　*The Cambridge History of Greek and Roman Warfare*, Volume Ⅱ, Rome from the late Republic to the late Empire, Edited by Philip Sabin, et al., Cambridge University Press 2007. p. 44.

②　*cohortes urbanae*, 也有人译为"城市护卫军"，为奥古斯都公元前 13 年组建，主要从意大利人中征召，共有 3 个大队，主要负责罗马城的公共秩序，指挥官为城市长官（Praefectus Urbi）。蒙森将这 3 个大队称之为近卫军的第十一、第十二、第十三大队。见 Theodor Mommsen, *A History of Rome under the Emperors*, English translation by Clare Krojzl, Routledge, 1996. p. 88.。奥古斯都时代，城市警卫队每个大队为 500 人，维特利乌斯将每大队人数增至 1000 人，大队数量增加至 4 个，即总人数达到了 4000 人。见［古罗马］塔西佗著，王以铸、崔妙因译：《历史》，商务印书馆 1997 年版，第 157 页。塞维鲁斯统治时期，每大队人数增至 1500 人（参见［英］莱斯莉·阿德金斯，罗伊·阿德金斯著，张楠等译《探寻古罗马文明》，商务印书馆 2008 年版，第 135 页）。城市警卫队各种待遇与近卫军相当，直接由皇帝控制。这两支各自独立、不相统属的部队在保卫元首、皇帝安全的职责等方面是一致的。

③　［古罗马］苏维托尼乌斯著，张竹明等译：《罗马十二帝王传》，商务印书馆 1995 年版，第 78 页。

④　Jerry Fielden (1999), *The Praetorian prefecture under the Julio - Claudians - path to power or dead - end job?* from: http://www. jerryfielden. com/essays/praetorians. htm.

⑤　J. B. Bury, *A History of The Roman Empire From Its Foundation to The Death of Marcus Augustus* (27 B. C. - 180 A. D.), New York, Harper & Brothers Publishers, 1893. p. 21.

⑥　Boris Rankov, *The Praetorian Guard*, Osprey Publishing, Midland House, 1994. p. 4.

⑦　*The Cambridge History of Greek and Roman Warfare*, Volume Ⅱ, Rome from the Late Republic to the late Empire, Edited by Philip Sabin, et al., Cambridge University Press 2007. p. 43.

所以，此前从未有军队驻扎罗马城的先例①。不过，以"第一公民"身份执掌帝国权柄，且近卫军不在帝国军团序列等事例说明，奥古斯都对军团不得越过卢比孔河的旧有"规矩"有所顾虑，也符合他行事谨慎小心的性格。正是因为顾及首都不得驻军的传统旧制，奥古斯都把罗马城内的3个大队近卫军分成小组，分散在居民公寓内②，化整为零，掩人耳目。

和罗马军团军事编制一样，大队是近卫军的基本单位。整个大队吃、住、训练在一起，接受近卫军长官的统一指挥③。最初，这支新组建的部队每个大队500人，后来增至1000人，总人数约为9000人④。其主要任务是确保皇帝及其他王室成员的人身安全，奥古斯都本人受到严密保护⑤。奥古斯都本人直接控制近卫军并由此形成惯例，一直延续到近卫军退出历史舞台。奥古斯都把一支从前军事将领的私人卫队变成了皇帝、皇室的卫队，其中既有历史传统，也有身为帝国最高统治者前所未有的独创。至于缘何未将所有的近卫军大队驻扎罗马城，蒙森认为，奥古斯都非常清楚近卫军的危险性，故此将近卫军驻扎在罗马城以外的兵营中⑥。亦即是说，奥古斯都在对旧制有所顾虑的同时，对近卫军也心存芥蒂。

近卫军最主要的职能是警卫皇帝的人身安全，时刻陪同皇帝。只要皇帝离开皇宫、离开罗马，近卫军便紧随左右，比如，皇帝出席元老院会议时，从皇宫所在地的帕拉丁山到元老院这段路程要由近卫军负责警卫护

---

① 关于奥古斯都为什么没有将他处心积虑创建的近卫军驻扎罗马城，有学者认为，不仅仅是顾及旧制，而且含有奥古斯都担心军队驻扎罗马城对他的统治是一种潜在的威胁等意图。无论这种论断有否史实、史料依据，后来近卫军的所作所为，可以证实这一点。此外，近卫军没有驻扎罗马城内，也与奥古斯都"行事小心谨慎"有直接关系。见 William H. McNeill, *A History of the Human Community*, Volume 1, New Jersey, 1993. p. 184.

② Lawrence Keppie, *The Making of the Roman Army*: *From Republic to Empire*, Routledge, 1998. p. 132.

③ http：//www. mux. net/ ～ eather/news/praetor. html.

④ 关于近卫军组建之初的人数，古典史家的记载不尽一致。狄奥·卡西乌斯的记载是："大约将10000人，分成10个单位配置。"见 Dio, 55. 24. 6. 现代西方学者则认为，奥古斯都治下的近卫军总人数为4500—6000人。见 Boris Rankov, *The Praetorian Guard*, Osprey Publishing, Midland House, 1994. p. 8.

⑤ Dio, 53. 11. 5. 皇室成员外出，也有近卫军陪同。

⑥ Theodor Mommsen, *A History of Rome under the Emperors*, English translation by Clare Krojzl, Routledge, 1996. p. 307.

送。如果皇帝离开罗马①，出行、巡幸乃至开赴战场，近卫军必须鞍前马后，寸步不离。皇帝上战场时，一部分近卫军陪同开赴前线②，其余部分则驻留罗马城。奥古斯都时代，近卫军所有大队轮流驻扎罗马城，为期一个月；每一次在宫廷执勤为一个大队③。近卫军长官负责到皇帝本人那里获得口令④。由于近卫军还肩负保卫皇室安全的任务，除了皇帝离开罗马城需要近卫军陪伴外，一些重要的皇室成员离开罗马城时，近卫军也承担警卫、保卫任务⑤。近卫军的皇家御用性质昭然若揭。除了陪同离开罗马城的皇帝、皇室成员外，近卫军在极特殊情况下，也曾陪伴使节离开罗马城。例如，在68—69年内战中，奥托为提高使节的声望，派近卫军陪同使节前往对手维特利乌斯之处⑥。但类似情况少之又少，属于极个别案例。帝国早期，近卫军主要驻扎罗马城，陪伴皇帝开赴战场的机会并不多，很少被派往海外，更不像军团官兵那样经年累月驻扎行省或边境，屡屡在前线浴血拼杀⑦。近卫军虽然未被列入帝国常备军之列，但却是常备军之外的"常备军"。9个步兵大队为主体的近卫军，构成了奥古斯都本

---

① 只要皇帝离开罗马城，近卫军必紧随左右，负责安全保卫。但近卫军的建立者奥古斯都从未离开过罗马城，因此，奥古斯都时代的近卫军也从未离开过罗马城。

② Jerry Fielden (1999), *The Praetorian prefecture under the Julio - Claudians - path to power or dead - end job?* from: http: //www. jerryfielden. com/essays/praetorians. htm.

③ Lawrence Keppie, *The Making of the Roman Army*: *From Republic to Empire*, Routledge, 1998. p. 158.

④ *The Cambridge History of Greek and Roman Warfare*, Volume Ⅱ, Rome from the late Republic to the late Empire, Edited by Philip Sabin, …et al., Cambridge University Press 2007. p. 45. 塔西佗《编年史》也有相关记载。[古罗马] 塔西佗著，王以铸、崔妙因译：《编年史》（上册），商务印书馆1981年版，第8页。

⑤ 塔西佗曾记载，提比略统治期间（公元14年），当皇子德鲁苏前往潘诺尼亚平息军团叛乱时，两个中队的近卫军与之同行。[古罗马] 塔西佗著，王以铸、崔妙因译：《编年史》（上册），商务印书馆1981年版，第23页。

⑥ [古罗马] 塔西佗著，王以铸、崔妙因译：《历史》，商务印书馆1997年版，第63页。

⑦ 第一次把近卫军派往战场作战的皇帝是"四帝之年"——68—69年中第二任皇帝奥托。公元1世纪末期多米提安（Titus Flavius Domitianus）和2世纪初图拉真当政时期，近卫军被派往前线，参与了达契亚战争以及美索不达米亚战争，奥莱利乌斯皇帝更是把近卫军派到多瑙河前线，长年累月在战场上与敌人作战。在整个3世纪时期，近卫军参与了许多皇帝的各种内外战争。近卫军被派往海外的事例少之又少，即使派往海外，也不是执行军事使命，尼禄统治期间曾派近卫军到非洲进行过一次探险活动。见 Sandra J. Binghan, *The Preatorian Guard in the Political and Social Life of Julio - Claudian Rome*, The University of British Columbia, 1997. p. 134.

人及其日后皇权的嫡系部队和直接保卫者，除了执行保卫皇帝、皇室成员安全负责等任务外，近卫军还担负一些与本职工作相关的任务，如维护意大利本土的法律和秩序①等。有西方学者甚至认为，近卫军就是罗马城和意大利的警察部队②。

近卫军除肩负皇帝及其亲眷的安全等使命外，还被赋予其他一些公务：保卫宫闱；作为唯一一支驻扎罗马城的军队，还扮演城市警察的角色，镇压各种暴乱、暴动；充当帝国情报机构，审讯拘押犯人③、判决前看押犯人；等等④。由此可知，罗马城内的近卫军是一支"一职多能"的军队，既肩负皇帝保镖、警卫等职责，还肩负维护帝国都城安全等任务，如公共剧场、赛场的安全等，许多时候分担了"城市警察"的某些任务⑤。个别时候，近卫军甚至被皇帝派遣征收税款⑥，可谓"用途广泛"。当然，作为奴隶制帝国的武装力量，维护奴隶主阶级的统治始终是首要任务，这种阶级属性丝毫不会发生改变。因此，近卫军的核心任务之一是镇

---

① ［英］特威兹穆尔著，王以铸译：《奥古斯都》，中国社会科学出版社 1988 年版，第 264 页。

② *Encyclopedia of World History*：*The Ancient World Prehistoric Eras to* 600 *c. e.*，Volume I，edited by Marsha E. …et al. Printed in the United States of America，2008. p. 339.

③ 尤其是一些"重要"罪犯，经常由近卫军看押。例如，提比略的儿媳阿格里品娜在监押期间便由近卫军看管。

④ 西方学者在著述中提到，近卫军营地内设有监狱，但未见到考古学提供的证据。见 Sandra J. Binghan，*The Praetorian Guard in the Political and Social Life of Julio - Claudian Rome*，The University of British Columbia，1997. p. 152，p. 154.

⑤ 帝国时代，罗马城内各种演出比较多，皇帝光临剧场时，近卫军必然到场。有时，即便皇帝不到场，近卫军也要出面维持秩序，保证剧场的安全，近卫军戒备剧场、赛场是常有的事。帝国时代，罗马城名目繁多的表演、演出几乎每天都在进行，因混乱时常发生拥挤、踩踏等事故，人员伤亡时有发生。现场负责安全保卫的近卫军容易受到伤害。见［古罗马］苏维托尼乌斯著，张竹明等译《罗马十二帝王传》，商务印书馆 1995 年版，第 170 页；［古罗马］塔西佗著，王以铸、崔妙因译《编年史》（上册），商务印书馆 1981 年版，第 64 页。当然，近卫军维护剧场、赛场安全主要还是对皇帝负责，环伺剧场内是否有危及安全的任何举动。一些近卫军官兵被安置在观众中间，以监视观众中的某些行为。见［古罗马］塔西佗著，王以铸、崔妙因译《编年史》（下册），商务印书馆 1981 年版，第 569 页。

⑥ ［古罗马］苏维托尼乌斯著，张竹明等译：《罗马十二帝王传》，商务印书馆 1995 年版，第 176 页。

压奴隶的起义和反抗活动①。动用近卫军镇压发生在罗马城以外的起义、暴动，见诸历史记载仅有一次，即公元 2 年近卫军前往北非镇压当地的起义②。尽管罗马城内有相当数量的警卫（警察）部队，但帝国时代，政府必须面对的治安问题同样非常重要。如何平定城内暴民造反等治安问题，从格拉古兄弟时代一直延续到奥古斯都当政，始终是困扰罗马人的一道难题。奥古斯都虽然组建了城市警卫大队，但却是近卫军的补充③。近卫军在维持罗马城内社会秩序的作用举足轻重，为其他军队所不能替代。

根据碑铭记载可知，近卫军的服役的年龄在 15—32 岁，在军团服役的年龄则为 18—23 岁④。鉴于近卫军直接关系皇帝身家性命之安危，元首、皇帝对近卫军的人选有严格资格限定，世袭情况并不多见。在近卫军中服役是特权和身份的标志，最初两个世纪里，仅有意大利人有资格在近卫军服役，且必须是罗马公民，还应当是志愿者，其中不乏贵族阶层出身的意大利人。尽管如此，在塞维鲁斯当政之前，仍有来自马其顿、纳尔波尼西斯高卢（Gallia Narbonensis）、西班牙等地的士兵在近卫军中服役。由于近卫军的特殊地位和优厚待遇，在罗马人心目中"成为近卫军中一员是一件受人尊敬的事情。"⑤ 正因如此，近卫军的兵员最初"或来自贵族阶层，或是近卫军的后代。"⑥ 创设初期的近卫军身份资格限定严格，并不是什么人都能到近卫军服役⑦。

有学者认为，第一支近卫军是"后三头"时代屋大维和安东尼卫队的老兵⑧。蒙森也认为，恺撒出兵亚洲时，带领了 19 个军团，后来只保留

---

① 据塔西佗记载，提比略统治期间，曾发生过由近卫军退役士兵组织的奴隶起义。提比略匆忙派近卫军大队长率兵前去镇压。见［古罗马］塔西佗著，王以铸、崔妙因译《编年史》（上册），商务印书馆 1981 年版，第 218—219 页。

② Dio，55. 10. a. l.

③ Arthur E. R. Boak，Ph. D.，*A History of Rome*，*To* 565 *A. D.* New York，The Macmillan Company，1921. p. 263.

④ Boris Rankov，*The Praetorian Guard*，Osprey Publishing，Midland House，1994. p. 8.

⑤ http：//www. mux. net/ ~ eather/news/praetor. html.

⑥ http：//www. mux. net/ ~ eather/news/praetor. html.

⑦ 也有学者认为，老兵也是近卫军的重要兵源，但此说法未见史料依据。见 Charles Seignobos，*History of The Roman People*，Translation Edited by William Fairley，Ph. D.，New York，Henry Holt and Company，1902. p. 269.

⑧ Sandra J. Binghan，*The Preatorian Guard in the Political and Social Life of Julio - Claudian Rome*，The University of British Columbia，1997. p. 28.

11 个，其余军团全部解散。被解散的军团中部分老兵请求继续在军中服役，这些老兵便成为第一批近卫军官兵①。当这些老兵完成历史使命之后，近卫军的征召开始制度化、常规化，且不在帝国常备军的军团系列。吉本声称，近卫军是"从意大利青年中挑选出来的精英"②。最初，近卫军主要由在北部意大利征召的志愿者构成，但也会在罗马化程度较高、富裕的地区招募③。近卫军服役期短，军饷高于军团，且驻扎罗马等，对意大利人一直有非常大的吸引力④。哈德良在位期间（117—138 年），近卫军仍然以意大利人为主⑤。据记载，在近卫军创立初期，曾有一些高卢人和日耳曼人在军中服役。奥古斯都害怕这些外邦人造反，便解除了他们的武装，将其发配到某个岛屿上⑥，进一步"净化"了近卫军。帝国历史上，2 世纪末之前的多数元首、皇帝对近卫军的资格人选非常重视，一直不愿意放松标准，突出了"精心挑选"的原则，以确保近卫军的"纯洁性"。据统计，在公元一二世纪，近卫军官兵中意大利出身的比例达到了86.3%⑦。相当长一段时间内，在近卫军中服役是意大利人的特权。随着罗马—意大利人参军积极性的减退，近卫军也和军团一样，加入了一些非罗马—意大利籍的、所谓蛮族士兵，到近卫军服役不再是特权的标志。近卫军构成发生颠覆性变化是在塞维鲁斯当政期间。塞维鲁斯"以帝国边

① Theodor Mommsen, *A History of Rome under the Emperors*, English translation by Clare Krojzl, Routledge, 1996. p. 64.

② ［英］爱德华·吉本著，黄宜思、黄雨石译：《罗马帝国衰亡史》上册，商务印书馆1997 年版，第 99 页。

③ 据塔西佗记载，提比略当政期间，近卫军主要从各军团或者是从埃特鲁尼亚（Etruria）、翁布里亚（Umbria）和拉丁地区（Latium）——三个帝国的心脏地带的年轻人中择优选拔。见［古罗马］塔西佗著，王以铸、崔妙因译《历史》，商务印书馆 1997 年版，第 201 页。随着时间的推移，尤其是意大利人口的减少，原来的征兵制度难以为继，和帝国军团一样，近卫军的构成成分逐步发生了巨大变化，统治者不得不放弃旧制，从多瑙、马其顿、西班牙、路西塔尼亚（Lusitania）等帝国境内罗马化程度比较高的西部地区征召近卫军。

④ Susan P. Mattern, *Rome and the Enemy: Imperial Strategy in the Principate*, University of California Press, Ltd., 1999. p. 85.

⑤ E. T. Salmon. *A history of the Roman World from 30 BC to AD 138*, London, Methuen, 1959. p. 300.

⑥ Dio, 56. 23. 4.

⑦ Antonio Santosuosso, *Storming the heavens: soldiers, emperors, and civilians in the Roman Empir*, Westview Press, 2001. p. 98.

远地区的蛮族部队士兵，取代了原有近卫军的官兵。"① 正式结束了近卫军由意大利人构成的历史。

近卫军兵员结构曾经历一个动态发展过程：先是帝国心脏地带兵员为主，后来在近卫军中服役的"外人"逐步增多。近卫军兵员结构发生第一次较大变化是在克劳狄统治期间，克劳狄曾在意大利以外的 Anauni 地区征召近卫军士兵。接下来，维特利乌斯在位期间，以自己亲信部队日耳曼军团官兵重新组建了近卫军；塞维鲁斯则用自己的潘诺尼亚（Pannonia）军团官兵组建近卫军。塞维鲁斯以降，近卫军的士兵来源呈多样化趋势，例如，从城市消防大队②、城市警卫队、军团士兵等军事单位抽调兵员充实近卫军。然而，近卫军构成发生根本性的质变是在塞维鲁斯统治时期。鉴于近卫军"拍卖帝位"，罪不可赦，塞维鲁斯执掌权柄后解散了这支近卫军，将近卫军的征兵范围扩大到西班牙、马其顿等地③。塞维鲁斯彻底颠覆了在意大利招募近卫军的传统，以罗马化程度并不高的多瑙河地区军团服役 4—9 年的官兵取而代之。塞维鲁斯彻底改变了近卫军的兵员构成，与传统意义上的近卫军相比，此时的近卫军官兵与罗马—意大利之间的关联已完全淡化。3 世纪以后，近卫军的征召方式与军团士兵的招募方法已无二致④。

奥古斯都建立近卫军的用意如何？狄奥·卡西乌斯的评论颇有说服力：奥古斯都建立近卫军"的真实意图是要建立君主制"⑤。就定性分析而言，狄奥·卡西乌斯的分析切中要害——只有君主、皇帝才需要近卫军，奥古斯都前后的历史均可以证实这一点。然而，除了奥古斯都本人的

---

① *Encycllopedia of World History*：*The Ancient World Prehistoric Eras to* 600 *c. e.* ，Volume I，edited by Marsha E. et al. Printed in the United States of America，2008. p. 432.

② vigiles，公元 6 年，罗马城发生火灾，奥古斯都用被释奴组建了 7 个常备消防大队（在拉丁语中，消防队长官为 *praefectus vigilum*）。由于罗马城内经常发生火灾，组建专职消防队，也是社会现实的需要。消防队是一支半军事化组织，主要职责是扑救罗马城内的火灾。参见［英］莱斯莉·阿德金斯、罗伊·阿德金斯著，张楠等译《探寻古罗马文明》，商务印书馆 2008 年版，第 135 页。总的来说，消防队成员及其长官的被释奴出身，已经决定了消防队及其长官的地位无法与近卫军及其长官相提并论，受到皇帝和整个社会的重视程度根本无法同日而语。

③ ［英］爱德华·吉本著，黄宜思、黄雨石译：《罗马帝国衰亡史》（上册），商务印书馆 1997 年版，第 104—105 页。

④ Boris Rankov，*The Praetorian Guard*，Osprey Publishing，Midland House，1994. p. 8.

⑤ Dio，53. 11. 5.

主观因素之外，外在的客观要素也应有所关注。近卫军的组建是帝国初年一件大事，在共和国遗风依然浓烈的背景下，能否得到对共和国颇有留恋之情的罗马人的认可，是奥古斯都不能不考虑的因素。同时，共和国末年长达近一个世纪的社会动荡、冲突、内战、杀戮，使奥古斯都意识到了组建这样一支军队的必要性和重要性。古典史家并未给我们留下奥古斯都组建近卫军真实动机的记载。但共和国末年内战的血雨腥风，以及那个充满杀戮、暴力岁月的历史教训，尤其是恺撒殒命元老院的事实，当时的罗马人记忆犹新。近卫军诞生在这样的时代背景下，值得深入研究的内容比较多。吉本在论述奥古斯都创建近卫军时指出："那个狡猾的暴君（指奥古斯都——引者注）感觉到法律也许能起一点装点作用，但显然只有军队能实际维持他篡夺来的统治，于是建立这一支强大的禁（近）卫军，随时用来保卫他的人身安全、威吓那些元老、并用以防止或尽快摧毁刚露头的反叛活动。"①史实表明，奥古斯都组建近卫军的原因，一是源于帝制的确立和保全自己身家性命；二是通过近卫军确保皇权的绝对性、威慑力，以及对各种不测势力的防范。近卫军作为驻扎意大利、罗马的唯一一支武装，且"按照公务的规定永远是处于戒备状态的"②，足以"让庞大首都拥塞在街道上的民众闻风丧胆"③。现代西方学者则认为，奥古斯都在罗马城驻扎近卫军，目的是通过武力控制和平息罗马民众的任何反抗活动④。因此，出于维护自身和皇室安全等方面考虑，对罗马城所有人的武力震慑与威慑力，凸显军队的镇压和防范作用，当是奥古斯都组建近卫军最根本、最真实的原因。

　　奥古斯都对于自身安全格外重视，除了新创建的近卫军之外，他还拥

---

　　①　[英]爱德华·吉本著，黄宜思、黄雨石译：《罗马帝国衰亡史》（上册），商务印书馆1997年版，第98页。

　　②　[古罗马]塔西佗著，王以铸、崔妙因译《编年史》（下册），商务印书馆1981年版，第400页。

　　③　[英]爱德华·吉本著，席代岳译：《罗马帝国衰亡史》第1册，吉林出版集团有限责任公司2008年版，第86页。

　　④　Fergus Millar, *Rome, the Greek World, and the East*, Volume Ⅰ, The University of North Carolina Press, 2002. p. 395.

有一支"贴身保镖"性质的"日耳曼卫队"①。日耳曼卫队也是一支训练
最为有素的精英部队,奥古斯都、提比略,以及哈德良直至其后几个世纪
都是如此。在朱里奥—克劳狄王朝,这支部队的指挥官及其任命与近卫军
有所不同,并不像近卫军长官那样有严格年资、出身等限制,有的是皇帝
从其他部队任命的,有的甚至是皇帝根据自己的好恶,随意指派的,被释
奴、角斗士都可能被任命为这支骑兵卫队的指挥官②。

　　日耳曼卫队伴随奥古斯都左右,可以认为,日耳曼卫队也是奥古斯都
汲取共和国末年内战教训的产物。奥古斯都在多方面顾及罗马人对共和国
的情感,没有贸然将近卫军驻扎在罗马城,他本人只称元首,不称皇帝。
尤其应当注意的是,奥古斯都并未大张旗鼓地组建这支皇家卫队。这支军
队即使在罗马城内执勤,也不着军装,只穿着罗马人日常的托袈,与普通
罗马公民并无异样③。罗马城内熙熙攘攘的人群中,普通罗马人装束的近

---

　　①　日耳曼卫队 (*germani corporis custodes*) 是名副其实的奥古斯都的贴身警卫,卫队成员由
奥古斯都在下莱茵地区征召。当代西方学者认为:"这支部队的重要特征是私人性的,不具备官
方性质。"(http://warandgame.wordpress.com/2008/05/06/germani - corporis - custodes/) "与近
卫军不同,这支卫队实际上是 (皇帝的) 私人武装";日耳曼卫队与近卫军联系密切,但充当角
色却不尽一致:在宫廷中是步兵,而在战场上,日耳曼卫队与皇帝的"贴身"距离甚至比近卫
军更近,是典型的外邦人构成的贴身卫队 (Boris Rankov, *The Praetorian Guard*, Osprey Publish-
ing, Midland House, 1994. p. 12.)。当皇帝离开罗马城时,这支卫队便以骑兵身份陪伴皇帝。蒙
森认为,这支日耳曼人组成的卫队主要负责皇室的女眷安全与警卫。见 Theodor Mommsen, *A His-
tory of Rome under the Emperors*, English translation by Clare Krojzl, Routledge, 1996. p. 89. 这支卫队
的前身是恺撒手下的日耳曼卫队,奥古斯都只是承袭了恺撒的传统。见 Peter Michael Swan, *The
Augustan Succession: An Historical Commentary on Cassius Dio's Roman History Books* 55 – 56 (9 *B. C.* –
A. D. 14), Oxford University, 2004. p. 176. 日耳曼卫兵规模较小,人数只有 300 人 (也有学者认
为是 500 人),由皇帝本人直接控制,而近卫军则归属近卫军长官指挥。日耳曼卫队的各种特权、
恩惠远不及近卫军。日耳曼卫队存在时间较短,69 年时便被伽尔巴解散。另外,塔西佗也记载
说,精锐的日耳曼部队是皇家卫队。见 [古罗马] 塔西佗著、王以铸、崔妙因译《编年史》(上
册),商务印书馆 1981 年版,第 23 页。现代学者认为,除了近卫军之外,元首另有贴身卫队是
特权的标志,由外国骑兵雇佣兵组成,通常是日耳曼骑兵。见 A. H. J. Greenidge, *Roman Public
Life*, Macmillan And Co., Limited St. Martin's Street, London, 1922. p. 355. 总之,日耳曼卫队的组
建更能说明奥古斯都元首制的真实性质。

　　②　Michael P. Speidel, *Riding For Caesar: The Roman Emperors' Horse Guards*, Published by
B. T. Batsford Ltd., 1994. p. 10, 15.

　　③　Boris Rankov, *The Praetorian Guard*, Osprey Publishing, Midland House, 1994. p. 8.

卫军不招人注目。如此装束能够避免罗马人的反感①。奥古斯都创建近卫军可谓用心良苦。和创建元首制一样，既需要"掩人耳目"，也要让这支鹰犬部队发挥作用。

作为近卫军前身的共和国将领们的卫队，与奥古斯都创建的近卫军有本质区别。共和国时代的私人卫队纯属私人性质，往往带有临时性或应急性，由军事将领、首领自己出资供养。奥古斯都则把近卫军的设置国家化、制度化、常设化，而且近卫军的各项费用由国家承担，性质发生了根本变化②。此外，近卫军的建立，属于奥古斯都军事改革的重要内容。在军队建制方面，奥古斯都在罗马建立三支非同以往的部队：消防队、城市卫队和近卫军③，其中最重要的军事力量是近卫军④。这三支新组建的军队驻扎罗马城，彻底颠覆了罗马人恪守的传统。但近卫军与消防队、城市卫队截然不同，是一支日后可以开赴疆场、训练有素的"常规部队"，军事意义远大于另外两支军队。

第二节　精锐之师、特权之师

近卫军属帝国军队中精锐，训练有素，既是精锐之师，也是一支特权部队。关于近卫军的特权及其地位，古今史家多有评述。蒙森指出："近

---

①　沿袭共和国的传统，罗马城内不驻扎军队，也很少举行军事展演之类的活动。近卫军官兵全副武装地出现在罗马城是非常少见的。尼禄登基后，曾举行过类似活动，近卫军全副武装出现在罗马广场。见［古罗马］苏维托尼乌斯著，张竹明等译《罗马十二帝王传》，商务印书馆1995年版，第227页。

②　奥古斯都当政后，裁减了罗马军团的数量。有学者认为，奥古斯都这样做的原因是，数量如此庞大的军队增加了意大利和行省的经济负担。见 H. Stuart Jones, *The Roman Empire*, *B. C.* 29 – *A. D.* 476, New York, G. P. Putnam's Sons, London：T. Fisher Unwin, 1908. p. 13. 奥古斯都组建近卫军同样是增加了经济负担，但这支军队对于皇权、皇室的特殊性决定了经济负担不可能成为影响近卫军组建与否的决定性因素。

③　*A Companion to the Roman Army*, Edited by Paul Erdkamp, Blackwell Publishing Ltd., 2007. p. 196.

④　Lawrence Keppie, *The Making of the Roman Army*：*From Republic to Empire*, Routledge, 1998. p. 132.

卫军的特权地位与生俱来"①。"近卫军官兵是军队中最有特权的一部分"②，并成为国家正规常备军的一种，且绝大多数成员为意大利人③。由于驻扎罗马城及其附近，与宫廷关系密切，使近卫军拥有了其他罗马军队望尘莫及的特权④。近卫军设置之初，即在多方面凸显与普通军团的差异。比如，普通的罗马军团一般由 10 个大队构成，近卫军恰恰是 9 个；普通军团驻扎在行省前线，近卫军却驻扎罗马城；等等，诸如此类的反差成为日后近卫军与军团之间矛盾的焦点。

　　尽管在近卫军中服役的是志愿者，但除了前面已涉及的各种出身条件限制之外，成为近卫军官兵需要经过严格筛选，入选后，由专人进行考核和严格的训练，淘汰率达 20%—30%⑤。凡是通过严格测试、考核的候选人，大多是军事素质非常过硬的官兵，因此，9 个大队近卫军又被称为"九大队精锐之师"（9 cohorts of elite troops）⑥，也是"罗马军队的精华"⑦。为了皇帝及皇室的安全，帝国统治者用优秀的官兵组建了近卫军，人称罗马军队的"精英"。此处所谓"精英"指的是，近卫军地位较高，是一支依据表现、能力、勇敢精心选拔的部队⑧。然而，在罗马帝国历史上，并非每一个历史时段的近卫军都是帝国的精锐之师。69 年内战中，维特利乌斯战胜奥托后，重新组建了一支近卫军，率先打破了传统的近卫军官兵身份限制，在行省军团中征召，塔西佗称这支近卫军为"乌合之众"⑨，远非精锐之师，根本不能与奥古斯都当政时，经过严格选拔所组

① Theodor Mommsen, *A History of Rome under the Emperors*, English translation by Clare Krojzl, Routledge, 1996. p. 337.

② Brain Campbell, *The Roman Army*, 31BC – AD337, *A Source Book*, London and New York, 1994. p. 20.

③ Ibid. , p. 38.

④ Sandra J. Binghan, *The Preatorian Guard in the Political and Social Life of Julio – Claudian Rome*, The University of British Columbia, 1997. p. 1.

⑤ http：//www. mux. net/ ~ eather/ news/ praetor. html.

⑥ Jackson J. Spielvogel, *Western Civilization*. volume 1, West Publishing Company, 1994, p. 168.

⑦ Bernard W. Henderson, M. A. , *Civil War and Rebellion in the Roman Empire A. D.* 69 – 70, *A Companion to the "Histories" of Tacitus*, Macmillan Co. , Limited, London, 1908. p. 33.

⑧ Pat Southern, *The Roman army：a social and institutional history*, ABC – CLIO, Inc. 2006. p. 115.

⑨ ［古罗马］塔西佗著，王以铸、崔妙因译：《历史》，商务印书馆 1997 年版，第 157 页。

建的近卫军相提并论。

身为帝国精锐之师，近卫军首先与紧张的训练联系在一起，而且训练内容与军团官兵没有差别。近卫军士兵的训练远比军团士兵紧张，只要不陪同皇帝外出巡幸或驻防、执勤，都要进行训练①。通过系统严格的训练，近卫军被打造成为战斗力非常强的精锐部队。保卫皇室身家性命安全的责任，需要人数不多，但必须由精锐部队担当。

就建制而言，帝国历史上大多数时间，近卫军保持 9 个大队的编制，只有 4 个皇帝扩编过近卫军大队的数量。卡利古拉（Gaius Caesar Germanicus）在位 4 年间，将近卫军扩大到 12 个大队；维特利乌斯战胜奥托后，解散了原来的近卫军，重新组建了一支由 16 个大队组成的近卫军，每个大队定员 1000 人②，创下了帝国历史上近卫军大队数量的一个新纪录。韦伯芗践位后，又把近卫军的规模缩减到原有的 9 个大队。多米提安当政期间，近卫军扩展到 10 个大队，并一直持续到君士坦丁大帝遣散近卫军③。塞维鲁斯治下的近卫军不仅兵源发生了巨大变化，人数也大规模扩充，人数达到了从前的四倍之多④，而且兵员全部来自他的北方军团⑤。近卫军结构、兵员的变化取决于军事背景，取决于近卫军在不同朝代的表现，以及皇帝本人对近卫军的态度。

作为帝国的精锐部队，近卫军并非一直在罗马城过着远比军团官兵优越、养尊处优的生活，也有过前线英勇作战的记录。68—69 年内战中，奥托手下的近卫军参与了和维特利乌斯的争霸战争，显示出较强的战斗力；2 世纪，帝国战事频仍，近卫军几乎变成前线部队，并在作战中表现出了精锐之师应有的战斗力，"养兵千日，用兵一时"得到了较好的验证。"2 世纪许多时候，近卫军一直尽到了精锐部队的职责，在各个方面

---

① Matthew Bunson, *Encyclopedia of the Roman Empire* (revised edition), Facts On File, Inc. New York NY 10001, 2002. p. 448.

② ［古罗马］塔西佗著，王以铸、崔妙因译：《历史》，商务印书馆 1997 年版，第 157 页。

③ Boris Rankov, *The Praetorian Guard*, Osprey Publishing, Midland House, 1994. p. 7.

④ ［英］爱德华·吉本著，黄宜思、黄雨石译：《罗马帝国衰亡史》上册，商务印书馆 1997 年版，第 104 页。关于塞维鲁斯统治时期近卫军的人数，学术界说法不一。有人认为，塞维鲁斯的近卫军人数为 1.5 万人。见 Boris Rankov, *The Praetorian Guard*, Osprey Publishing, Midland House, 1994. p. 8.

⑤ Sandra J. Binghan, *The Preatorian Guard in the Political and Social Life of Julio - Claudian Rome*, The University of British Columbia, 1997. p. 123.

进入了全盛期。"①

　　近卫军由近卫军长官统领，近卫军长官之下是近卫军大队的大队长。近卫军的大队作为独立的军事单位，由资深骑士出身的保民官任指挥官②。这种"任职条件"的限制，从一个侧面体现了近卫军的特殊和特权之处。因为普通军团同级别指挥官仅仅是百人队长。近卫军作为特权之师、精锐之师，首先是皇帝本人的需要，即皇帝需要一支有特权的精锐之师充当自己的鹰犬爪牙，需要这样一支特殊部队保卫宫闱，维护自己的统治，防患于未然，并对危及皇权者产生震慑，对所有人产生威慑。

　　据认为，近卫军中至少有 400 骑兵（Praetorian horsemen），甚至更多。和军团的建制相同，近卫军中的骑兵不属于骑兵而是属于步兵，也没有固定的指挥官。近卫军中的骑兵虽然也像军团的骑兵那样，在战场上拼杀，但却只是勤务兵、通信兵，乃至近卫军军官的卫兵。近卫军中的骑兵在罗马执勤的方式多种多样，在执行紧急任务时，骑兵比步兵优势更加明显，他们骑在马上，穿过人群拥挤的街道，而且便于瞭望，这些都是步兵所不及的。骑兵近卫军加强了近卫军的实力，在多方面提升了战斗力③。

　　一　装备与标识

　　近卫军的训练活动远比普通军团更密集、更频繁，无论走到哪里都保持相同的队列。除陪伴皇帝出游离开罗马城之外，近卫军并无太多军事勤务。近卫军的军事训练内容与普通军团官兵几无二致。作为重装步兵，"装备和组织与一般军团无异，除了有更华丽的军容和更颓废的军纪。"④近卫军士兵的胸甲装饰华丽，主要出于各种名目的典礼、仪式的"礼宾"需要，彰显作为皇帝近卫军的优越之处。

　　在武器装备方面，近卫军与军团官兵没有太大差别。每一名近卫军士兵装备两支 7 英尺长的投枪（pila）和一柄短剑。投枪为木柄、金属枪

---

① Boris Rankov, The Praetorian Guard, Osprey Publishing, Midland House, 1994. pp. 7 – 14.

② Ibid. , p. 14.

③ Michael P. Speidel, *Riding For Caesar*: *The Roman Emperors' Horse Guards*, Published by B. T. Batsford Ltd. , 1994. pp. 17 – 19.

④ ［英］爱德华·吉本著，席代岳译：《罗马帝国衰亡史》第 1 册，吉林出版集团有限责任公司 2008 年版，第 14 页。

头。每人拥有一个用于防护的金属头盔，早期是青铜的，后来则是铁制
的。头盔的顶端系有羽毛饰物，但只是在庆祝仪式上方才使用。每个士兵
配有一个盾牌，按身体形状，用木板制成，周边镶有金属。盾牌中央为一
个圆形铁块，装有把手。身体各部位的盔甲用金属链条制成，用来保护胸
和双肩。躯干其他部位的护甲也由类似链条制成①。据阿奎利亚出土的墓
碑所记，近卫军在早期使用椭圆形盾牌。卡利古拉时代的钱币则描绘了近
卫军装备的是长形盾牌。到了 2 世纪中期，各种纪念物显示，近卫军和军
团官兵又重新装备使用椭圆形盾牌。至少在 1 世纪末年，近卫军和军团官
兵装备相同的盾牌②。图拉真纪功柱显示，在战场上，近卫军使用的武器
与军团官兵的武器并无差别③。

　　近卫军也有自己的军旗，军旗落到敌人手中被视为莫大耻辱，因为军
旗往往是一个近卫军大队的图腾。近卫军军旗的"内容"比普通罗马军
团的军旗更复杂，分量也重了许多，行进时甚至要放在骡子背上驮运。通
常情况下，近卫军军旗存放在近卫军军营中央的战神玛尔斯神庙内④。与
军团军旗手不同的是，近卫军军旗手用狮皮或其他野兽皮装饰自己的头
盔，且一直垂到后背⑤。此外，近卫军军旗手的盔甲是狮皮的，军团的军
旗手的盔甲则为熊皮制作。近卫军的军旗与军团的军旗有巨大不同，近卫
军的军旗一般用当朝皇帝的形象、皇冠，以及能够激励近卫军忠诚与勇敢
的装饰物装饰。近卫军使用的徽章标志一般是"星月纹"或"蝎纹"，以
及罗马军团军旗标志——鹰。"星月纹"是确认近卫军的重要标识。近卫
军军旗使用鹰的标志表明，军旗上的鹰状饰物不仅局限于军团使用，作为
帝国军队的一部分，近卫军本质上与军团没有差别，都是奴隶制帝国政权
的支柱。"蝎纹"是近卫军诞生的标志，寓意的是斯奇皮奥的生日，也是
提比略统治时代近卫军诞生的占星术标志。尽管近卫军由奥古斯都正式创
建，但他的继任者提比略却将近卫军搬进了罗马城，不仅生活境遇彻底改

---

① Robert F. Evans, *Soldiers of Rome*, *Praetorian and Legionnaires*, Washington, 1986. p. 3.

② Boris Rankov, *The Praetorian Guard*, Osprey Publishing, Midland House, 1994. p. 21.

③ Lawrence Keppie, *The Making of the Roman Army*: *From Republic to Empire*, Routledge, 1998. p. 158.

④ Robert F. Evans, *Soldiers of Rome*, *Praetorian and Legionnaires*, Washington, 1986. p. 3, p. 51.

⑤ Boris Rankov, *The Praetorian Guard*, Osprey Publishing, Midland House, 1994. p. 25.

观，也为日后近卫军创造了更多的政治上的空间。获得"再生"的近卫军，为了感激提比略将斯奇皮奥的生日标志作为自己的象征性标记。"蝎纹"成为近卫军战场上最明显的标志性符号，近卫军用"蝎纹"修饰军旗，甚至用来装饰盔甲和某些私人用品。"蝎纹"标识也曾出现在卡利古拉犒赏近卫军所铸造的硬币上①。尽管如此，近卫军和军团共同拥有罗马帝国军队的共同标识——鹰。

与军团士兵不同，每一个近卫军士兵有两套铠甲，即勤务和战场分别穿着不同的铠甲②。根据执行军务内容、性质、场合等方面的差异，近卫军身着盔甲也各不相同。

长袍——tunica 是罗马男性最常见的衣着，军人和普通罗马公民并无款式上的差别，只是军人的长袍稍短一些——刚过膝盖，颜色则是未经染色的羊毛的灰白色，百人队长以上的军官所着长袍是红色的（如红色的披风、红色的外套等）。近卫军在衣着等外表上与军团部队并无显著区别，最基本的区别是，近卫军在皇宫执勤时身着罗马古典紫色托袈③；即使不着军装也可以携带兵器。但由于共和国武装士兵不得进入罗马城的传统根深蒂固，与近卫军必须携带兵器保卫皇帝的人身安全形成了矛盾，于是，近卫军便把随身携带的佩剑隐藏在宽松、肥大的毛质托袈长袍内④，用以掩人耳目，可谓一举两得。正因如此，近卫军被人称之为"不穿军装的侍卫"，即只有在罗马城陪伴皇帝时，近卫军才着戎装⑤。但近卫军日常穿军靴（caligae），以此证明自己是军人⑥。在建立之初的两个世纪里，近卫军身穿普通罗马人穿着的、非常经典的托袈，在宫廷和皇宫所在地的卡皮托林山执勤。近卫军执勤时的穿着并无太多与众不同之处，不执勤时的装束与普通罗马民众几无区别，比较明显的区别是，近卫军士兵束

---

① 本段落所涉及相关内容除具体标明出处外，其余部分史实性资料选自 The Praetorian Guard，from：http：//www. an－gelfire. com/or2/jrscline/elitepraetorian. htm.

② Matthew Bunson，Encyclopedia of the Roman Empire（revised edition），New York NY 10001，2002. p. 448.

③ 塔西佗曾记载近卫军士兵身着便装。见［古罗马］塔西佗著，王以铸、崔妙因译《历史》，商务印书馆 1997 年版，第 32 页。

④ 帝国早期，托袈是用一块大的毛质布料做成的衣服，一端随便披在左肩和左臂上，另一端则从右臂下穿过，覆盖在左肩上。

⑤ http：//www. angelfire. com/or2/jrscline/eliteeqsing. htm.

⑥ Boris Rankov，The Praetorian Guard，Osprey Publishing，Midland House，1994. p. 31.

有自己的腰带，穿的是钉有平头钉的鞋子①。

近卫军衣着演变的历史上，帝国第四任元首克劳狄在位期间的作为需要说明。克劳狄在位期间，近卫军执勤地点为皇宫所在地帕拉丁山，目的是便于执勤的近卫军大队长陪伴皇帝会见元老，而且这位老皇帝也和他的近卫军一样，身着未经染色的白色托袈，以此显示他本人不是皇帝，而是"第一公民"。皇帝和近卫军身着同样衣服，在近卫军历史上大概绝无仅有。但此后不久，皇帝的衣着发生了巨大变化，放弃了普通近卫军官兵穿着的托袈，穿上了金线修饰的紫色托袈，以显示自己至高无上的身份和地位②。

和军团官兵一样，近卫军官兵也有固定的晋升序列。大致如下：

Miles —— 普通士兵；

Immunes——服役五年后的士兵可晋升为 Immunes，亦有资格进入骑兵支队（*Equites Singulares*），或在"侦缉队"（*Speculatores*）服役；

Principales——军团指挥官，或从普通士兵中提拔，或从骑士阶层提拔；

Evocati ——留用老兵（也有译为志愿兵）。服役期满 16 年后的近卫军官兵可以退役，但大多数会选择留在自己的部队③；

Centuriones ——曾在军团（*legion*）、消防大队（*vigiles*）或城市警卫大队（urban cohort）服役过的、转入近卫军的普通士兵④；

Tribunes——近卫军大队长，通常来自军团和骑士等级，多数情况下指挥一个大队，有比较丰富的军事经验，在军团或近卫军中担任过百人队长。但普通军团的百人队长很少有机会升迁为近卫军大队长。与其他各种

① Boris Rankov, *The Praetorian Guard*, Osprey Publishing, Midland House, 1994. p. 24.

② Ibid, pp. 31 –32.

③ 在拉丁语中，*Evocati* 的主要意思是召回等。该制度由屋大维（日后的奥古斯都）在共和国末年内战中首创，217 年卡拉卡拉被杀后废除。这些得到留用、召回的老兵在战斗中异常勇敢，颇有战斗力，所组成的部队也是一支精锐部队。这些老兵军饷较高，也有相应的特权，例如，可以每天见到皇帝等。帝国时代，"留用老兵"成为近卫军中皇帝精选的部队，也是皇帝顾问成员。据狄奥·卡西乌斯记载，以"留用老兵"为卫队，是共和国末年，屋大维在同安东尼争夺天下时组建的。见 Dio, 55. 26. 8.

④ Matthew Bunson, *Encyclopedia of the Roman Empire*（revised edition），New York NY 10001, 2002. p. 448；相当于军团的百人队长，是军事训练真正的指导者，军饷很高，奥古斯都时代即为 10000 塞斯退斯，甚至是一些军团高级军官军饷的两倍。见 Albert A. Trever, *History of Ancient Civilization*, *Volume II*, *The Roman World*, Harcourt, Brace and Company, New York, 1939. p. 536.

骑士出身的级别较高的军官不同，近卫军大队长通常在近卫军中开始自己的官职生涯，并在这一职位上得到提拔。衣着上近卫军大队长与普通近卫军也有所不同，灰白色的长袍上饰有一条紫色条带。近卫军大队长在战场上有自己的装束：长披风用金质针系在脖子上，白色的外套和托袈带有紫色镶边，皮制的胸甲饰有条纹，骑士出身的大队长还要在左手戴上金戒指，以及佩戴身份象征的短剑等①。

Procuratores——骑兵军衔；

Praefectus——近卫军最高长官（*praetorian praefectus*），被称为近卫军长官②，是为近卫军最高军事指挥官。近卫军中，有机会担任近卫军长官者寥寥无几，且担任者绝大多数为骑士出身（后来这种要求逐渐松动），是骑士出身晋升官职最重要的阶梯③。

二　特权与优惠

近卫军是帝国军队中"最有特权的一部分"④。这些特权体现在诸多方面：意大利公民的入伍资格、服役时间短、军饷多、赏赐多、生活条件优厚，等等。正是这些优厚的待遇，意大利人特别希望能在近卫军中服役⑤。和远离家乡到遥远行省边境地区服役的军团官兵相比，近卫军官兵的服役条件的确舒适许多。塔西佗在其《编年史》中，讨论潘诺尼亚军团叛乱的原因时，援引了反叛士兵一段耐人寻味的议论，说明近卫军与军团官兵的差别，以及军团官兵的不满情绪："近卫军的士兵比你们需要冒更多的危险吗？警卫着罗马城确实要算一件光荣的任务，可是他们的任务却是在蛮族中间执行的，而且从自己的

---

① Boris Raukov, The Praetorian Guard, Osprey Publishing, Midland House, 1994, p. 10.

② Matthew Bunson, *Encyclopedia of the Roman Empire* (revised edition), New York NY 10001, 2002. p. 448; *The Cambridge History of Greek and Roman Warfare*, Volume Ⅱ, Rome from the late Republic to the late Empire, Edited by Philip Sabin, et al., Cambridge University Press 2007. p. 46.

③ Boris Rankov, *The Praetorian Guard*, Osprey Publishing, Midland House, 1994. p. 12.

④ Brain Campbell, *The Roman Army*, A Sourcebook. London and New York 1994. p. 201.

⑤ *The Cambridge History of Greek and Roman Warfare*, Volume Ⅱ, Rome from the late Republic to the late Empire, Edited by Philip Sabin, et al., Cambridge University Press 2007. p. 42, p. 45.

营帐中就可以望得见敌人啊。"① 塔西佗的这段议论成为古典作家言说近卫军与军团官兵差别的经典论述。蒙森也指出："和前线军团经常和敌人作战相比，近卫军几乎和敌人不照面，是和平年代的演兵场的士兵……。"② 与前线军团、边境行省驻扎的军团官兵相比，近卫军没有战场上的生命危险，亦无艰苦和险恶的生存环境。客观环境、生活和生存条件等方面的巨大差别，是近卫军招致军团官兵嫉妒乃至怨恨的主要原因。

奥古斯都组建近卫军的目的是为了保障自己及其皇室的人身安全，因此，不仅对近卫军人员的构成有相应的规定，而且为了确保近卫军的忠诚，也对近卫军给予了其他官兵望尘莫及的各种特殊关照。"近卫军的待遇和服役、退役条件大约在公元 6 年便固定下来。"③ 军团士兵服役期为 20 年④，骑兵近卫军或皇家骑兵卫队为 25 年⑤，辅军为 25 年，近卫军官兵为 16 年⑥。奥古斯都创建的近卫军不仅服役年限低于军团官兵，而且军饷也高于军团官兵。据狄奥·卡西乌斯记载，近卫军创建之初，军饷就高于其他部队⑦。近卫军士兵年军饷为 2 万塞斯退斯（sesterces），军团士兵的年军饷只有 1.2 万塞斯退斯⑧。到奥古斯都统治末年，近卫军年军饷

---

① ［古罗马］塔西佗著，王以铸、崔妙因译：《编年史》（上册），商务印书馆 1981 年版，第 19 页。

② Theodor Mommsen, *A History of Rome under the Emperors*, English translation by Clare Krojzl, Routledge, 1996. p. 89.

③ Arthur E. R. Boak, Ph. D., *A History of Rome*, To 565 A. D. New York, The Macmilan Company, 1921. p. 252.

④ 有些军团官兵出于生计，在第一个 20 年服役期满后，还要再服役 20 年。见 Charles Seignobos, *History of The Roman People*, Translation Edited by William Fairley, Ph. D., New York, Henry Holt and Company, 1902. p. 270. 公元 1 世纪时，罗马军团士兵的服役期延长至 25 或 26 年。

⑤ Michael P. Speidel, *Riding For Caesar: The Roman Emperors' Horse Guards*, Published by B. T. Batsford Ltd., 1994. p. 73.

⑥ 奥古斯都时代，近卫军创建初期，服役期为 12 年，其他部队服役期则为 16 年（见 Dio, 54. 25. 6）。公元 5 年，近卫军的服役期增加至 16 年，此后便固定为 16 年（见 Dio, 55. 23. 1）。关于近卫军的 16 年服役期，塔西佗也有具体记载。见 ［古罗马］塔西佗著，王以铸、崔妙因译《编年史》（上册），商务印书馆 1981 年版，第 24 页。

⑦ Dio, 54. 25. 6.

⑧ Ibid, 55. 23. 1.

已是军团官兵年军饷的 2—3 倍①。近卫军官兵退役后，可得 5000 迪纳里（denarii）的"养老金"，而军团官兵只能得到 3000 迪纳里②。不同历史时期，近卫军的军饷数额不尽相同，但总体上呈上升势头。多米提安和塞维鲁斯在位期间，曾大幅度提高近卫军军饷（stipendum）——将近卫军军饷提高到 1500 迪纳里。在拉丁语中，近卫军军饷一词为"sesquiplex sti-pendum"，即"一倍半"的军饷③。此处，"一倍半"意为是普通军团士兵军饷的"一倍半"。按照"一倍半"的标准，军团士兵军饷为 225 迪纳里，近卫军则为 375 迪纳里。近卫军存在的数百年间，这一收入上的差异贯穿始终。多米提安和塞维鲁斯大幅度提高近卫军军饷后，近卫军军饷更是远远超过了军团士兵的军饷。这些收入使近卫军士兵在经济上比罗马普通公民更富有。近卫军军饷不仅高于驻扎行省的军团官兵，也高于同在罗马城内服役的城市警卫大队的官兵。近卫军的特权与优惠，军饷能够说明诸多问题。

　　普通近卫军士兵军饷高于军团士兵的军饷，近卫军中各级军官的军饷也为军团各级军官无法企及。作为近卫军创始人，奥古斯都为近卫军做的第一件事即是颁布敕令，给予直接保卫他人身安全的近卫军双倍于普通士兵的军饷④。近卫军中各级军官也比照近卫军士兵，军饷亦高于军团服役的各级军官⑤。比如，近卫军中大队长的年军饷在 2.5 万—5 万迪纳里，相同级别的其他军队的军官年军饷仅维持在 1 万—2.5 万迪纳里⑥。近卫军官兵与军团官兵之间军饷差距已成倍数，从一个侧面反映出近卫军的特

①　*The Cambridge History of Greek and Roman Warfare*, Volume Ⅱ, Rome from the Late Republic to the late Empire, Edited by Philip Sabin, et al., Cambridge University Press 2007. p. 42, p. 45.

②　Thomas Keightley, *History of The Roman Empire*, *From The Accession of Augustus To The End of The Empire of The West.* Boston: Hillard, Gray, and Company. 1841. p. 37. Dio, 55. 23. 1.

③　近卫军和军团士兵的军饷在一年中的 1、5、9 月发放。见 M. Alexander Speidel, *Roman Army Pay Scales*, The Journal of Roman Studies, Vol. 82（1992），p. 87.

④　Dio, 53. 11. 5.

⑤　近卫军长官因有骑士出身的资格要求，经济上富有者大有人在。普劳提亚努斯（Plautia-nus）既是卡拉卡拉皇帝的近卫军长官，也是他的岳父。普劳提亚努斯拥有大片田产，还是大列普西斯（Lepcis Magna，罗马帝国时代北非重要的贸易中心，多位皇帝诞生在这里）地区周围的橄榄油制造商。见 *The Cambridge Economic History of The Greco - Roman World*, edited by Walter Scheidel, et al., Cambridge University Press 2007. p. 561.

⑥　*The Cambridge History of Greek and Roman Warfare*, Volume Ⅱ, Rome from the Late Republic to the late Empire, Edited by Philip Sabin, et al., Cambridge University Press 2007. p. 161.

权和皇帝的恩惠，也造成军团与近卫军之间的敌意和对立。苏维托尼乌斯也曾记载，提比略登基后不久，伊利里库姆和日耳曼军团发生兵变，要求和近卫军拥有同样的军饷①。这件事说明，近卫军军饷高于军团官兵，直接导致了军团官兵对近卫军的嫉妒与敌意。

如果说军饷是近卫军的固定收入，那么皇帝、元首经常性的赏赐即可视为近卫军的"非定期"收入，即元首、皇帝给予的各种名目的"赏金""赏赐"——Donativum②，主要是元首、皇帝出于对军队的感激，发放给军队的酬金。也就是说，近卫军一倍于军团士兵的军饷并不包括各种赏赐。自帝国第二任皇帝提比略首开给予近卫军"赏金"——1000 迪纳里③——一笔不菲的赏金后，历代元首、皇帝登基时每每慷慨解囊，不仅是一个"约定俗成"的规矩，而且成为近卫军另一项非常可观的"稳定"收入，是近卫军独有的特殊待遇。军团官兵虽然也能得到皇帝赏赐，但数量和"频率"远不及近卫军官兵。这一点构成了近卫军与军团官兵非常大的区别。许多情况下，皇帝的赏赐仅限于近卫军，军团官兵被排除在外。尤其在帝位传承过程中，近卫军的举动直接关涉皇帝性命安危，乃至帝位的取舍，皇帝只能通过赏金笼络近卫军。特别是在皇帝登基时，总要通过赏金笼络近卫军。除各种名目的赏赐、馈赠外，近卫军还经常"意外"地得到来自皇帝的其他赏赐。例如，尼禄登基后不久，便"给近卫军大队每月发放免费粮食"④。"赏金自从克劳狄乌斯一步登天以来，便成为每一个新皇帝继位时不能不支付的合法报酬。"⑤ 还是这位克劳狄皇帝，除登基时赏赐给每一位近卫军 1.5 万塞斯退斯（相当于近卫军士兵 5 年的军饷）之外，每逢登基周年纪念日，都要赏赐近卫军 100 塞斯退斯⑥——

---

① ［古罗马］苏维托尼乌斯著，张竹明等译《罗马十二帝王传》，商务印书馆 1995 年版，第 127—128 页。

② 赏赐、赏金是帝国时代军队官兵的重要收入来源，后来竟为一年军饷数额的几倍。见 Susan P. Mattern, *Rome and the Enemy: Imperial Strategy in the Principate*, University of California Press, Ltd., 1999. p. 141.

③ Boris Rankov, *The Praetorian Guard*, Osprey Publishing, Midland House, 1994. p. 8.

④ ［古罗马］苏维托尼乌斯著，张竹明等译：《罗马十二帝王传》，商务印书馆 1995 年版，第 227 页。

⑤ ［英］爱德华·吉本著，黄宜思、黄雨石译：《罗马帝国衰亡史》（上册），商务印书馆 1997 年版，第 99 页。

⑥ Dio, 60. 12. 4.

军团官兵根本得不到的额外收入。历代君主对近卫军的赏赐数量差别较
大，行赏原因不外乎两个：感谢近卫军登基时的"贡献"；通过金钱收
买、笼络军心。历代君王中，唯有图拉真是极少数"例外"，他登基后，
不仅没有增加对近卫军的赏赐，反而将赏银减半，其他绝大多数君王则奉
行"宁增勿减"原则。对近卫军、军队的赏赐是帝国历史上一个耐人寻
味的特殊现象，甚至赏赐数量的多寡，从不同侧面反映出皇帝与近卫军的
关系，涉及统治是否稳固，等等。正如西方学者所指出的，皇帝经常性地
给予近卫军各种多于军团官兵的赏赐，"是近卫军忠诚的代价，对于驻扎
在皇帝身边的军队来说至关重要。"①

为了免除近卫军的后顾之忧，近卫军退役官兵还会得到一份土地。一
些人退役后，也可以选择成为"留用老兵"（evocati），继续在近卫军中服
役。不过，"留用老兵"已不是一般意义上的普通近卫军士兵，不仅免除
了各项杂务、勤务，而且薪水较高，主要承担一些教官、工程技术之类的
任务。优厚待遇和舒适的服役条件，以及相应的特权利益，到近卫军服役
成为大多数意大利年轻人青睐的选择，即使在意大利人拒绝在军团服役之
后也是如此。比较而言，军团官兵却没有如此幸运。

近卫军所享受各种优惠、特殊待遇，不仅表现在经济收入、服役条件
等方面，在其他方面体现得更为突出，可谓"全方位"地超过了军团官
兵。近卫军中服役的官兵，升迁、提拔的机会比军团士兵多得多。相当数
量的近卫军士兵被提拔到军团中担任百人队长，或其他官职。如果退役近
卫军士兵有意再到军团服役，则可以直接提拔为百人队长。普通军团士兵
全无此类优待。退役的近卫军士兵能够得到一块土地，普通军团官兵则只
能依照惯例安置在行省②。军团老兵退役后所得份地，名曰"庄园"，"但
实际上却是一块积水的沼泽或荒瘠不毛的山边土地"③。近卫军退伍老兵
的安置也比军团官兵优越。公元前 25 年，奥古斯都在意大利境内建立了
一座小城，命名为 Augusta Praetoria Salassorum（今天的奥斯塔——Aosta），

---

① *The Cambridge History of Greek and Roman Warfare*, Volume Ⅱ, Rome from the Late Republic
to the Late Empire, Edited by Philip Sabin, et al., Cambridge University Press 2007. p. 45.

② Arthur E. R. Boak, Ph. D., *A History of Rome*, *To* 565 A. D. New York, The Macmillan Com-
pany, 1921. p. 252.

③ ［古罗马］塔西佗著，王以铸、崔妙因译：《编年史》（上册），商务印书馆 1981 年版，
第 18、197 页。

这里曾安置了 3000 名近卫军退伍老兵①。

　　驻扎罗马城，又有诸多军团官兵望尘莫及的优厚待遇，处处体现了创建者的真实用意——确保近卫军的忠诚。然而，事与愿违，近卫军后来的作为让这种用心化为乌有，优越的生活境遇反而使近卫军日渐骄横，成为帝国动乱的祸根之一。塔西佗指出："（近卫军）军营稍离城市的引诱，纪律也就不会松弛下来。"②吉本更为深刻地指出："（近卫军）长期处在这座富饶城市提供的安逸、奢侈的生活之中，自身具有莫大权力的意识培养了他们的骄横，渐至使他们不可能不感到君王的生死、元老院的权威、公众的财富、帝国的安危实际全都掌握在他们的手中。"③同为军队，安营罗马城与驻扎边境行省，生活条件和环境差异巨大，近卫军的特权首先通过驻扎地凸显出来。诚如蒙森所指出的，比较那些驻扎边远边境地区的军团官兵，近卫军的优越地位和待遇必然"招致怨恨"和不满，他们要求与近卫军享有同等待遇也是合理的④。不同时代的历史学家，对奥古斯都给予近卫军诸多特权提出异议。史实也一再证明，太多的特权和优惠的待遇助长了近卫军的骄横与傲慢，消解了近卫军的意志，金钱和物质享受对近卫军的腐蚀作用奥古斯都大概始料未及。因此，奥古斯都优惠近卫军的种种举措弊多利少。

　　缘何驻扎罗马城成为一项特权的标志？除了生活环境的优厚之外，罗马城首都地位也格外特殊。"罗马城作为帝国的首都城市，高居帝国所有自治城市之上，使罗马城管辖了其他一切城市。谁控制了罗马城，谁就控制了帝国。"⑤某种意义上讲，近卫军的特权及其特殊地位既来自皇帝的关照，也来自所驻扎的罗马城。如同罗马城的地位帝国其他城市不能比拟一样，驻扎这里的近卫军也令其他军队无法与之比肩。

　　理论上讲，近卫军是建立在"三大支柱"——忠诚、荣誉、恪尽职

①　James S. Reid, Lirr. D. *The Municipalities of The Roman Empire*, Cambridge, 1913. p. 164.

②　[古罗马]塔西佗著，王以铸、崔妙因译：《编年史》（上册），商务印书馆 1981 年版，第 18、197 页。

③　[英]爱德华·吉本著，黄宜思、黄雨石译：《罗马帝国衰亡史》（上册），商务印书馆 1997 年版，第 99 页。

④　Theodor Mommsen, *A History of Rome under the Emperors*, English translation by Clare Krojzl, Routledge, 1996. p. 117.

⑤　厉以宁：《罗马—拜占庭经济史》（上编），商务印书馆 2006 年版，第 247 页。

守——基础之上的。此处所云忠诚指的是，"近卫军士兵应忠于自己的帝国，保卫帝国贵族、公民、近卫军伙伴，甚至为皇帝献出生命。违背或背叛自己神圣的誓言和职守的企图，是最大的犯罪。"① 荣誉则指："一个近卫军士兵在战场内外都保持最高荣誉。在任何时候他都要对自己的行为负责，他的一举一动反映着近卫军的整体。近卫军士兵将保持标准的礼节，表现出和善、遵守法律，以及在履行职责时的宽厚。"关于近卫军恪尽职守，主要内容包括："近卫军只是为他的帝国和皇帝服役，但希望和梦想是为全体人民服役。近卫军对帝国的奉献和爱异常深厚，没有人对此产生怀疑。"② 近卫军的"三大支柱"主要还是精神支柱，"是每一个近卫军士兵入伍时宣誓的誓言"③。然而，在近卫军数百年历史上，当初预设的"三大支柱"并未贯彻到底，许多时候，近卫军完全将其丢弃一边，不仅抛弃了对帝国、皇帝的忠诚，也丝毫不顾及荣誉及其价值，当然也不可能对国家恪尽职守。帝国几百年历史上，近卫军一直是一把"双刃剑"："对于专制帝王的王位来说，这样一支无比强大的奴仆卫队永远是必要的，但常常也是致命的。"④ 纵观帝国历史上近卫军所作所为，只能说是奥古斯都组建近卫军的同时，也为帝国埋下了祸根。

奥古斯都缘何给予近卫军双倍军饷及其他各种优惠？我们以为，狄奥·卡西乌斯的论说一语中的：奥古斯都之所以给予近卫军双倍的军饷，目的是使近卫军确实保障他的人身安全⑤。由此可知，近卫军的各种优惠与特权来自皇帝，为奥古斯都新建立的帝国政治体制使然。

三 侦缉队

近卫军的特权与优惠，不仅体现在服役待遇上，也表现在其他方面。侦缉队（Speculatores）的设置，即可视为近卫军的另一项特权。

罗马帝国皇帝为了维持自己统治的稳定，除了有近卫军这样公开的卫队之外，还建立了一套属于"秘密警察"之类的"特务组织"，可谓皇帝

---

① http：//www. mux. net/ ~ eather/news/praetor. html.

② http：//www. praetorian – guard. com.

③ Ibid.

④ [英]爱德华·吉本著，黄宜思、黄雨石译：《罗马帝国衰亡史》（上册），商务印书馆1997年版，第98页。

⑤ Dio，53. 11. 5.

鹰犬部队之外的"鹰犬"。这个特务组织便是近卫军的一个下属部门，由近卫军长官指挥①。侦缉队的成员因执行特殊任务，对士兵也有特殊的要求。侦缉队成员严格要求必须是服役 5 年以上的老兵，且在应征入伍的近卫军士兵中选拔。侦缉队的规模有限，活动范围集中在罗马城，并未发展成为一个涉及整个帝国的"情报机构"。由于经常为皇帝执行派送急件及其他特殊使命，侦缉队对宫廷内部纷争了如指掌，也因此被一些阴谋家所利用。例如，提比略手下声名狼藉的近卫军长官塞亚努斯，第一次利用侦缉队作为自己的耳目，打击对手。侦缉队还是实施酷刑的行家里手。尼禄通过他的近卫军长官提盖里努斯抓捕自己的政敌，尤其是那些卷入皮索阴谋活动的人。据说，提图斯当政后，利用侦缉队诛除了所有的政敌，尽管这些人曾在其父王韦伯芗手下供职。

侦缉队建立之初主要执行一些暗地打探消息、跟踪盯梢等任务。侦缉队的任务多为非军事性的，与近卫军所肩负的各项使命又有所不同。随着时间的推移，在执行皇帝的暗杀、拷问任务过程中，声名大坏②。帝国政治生活中，侦缉队扮演的角色是阴暗的，所执行的各项任务、使命等属于暗中活动，与皇帝的统治有直接关系。皇帝为了维护自己的统治需要这样一支特殊的"秘密警察"部队，需要利用这样一支"秘密警察"部队进行剪除异己、暗杀政敌等活动。这支特殊的"秘密警察"能够成为近卫军的下属部门，更说明了近卫军的特权性和特殊性。近卫军的这些"额外"职能往往比其自身应有职能更具威慑力。

除了侦缉队之外，哈德良时代还组建了一支隶属近卫军的特殊的"特务组织"性质的"暗探"（*frumentarius*）。"暗探"声名狼藉，最后被戴克里先遣散。

第三节　近卫军长官

罗马帝国历史上，近卫军长官（*Praetorian prefects*，*praefectus prae*

①　Robert F. Evans, *Soldiers of Rome*, *Praetorian and Legionnaires*, Washington, 1986. p. 5.

②　Matthew Bunson, *Encyclopedia of the Roman Empire*（revised edition）, New York NY 10001, 2002. p. 512. 具有典型特务组织特征的侦缉队所从事的各项活动，从另一个角度说明了奥古斯都创建元首制的性质，隶属近卫军也进一步证实了近卫军的鹰犬部队性质。

torio）——直接掌控近卫军的军事指挥官，主要任务是保卫皇帝、元首的安全。在拉丁语中，近卫军长官（*praefectus praetorio*）① 也缩写为"PR PR"②。拉丁语中，长官——*praefectus* 一词在奥古斯都时代具有特殊的含义，是对某种职位的褒奖。直到奥古斯都统治末年，带有长官称谓的比较重要的帝国官吏为 4 个：近卫军长官、埃及行省总督、负责罗马城谷物供应的官吏，以及消防大队和夜间巡查大队长官③。随着近卫军势力、地位和作用的增强，近卫军长官成为最重要和最高级官吏④，显赫程度为其他任何官职所不及。作为重要的军事将领，近卫军长官与军团将领一个非常明显的差别是，各个军团"总司令官"（*legate*）为一人，近卫军长官却是两人⑤。和帝国其他各类高级官职相比，近卫军长官为帝国新增设官职，不具备更多的传统性特征；此外，和其他官职的最大不同之处、特殊之处在于，近卫军长官由皇帝亲自选拔任命，以示该官职直接向皇帝负责。与帝国其他官吏通常任职 3—5 年相比，近卫军长官无任职时间限制，终身任职⑥两朝、三朝元老不乏其人。近卫军的历史证明，帝国新设置的近卫军长官"后来居上"，最终"让其他各级旧有的高级官吏黯然失色"⑦。

　　近卫军长官的主要职责是管理、指挥近卫军官兵，陪同皇帝出行，对

---

　　① 依据蒙森的解说，*praefectus* 意为皇帝的代表。见 Theodor Mommsen, *A History of Rome under the Emperors*, English translation by Clare Krojzl, Routledge, 1996. p. 306。

　　② Lesley and Roy Adkins, *Handbook to life in Ancient Rome*, Oxford University Press, 1993. p. 241.

　　③ H. Stuart Jones, *The Roman Empire*, B. C. 29 – A. D. 476, New York, G. P. Putnam's Sons, London：T. Fisher Unwin, 1908. p. 15. 城市消防大队长官位置比较重要，大概与罗马城内火灾频发有直接关系。关于罗马城内重要的行政长官，一种说法是四个，另一种说法是三个：一位负责谷物供给，另一位掌管罗马城内事务的城市长官，第三位则是近卫军长官。这三名官吏权势最大。见 Robert F. Pennell, *Ancient Rome*, *from the earliest times down to 476 A. D.*, U. S, 1890. p. 143。比较而言，后一种说法更贴近史实，即奥古斯都当政后，曾创立了三个重要官职：谷物供应长官、城市长官、近卫军长官。见 Georges Castegnier, *Handbook of Greek and Roman History*, New York, Cincinnati, Chicago, 1896. p. 94。但无论何种说法，都包括了近卫军长官。

　　④ A. H. J. Greenidge, *Roman Public Life*, Macmillan And Co., Limited St. Martin's Street, London, 1922. p. 406.

　　⑤ Theodor Mommsen, *A History of Rome under the Emperors*, English translation by Clare Krojzl, Routledge, 1996. p. 307.

　　⑥ Ibid, p. 308.

　　⑦ J. C. Stobart, *The Grandeur that Was Rome：A Survey of Roman Culture and Civilisation*, London, 1912. p. 182.

皇帝及其皇室成员的安全负责。"事实上，在法律意义上讲，近卫军长官只是执行控制近卫军的皇帝的各项命令的工具"①。和帝国其他军事将领一样，近卫军长官并没有实际意义上的兵权，皇帝不仅是所有罗马军团的总司令②，也是近卫军的总司令，近卫军长官则是皇帝的奴仆或鹰犬。皇帝可以依据自己的意愿，随时撤换乃至处死近卫军长官。

近卫军诞生于公元前 27 年，第一位近卫军长官设置的年份却是公元前 2 年。在此期间，近卫军各个大队由骑士出身的大队长统领③。蒙森认为，近卫军的指挥权并非按照罗马帝国的常规路径发展演进。近卫军组建之初，没有统一指挥近卫军的近卫军长官，皇帝本人亲自统领全体近卫军。尽管设置了近卫军长官，但皇帝依然凌驾其上④。公元前 2 年，奥古斯都任命两名骑士出身的近卫军指挥官，后被称为近卫军长官，他们是昆图斯·奥斯特利乌斯·斯卡普拉（Quintus Ostorius Scapula）和普布利乌斯·萨尔维乌斯·亚珀（Publius Salvius Aper）⑤。斯卡普拉在尚未行使近卫军长官权力时，便被从近卫军长官岗位上移开，出任埃及行政长官。大概与此同时，最初的两名近卫军长官又被第二任近卫军长官瓦莱利乌斯·利古尔（Valerius Ligur）一人所取代，说明奥古斯都对此人非常信任，并专门在元老院为其设置了座席，陪同奥古斯都进出元老院。"从奥古斯都时代开始，近卫军长官不仅是皇帝保镖的首领，而且深得皇帝信任，影响力由此大增。"⑥ 继奥古斯都之后，在元老院为近卫军长官设置座席的殊荣，被克劳狄用于奖赏他的近卫军长官鲁夫利乌斯·波利奥（Rufrius Pol-

---

① Laurence Lee Howe, *The Pretorian Perfect From Commodus to Diocletian* (A. D. 180 – 305), University of Chicago, 1942. p. 10.

② Ibid, p. 14.

③ Boris Rankov, *The Praetorian Guard*, Osprey Publishing, Midland House, 1994. p. 4.

④ Theodor Mommsen, *A History of Rome under the Emperors*, English translation by Clare Krojzl, Routledge, 1996. p. 306.

⑤ 关于奥古斯都设置近卫军长官一事，狄奥·卡西乌斯的记载可资证实。见 Dio, 55. 10. 10. 但这两名近卫军长官到底是怎样产生的，史载不详。至于最先出任近卫军长官的昆图斯·奥斯特利乌斯·斯卡普拉和普布利乌斯·萨尔维乌斯·亚珀，历史上无详细记载，人们对亚珀的作为一无所知。第一任两名近卫军长官任职时限亦模糊不清。

⑥ Olga Tellegen – Couperus, *A short history of Roman law*, Published in the Taylor & Francis e – Library, 2003. p. 80.

lio）①。公元 14 年，即奥古斯都辞世时，瓦莱利乌斯·利古尔被斯特拉波（Lucius Seius Strabo or Lucius Aelius Strabo，提比略时代著名近卫军长官塞亚努斯之父）替代，此时的近卫军只有斯特拉波一人统领②。斯特拉波在奥古斯都生前曾宣誓效忠提比略③。至于斯特拉波如何晋升近卫军长官、是否始终没有同僚，均无历史记载。提比略继位不久后，于公元 15 年（即奥古斯都死后第 2 年）任命斯特拉波的儿子塞亚努斯（Sejanus）为其助手。从这时起，近卫军长官增至 2 人。此后，帝国历史绝大多数时间里，近卫军长官为 2 人。康茂德、狄迪乌斯·朱里亚努斯（Didius Julianus，即用金钱从近卫军手中"购得"王位的皇帝）等皇帝在位期间，近卫军长官人数曾增加至 3 人或 4 人，但在近卫军历史上并不多见。一名近卫军长官独掌近卫军指挥权属于极为少见的特殊情况，造就的是权势熏天的近卫军长官。比如，韦伯芗当政后，任命自己的儿子、皇储提图斯为唯一一名近卫军长官。奥古斯都设置该官职时，从骑士阶层中选拔忠诚、胜任者出任近卫军长官，近卫军长官不仅肩负保卫皇室安全的使命，而且逐步被赋予了军事、警察、管理宫廷事务等诸多权力职能④，总的趋势是权力范围不断扩大，绝非单纯的皇家卫队司令。

　　缘何近卫军长官为二人？狄奥·卡西乌斯给出的答案是："如果一人出了问题，另一名近卫军长官仍然可以担负保卫皇帝的重任。"⑤ 显然，在狄奥·卡西乌斯那里，"双保险"是至关重要的。当代学者认为："共同执掌权力是非常重要的，因为奥古斯都非常清楚两个人分享权力的必要性……。"⑥ 除了这些说法之外，还有一个重要的因素需要考虑，这就是共和国长期形成的官职同僚制——各级常设高级官吏人数均为偶数的传

---

① Matthew Bunson, *Encyclopedia of the Roman Empire*（revised edition）, New York NY 10001, 2002. p. 321. 狄奥·卡西乌斯对此事亦有记载。

② Ronald Syme, *Guard Prefects of Trajan and Hadrian*, The Journal of Roman Studies, Vol. 70（1980）, p. 64.

③ ［古罗马］塔西佗著，王以铸、崔妙因译：《历史》，商务印书馆 1997 年版，第 7 页。

④ Peter Michael Swan, *The Augustan Succession: An Historical Commentary on Cassius Dio's Roman History Books* 55 – 56 *(9 B. C. – A. D. 14)*, Oxford University, 2004. p. 105.

⑤ Dio, 52. 24. 2.

⑥ Sandra J. Binghan, *The Praetorian Guard in the Political and Social Life of Julio – Claudian Rome*, The University of British Columbia, 1997. p. 32.

统，突出了协商和权力使用上的相互制衡①。奥古斯都创设近卫军及其长官所处的时代是帝国初年，共和国的影响根深蒂固，沿袭共和国传统，近卫军长官设置二人——两人权力相同，无高低、上下之分——应与同僚制有密切联系②。蒙森则将设置两名近卫军长官解释为："如同共和国以两名执政官取代一个国王一样，以其减少该官职权势过大的危险……"③另有一种说法认为，近卫军长官之所以设置二人，原因在于当一名近卫军长官离开罗马城（如陪同皇帝巡幸、开赴前线等），另一名近卫军长官驻守罗马城④，罗马城内始终保持一名近卫军长官。也有学者认为，近卫军长官设为二人，可以相互监视，是奥古斯都控制近卫军的措施之一⑤。这种制度上的设计，从不同层面反映出共和国的传统根深蒂固。但这一传统并非亘古不变，往往因人、因时而异。例如，奥古斯都死后，提比略继承王位，手下近卫军长官只有斯特拉波一人。帝国历史上，近卫军长官人数最多时为 4 人——极其罕见的历史现象。4 人同时担任近卫军长官出现在三世纪危机期间的瓦莱利安（Valerian）统治时期。其时，瓦莱利安长期离开罗马城，居住东方，近卫军长官由 4 人担任：两人在罗马城，两人在东方⑥。

近卫军长官并不直接享有法律或制度规定的政治权力，但他们却可以对帝国政治施加各种影响，如对新皇帝登基的默许与接受，尤其在一些特殊时刻，近卫军长官对帝位传承的影响是决定性的⑦。除了对政治施加影响外，近卫军长官的实际权限范围可以简单归纳为军事和国内事务两个大的方面。

---

① B. Capmbell, *The Emperor and the Roman Army*, Oxford, 1984, pp. 116 – 117.

② 共和国时代的两名执政官即是如此：权力等同，不相隶属，亦无上下之别。某种意义上讲，奥古斯都设两名近卫军长官也是对共和国常设高级官吏传统的沿袭。

③ Theodor Mommsen, *A History of Rome under the Emperors*, English translation by Clare Krojzl, Routledge, 1996. p. 307.

④ Peter Michael Swan, *The Augustan Succession: An Historical Commentary on Cassius Dio's Roman History Books* 55 – 56 (9 B. C. – A. D. 14), Oxford University, 2004. p. 105.

⑤ Robert F. Evans, *Soldiers of Rome*, *Praetorian and Legionnaires*, Washington, 1986. p. 4.

⑥ Howe, Laurence Lee. *The Pretorian Prefect from Commodus to Diocletian* (AD 180 – 305), The University of Chicago Press. 1942. p. 59, p. 32.

⑦ Pat Southern, *The Roman army: a social and institutional history*, ABC – CLIO, Inc. 2006. p. 117.

近卫军创建初期，近卫军长官的权限主要是军事上的，人们对近卫军长官没有给予更多的注意。后来，伴随近卫军势力和地位的增强，近卫军长官的权力不断扩大，近卫军长官的权力触角逐步伸向其他领域，近卫军长官的重要性日益凸显①，并随之一步步涉足军事、司法、行政等诸多领域，触角延伸到帝国各个角落②，成为帝国最有权势的官吏之一③。帝国历史上，近卫军长官的权势总体上呈上升势头，历代元首、皇帝不断将帝国一些重要的行政与管理职能、权限赋予近卫军长官，使近卫军长官参与司法和立法等管理事务④，甚至一些民事案件也由近卫军长官管辖的法庭审理⑤，等于赋予了近卫军长官一系列司法职责⑥。"在元首制存续期间，近卫军长官拥有的司法权限范围是罗马城和罗马城以外 100 英里的所有地区。""并负责惩罚意大利某些地区的犯罪"⑦。作为法官，近卫军长官的重要职责主要包括两个方面：一是皇帝顾问委员会成员；二是所在法庭的主管⑧。

近卫军存续期间，因为与皇帝的特殊关系，近卫军长官往往是皇帝顾问班底成员。奥莱利乌斯在位期间，近卫军一个新的变化是，近卫军长官开始在法学家阶层中产生⑨。此前，近卫军长官也经常参与司法、审问等

---

① Sandra J. Binghan, *The Praetorian Guard in the Political and Social Life of Julio - Claudian Rome*, The University of British Columbia, 1997. p. 32.

② Laurence Lee Howe, *The Pretorian Perfect From Commodus To Diocletian* (A. D. 180 – 305), University of Chicago, 1942. p. 11.

③ Matthew Bunson, *Encyclopedia of the Roman Empire* (revised edition), New York NY 10001, 2002. p. 449.

④ Theodor Mommsen, *A History of Rome under the Emperors*, English translation by Clare Krojzl, Routledge, 1996. p. 307.

⑤ Matthew Bunson, *Encyclopedia of the Roman Empire* (revised edition), New York NY 10001, 2002. p. 305.

⑥ 帝国历史上，皇帝的敕令是罗马法的重要渊源之一。帝国时代，皇帝的敕令常常以书信的形式交给近卫军长官或其他高级官吏，以确保这些法律得以公布。见 Olga Tellegen - Couperus, *A short history of Roman law*, Published in the Taylor & Francis e - Library, 2003. p. 125。

⑦ Olga Tellegen - Couperus, *A short history of Roman law*, Published in the Taylor & Francis e - Library, 2003. p. 80, p. 92.

⑧ Harold Mattingly, *Outlines of Ancient History: From The Earliest Times to The Fall of The Roman Empire in The West*, A. D. 476, Cambridge at the University Press, 1914. p. 399.

⑨ Howe, Laurence Lee. *The Pretorian Prefect from Commodus to Diocletian* (AD 180 – 305), The University of Chicago Press, 1942. p. 32.

活动①，一些并不重要的法庭便掌控在近卫军长官手中②。2 世纪末，塞维鲁斯入主罗马后，虽然遣散了原来的近卫军，但近卫军长官的地位没有丝毫削弱。由于塞维鲁斯经常任命著名法学家担任近卫军长官③，一方面使近卫军长官的知识、出身结构发生了改变；另一方面，近卫军长官初始时的单纯的军事性质也在发生改变，正式介入帝国司法领域，成为仅次于皇帝的重要官职④。

君士坦丁之前的帝国历史上，近卫军长官每每一言九鼎，甚至凌驾于皇帝之上，其官职远非自身的符号意义，往往带有更多"附加"概念。西方学者指出，从塞亚努斯开始，近卫军长官成为除皇帝之外的、最重要的帝国政治官吏⑤——而非军事官吏。蒙森指出："界定近卫军长官的权力范围是无意义的，因为皇帝权力范围即是近卫军长官的权力范围。"⑥原因在于，近卫军长官深得皇帝信赖，使其他任何帝国官吏无法望其项背，权力触角无所不及。

当然，作为军事官吏，近卫军长官增加最多的权限、职能是军事上的。据说，奥古斯都非常讨厌骑兵长官一职⑦，废止了这一历史悠久的官职，将其主要职能转交给了元首制下新设置的近卫军长官⑧。2 世纪，几

---

① 尼禄当政期间，近卫军长官提盖里努斯曾参与对披索同谋者的审讯。弗拉维王朝，主持修复近卫军营地的近卫军长官克莱门斯则是立法机构成员。

② Matthew Bunson, *Encyclopedia of the Roman Empire* (revised edition), New York NY 10001, 2002. p. 305.

③ 例如，法学家乌尔比安（Ulpian）、埃米里乌斯·帕皮亚努斯·帕皮尼安（Aemilius Papinianus Papinian）等。担任过近卫军长官的帕皮尼安是罗马史上著名的法学家，对罗马法的发展产生过持久性的影响。见本书第六七章相关内容。

④ William F. Allen, *A Short History of the Roman People*, Boston, U. S. A.：Published By Ginn & Company. 1890. p. 282.

⑤ *The Cambridge Ancient History*, Volume XI, The Imperial Peace, A. D. 70 – 192, Cambridge University Press, 1936. p. 257.

⑥ Theodor Mommsen, *A History of Rome under the Emperors*, English translation by Clare Krojzl, Routledge, 1996. p. 339.

⑦ 骑兵长官是共和国时代和帝国晚期的重要官职。共和国时代，骑兵长官是非常时期的独裁官之副手，并由独裁官任免，拥有多项权力。君士坦丁当政后，为抑制近卫军长官的权势，重新设置了骑兵长官职务。但此时的骑兵长官与历史上的骑兵长官不可同日而语。

⑧ Matthew Bunson, *Encyclopedia of the Roman Empire* (revised edition), New York NY 10001, 2002. p. 340.

代皇帝忙于对外战争或与蛮族交战，经常把近卫军派往前线，不止一位近卫军长官成为手握重兵的前线指挥官，统领军队同敌人作战。"在近卫军长官能够保持对皇帝的忠诚时，是贤君明主的耳目……也是那些想要征服世界的好战之君的左膀右臂。"① 关于近卫军长官的军事官员属性，学术界也有不同的观点。蒙森以 2 世纪末 3 世纪初期一些法学家出任近卫军长官为例，说明近卫军长官的非军事性质②。但法学家出身的近卫军长官毕竟少数，绝大多数近卫军长官的军事性质是明显的，尤其是三世纪危机期间，近卫军长官多为悍将武夫，法学家近卫军长官之前的近卫军长官也以行伍出身者为多。

近卫军是皇帝的私人卫队，近卫军长官与皇帝的宫廷生活关系密切，与皇帝有一种"天然"的近距离。能够在帝国时代跻身皇帝顾问班底③，是近卫军长官长期不离皇帝左右的必然结果。近卫军长官的一项重要职能是转达皇帝的谕旨，以及各项指令，即"从皇帝那里得到谕旨，然后向外界传达。"④ 这种皇帝"传令官"的角色，平添了近卫军长官的重要性。作为近卫军司令官的近卫军长官虽然有别于帝国官僚机构中的各级官吏，但因与皇帝及其宫廷生活息息相关，形成了其他各级官吏望尘莫及的权势。近卫军长官的地位、权势在不同时期、不同的皇帝统治下有波动起伏——取决于皇帝对近卫军长官的控制和信任程度，但总的来说地位、权势是显赫的。

罗马帝国，近卫军长官官职炙手可热，与皇帝、皇室的亲近关系是一方面原因；另一方面，则因为参与权力纷争，"很多近卫军长官卷入权力之争的阴谋与厮杀"⑤，尤其是三世纪危机以后，近卫军长官及其职位声名狼藉，因此，戴克里先当政后，既削减了近卫军的实力，也削弱了近卫军长官的权力。西方学者认为，近卫军长官代表了帝国两项自相矛盾的要

---

① Howe, Laurence Lee. *The Pretorian Prefect from Commodus to Diocletian* (*AD* 180 – 305), The University of Chicago Press, 1942. p. 63.

② Theodor Mommsen, *A History of Rome under the Emperors*, English translation by Clare Krojzl, Routledge, 1996. p. 338.

③ Susan P. Mattern, *Rome and the Enemy*: *Imperial Strategy in the Principate*, University of California Press, Ltd. , 1999. p. 6.

④ Theodor Mommsen, *A History of Rome under the Emperors*, English translation by Clare Krojzl, Routledge, 1996. p. 339, p. 338, p. 307.

⑤ Boris Rankov, *The Praetorian Guard*, Osprey Publishing, Midland House, 1994. p. 3.

素：公正与专制①。此处所谓"公正"是指近卫军长官能够履行自己的职能——包括作为近卫军长官、法官、帝国管理者等所应履行的各种职能，不因近卫军长官个人作为给社会制造混乱和麻烦；所谓"专制"既指近卫军长官对皇权的维护，也包括近卫军长官专横。

近卫军长官职位的特殊性，决定了近卫军长官人选的特殊性，也决定了近卫军长官的任职资格必须受到相应的条件限制。如同近卫军士兵一样，罗马帝国对近卫军长官任职资格有严格的限定性规定——并非什么人都可以出任近卫军长官，如军队服役的经历、骑士阶层出身等②，公元1—2世纪的近卫军长官绝大多数出身骑士阶层。此外，埃及行省行政长官也是近卫军长官的重要来源，许多近卫军长官为埃及行省行政长官出身。

近卫军士兵主要在意大利征召，近卫军长官的出生地理所当然也有相应要求。但多数情况下，近卫军长官出身罗马或意大利③。据狄奥·卡西乌斯记载，担任近卫军长官应拥有战场经验并在军队担任过官职④。为什么奥古斯都专门在骑士阶层中选拔近卫军长官？西方学者认为，在奥古斯都心目中，骑士阶层比元老更忠诚可靠⑤。个别时候，近卫军长官还可通过姻亲关系，进一步密切同皇帝的关系。例如，公元202年，卡拉卡拉皇帝的妻子普劳提拉（Plautilla）便是近卫军长官普劳提乌斯的女儿；3世纪的高尔迪安三世的岳父为其近卫军长官。尽管没有证据说明类似婚事带有政治色彩，但至少会强化近卫军长官与皇帝的关系。由于近卫军本身事

---

① Howe, Laurence Lee. *The Pretorian Prefect from Commodus to Diocletian* (*AD* 180 – 305), The University of Chicago Press, 1942. p. 63.

② 西方学者认为，近卫军长官以骑士为任职资格，说明在帝国时代，出身高贵的观念正在淡化。见 Albert A. Trever, *History of Ancient Civilization*, *Volume II*, *The Roman World*, Harcourt, Brace and Company, New York, 1939. p. 332。关于近卫军长官的骑士任职资格，苏维托尼乌斯也有明确记载，见［古罗马］苏维托尼乌斯著，张竹明等译《罗马十二帝王传》，商务印书馆1995年版，第319页。随着时间的推移，近卫军长官的出身也呈多样化趋势，出身行伍不再是硬性条件。例如，多米提安手下的近卫军长官塔伦特尼乌斯·帕特尔努斯（Tarrutenius Paternus，180—182年在任），既是法学家、作家，也是将军。因此，是否军人出身并非近卫军长官任职绝对的唯一条件，"实际需要"、皇帝信任才是最重要的任职条件。但由于近卫军长官毕竟是军事官职，"武官"的重要性并未被轻视。

③ Donald G. Kyle, *Spectacles of Death In Ancient Rome*, London and New York, 1998. p. 99.

④ Dio, 52. 24. 2.

⑤ Henry C. Boren, *Roman Society*, Second Edition, Lexington MA, 1992, p. 174.

关皇室安危，所以，无论什么样的任职条件，近卫军长官必须是皇帝的亲信、嫡系，必须是皇帝最信任的人①。近卫军长官既是一个军事官职，也是皇帝私人卫队的指挥官，所以，"皇帝在选择近卫军长官时，总是要挑选那些皇帝可依赖的人"②，最大限度地减少各种潜在的危机，阻止各种反对皇帝的阴谋活动③。帝国历史上，近卫军长官成为皇帝的嫡系者屡屡见诸史册，成为皇帝至交密友者大有人在。在拉丁语中，*amici principis* 主要含义之一便是用来指称那些与皇帝关系特别亲密的近卫军长官——"元首（或皇帝）的朋友"④。克劳狄在位期间，近卫军长官卢西乌斯·盖塔（Lusius Geta）得到克劳狄信任，在处理美萨丽娜（Messalina）时，克劳狄向盖塔征询意见⑤，两人关系绝非一般。除了"大名鼎鼎"的塞亚努斯之外，连任图拉真、哈德良统治时代近卫军长官昆图斯·马尔奇乌斯·图尔波（Quintus Marcius Turbo）既是两位皇帝的亲密朋友，也担任两个皇帝的军事顾问，尤其是哈德良最亲密的朋友之一⑥。帝国历史上，多名近卫军长官是皇帝的姻亲、近亲或直系亲属。比如，弗拉维王朝的提图斯以近卫军长官身份登基，但提图斯同样也是韦伯芗皇帝的儿子；提图斯之前的近卫军长官克莱门斯则与韦伯芗有近亲关系——提图斯第一任妻子的哥哥。正常情况下，如果不是皇帝的朋友，成为近卫军长官的可能性微乎其微。但并非所有的近卫军长官都是皇帝信赖、依仗的"朋友"，许多近卫军长官的作为，早已让"朋友"一文不名。翻阅近卫军的历史，不难发现，相当数量的近卫军长官不仅不是皇帝的朋友，反倒是皇帝的掘墓人。

---

①　Richard Alston, *Aspects of Roman history*, *AD* 14 – 117, First published by Routledge, 1998. p. 190.

②　Matthew Bunson, *Encyclopedia of the Roman Empire* (revised edition), New York NY 10001, 2002. p. 17.

③　Sandra J. Binghan, *The Preatorian Guard in the Political and Social Life of Julio - Claudian Rome*, The University of British Columbia, 1997. p. 227.

④　Matthew Bunson, *Encyclopedia of the Roman Empire* (revised edition), New York NY 10001, 2002. p. 17.

⑤　［古罗马］塔西佗著，王以铸、崔妙因译：《编年史》（下册），商务印书馆 1981 年版，第 345 页。

⑥　Matthew Bunson, *Encyclopedia of the Roman Empire* (revised edition), New York NY 10001, 2002. p. 558.

　　自奥古斯都创下元老身份为近卫军长官的任职条件之一后，元老身份便成为近卫军长官的重要任职要求。但"打破常规"的各种例外亦堪称正常。如68—69年内战中，伽尔巴和维特利乌斯的近卫军长官就属于"破格提拔"：伽尔巴的近卫军长官科尔内利乌斯·拉科（Cornelius Laco）仅仅是一个助理法官①；维特利乌斯任命的两名近卫军长官：普布里里乌斯·撒比努斯和优利乌斯·普利斯库斯，前者为近卫军大队长，后者为军团百人队长②。在近卫军历史上，率先打破近卫军长官出身条件限制的是哈德良皇帝③。哈德良当政期间，元老不再是担任近卫军长官的"必要条件"，一些皇帝往往更看重近卫军长官的个人能力和为人。此后，近卫军长官不再是元老的"专利"。亚历山大·塞维鲁斯（Alexander Severus）当政期间，元老的身份、地位向近卫军长官开放，一旦某人被任命为近卫军长官，自然跻身元老阶层。

　　近卫军长官的主要职责除掌管近卫军之外，一项非常重要的任务是陪侍皇帝（包括皇室成员）出行，负责皇帝的人身安全，时刻不离左右。例如，公元98—99年，图拉真巡幸多瑙河行省，一名近卫军长官陪同前往，另一名则留守罗马城④。安东尼·皮乌斯临终前也由两名近卫军长官陪伴，当着两人的面，推荐了自己的继承人⑤。绝大多数情况下，只要皇帝离开罗马，外出巡幸，必有一名近卫军长官伴随，另一名则驻守罗马城。但图拉真当政期间却另当别论，两名近卫军长官经常伴随他在达契亚战争前线东奔西走。卡拉卡拉、马克里努斯在位期间，巡视前线战事，均由近卫军长官陪同。个别时候，近卫军长官还被皇帝委以其他重任，例如，图拉真时代的近卫军长官提比利乌斯·克劳狄乌斯·李维亚努斯（Tiberius Claudius Livianus）曾被赋予外交使命；历任图拉真、哈德良两

　　① ［古罗马］塔西佗著，王以铸、崔妙因译：《编年史》（下册），商务印书馆1981年版，第273页。

　　② ［古罗马］塔西佗著，王以铸、崔妙因译：《历史》，商务印书馆1997年版，第157页。

　　③ J. B. Bury, *A History of The Roman Empire from Its Foundation to the Death of Marcus Augustus* (27 B. C. –180 A. D.), New York, Harper & Brothers Publishers, 1893. p. 511.

　　④ Ronald Syme, *Guard Prefects of Trajan and Hadrian*, The Journal of Roman Studies, Vol. 70 (1980), p. 65.

　　⑤ J. B. Bury, *A History of The Roman Empire from Its Foundation to the Death of Marcus Augustus* (27 B. C. –180 A. D.), New York, Harper & Brothers Publishers, 1893. pp. 531 –532.

朝近卫军长官图尔波则先后被派往非洲的毛里塔尼亚等地镇压叛乱①。

　　近卫军长官地位权势的根本性变化发生在提比略统治时期，一个标志性事件是近卫军营地的建造。近卫军集中驻扎罗马城，不仅有助于加强皇权——皇帝可借助近卫军威慑朝臣、民众，也提升了近卫军长官的政治地位。塔西佗以塞亚努斯为例，论述了近卫军长官的地位变化："近卫军长官的权力过去并不大，但是他（指提比略的近卫军长官塞亚努斯——引者注）把分散在整个罗马的那些步兵中队集中在一个营地里，这样就使近卫军长官的权力加强了。他这样做的目的是为了使他们每个人都能同时接到命令，同时也为了他们的人数、他们的力量、他们之间的相互守望能够加强他们的信心，并使他们能有威慑别人的作用。"② 不仅如此，近卫军长官塞亚努斯也一步登天，主持各种民政和军事事务；影响力越来越大，远远超出了元老院的地位③。伴随近卫军长官在帝国行政管理，以及政治生活中地位日益显赫，"他的亲人和姻亲都担任了显要官职……"④，颇有"一人得道，鸡犬升天"之意味，更折射出近卫军长官地位日益提升及其权势重大的变化。由此可知，近卫军及其长官进驻罗马的重要后果是两者势力日隆，"皇帝的权威遭到蔑视"⑤，近卫军长官则地位日趋显赫，成为帝国权臣中的权臣。

　　史实表明，和近卫军一样，近卫军长官的地位、作用发生根本性变化是在近卫军驻扎罗马城之后。因此，提比略将近卫军全部驻扎在罗马城的直接后果是近卫军的地位得到空前提升。此后，"近卫军长官的职能分成了两部分：履行特殊的军事职能，参与罗马城管理。"⑥ 近卫军长官作为

---

① Ronald Syme, *Guard Prefects of Trajan and Hadrian*, The Journal of Roman Studies, Vol. 70 (1980), p. 70.

② ［古罗马］塔西佗著，王以铸、崔妙因译：《编年史》（上册），商务印书馆 1981 年版，第 196 页。

③ *Roman History*, Translated from the German of DR. Julius Koch by Lionel D. Barnett, M. A. London, 1901. p. 116.

④ ［古罗马］塔西佗著，王以铸、崔妙因译：《历史》，商务印书馆 1997 年版，第 276 页。古典史家的相关记载，实际上暗示塞亚努斯借助近卫军长官的权势培植个人势力。近卫军历史上，近卫军长官借助自己的权势，结党营私者大有人在。

⑤ Sandra J. Binghan, *The Preatorian Guard in the Political and Social Life of Julio - Claudian Rome*, The University of British Columbia, 1997. p. 42.

⑥ Ibid, p. 229.

罗马城军事力量的指挥官地位进一步强化，并逐步获得了近卫军指挥权以外的各种军国大权。提比略之后的历代皇帝，千方百计笼络近卫军的同时，还赋予近卫军执行其他"公务"的权力，如警卫赛会、参与一些案件的审理等①，近卫军长官的权限范围远远超出了统领近卫军。正是由于权限范围扩大，近卫军长官的政治地位逐步显赫，一人之下万人之上的近卫军长官史不绝书。不妨仍以提比略手下近卫军长官塞亚努斯为例略加说明。塞亚努斯是罗马帝国历史上第一位得势的近卫军长官，加之提比略的信任，权势迅速膨胀，他所担任的近卫军长官成为"帝国的最高官职……不仅亲率大军，还握有财政和司法大权。在各个行政部门，他代表皇帝本人和行使皇帝的权力……。"② 帝国历史上，因近卫军的特殊重要性，近卫军长官的权势、地位任何元老、其他帝国官吏无法企及。绝大多数时候，近卫军长官一职炙手可热。由于近卫军是皇帝私人卫队，因此，近卫军长官的权势、地位，往往不取决于个人才能，而是取决于对近卫军的掌控，唯一一支驻扎罗马的御林军使近卫军长官如虎添翼。

帝国历史上许多近卫军长官因其职位得势，也有相当数量的近卫军长官因作恶多端，为千夫所指。然而，近卫军长官职位毕竟有自身的特殊性，能够恪尽职守，忠诚皇帝，辅佐帝王的近卫军长官亦不乏其人。其中，比较有代表性的人物是哈德良在位期间的近卫军长官图尔波。狄奥·卡西乌斯对图尔波的忠诚有比较详细的描述③。然而，纵观罗马帝国历史上各色近卫军长官，类似图尔波者凤毛麟角，更多的近卫军长官借助手中的权势呼风唤雨，或野心勃勃，觊觎王位，或制造事端，杀君弑主，令帝国屡陷危机。

近卫军长官的权势、地位炙手可热，诸多"与生俱来"的因素发挥了决定性作用。如前文所述，奥古斯都创建元首制后，近卫军长官逐步权势熏天，与其他高级官吏相比，近卫军长官因控制唯一一支驻扎罗马城的"常备军"——皇帝权威的主要支持力量，加之获得了几乎所有司法权，

---

① Peter Michael Swan, *The Augustan Succession: An Historical Commentary on Cassius Dio's Roman History Books 55－56 (9 B. C.－A. D. 14)*, Oxford University, 2004. p. 105.

② ［英］爱德华·吉本著，席代岳译：《罗马帝国衰亡史》第1册，吉林出版集团有限责任公司2008年版，第102页。

③ Dio, 69. 18. 1－4.

权势自然日渐强化①。因此，与皇权的密切关系决定了近卫军长官"从一开始就有非常大的影响"②，是其他任何帝国官吏无法企及的官职。尤其是近卫军长官一人独掌近卫军大权时，堪称无冕之王，如提比略手下的塞亚努斯、塞维鲁斯手下的普劳提亚努斯等。佐西木斯曾经指出，近卫军长官的尊贵仅次于皇帝。显赫的权势与地位，助长了许多近卫军长官的骄横，一些野心膨胀的近卫军长官则依恃自己的权势地位和近卫军，参与帝位更替，正常的帝位传承多次被近卫军长官打破。

近卫军长官的特殊身份与地位是以下几个方面因素决定的：

第一，借助皇权。近卫军长官使命重大且在皇帝身边，皇帝考虑人选时，自然会顾及、选择嫡系、亲信，不仅要赋予近卫军的指挥权，而且应给予近卫军长官有超出他人的信赖与支持。帝国历史上，近卫军长官借助皇权，狐假虎威、为虎作伥、助纣为虐、肆无忌惮者大有人在，对皇帝的各种消极影响远远大于积极作用。例如，古典史家认为，尼禄荒淫无道，与手下的近卫军长官路福斯有直接关系③。康茂德手下的近卫军长官塞克斯图斯·提基迪乌斯·佩伦尼斯（Sextus Tigidius Perennis）是另一个典型的事例。康茂德统治期间，这位昏聩君主对帝国政务毫不关心，悉数交由近卫军长官处理④。近卫军长官借助皇帝的信任，权势、地位让其他所有官吏望尘莫及。塞维鲁斯统治帝国时，近卫军长官普劳提亚努斯（Plautianus）为其宠臣，把持近卫军长官大权长达 10 年之久，甚至他的女儿也嫁给了皇帝的长子⑤。卡拉卡拉统治时代的近卫军长官普劳提亚努斯即是这位皇帝的岳父——帝国历史极为罕见。通过姻亲保障，近卫军长官权势进一步巩固的同时，也使自己成为皇亲国戚。近卫军长官成为帝国最具影响力的官职，关键在于皇帝与近卫军长官之间的密切关系，有西方学者认

---

① William F. Allen, *A Short History of the Roman People*, Boston, U. S. A. : Published By Ginn & Company. 1890. pp. 232 – 233.

② J. B. Bury, *A History of the Roman Empire from Its Foundation to the Death of Marcus Augustus* (27 *B. C.* – 180 *A. D.*), New York, Harper & Brothers Publishers, 1893. p. 70.

③ [古罗马] 塔西佗著、王以铸、崔妙因译：《历史》，商务印书馆 1997 年版，第 197 页。

④ Charles Seignobos, *History of the Roman People*, Translation Edited by William Fairley, Ph. D. , New York, Henry Holt and Company, 1902. p. 375.

⑤ [英] 爱德华·吉本著，席代岳译：《罗马帝国衰亡史》第 1 册，吉林出版集团有限责任公司 2008 年版，第 103 页。

为，近卫军长官与皇帝之间的关系堪比独裁官与骑兵长官之间的关系①。正是这种特殊关系，帝国历史上出现了多位权势重大的近卫军长官：提比略手下的塞亚努斯、韦伯芗手下的提图斯、尼禄手下的提盖利努斯等。借助皇权，近卫军长官俨然成为"百官之首"，为所欲为，似乎"顺理成章"。

第二，借助近卫军的力量。近卫军长官权势迅速膨胀，除了仰仗皇权外，借助近卫军的武力威慑也是一个非常重要的原因。握有近卫军指挥权柄，难免会刺激近卫军长官野心的萌生、滋长，不满足于近卫军长官的职位，甚至逐步萌生取代自己的主子——皇帝的要求。68—69 年，曾历任尼禄、伽尔巴两朝近卫军长官的萨比努斯即是一个比较典型的代表。2 世纪末以降，此起彼伏的各种争夺王位的内战，使近卫军的作用与地位前所未有，指挥这支军队的近卫军长官的重要性也随之超过先前。近卫军存续的数百年间，多位近卫军长官率兵起事，推翻皇帝，自己取而代之，问鼎王位②。这些史实从一个侧面，比较深刻地说明了近卫军长官权力和野心之间的关系。至于直接、间接参与帝位更替，在帝位争夺中支持、帮助他人获得皇权，近卫军长官中亦大有人在。"由于掌控唯一一支驻扎首都的重要军事力量，在王位更替过程中，征得近卫军长官的同意是非常必要的，并为克劳狄、伽尔巴和多米提安的登基所证实。"③ 从理论上讲，近卫军长官需要向元首、皇帝负责，并且必须保持对元首、皇帝的忠诚。然而，数百年历史上，近卫军长官多次背叛自己的主子，"从一而终"的近卫军长官所占比例不高。当近卫军长官对主子的忠诚化为乌有时，元首、皇帝的命运自然凶多吉少。那些权倾朝野的近卫军长官或为利益所动，或自己野心膨胀，或直接参与争夺王位的兵变，或取而代之；既可将当朝皇帝送上黄泉路，也可将自己的"人选"推上王位。数百年帝位更替过程中，近卫军长官不止一次扮演内战、兵变始作俑者的角色。和近卫军的政

---

① J. B. Bury, *A History of the Roman Empire from Its Foundation to the Death of Marcus Augustus* (27 *B. C.* – 180 *A. D.*), New York, Harper & Brothers Publishers, 1893. p. 511.

② 他们是 79—81 年在位的提图斯（Titus）、217—218 年在位的马克里努斯（Macrinus）、244—249 年在位的"阿拉伯人菲利普（Philip the Arab）"、276 年 4—6 月在位的弗洛里亚努斯（Marcus Annius Florianus）、282—283 年在位的卡卢斯（Marcus Aurelius Carus）。

③ Julian Bennett, *Trajan*, *optimus princeps*：*a life and times*, First published by Routledge, 1997. p. 34.

治角色并无本质差异，近卫军长官总体上的作用是消极的。特别是借助近卫军每每参与帝位更替，使近卫军长官成为"皇帝制造者"①，在皇帝拥立时举足轻重的作用②，经常让正常的帝位传承充满"变数"。近卫军的军事实力足以让近卫军长官胆大妄为，乃至左右皇帝的命运。

第三，近卫军长官终身任职③及其"跨朝代"性。近卫军长官设置之初，奥古斯都便允许其终身任职④。帝国历史上，朝代不断更迭，王位总有易主，但大多数时候，近卫军长官并未因皇权更替而失去自己的官职，"一朝天子一朝臣"似乎对近卫军长官并不适用。罗马帝国历史上，近卫军长官成为两代权臣，乃至三朝元老者不乏其人。某种意义上讲，近卫军长官的地位比王位更具有稳定性或恒常性：皇帝可以被军队或近卫军推翻，近卫军长官却能稳坐官位，安然无恙。近卫军长官的终身任职使近卫军长官依然会成为新皇帝的宠臣或心腹，新君主出于统治需要，以近卫军长官为嫡系亦属正常。尤其在王位更替过程中，有时近卫军长官的作用是决定性的，其地位、权势更彰显出无可替代的价值：不仅在推翻旧王朝过程中"功勋"卓著，成为新皇帝必须依赖的对象不足为奇。至于近卫军长官为什么违背罗马传统，终身任职，蒙森认为，是皇帝个人对近卫军长官格外信任，任职期不应短暂⑤。

第四，皇帝自身因素创造了客观条件⑥。近卫军长官的权势、地位起伏与皇帝有直接关系，与皇帝掌控近卫军的能力成反比：当皇帝处于强势地位时，近卫军长官则俯首称臣（以"五贤帝"为代表），无敢造次；反之，皇帝耽于声色犬马，疏于朝政，或软弱无能，或由近卫军拥上王位，近卫军长官则乘机得势，并可随意置皇帝于死地（康茂德等皇帝为代

---

① William Dodge Gray, *A Study of the Life of Hadrian Prior to His Accession*, Northampton, MASS. 1912. p. 202.

② G. R. Watson, *The Roman Soldier.* Cornell University Press, Ithaca, New York, 1985. p. 76.

③ Dio, 52. 24. 5.

④ Laurence Lee Howe, *The Praetorian Perfect From Commodus To Diocletian* (A. D. 180 – 305), University of Chicago, 1942. p. 11.

⑤ Theodor Mommsen, *A History of Rome under the Emperors*, English translation by Clare Krojzl, Routledge, 1996. p. 338.

⑥ 蒙森也认为，近卫军长官的好与坏及其各种表现同皇帝本人关系密切。见 Theodor Mommsen, *A History of Rome under the Emperors*, English translation by Clare Krojzl, Routledge, 1996. p. 338。

表）。罗马帝国历史上，真正的贤君明主寥寥无几，无形中为近卫军长官得势创造了条件。

近卫军长官的特殊地位，以及与宫廷的密切关系，卷入宫廷内部权力斗争事件时有发生，且有胜有负。比如，提比略当政期间，权倾朝野的近卫军长官塞亚努斯参与了提比略与皇后老阿格里品娜之间的宫廷纷争；卡利古拉统治时期，近卫军长官马克罗即与阿格里帕有牵连。还比如，尼禄生母小阿格里品娜为了扩大自己的政治势力，在近卫军中发展同盟者，发现布路斯对自己有用，值得信赖，便举荐他担任近卫军长官①。多米提安则死于皇后多米提娅（Domitia）与近卫军长官隆尼乌斯·赛昆杜斯（Petronius Secundus）、宫廷管家帕特尔努斯相勾结的谋杀。时隔将近 100 年之后，近卫军长官参与的宫廷纷争闹剧再次上演，康茂德死于宠妃玛西娅、近卫军长官莱图斯、宫廷管家伊莱克图斯共同参与的谋杀。塞维鲁斯当政期间，第二任妻子茱莉亚·多玛（Julia Domna）与近卫军长官普劳提乌斯矛盾尖锐。多玛自知不是近卫军长官的对手，主动退避三舍。类似事例说明，近卫军长官的特殊实力和地位，常常为不同的宫廷势力所依恃。

帝国历史上，近卫军长官确有骄横不羁之时，但命运最终把握在皇帝手中，面临"伴君如伴虎"的险境也是常有的事情。在各种凶险的政治斗争中，近卫军长官得势之时，荣耀至极；有时也会成为牺牲品，遭杀戮、被罢黜。众所周知的塞亚努斯不可一世，但危及皇权时，为皇帝所不容，最终厄运难逃。还比如，卡利古拉杀死了近卫军长官马克罗；克劳狄在位 13 年，近卫军长官几易其位，前后更换了 5 名近卫军长官，不止一人死于非命。继承克劳狄王位的尼禄，在位仅仅 14 年，前后更换了 4 名近卫军长官，显然不是"自然规律"作用的结果。近卫军长官布路斯曾鞍前马后服侍尼禄，但最终还是被尼禄害死②。历史学家宣称："在朱里奥—克劳狄王朝，近卫军长官并不是一个高薪赋闲的职位。在 17 名近卫

---

① Matthew Bunson, *Encyclopedia of the Roman Empire*（revised edition）, New York NY 10001, 2002. p. 84, p. 11.

② ［古罗马］苏维托尼乌斯著，张竹明等译：《罗马十二帝王传》，商务印书馆 1995 年版，第 249 页。

军长官中，有 6 人在任期间被处死或遭杀戮，2 人后来被处死……。"① 康
茂德统治期间，为同元老院争权夺利，求助于军团和近卫军，近卫军长官
"一再被处死，被罢黜，久而久之，担任这一职务就真像进了鬼门关一
般……。"② 因此，近卫军长官也是一个有风险的官职，"欲加之罪，何患
无辞"的危险时有存在。帝国历史上，近卫军长官由如日中天的权势巅
峰，跌入死亡深渊的事例屡见不鲜。

　　近卫军长官绝非一直在罗马城养尊处优，在特殊历史时期，也会被皇
帝派往边境前线，和军团将士一样，浴血奋战。克劳狄当政期间，曾带领
近卫军长官前往不列颠，并获得了举办凯旋式（ornamenta triumphalia）
的荣誉③。这在近卫军长官中是极为少见的。图拉真在位期间，近卫军长
官远离罗马城，跟随皇帝参与对外战争④。图拉真的近卫军长官不仅在达
契亚前线服役，而且曾负责与达契亚国王戴西巴鲁斯（Decebalus）谈判
事宜。哈德良手下的近卫军长官，也是他的军事顾问图尔波长期驻扎在同
帕提亚人和马科曼尼人（Marcomanni）的作战前线⑤。169—175 年、
178—180 年，近卫军两次陪同奥莱利乌斯前往北方战场，两名近卫军长
官殒命沙场⑥。翻阅近卫军的历史不难发现，近卫军及其长官对帝国贡献
的积极影响十分罕见，在前线浴血拼杀，战死疆场的事例除了前述几位，
或许别无他人。

　　戴克里先统治时期，着手削弱近卫军，同时也着手削弱近卫军长官的
权力，削弱其政治影响。"戴克里先将帝国分为西方拉丁和东方希腊两部
分，近卫军长官只负责国内事务和司法、税收。形同'副皇帝'［vice -
emperors（vice sacra）］，在预算、税收、公路管理、邮政、城市食物采购

　　① Jerry Fielden (1999), *The Praetorian prefecture under the Julio - Claudians - path to power or dead - end job*? from: http://www.jerryfielden.com/essays/praetorians.htm.

　　② ［美］M. 罗斯托夫采夫著，马雍、厉以宁译：《罗马帝国社会经济史》，商务印书馆 1985 年版，第 552 页。罗斯托夫采夫所论现象，在 3 世纪危机期间差不多是普遍现象。

　　③ Dio, 60.23.2.

　　④ Ronald Syme, *Guard Prefects of Trajan and Hadrian*, The Journal of Roman Studies, Vol. 70 (1980), p. 64.

　　⑤ E. G. Turner, *Tiberivs Ivlivs Alexander*, The Journal of Roman Studies, Vol. 44 (1954), pp. 54 - 64.

　　⑥ Boris Rankov, *The Praetorian Guard*, Osprey Publishing, Midland House, 1994. p. 15.

等方面握有非常大的权力，并在庆典仪式上享有帝王待遇。"① 从表面上看，近卫军长官依然"风光无限"，实则"明升暗降"，戴克里先重新组建了类似近卫军的宫廷卫队，原有的近卫军已不再被赋予保卫皇帝和皇室安全的使命。继戴克里先之后，君士坦丁则彻底改变了近卫军长官的军事性质。

帝国历史上，近卫军长官固然权势重大，但在帝国常设②高级序列中并没有近卫军长官一职，故此，有人把近卫军长官称为"准高级官职"③。这既是一个奇特的现象，也是近卫军长官特殊性质决定的。在罗马帝国政治舞台上，"准高级官职"——没有进入常设高级官职序列的近卫军长官，权力、地位丝毫不比其他进入高级官职序列的官吏低下，而且大多数情况下为其他常设各高级官职望尘莫及。

第四节　近卫军的政治角色

罗马以军事立国，依征服走向强大。罗马人尚武传统悠久，决定了军队在帝国政治生活中的重要性。罗马帝国近卫军作为皇室的一支鹰犬部队，在帝国政治生活中占据特殊的地位。就军队职能而言，"近卫军和罗马城内城市警卫大队，为皇帝提供了控制政治的利器。"④ 帝国历史上，近卫军曾经扮演过多重角色，但最重要的角色却是政治角色。恰如西方学者所言，近卫军的政治角色远比其军事作用更突出⑤。

军队的政治角色定位可谓与生俱来：自人类社会进入阶级社会以后，

---

① *Beyond Dogmatics*: *Law and Society in the Roman World*, Edited by J. W. Cairns and P. J. du Plessis, Edinburgh University Press, 2007. p. 46.

② 罗马共和国时代，高级官吏有常设与非常设之分。如执政官、监察官、大法官、财务官、营造官等属常设官职，如独裁官等属非常设官职。帝国时代，许多官职设置沿袭共和国的传统。

③ Howe, Laurence Lee. *The Praetorian Prefect from Commodus to Diocletian* (*AD* 180 – 305), The University of Chicago Press, 1942. p. 39.

④ Richard Alston, *Aspects of Roman history*, *AD* 14 – 117, First published by Routledge, 1998. p. 212.

⑤ *A Companion to the Roman Army*, Edited by Paul Erdkamp, Blackwell Publishing Ltd., 2007. p. 196.

军队不仅是政治的产物，也一定是服务于统治者的政治工具。军队与政治的天然联系，决定了近卫军在帝国社会生活中的政治角色。作为帝国军队的一部分，较为简单的政治角色首先是帝国军队的政治角色决定的。"在帝国政权结构中，军队占据着中心地位。奥古斯都在对元老院演说时，总会说'我和军队安然无恙'。奥古斯都的统治依靠军队的支持昭然若揭"①。作为皇帝身边的鹰犬部队，近卫军自然也会在帝国政治生活中扮演举足轻重的角色。关于近卫军的政治角色，历代西方学者热衷议论、讨论最多的话题是，近卫军存续的300多年时间里，不断参与帝位更迭，往往使皇帝成为近卫军刀下冤魂。强悍的近卫军经常将自己服侍的主子——皇帝玩弄于股掌之间，从奥古斯都至君士坦丁，罗马帝国历59位元首、皇帝统治②，其中，13人死于近卫军之手（包括近卫军制造的各种哗变、兵变、阴谋等）③，占皇帝总数22%强。另一组统计资料显示，59位皇帝中，死于军队之手、死于军队哗变的皇帝人数为26人，占总人数的44%。这两组数字告诉我们，近卫军关键时刻并未发挥拱卫皇室的作用。近卫军的政治角色主要通过干预帝位传递，以及由此产生的种种连带效应和负面效应表现出来。古典作家对近卫军总体评价不高，例如，维特利乌斯战胜奥托后，遣散了内战期间"反复无常"的近卫军，并将其中120人处以死刑，原因是这些人参与谋杀伽尔巴后，向奥托邀功请赏。苏维托尼乌斯认为，这是"值得称赞的、高尚的"行为④。苏维托尼乌斯的说法反映出古典史家对近卫军并无好感，不同程度折射出当时人们对近卫军的

---

① *A Companion to the Roman Army*, Edited by Paul Erdkamp, Blackwell Publishing Ltd., 2007. p. 3.

② 此处所说59位皇帝，指的是经过元老院批准，"合法即位"的正统皇帝。部分未经元老院批准、独自称王称帝者，以及三世纪危机期间出现的"三十僭主"等未计算在内。西方学者对罗马帝国历史上曾经存在的"共治皇帝"采取两种态度，有人将其排除在外，有人则将其计算其中。笔者将这些"共治皇帝"计算在内。

③ 这些皇帝元首分别是：卡利古拉，37—41年在位；尼禄，54—68年在位；伽尔巴，68—69年在位；维特利乌斯，69年在位；皮尔提那克斯，193年在位；朱里亚努斯，193年在位；卡拉卡拉，211—217年在位；埃拉加巴鲁斯，218—222年在位；巴尔比努斯，238年在位；普皮努斯，238年在位；戈尔狄安三世（Gordian Ⅲ），238—244年在位；奥莱利安（Aurelian），270—275年在位；普劳布斯（Probus），276—282年在位。

④ ［古罗马］苏维托尼乌斯著，张竹明等译：《罗马十二帝王传》，商务印书馆1995年版，第293页。

憎恶。

　　有关近卫军政治角色的阐释，西方学者多侧重案例分析，侧重议论对帝位传承的蓄意干预，杀戮皇帝，等等，类似触及具体历史客观现实的研究，有较强说服力，但却忽视了一个重要问题——军队与生俱来的政治属性。在罗马帝国，近卫军作为奴隶制帝国军队的精英，在帝国政治舞台上扮演重要角色毋庸置疑。在近卫军存续的 300 多年间，一直是"独特的军队和政治势力"[①] 的事实，阐释了军队与政治不可分割的历史必然性。奴隶制帝国军队的政治属性决定了近卫军不可能"非政治化"，不可以设想让近卫军"远离"政治纷争。在充满阶级斗争和政治纷争的罗马帝国，作为阶级斗争产物的军队，既是为奴隶主阶级政治服务履行镇压职能的工具，也是某些统治阶级利益集团争权夺利的工具。人类历史上，自军队诞生之日起，从未有过超阶级的军队，也从未有过"超政治"的军队。近卫军也不例外，设想近卫军不与政治纠缠，成为"超政治"军队是不可能的。罗马帝国建立在共和国废墟之上，共和国末年的内战提升了军队的地位和作用，"军队才是国家的主人……皇帝通过军队，和只要军队愿意支持他、服从他，就可统治一切。"[②] 反之，如果没有军队做靠山，皇帝的统治便难以稳固。在此背景下，作为军队精锐的近卫军的政治角色与生俱来，所不同的是，近卫军的政治角色既通过干预、参与帝位传承表现出来，也通过充当皇帝鹰犬，直接维护皇帝统治和人身安全得以体现。帝国历史上，罗马城内民众暴乱时有发生。镇压这些暴乱，近卫军总是充当急先锋。一个比较典型的事例是 193 年，罗马城内因饥馑发生民变，近卫军长官克里安德指挥近卫军镇压民众[③]。康茂德在位期间，也曾利用近卫军镇压反对派[④]，剪除异己。

　　尽管奥古斯都没有公开建立帝制，名义上还保留着诸多共和国的

---

　　① Robert F. Evans, *Soldiers of Rome*：*Praetorians and Legionnaires*. Cabin John, Md.：Seven Locks Press, 1986. p. 1.

　　② ［美］M. 罗斯托夫采夫著，马雍、厉以宁译：《罗马帝国社会经济史》（上册），商务印书馆 1985 年版，第 66 页。

　　③ ［英］爱德华·吉本著，席代岳译：《罗马帝国衰亡史》第 1 册，吉林出版集团有限责任公司 2008 年版，第 77 页。

　　④ ［美］M. 罗斯托夫采夫著，马雍、厉以宁译：《罗马帝国社会经济史》（上册），商务印书馆 1985 年版，第 77 页。

"符号"，但他所创建的元首制却是以军队为基础的①，军队在帝国政治生活中的地位和作用由此得以定位。"近卫军是罗马军团、辅军之外的第三支武装，尽管在数量上远不及军团和辅军，但在元首制发展史上却扮演了非常有影响力的角色。"② 近卫军作为帝国武装力量的组成部分，除了具备军队的一般职能外，政治角色比其他军队更为突出。与驻扎边境、行省的军团相比，近卫军身居政治中心，参与政治的机会更多。尤其在68—69年内战之后，"帝国的秘密"大白天下，决定皇帝人选的军队实际上只有两支："罗马城内的近卫军和驻扎在帝国边境的军团"③。罗马帝国现实政治生活中，近卫军的政治角色集中体现在，皇帝可以随时运用这支御林军，打击异己，消除危及王权的各种隐患。听命皇权，镇压政治、政权上的异己力量是近卫军的核心任务。帝国历史上，多位皇帝运用近卫军消灭自己的对手、敌手。近卫军镇压职能及其具体执行，发生在第二任皇帝提比略统治时期。因塞亚努斯野心膨胀，危及王权，提比略动用近卫军将其处死，消除了威胁。此后，多位皇帝利用近卫军消灭异己，确保统治的安宁。因此，近卫军的政治角色、政治作用首先表现为替皇帝消灭有碍于统治的异己力量。

西方学者指出："奥古斯都是唯一一位使近卫军保持忠诚的皇帝"④。这一观点与史实出入较大，帝国历史上，能够控制近卫军，使之认真履行"近卫"职责的皇帝绝非奥古斯都一人（如图拉真、哈德良等）。但不容回避的事实是，真正能够使近卫军保持忠诚的皇帝少之又少。多数皇帝面对骄横不羁的近卫军，不得不为保全身家性命，或听命于近卫军的意志，或屈从于近卫军长官，或施以金钱贿赂，"赎买"安宁。从理论上讲，作为皇家卫队的近卫军，所充当的角色只能是皇室警卫部队，与政治并无太多关联，政治地位不及元老和隶属宫廷的各级官吏，也很难在帝国政治舞

---

① *A Companion To The Roman Empire*, Edited by David S. Potter, First published 2006 by Blackwell Publishing Ltd., p. 120.

② Arthur E. R. Boak, Ph. D., *A History of Rome*, to 565 A. D. New York, The Macmillan Company, 1921. p. 251.

③ *A Companion to the Roman Empire*, Edited by David S. Potter, First published 2006 by Blackwell Publishing Ltd., p. 138.

④ http://en.wikipedia.org/wiki/Praetorian_ Guard. 奥古斯都在位期间，近卫军保持了对皇帝的忠诚，但具体史实不详。

台上扮演人们关注的角色。近卫军在帝国政治舞台逐步扮演举足轻重的角色，并集中表现为对帝位传承的干预①，尤其是提比略将近卫军营地设置罗马城之后，近卫军身居帝国政治中心，保卫宫廷安全逐渐成为"副业"，以各种借口、"理由"参与帝位更替，近卫军与皇帝原有的正常关系被颠覆。因此，近卫军政治的角色赤裸裸地表现为对皇帝的"取舍"，诚如蒙森所言："近卫军是罗马城内的危险因素"②。对于多数皇帝而言，近卫军也许构不成政治势力意义上的对手，但却经常是皇帝身家性命的隐性或显性的威胁。

　　近卫军在罗马帝国政治舞台上发挥作用，转折点是进驻罗马城。近卫军入驻罗马城，奥古斯都的继任者提比略"功不可没"。公元前 23 年，提比略为近卫军在罗马城边建造了工事坚固的近卫军营地（*Castra Prae-toria*）③。"他建立了近卫军步兵大队营房，他们以前是分散住在各处民房里的。"④ 据古典史家的记载，近卫军"移居"罗马城，是提比略时代显赫一时的近卫军长官塞亚努斯的主意，"这样做的目的是为了他们每个人都能同时接到命令，同时也为了使他们的人数、他们的力量、他们之间相互守望能够加强他们的信心，并使他们能有慑服别人的作用，他们这样做的借口是分散的军队不容易驾驭；而在突然发生的紧急情况的时候，集中在一起的军队可以发挥更大的效能……"⑤ 从表面上看，皇帝将近卫军驻扎罗马城有"统一管理""随叫随到"之目的，但对政治的垂直影响却远非如此。近卫军军营的建造，为罗马城平添了诸多不稳定因素。近卫军

---

　　① 近卫军对帝位传承的干预方式"不拘一格"。有时，近卫军会依据自己的好恶选择皇帝，有时则采取其他手段拥立皇帝。比如，提图斯死后，其胞弟多米提安为继承人。但近卫军在提图斯尸骨未寒之际，先于元老院宣布多米提安为帝，元老院的各项"程序"却在第二天履行。这一事例比较好地说明了近卫军对帝国政治生活的干预。尤其在帝位传承方面，近卫军总不舍弃任何一次机会。

　　② Theodor Mommsen, *A History of Rome under the Emperors*, English translation by Clare Krojzl, Routledge, 1996. p. 376.

　　③ 近卫军营地工事坚固，维特利乌斯和韦伯芽在 68—69 年内战中，攻打近卫军营地时，像攻打设防的敌方城池一样，韦伯芽的军队动用了各种投射兵器。见［英］爱德华·吉本著，席代岳译《罗马帝国衰亡史》第 1 册，吉林出版集团有限责任公司 2008 年版，第 87 页。

　　④ ［古罗马］苏维托尼乌斯著，张竹明等译：《罗马十二帝王传》，商务印书馆 1995 年版，第 133 页。

　　⑤ ［古罗马］塔西佗著，王以铸、崔妙因译：《编年史》（上册），商务印书馆 1981 年版，第 197 页。

军营逐步演变为近卫军作恶的"根据地",在这里,多次上演罢黜皇帝、另择新主的闹剧。近卫军不止一次在军营中决定皇帝人选,不止一个皇帝屈尊到这里寻求近卫军的帮助和支持,最有代表性的事例则是193年近卫军在这里"拍卖帝位"。因此,近卫军的政治角色及其实现,近卫军军营的建造提供了物质保障。

　　近卫军驻扎罗马,与军团相比,参与帝位更替,决定皇帝命运,有"近水楼台"之便。近卫军贴近权力中心,明显对国家事务发生了兴趣。最能够说明问题的是,在权力更替期间卷入政治纷争①。有论者谓,奥古斯都时代结束后,罗马有三个权力中心:第一个中心是元老院,行使立法权和司法权,并在名义上选举皇帝;第二个中心是皇帝,在理论上是首席元老,实际上是独裁者;第三个中心则是近卫军。近卫军不能宽恕尼禄和埃拉加巴鲁斯之类的昏君,也无法容忍此类昏君。对于那些即将登基的皇帝而言,无论元老院认可与否,亦需向近卫军表白,以期赢得认可已成惯例②。如此看来,近卫军在罗马城属"三足鼎立"之一"足",不仅身居政治中心,而且成为决定政治走向的权力中心。近卫军作为权力中心之一并非法律和习俗规定,但能够决定皇帝生杀予夺,近卫军让任何权力黯然失色。在帝国特定政治背景下,皇帝践位离不开军队认同。因大多数军队驻扎边远行省,军队认可的决定权经常落入近卫军手中不足奇怪。近卫军"驻扎在罗马城和积极地参与政治生活。凡是禁卫军(近卫军)推举的人选,外省军队一般都毫无异议地予以承认。"③驻扎罗马成为近卫军凸显政治角色的决定性前提。近卫军垂直干预帝位更迭,日渐猖獗,"很快感觉到自身的重要……甚至对皇统的传授也每每迎此拒彼。"④也许不可以将近卫军的历史简单概括为干预皇统传承的历史,但近卫军存续期间,多位皇帝死于近卫军刀下,多位皇帝由近卫军选定的史实,能够说明在帝位

① Sandra J. Binghan, *The Preatorian Guard in the Political and Social Life of Julio - Claudian Rome*, The University of British Columbia, 1997. p. 228.

② Robert F. Evans, *Soldiers of Rome*, *Praetorian and Legionnaires*, Washington, 1986. p. ⅹⅰⅴ.

③ [美] M. 罗斯托夫采夫著,马雍、厉以宁译:《罗马帝国社会经济史》(上下册),商务印书馆1985年版,第130页。

④ [德] 黑格尔著,王造时译:《历史哲学》,上海世纪出版集团、上海书店出版社2001年版,第310页。

传承过程中扮演的角色。

　　近卫军的政治角色及其形成是一个发展流变的过程，即近卫军从皇帝的侍卫每每演变为皇帝的掘墓人，经历了一个"从无到有"的过程。奥古斯都当政时，近卫军保持了对皇帝的忠诚，未敢制造事端，干预皇帝人选亦无从谈起。提比略将近卫军"请"回罗马，为日后近卫军兴风作浪创造了条件。近卫军真正形成"气候"，则是在68—69年内战之后。作为唯一一支驻扎罗马城和意大利的、训练有素的武装力量，近卫军除了肩负守卫皇帝、宫廷安全等任务外，也对帝国政治中心具有较大震慑力——塔西佗所直言的"慑服"作用。帝国历史上，这种威慑力多数时候毫无遮掩，乃至肆无忌惮。例如，帝国时代的元老院名义上、程序上有诸多权力，甚至连元首、皇帝登基身份的确定也由元老院决定，但元老们动辄在杀气腾腾的近卫军官兵注视下步入元老院，当"看到近卫军士兵的手都放在武器上的时候，他们却感到了一种从未有过的、更加强烈的恐惧。"①"有时候，元老们企图自己选择皇帝，以便恢复他们的地位；但是他们选任的人，或者是无法维持，或者贿赂了警卫军才能上台。"② 近卫军选择皇帝及其人选时，在"程序"上又无法彻底抛弃元老院，必须得到元老院的批准。每逢近卫军犯上作乱，废黜当朝皇帝，另立新君，以刀剑威逼元老院做出认可决定。许多时候，"元老院也感觉到自己没有选择，只能默认结果。"③ 西方学者所言："皇帝私人卫队的重要性，在皇权更替时期得以充分显现"④，则从侧面说明了近卫军在帝位更替过程中的作用，也反衬出其政治角色的实际意义。

　　西方学者称近卫军为"被娇惯"的部队⑤。近卫军不仅没有发挥"近卫"作用，反而经常利用靠近政治和最高权力中心的优势，多次导演、

---

　　① ［古罗马］塔西佗著，王以铸、崔妙因译：《编年史》（下），商务印书馆1997年版，第588页。手无寸铁的元老经常面对武装到牙齿的近卫军，结果毋庸赘言。

　　② ［德］黑格尔著，王造时译：《历史哲学》，上海世纪出版集团、上海书店出版社2001年版，第311页。

　　③ Anthony A. Barrett, *Caligula: The Corruption of Power*, First published 1989 by B. T. Batsford Ltd. , p. 52.

　　④ Sandra J. Binghan, *The Preatorian Guard in the Political and Social Life of Julio - Claudian Rome*, The University of British Columbia, 1997. p. 68.

　　⑤ E. T. Salmon, *A history of the Roman World from 30 BC to AD 138*, London, Methuen, 1959. p. 300.

参与废君立主的闹剧，多个皇帝被自己的近卫军送上断头台。军队干预帝位更替，近卫军无疑为始作俑者，近卫军在前，行省军团步其后尘。军队废黜皇帝的恶劣先例是近卫军开启的，并以公元 41 年杀死帝国第三任皇帝卡利古拉为标志，拉开了军队杀戮皇帝的序幕。近卫军"率先"杀死皇帝的恶劣影响，对帝国军队产生了巨大的"负激励"效应——古典史家塔西佗称之为"帝国的秘密"：行省军队和罗马城的近卫军一样，可以在外地拥立皇帝①。公元 41 年以后的帝国历史充分证明了这一点。可以认为，帝国历史上，近卫军好事无多，恶贯满盈，堪称罪魁之罪魁，祸首之祸首；近卫军的历史差不多是一部杀君弑主、祸患帝国的历史。君士坦丁平定天下后，遣散近卫军，主要原因在于，君士坦丁非常清楚这支皇家卫队对帝国的消极影响。吉本更将近卫军难以驾驭与帝国衰亡联系在一起："禁（近）卫军的失控的疯狂行为是罗马帝国衰败的最初朕兆和动力……。"②

近卫军政治角色及其凸显，如下几方面原因需要深入考察：

首先，奥古斯都创建的元首制本身即是军事胜利的结果，元首制对军队的依赖性，以及与军队难以分割的联系为近卫军创造了与政治纠缠的条件。军队与罗马共和国的强大、与帝国强大之间的关系，决定了军队的地位与作用。对此，西方学者的议论一语中的："罗马走向伟大之路不是哲学和科学，而是政治智慧和战争——战争处在首要位置。因此，罗马军队一直是重要因素之一。"③ 共和国末年以降，罗马内战频仍，骄兵悍将干政、各种名目的独裁先后建立，军事将领地位空前提升，军队的靠山作用日渐突出。屋大维入主罗马只是一系列军事胜利中的一次，他本人仅仅是一系列获胜将领中的一员。由屋大维成为奥古斯都，军队的靠山作用，使军队与统治者之间的关系得到强化，军队的威慑作用日益增强。奥古斯都创建的元首制作为军事胜利的结果，自然决定了军队无可替代的作用，尤其近卫军的设置更揭示了元首制欺世盗名的本质。近卫军与帝国军团相比，有共性之处，也有特性存在：近卫军是皇家卫队，是驻扎罗马城唯一一支武装力量，有身居帝国政治中心之得天独厚的"自然"条件。近卫

---

① ［古罗马］塔西佗著，王以铸、崔妙因译：《历史》，商务印书馆 1997 年版，第 4 页。

② ［英］爱德华·吉本著，黄宜思、黄雨石译：《罗马帝国衰亡史》上册，商务印书馆 1997 年版，第 98 页。

③ Harold Mattingly, *Roman Imperial Civilisation*, The Norton Library, New York, 1971. p. 137.

军身系皇帝及宫廷安危，能够意识到"自己莫大的权力。他们感到君王的生死、元老院的权威、公众的财富、帝国的安危实际全部掌握在他们的手中。"① 吉本甚至认为，从奥古斯都至康茂德 200 多年的帝国政府是"军事政府"②。也许罗马帝国还称不上赤裸裸的军事政权或军人政权，但军队从中发挥的作用凸显，并强调了军队的地位和作用。此间，近卫军地位必然"水涨船高"，作用远大于其他军队。

其次，帝国特殊的继承制度的漏洞造就了近卫军的政治角色③。近卫军的政治角色集中表现为对帝位传承的蓄意干预，之所以会产生近卫军开启先河的军队干预帝位传承等长期性问题，帝国的继承制度、奥古斯都创建的元首制的漏洞是客观前提条件。奥古斯都开创的元首制在继承问题上的最大缺陷是："继承方式既非王朝继承的亦非真正选举的"④。这种介于血缘继承和罗马人熟悉的选举之间的、无定制的继承制度，本身在很多时候留下了可以被人操作的空间。帝国历史上，这个"操作人"的角色常常由军队充当。理论上讲，皇帝的产生需要元老院批准，但在关键时刻，手无寸铁的元老面对武装到牙齿、骄横不羁的近卫军时，只得听任近卫军的安排。近卫军得近水楼台之利，通过干预帝位传承彰显了自己的政治角色。近卫军的鼓吹者声称："依据最纯正的宪法原则来看，皇帝的任何任命都必须得到他们的同意乃是绝对必要的。"⑤ "从理论上讲，（继承人）由元首提名，元老院批准，但这种继承方法却以强有力的皇帝与有能力的直系继承人并存为前提。而这种继承法经常是行不通的，每每被不合法的方法、阴谋、谋杀，特别是被近卫军或行省军队的干预所打断。""元首

---

① ［英］爱德华·吉本著，黄宜思、黄雨石译：《罗马帝国衰亡史》上册，商务印书馆 1997 年版，第 99 页。

② 同上书，第 73 页。

③ 吉本在他的传世鸿篇巨制《罗马帝国衰亡史》中，专门提到"帝位传承的致命弱点"，比较含蓄地论述了军队的角色与作用。见爱德华·吉本著，席代岳译《罗马帝国衰亡史》第 1 册，吉林出版集团有限责任公司 2008 年版，第 60—61 页。研究近卫军的政治角色及其各种作为，有必要关注罗马帝国的王位制度，而且有必要专门研究这种传承制度的疏漏。

④ ［美］爱德华·勒特韦克著，时殷宏、惠黎文译：《罗马帝国的大战略——从公元一世纪到三世纪》，商务印书馆 2008 年版，第 132 页。

⑤ ［英］爱德华·吉本著，黄宜思、黄雨石译：《罗马帝国衰亡史》上册，商务印书馆 1997 年版，第 99 页。吉本此处的议论，从本质上揭示了近卫军在王位更替过程中的决定作用，比西方学者"王位制造者"的观点更为深刻。

制的致命弱点是缺少有规则的继承法"①。制度上的疏漏给军队参与帝位传承制造了机遇,近卫军则率先抓住机会,开启了军队废立皇帝的序幕。

　　罗马帝国历史上,关于近卫军的政治地位、政治作用,并无法律、制度、程序上的明文规定,但近卫军却对通过干预帝位传承,对帝国政治产生垂直的影响,却是帝国制度本身造成的。所谓罗马帝国,绝大多数时候并非一个完整意义上的家天下王国②,各色元首、皇帝泰半以非嫡传血缘身份资格践位。帝位传承本是帝国头等重要的大事,"是所有皇帝最关心的问题",但在帝国历史上,"关于皇位继承问题从未得到令人满意的解决"③,等于在制度上留下人为干预、操作的空间。近卫军的政治角色及其实现,乃至"呼风唤雨",归根结底是帝国制度本身的漏洞留下的机遇和空间造成的。除制度因素外,近卫军政治角色的形成与帝国传统息息相关。简单查阅罗马帝国史即可知晓,300 多年间,各种名目元首、皇帝近百人(包括"合法"与"非法"两部分),武将出身者居多。这一独特的历史现象,已经揭示了皇帝与军队之间"斩不断,理还乱"的关系,皇帝依赖军队登基,依赖军队维护统治,军队可以凭借武力选择自己"中意"的皇帝,这种逻辑关系自然为身居都城的近卫军实现政治角色创造了条件。

　　罗马帝国皇帝产生的"合法"性,表现为元老院批准和"罗马人民"的认可——共和国时代选举制的遗风。奥古斯都创建元首制时,并未建立一整套严格的、具有法律保障的继承制度,元老院从一开始便被搁置于一种形同虚设的、程序化的地位——只有形式上、程序上的"决定"权,并无真实意义的"选择"权。而且从奥古斯都开始,元老院的元老由皇帝任命④,元老院对皇帝及其人选根本没有真正意义的制约机制。即使是这种形式并不复杂的继承制度,也"总是被阴谋、密谋等非正常的继承

　　① Albert A. Trever, *History of Ancient Civilization*, *Volume II*, *The Roman World*, Harcourt, Brace and Company, New York, 1939. p. 349; p. 400.

　　② 西方学者认为,奥古斯都吸取了恺撒的教训,不用臭名昭著的"王"为元首制命名。见[美]里克著,肖涧译《塔西佗的教诲——与自由在罗马的衰落》,华东师范大学出版社 2011 年版,第 60 页。但众所周知,"元首制"不过是共和外衣遮掩下的君主专制。

　　③ Pat Southern, *The Roman army: a social and institutional history*, ABC - CLIO, Inc. 2006. p. 60.

　　④ Charles Seignobos, *History of the Roman People*, Translation Edited by William Fairley, Ph. D. , New York, Henry Holt and Company, 1902. p. 267.

方式所打断，特别是被行省军队、近卫军制造的军事干预所取代。统一的、法定的继承方法阙如，也助长了军队在决定继承人选上的支配能力……。"[①]
正如西方学者所指出的："奥古斯都所建体制的弱点是军队对皇帝个人宣誓，并不对元老院宣誓。"[②] 当拥有"选择"权的军队选择自己认可的皇帝时，元老院的批准、同意仅仅是一种无实际价值的过场。元老院只有一种无奈的选择——"恭敬不如从命"。同时，作为"被选择"者的大多数皇帝或是依仗军队登基，或"无条件"服从军队安排，"自主权"被军队的意志所替代。罗马帝国这种制度层面的疏漏，以及制度保障的缺失，为军队动辄杀戮皇帝，另立新主创造了机会，结果，"曾经是国家仆人的军队，现在成了国家的主人。"[③] 这种"主人"地位的形成，肇始于近卫军的作为。所谓"主人"更多地表现为对皇帝的选择，是对主仆关系的一种颠覆。

　　奥古斯都创建元首制度层面的不足与法律规定的缺失，使皇帝的诞生与元老、军队之间产生了博弈，也形成了一个特殊的三角关系。在这个三角关系中，有决定权的元老院始终被动地夹在皇帝与军队之间，要么听命于皇帝，要么为军队武力所挟持，"置于皇帝与军队之间"的元老院及其权威性大打折扣[④]，被动地认可皇帝与军队之间的博弈结果。帝国政治结构、继承制度的不完善性，给军队参与帝位传承留下了空间："皇帝的选举活动由元老院主持，并得到士兵们的同意。"[⑤] 由此可知，在这种制度安排的背景下，近卫军不仅可以屡屡卷入政治纷争，也能够充分展示自己的政治角色。尤其是帝国第二任元首提比略之后，"帝国历史演变为宫廷政变和雇佣军队经常性的哗变，而元老院和罗马民众被排除在起作用的政治因素之外。"[⑥] 经常性的宫廷政变式的帝位传承，为近卫军蓄意干预

---

① Albert A. Trever, *History of Ancient Civilization*, *Volume II*, *The Roman World*, Harcourt, Brace and Company, New York, 1939. p. 349.

② Harold Mattingly, *Roman Imperial Civilisation*. The Norton Library, New York, 1971. p. 156.

③ Solomon Katz, *The Decline of Rome and the Rise of Mediaeval Europe*. Cornell University Press, 1955. p. 26. 近卫军各种恶劣的行为似可归结为"主人"地位的形成。

④ ［英］爱德华·吉本著，黄宜思、黄雨石译：《罗马帝国衰亡史》（上册），商务印书馆1997年版，第73页。

⑤ 同上书，第99页。

⑥ ［美］里克著，肖涧译：《塔西佗的教诲——与自由在罗马的衰落》，华东师范大学出版社2011年版，第66页。西方学者的这一观点与史实有一定的出入，提比略之后的帝国历史并非绝对的宫廷政变的历史。

皇帝人选创造了条件。

　　最后，近卫军政治角色的定位与形成，与皇帝有直接关系。近卫军对奥古斯都保持了应有的忠诚，自奥古斯都继承者提比略之后，情况便发生了根本转变。提比略虽然处死了骄横傲慢的近卫军长官塞亚努斯，但也首开"赏赐"近卫军之先河。此后，皇帝与近卫军之间的关系发生扭曲，除非皇帝出身军伍且手握重兵，威震四方，否则只能以金钱对近卫军进行收买。金钱和赏赐成为维系皇帝与近卫军关系唯一重要的手段。那些处于"弱势"地位的皇帝，尤其那些由近卫军拥上王位的皇帝，不得不"尽量满足他们的骄纵，争取他们的欢心，对他们的越轨行为一味姑息，用大量赏金以买得他们不可恃的忠诚……"[1] 金钱数量又因近卫军欲壑难平，不可能与忠诚成正比，近卫军由是骄横日甚，动辄卷入各种推翻皇帝的阴谋。近卫军在帝国政坛呼风唤雨，与为数甚多的皇帝处于弱势地位有直接密切。皇帝性命安危系于近卫军，但近卫军却反复无常[2]，难以驾驭。当皇帝对近卫军产生较大依赖性时，自然难以形成强势，近卫军由是为所欲为；反之，当皇帝能够牢牢掌控这支鹰犬部队，使之不得不俯首听命时，近卫军的政治角色，以及对政治的影响微不足道。2世纪，图拉真、哈德良等皇帝治下的近卫军对帝国保持忠诚，颇能从另一个方面说明这一点。有西方学者谓，皇帝自身安全全赖控制近卫军军营发生事件的能力[3]。由于许多皇帝不具备这种控制能力，近卫军在政治舞台上呼风唤雨在所难免。

　　近卫军的政治角色及其实现，除了西方学者感兴趣的干预帝位传承外，军队与政治纠缠是决定性因素。近卫军与帝制相辅相成，近卫军是帝制、帝国的伴生物。近卫军与帝制之间的因果关系决定了近卫军的政治角色。"近卫军是帝国统治的最主要特征之一"[4]。因此，近卫军的各种角色均应放置在帝制背景下理解。近卫军的诞生，首先是当权者的统治需要，

---

① ［英］爱德华·吉本著，黄宜思、黄雨石译：《罗马帝国衰亡史》（上册），商务印书馆 1997 年版，第 73 页。

② Charles Seignobos, *History of The Roman People*, Translation Edited by William Fairley, Ph. D. , New York, Henry Holt and Company, 1902. p. 340.

③ David Potter, *The Roman Empire At Bay AD* 180 – 395, Routledge, 2004. p. 98.

④ Sandra J. Binghan. *The Preatorian Guard in the Political and Social Life of Julio - Claudian Rome.* The University of British Columbia, 1997. p. 1.

并服务于整体上的帝国政治。罗马帝国历史上，近卫军本身是元首政治的产物，是一种新的政治体制、新的统治方式的伴生物，无可避免的政治属性与生俱来。西方学者强调的军队对元老院、罗马公民政治作用的"抵消"、降解，在近卫军身上表现尤为突出。除此而外，近卫军的种种特权、优厚待遇、身居政治中心等，助长了近卫军的骄横，加速了近卫军的演变与蜕化。在近卫军发展史上，这种演变与蜕化也是一个历时性过程。奥古斯都当政期间，近卫军认真履行自己的职责，扮演了皇室忠诚保卫者的角色。此外，近卫军当时并未悉数驻扎罗马城，对帝国政治的影响十分有限。近卫军"搬进"罗马城之后，一切都发生了质的改变，"近卫军因身居帝国政权中心所在地，重要性日益明显……"；"在皇帝拥废过程中扮演着重要角色"①。近卫军凭借驻扎都城的优势，深深地卷入帝国政治生活，动辄决定皇帝的生死存亡，政治角色与杀君弑主联系在一起。近卫军"作为罗马实际上最强的军事力量，是帝位继承的直接仲裁者……。"②此处所谓"仲裁"绝非出于正义，全赖近卫军好恶。当然，帝国历史上不唯近卫军有这种"仲裁"的"权力"和"资格"，驻扎行省的军团同样具备。然而，军团驻扎在远离政治中心区域，难免"鞭长莫及"。帝国历史上，由于近卫军每每依据自己的好恶废黜或拥立皇帝，产生了巨大的"负激励"效应，行省军团也曾多次依自己的意愿推举皇帝，但发生频率远不及近卫军。

　　近卫军的政治角色本身是一个内容复杂的概念，不止表现为对王位更迭的蓄意干预，近卫军还通过其他途径参与帝国政治。近卫军最基本的责任、义务是保卫皇室安全。但近卫军驻扎罗马城之后，近卫军便被赋予了诸多"近卫"之外的各种职能。"到了公元 40 年，近卫军已经成为管理国家非常重要的一部分，也导致了近卫军长官通过冒谋杀皇帝的风险，来达到自己的政治目的。"③ 近卫军一方面肩负保卫皇帝的职责；另一方面，因被赋予了各种管理国家事务的职能，使得近卫军获得了直接参与帝国政

---

①　*A Companion to the Roman Empire*，Edited by David S. Potter，First published 2006 by Black-well Publishing Ltd. ，p. 215；p. 216.

②　[美] 爱德华·勒特韦克著，时殷宏、惠黎文译：《罗马帝国的大战略——从公元一世纪到三世纪》，商务印书馆 2008 年版，第 132 页。

③　Sandra J. Binghan，*The Preatorian Guard in the Political and Social Life of Julio - Claudian Rome*，The University of British Columbia，1997. p. 73.

治的条件。近卫军职责的增多，意味着近卫军有了更多的机遇卷入政治生活，进一步强化了政治角色。

无论近卫军在帝国军事编制中的地位如何，作为奴隶制帝国的军事力量，镇压职能与任何军队并无二致。除了权力角逐中，近卫军的力量几乎无可替代外，在一些服务王权、巩固皇权过程中，近卫军的角色也非同一般。史载，克劳狄在位期间，曾一次处死 35 名元老和 300 名骑士①。当代学者认为，近卫军参与了其中大多数活动②。类似事例说明，近卫军作为皇帝的嫡系部队，在维护王权过程中发挥的作用比军团更直接、更具体。

在充斥各种纷争的宫廷里，近卫军的政治角色还表现为不时卷入宫廷政治斗争、权力角逐、阴谋等方面。卷入宫廷纷争者不仅包括近卫军长官，也有一些中下级军官。古典史家狄奥·卡西乌斯和苏维托尼乌斯都曾记载，卡利古拉当政期间，两名近卫军大队长：卡西乌斯·卡瑞亚、科尔内利乌斯·萨比努斯（Cassius Chaerea and Cornelius Sabinus）参与推翻卡利古拉统治的密谋活动，其中近卫军大队长卡瑞亚是这次活动的领导者，并且是杀死卡利古拉的主要凶手③。克劳狄在位期间，曾动用近卫军处死自己的妻子美萨丽娜④。尼禄在与母后争夺最高权力时，近卫军一名大队长波里奥（Iulius Pollio）曾被派去监视阿格里品娜，并负责督促制造杀死另一位皇子布列塔尼库斯的毒药，还曾动用新征召的近卫军抓捕皮索⑤。在宫廷纷争中，皇帝动用近卫军剪除异己的事例屡见不鲜。"从奥古斯都到尼禄，近卫军一直被用来充当刽子手。"⑥ 这反映出近卫军即使是皇帝的私人卫队，作为奴隶制帝国军队的一部分，其镇压、威慑职能更加突

---

① ［古罗马］苏维托尼乌斯著，张竹明等译：《罗马十二帝王传》，商务印书馆 1995 年版，第 212 页。

② Sandra J. Binghan. *The Preatorian Guard in the Political and Social Life of Julio – Claudian Rome*. The University of British Columbia, 1997. p. 163.

③ Dio, 59. 29. 1. ［古罗马］苏维托尼乌斯著，张竹明等译：《罗马十二帝王传》，商务印书馆 1995 年版，第 187—188 页。

④ ［古罗马］塔西佗著，王以铸、崔妙因译：《编年史》（下册），商务印书馆 1981 年版，第 350 页。

⑤ 同上书，第 413—414、554 页。

⑥ Sandra J. Binghan. *The Preatorian Guard in the Political and Social Life of Julio – Claudian Rome*. The University of British Columbia, 1997. p. 174.

出。当代西方学者认为，对于罗马帝国而言，近卫军"很重要，但对于近卫军在帝国政府中的作用不应评价过高。"① 笔者认为，西方学者的认识反映了对近卫军的评价，即对近卫军的总体评价不能过高。许多情况下，近卫军带给帝国的是祸患，而不是安宁。因此，近卫军不断制造各种祸端，从反面折射出近卫军的政治角色。

近卫军政治角色衰微始于 3 世纪，确切地说始于戴克里先执政初期。3 世纪是近卫军猖狂的顶点，近卫军正是在这一顶点上跌落的。戴克里先当政后，削减了近卫军长官的权力，削弱了近卫军的地位，近卫军被排挤出政治舞台，从此不再扮演重要的政治角色②。

纵观近卫军发展史，不难发现，近卫军对帝国政治的影响，消极作用远远大于积极作用。近卫军的政治角色是帝国军队、军人干政的具体表征，对驻扎外地的军团产生了负激励效应。包括近卫军在内的军人干预帝位传承，使帝国在决定帝位人选时，往往通过军队武力"裁决"，并持续不断地成为"惯例"，使得诸多帝位更替染上了军事化色彩。近卫军在帝国政治舞台上每每扮演"无冕之王"的角色，经常性掌控皇帝的命运，但问题在于，近卫军不仅动辄废立君主，而且常因近卫军干预帝位传承发生内乱、兵变，把帝国推向动荡、纷争的泥淖，帝国为此付出了"沉重的、剧烈动荡的代价"③。近卫军逐步卷入帝国政治纷争，改变了帝国的社会政治走向，使传统意义的家天下王朝少之又少。诚如吉本所指出的："禁（近）卫军几乎是每次帝位篡夺的幕后主使人，使帝国步入分崩离析的地步……。"④ 近卫军参与皇帝及其人选的取舍，颠覆了自身与皇帝之间的关系，颠覆了应有的秩序，销蚀着帝国的稳定，帝国的统治基础由此发生动摇。

---

① Matthew Bunson, *Encyclopedia of the Roman Empire* (revised edition), New York NY 10001, 2002. p. 447.

② Howe, Laurence Lee. *The Pretorian Prefect from Commodus to Diocletian* (AD 180 – 305), The University of Chicago Press, 1942. p. 58.

③ Harold Mattingly, *Roman Imperial Civilisation*. The Norton Library, New York, 1971. p. 43.

④ ［英］爱德华·吉本著，席代岳译：《罗马帝国衰亡史》第 1 册，吉林出版集团有限责任公司 2008 年版，第 14 页。

第二章

朱里奥—克劳狄王朝：近卫军初试锋芒

奥古斯都在遗嘱中指定养子提比略为继承人①。实际上，法律并未授予奥古斯都指定继承人的权力，然而，法律对奥古斯都并无真正意义上的约束力，"元首""第一公民"仅仅是皇帝的别称。提比略"顺理成章"地继承了王位，成为帝国第二任元首，奥古斯都创建的元首制的本质不言自明。学术界一般认为，从公元14年至公元68年尼禄被杀的历史为朱里奥—克劳狄王朝②，历经5位皇帝统治，凡95年。95年中，奥古斯都一人占据了41年，其余4位皇帝在位时间仅仅55年——只比奥古斯都一人多14年③。在该王朝5个皇帝中，3人（卡利古拉、克劳狄、尼禄）直接由近卫军拥立登基，一人（卡利古拉）死于近卫军之手。这个数字本身即是一个耐人寻味的历史现象。奥古斯都死后半个多世纪是近卫军发展壮大的第一个历史阶段，也是近卫军初露锋芒的历史时段。

奥古斯都是近卫军的创建者，或许是由于奥古斯都治理有方，或许是因为社会平稳，他统治期间，关于近卫军史载无多。近卫军真正"有所

---

① ［古罗马］苏维托尼乌斯著，张竹明等译：《罗马十二帝王传》，商务印书馆1995年版，第110页。

② 也有学者将68—69年内战的历史纳入朱里奥—克劳狄王朝。但纷争的"四帝"与该王朝无任何关系。此外，所谓朱里奥—克劳狄王朝实质上也名实不符，四任皇帝均非奥古斯都嫡系血统，帝位传承亦非父子因袭。但由于几位皇帝之间仍然存在亲属关系，因此，这种传承实际上是另一种形式的世袭制。比如，尼禄的生父与奥古斯都毫无血缘关系，只是由于其母小阿格里品娜嫁给克劳狄，尼禄理所当然成为"王子"，并"合法"地继承了王位。另有一些学者认为，公元前27年，即奥古斯都登基之年为朱里奥—克劳狄王朝的开端之年。

③ 西方学者把奥古斯都身后先后践位的四个皇帝分别称为：暴君（提比略）、疯子（卡利古拉）、傻瓜（克劳狄）和怪物（尼禄）。H. Stuart Jones, *The Roman Empire*, B. C. 29 – A. D. 476, New York, G. P. Putnam's Sons, London：T. Fisher Unwin, 1908. p. 42. 西方学者这种不无讥讽的描述，形象地揭示了奥古斯都身后四个子孙的性格与作为。

作为"和正式登上历史舞台，是从奥古斯都死后开始的。朱里奥—克劳狄王朝堪称近卫军"崭露头角"的历史时期。当代史家评论说："公元14年奥古斯都之死标志着近卫军平静年代的结束"①，反之，"不平静"的年代则以朱里奥—克劳狄王朝为起点。更能说明问题的是，1世纪的罗马帝国皇帝几乎全部由军队和近卫军推定②。近卫军通过参与帝位更替，开始逐步展示自己的作用和实力。

第一节　近卫军与"第二个创建者"提比略

　　公元14年，奥古斯都死去。关于奥古斯都怎样经营自己创建的御林军，历史记载不多。或许是因为创建了近卫军，或许是近卫军本身在皇帝身边，奥古斯都的遗体由近卫军抬到火化地点，焚化尸体的柴堆也由近卫军点燃。不唯如此，奥古斯都分配遗产时，近卫军士兵每人得到了1000塞斯退斯，而军团士兵每人仅为300塞斯退斯③。这种近卫军士兵与军团士兵的差异，反映了近卫军的所享有的某些优惠，昭示出近卫军与皇帝的关系远比同军团士兵的关系更亲近。江山易主，"近卫军作为一支军事力量参加了第一位元首的葬礼……这些曾构成奥古斯都私人军队的士兵，现在归属到提比略名下……。"④

　　提比略是依据奥古斯都的遗嘱继承王位的。效仿奥古斯都，提比略即位后，军队向他宣誓保持忠诚，尤其使驻扎意大利的军队对他保持忠诚。虽然此举非提比略首创，但却从他即位开始，军队向新皇帝宣誓效忠成为不可动摇的惯例⑤。罗马帝国历代皇帝中，提比略可以称得上第一个"名

---

　　① Matthew Bunson, *Encyclopedia of the Roman Empire*（revised edition），New York NY 10001，2002. p. 447.

　　② ［美］M. 罗斯托夫采夫著，马雍、厉以宁译：《罗马帝国社会经济史》（上册），商务印书馆1985年版，第120页。

　　③ ［古罗马］苏维托尼乌斯著，张竹明等译：《罗马十二帝王传》，商务印书馆1995年版，第111页。

　　④ Sandra J. Binghan. *The Preatorian Guard in the Political and Social Life of Julio - Claudian Rome*. The University of British Columbia，1997. p. 38.

　　⑤ Anthony A. Barrett，*Caligula：The Corruption of Power*，First published 1989 by B. T. Batsford Ltd. ，p. 54.

正言顺"登基的皇帝。在他"毫不犹豫"地行使皇帝权力时，近卫军站
在他的周围①。无论从哪个角度考虑，提比略都需要近卫军的支持，知晓
近卫军与自己身家性命的关系，故此，提比略在奥古斯都死后，所做的第
一件事是给近卫军下达了新的暗语②，迫不及待地告诉世人，他是近卫军
的新统帅，标志着他已经控制了驻扎意大利的唯一一支精锐部队③。"提
比略称帝后做的第一件事是确保近卫军的忠诚，其次是他出现在罗马城时
有近卫军警卫。"④ 提比略践位后立即做的两件事，前者可视为内容，后
者则是形式，两者同等重要，缺一不可。涉及提比略和近卫军的关系，最
能够说明问题的史实是，他将分散驻扎罗马城外的近卫军集中在罗马城。
关于提比略缘何将近卫军集中在罗马城，西方学术界比较流行的说法是，
提比略听从了塞亚努斯的建议，将近卫军集中在罗马城。但也有西方学者
持不同观点，认为提比略将近卫军集中在罗马城，主要原因在于提比略登
基后，各种谣传、诽谤、谋杀等危及皇权的事件接二连三发生，使提比略
认识到近卫军在罗马城的重要性及其威慑作用⑤，而且近卫军也有人不时
卷入冲突和混乱。提比略登基的公元 14 年，在罗马剧场，一名近卫军百
人队长被杀，一名近卫军长官负重伤，另一名从前的近卫军在意大利南部
煽动奴隶起义⑥。因此，提比略将近卫军"移居"罗马城，主要基于稳定
统治的考虑。提比略登基首先面临罗马人的"认同"问题，各种不满乃
至敌对在所难免，有帝国军事精锐近卫军为依恃，提比略可以藐视各种敌
对势力和不满情绪。作为近卫军的"第二个创建者"，"提比略已经把帝

---

① ［古罗马］苏维托尼乌斯著，张竹明等译：《罗马十二帝王传》，商务印书馆 1995 年版，
第 127 页。

② J. B. Bury, *A History of the Roman Empire from Its Foundation to the Death of Marcus Augustus*
(27 *B. C.* –180 *A. D.*), New York, Harper & Brothers Publishers, 1893. p. 165.

③ Richard Alston, *Aspects of Roman history*, *AD* 14 – 117, First published by Routledge,
1998. p. 21.

④ *The Cambridge History of Greek and Roman Warfare*, Volume Ⅱ, Rome from the Late Republic
to the late Empire, Edited by Philip Sabin, et al., Cambridge University Press, 2007. p. 190.

⑤ Mary T. Boatwright, Richard J. A. Talbert, Daniel J. Gargola, *The Romans*, *From Village to
Empire*. Oxford University Press, 2004. p. 321.

⑥ Robert F. Evans, *Soldiers of Rome*, *Praetorian and Legionnaires*, Washington, 1986. p. 9.

国政府置于近卫军的保护治下"①。

后世历史学家宣称，提比略当政后，奥古斯都创建的帝国发生了两个重大变化：近卫军驻扎罗马，公民大会遭禁止②。近卫军历史上，决定性的重大变化发生在提比略当政时代。近卫军政治上、生活境遇彻底"翻身"，也发生在提比略统治时代。缘何将提比略称之为近卫军"第二个创建者"？从一般历史表象上看，提比略把近卫军"请"回了罗马城，从此后，近卫军便在罗马城安营扎寨。西方学者认为，提比略的这一举措对近卫军，以及日后的罗马历史走向产生了深刻影响。近卫军驻扎罗马城，"确保了未来所有皇帝都有了自己的私人卫队……。"③ "联合为一个整体的近卫军，意识到了自己的数量，感觉到了自己的力量，在多次危机时刻，他们出卖帝国，另立新君。"④ 在罗马城为近卫军营造永久驻扎的营盘——历史学家反复强调的提比略当政期间重要"政绩"之一，为近卫军直接参与帝国政治和权势纷争创造了有利条件，更为"近卫军对未来的元首制产生恶劣影响铺平了道路"⑤。从影响帝国政治而言，提比略此举消极影响远大于积极意义。

提比略统治时代，近卫军地位发生的巨大变化，主要通过两个重要的历史事实得以体现：一是将近卫军"请进"罗马城；二是近卫军长官地位的变化。由于近卫军与其长官之间的因果联系，所以，近卫军长官地位的变化与近卫军集中在都城相辅相成。"近卫军集中驻扎罗马城，提升了近卫军长官在管理国家方面的地位，这大概是奥古斯都设置这一官职时未曾想到的。"⑥ 提比略时代，"近卫军长官远比同样骑士出身的埃及行政长

① Victor Duruy, *History of Rome*, *and of the Roman People*, *from Its Origin to the Invasion of the Barbarians*. Translated By M. M. Ripley and W. F. Clarke. Published by C. F. Jewett Publishing Company, Boston. 1883. p. 54.

② Robert F. Evans, *Soldiers of Rome*, *Praetorian and Legionnaires*, Washington, 1986. p. 149.

③ Mary T. Boatwright, Richard J. A. Talbert, Daniel J. Gargola, The Romans, *From Village to Empire*. Oxford University Press, 2004. p. 321.

④ J. B. Bury, *A History of the Roman Empire from Its Foundation to the Death of Marcus Augustus* (27 B. C. –180 A. D.), New York, Harper & Brothers Publishers, 1893. p. 191.

⑤ Arthur E. R. Boak, Ph. D. , *A History of Rome*, *to 565 A. D.* New York, The Macmilan Company, 1921. p. 272.

⑥ Sandra J. Binghan. *The Preatorian Guard in the Political and Social Life of Julio – Claudian Rome*. The University of British Columbia, 1997. p. 39.

官更显赫……。"① 因此，近卫军被"请进"罗马城，绝非驻扎地点的变化，其连锁反应在于，不仅改变了奥古斯都创建近卫军的初衷，也使近卫军长官的地位、作用发生了本质的变化，极大地提升了近卫军长官的政治权力②。近卫军及其长官从中获益匪浅，为近卫军长官日后"成为罗马城的实际主人"创造了条件③。

　　提比略统治期间，近卫军集中罗马城是一桩影响深远的历史事件。近卫军进驻首都，并使之第一次成为永久驻扎罗马城的军队，提比略开创了先例，"填补"了空白。"对于罗马人来说，永久性驻军和永久性的营地都是新生事物。"④ 提比略比之前辈皇帝奥古斯都"向前"迈进了一大步，祖传军队不得驻扎罗马城的旧制，被提比略彻底废弃。提比略将近卫军集中在罗马城，进一步昭示了帝国政权的性质。如果说奥古斯都创建近卫军时的某些做法比较含蓄，提比略则是赤裸裸地蔑视了共和国的传统和旧有"规矩"。身为帝国之主，提比略将近卫军集中驻扎罗马城，符合一般逻辑，但后果是严重的，而且种种消极后果在提比略死后逐步显现出来。吉本对此评论说："提比略贸然采取了一个很重要的措施，使国家从此戴上枷锁，动弹不得。他用免除意大利对军营的负担，以及加强禁（近）卫军的军纪为借口，将他们集中在罗马一个永久营区，置于要冲之地，建造最精实的工事。"⑤ 设置在罗马城维米纳尔门（Viminal gate）的永久性营

① David Potter, *The Roman Empire At Bay AD* 180 – 395, Routledge, 2004. p. 79.

② J. B. Bury, *A History of The Roman Empire From Its Foundation to The Death of Marcus Augustus* (27 *B. C.* – 180 *A. D.*), New York, Harper & Brothers Publishers, 1893. p. 191.

③ G. R. Watson, *The Roman Soldier.* Cornell University Press Ithaca, New York, 1985. p. 16.

④ J. C. Tarver, *Tiberius The Tyrant*, New York, 1902. p. 395.

⑤ ［英］爱德华·吉本著，席代岳译：《罗马帝国衰亡史》第 1 册，吉林出版集团有限责任公司 2008 年版，第 87 页。近卫军营地拉丁语为：*castra praetorian*。近卫军营地异常坚固，四周为石墙，占地面积 440×380 米，营地周围四面中的三面后来成为著名的奥莱利安城墙（Aurelian Walls）的组成部分。近卫军军营建筑不同于其他常见的军团营地结构，在帝国历史上，只有近卫军营地一处是这种结构。君士坦丁大帝遣散近卫军的同时，将营地摧毁。部分遗址今天仍清晰可见，并成为罗马城重要历史遗迹之一。近卫军营地是罗马城的制高点，也是从北面进入罗马城的必经之地。但营地的设计显然不是为了用于战争，不仅没有相应的抵御设施，甚至没有罗马军队营盘常见的沟壕。整个近卫军营地占地面积并不大，营区被几条主要街道分割成 4 个部分。罗马军队素有建造营地的传统，军团官兵驻扎在永久性营地（*castra stativa*）中。近卫军的军营与普通罗马军队的军营有相似的地方，但也有独到之处，即近卫军的军营是用鲜艳的粉色和红色砖建构的。近卫军营地建成后，只进行过一次大规模修葺：68—69 年内战结束后，韦伯芗命人维

区和坚固的工事并没有增加皇帝的安全感，反而成为近卫军惹是生非、制造事端的根据地，日后多位皇帝是在近卫军营地得到近卫军认可后，登上王座的。此后，许多皇帝登基过程中，近卫军营地似乎成为"必经之地"：在这里得到近卫军拥戴，然后前往皇宫；这里不止一次成为皇帝登基的出发点，也是某些皇帝生命的终点。正是从这时开始，近卫军开始左右罗马城内发生的各种事件①。对于帝国统治者而言，将近卫军集中在罗马城主要目的是增强对民众的镇压力量，强化统治的威慑力。"由于近卫军被安置在罗马城的军营里中，以及城市警察被组织起来，各种骚乱暴动已不那么可怕。"②

　　近卫军进驻罗马城，对于罗马人而言，最为重要的是军队的威慑力。为达此目的，"提比略向元老们展示近卫军的操练情况，仿佛他们不知道这支部队的实力。当元老们看到了提比略身边的保卫者的人数如此之多和实力如此强大时，提比略使他们产生畏惧的目的也就达到了。"③ 近卫军和皇帝之间的关系，通过提比略将近卫军"移入"罗马城得到了进一步的诠释。"近卫军由此意识到了自己的权力，对日后王位继承的影响是灾难性的。"④ 然而，提比略把近卫军集中在罗马城强化自己威慑力的同时，不可能意识到近卫军是一柄"双刃剑"：既可维护王权，镇压民众，也能够把皇帝送上不归路。日后的历史一再证明，近卫军本身即是帝国各种动荡的主要源泉之一。

　　一般认为，近卫军集中的时间为公元 23 年。提比略为何将近卫军集中在罗马城？有学者认为，近卫军担负着比先前更多的任务是一个重要原因是⑤。对此，古典史家也有记述。苏维托尼乌斯曾记，提比略是出于社会治安状况和镇压各种暴动、清剿流窜的土匪等方面的考虑，在罗马城内

修近卫军营地时，将建筑用砖改为黄色砖。见 Matthew Bunson, *Encyclopedia of the Roman Empire* (revised edition)，New York NY 10001, 2002. pp. 100 – 101. 近卫军营地是近卫军的大本营，也是近卫军许多坏事的源头。近卫军营地的变迁，也能够折射出近卫军流变的侧影。

①　Robert F. Evans, *Soldiers of Rome*, *Praetorian and Legionnaires*, Washington, 1986. p. 9.

②　J. C. Tarver, *Tiberius The Tyrant*, New York, 1902. p. 374.

③　Dio, 57. 24. 5.

④　Albert A. Trever, *History of Ancient Civilization*, *Volume II*, *The Roman World*, Harcourt, Brace and Company, New York, 1939. p. 396.

⑤　Sandra J. Binghan. *The Preatorian Guard in the Political and Social Life of Julio – Claudian Rome*. The University of British Columbia, 1997. p. 43.

为近卫军建造了永久性驻地①。然而，提比略将近卫军驻扎罗马城至关重要的因素应该是维护自己的统治：近卫军驻扎罗马对朝中文武官吏是一种前所未有的威慑。出于这种考虑，提比略每每向人们展示这支军队的实力。公元 25 年某个时候，提比略举行了一次近卫军操练表演，给元老们观看，目的是以近卫军给予元老们更多的威慑，使元老们不敢轻视近卫军的存在，并由此对提比略产生敬畏②。提比略的举动也告诉人们，他与近卫军的密切关系。和驻扎在意大利以外的军团相比，近卫军的 9 个大队（连同 3 个城市警卫队）则成为都城的"常备军"③。有了这些"常备军"，提比略便有足够的军事实力应付各种变故和敌对势力。

古典作家塔西佗认为，近卫军集中在罗马城，便于调动，容易驾驭，遇到突发事件，近卫军能够发挥更大的作用。但同时塔西佗尤其提及近卫军长官塞亚努斯，认为近卫军营地建成后，塞亚努斯逐步取得近卫军官兵的好感，还亲自提拔近卫军百人队长等军官④。言外之意，近卫军集中罗马城，是塞亚努斯借助近卫军的力量，实现个人野心的重要步骤。在此过程中，塞亚努斯说服提比略，为了保证近卫军的纪律应当集中在一个军营中，并能对罗马城发生的各种危机尽快做出反应⑤。

西方学者认为，近卫军集中驻扎罗马城，另一个重要的原因是，近卫军所执行的各项任务增多，远远超出了原本保卫皇帝及其家人安全的范围⑥。塔西佗曾记载，皇帝与他人的往来信件都由近卫军传递⑦。近卫军集中在罗马城，一方面为君主统治增添了威慑力，也"由于近卫军全部集中在一个营地，会使每个人产生畏惧"⑧；另一方面，也使皇帝及其家

① ［古罗马］苏维托尼乌斯著，张竹明等译：《罗马十二帝王传》，商务印书馆 1995 年版，第 133 页。

② Dio，57. 24. 5.

③ ［古罗马］塔西佗著，王以铸、崔妙因译：《编年史》（上册），商务印书馆 1981 年版，第 201 页。

④ 同上书，第 197—198 页。

⑤ Matthew Bunson, *Encyclopedia of the Roman Empire* (revised edition), New York NY 10001, 2002. p. 100.

⑥ Sandra J. Binghan. *The Preatorian Guard in the Political and Social Life of Julio - Claudian Rome.* The University of British Columbia, 1997. p. 49.

⑦ ［古罗马］塔西佗著，王以铸、崔妙因译：《历史》，商务印书馆 1997 年版，第 232 页。

⑧ Dio，55. 19. 6.

人的一举一动都纳入近卫军的视野范围。至于近卫军借助驻扎政治中心的优势，不断挑起事端，乃至弑君废主，则在未来的历史上逐步显现。从表面上看，近卫军驻扎罗马城是为了增加皇帝及其皇室的安全系数，然而，事与愿违，近卫军进驻罗马城，强化的是近卫军长官的势力，皇帝及其皇室的安全系数反倒大为降低。历史充分证明，提比略把近卫军集中在罗马城对后来的帝国政治产生了重要影响："……未来的皇帝在罗马城有了自己的私人卫队，而在接下来的两个多世纪时间里，这支军队经常影响皇帝人选的选择，卡利古拉、克劳狄、奥托，以及狄迪乌斯等人登上王位都依仗近卫军的支持……"①。对罗马帝国皇帝而言，近卫军驻扎罗马凶多吉少，不啻为把一股祸水引入了罗马城。

提比略在罗马为近卫军建造军营，一方面把近卫军集中在了罗马城，为皇帝提供服务创造了条件；另一方面，近卫军军营则成为近卫军屡屡作恶的堡垒和大本营，许多涉及帝国命运的大事是在近卫军军营决定的，多位皇帝首先在近卫军军营内获得近卫军认可，然后再履行元老院批准程序。尼禄即为典型，他在近卫军长官陪同下前往近卫军军营，赢得近卫军忠诚后，方登基称帝；不止一位皇帝在近卫军营地遭杀戮，甚至在近卫军军营内被枭首示众。68—69 年内战期间，伽尔巴甚至首先在近卫军军营宣布自己的继承人人选②。更有甚者，193 年近卫军在自己的军营内公开"拍卖帝位"，猖狂至极。三世纪危机的 238 年，竟然有两个皇帝死在近卫军军营，两个皇帝被绑架到近卫军军营③。史实表明，为近卫军建造军营，无异于为近卫军蓄意干预帝国政治生活，尤其是干预帝位传承创造了有利条件。有了坚固营垒依托的近卫军，会利用一切能够利用的时机兴风作浪，经常让皇帝望而却步。现代史家分析道："（近卫军入驻罗马城之后）尽管全体近卫军官兵可供皇帝任意调遣，但皇帝也相应地听命于近卫军的摆布。"④　某种意义上讲，提比略将近卫军集中在罗马城是一项缺乏明智的、顾此失彼的选择。

---

① Mary T. Boatwright, Richard J. A. Talbert, Daniel J. Gargola, The Romans, *From Village to Empire.* Oxford University Press, 2004. p. 321.

② ［古罗马］塔西佗著，王以铸、崔妙因译：《历史》，商务印书馆 1997 年版，第 17 页。

③ Matthew Bunson, *Encyclopedia of the Roman Empire*（revised edition），New York NY 10001, 2002. p. 461.

④ Ibid, p. 447.

　　提比略时代，近卫军依然是 9 个大队，主要从意大利本土和罗马早期
移民地征召①。和奥古斯都时代相比，近卫军在提比略时代发生了许多巨大
变化，除了军营建在罗马城之外，近卫军的军事职能也得到了前所未有的
发挥。提比略当政后不久，潘诺尼亚军团发动兵变，提比略派皇子德鲁苏
斯（Drusus）前去平定，陪同皇子出行的人员中，包括大名鼎鼎的近卫军
长官塞亚努斯——以皇子顾问身份随行，这也是塞亚努斯第一次出现在历
史记载中②。陪同德鲁苏斯前往潘诺尼亚的军队中除近卫军两个大队外，还
包括当时仍是皇帝贴身卫队的日耳曼卫队，另有部分近卫军骑兵。这些军
队增强了德鲁苏斯的实力③。此次近卫军及其长官离开罗马城，到行省执行
军事使命，为近卫军创建以来第一次，近卫军的军事、保驾职能得到了很
好的诠释。在公元 16 年的一次战役中，皇子日耳曼尼库斯（Germanicus，
提比略侄子）亲自率领近卫军士兵与敌人展开肉搏战④。在日耳曼尼库斯随
行部队中，有一支精选的日耳曼骑兵，其中一部分为日耳曼尼库斯私人卫
兵，其余大部分和近卫军一样，属于皇家卫队⑤。日耳曼尼库斯返回罗马城
时，塞亚努斯带领近卫军前去迎接。日耳曼尼库斯战死沙场后，他的骨灰
由母后阿格里品娜从意大利南部护送回罗马，近卫军在港口迎接。近卫军
列队护送日耳曼尼库斯的骨灰横穿意大利，在各地展示⑥。

　　提比略统治期间是近卫军发展史上一个重要转折时期。提比略与近卫
军之间的关系，主要通过两个重大事件得以表现：一是把近卫军集中在罗
马；二是处死了近卫军长官塞亚努斯。近卫军违背祖制进驻罗马城，近卫
军和帝制的属性昭然若揭，近卫军的军事威慑力任何人不敢漠视。蒙森也

---

　　①　[古罗马] 塔西佗著，王以铸、崔妙因译:《编年史》（上册），商务印书馆 1981 年版，第
201 页。

　　②　Richard Alston, *Aspects of Roman history*, *AD* 14 - 117, First published by Routledge,
1998. p. 30.

　　③　[古罗马] 塔西佗著，王以铸、崔妙因译:《编年史》（上册），商务印书馆 1981 年版，第
79 页。

　　④　[古罗马] 塔西佗著，王以铸、崔妙因译:《编年史》（上册），商务印书馆 1981 年版，第
81 页。日耳曼尼库斯军功显赫，军内外威望甚高，奥古斯都甚至曾经考虑过立他为嗣。

　　⑤　Michael P. Speidel, *Riding For Caesar*: *The Roman Emperors' Horse Guards*, Published by
B. T. Batsford Ltd. , 1994. p. 9.

　　⑥　Richard Alston, *Aspects of Roman history*, *AD* 14 - 117, First published by Routledge,
1998. p. 26.

指出，提比略把近卫军集中在罗马城，"强化了近卫军支配皇帝的实力"①。换句话说，近卫军集中罗马城，不是皇帝加强了对近卫军的掌控，而是近卫军如虎添翼，加强了对皇帝的钳制。

公元31年提比略死去。关于提比略的死因，古典史家说法不一。苏维托尼乌斯记载说，卡利古拉为了达到早日登基的目的，通过勾引马克罗的妻子，骗得马克罗的信任，进入宫闱，亲手扼死了提比略②。塔西伦则记载说，是马克罗最后杀死了提比略③。无论哪种观点可信，深得提比略信赖的近卫军长官马克罗都难逃干系：不是共谋，即是凶手④。马克罗对提比略表面上的各种忠诚，只不过是为了掩盖自己真实面目的假象⑤。关于提比略的真正死因，已成历史谜团，如果马克罗是元凶，提比略则是第一个死于近卫军之手的皇帝，也是近卫军入驻罗马城之后杀死的第一个皇帝。

提比略在死前两年即拟好遗嘱，其中一份遗嘱的主要内容是分配遗产。和前辈奥古斯都一样，提比略专门提到将遗产分给近卫军各级军官若干⑥；狄奥·卡西乌斯则记载，提比略分给近卫军的遗产数目为1000塞斯退斯⑦。近卫军初创几十年间，经历了两代皇帝，两代皇帝无一例外地将自己遗产的一部分赠给近卫军，近卫军在皇帝那里得到的重视不言而喻。据记载，提比略总共向军队分发了奥古斯都的1200万迪纳里的遗产，

---

① Theodor Mommsen, *A History of Rome under the Emperors*, English translation by Clare Krojzl, Routledge, 1996. p. 126.

② ［古罗马］苏维托尼乌斯著，张竹明等译：《罗马十二帝王传》，商务印书馆1995年版，第159页。

③ ［古罗马］塔西伦著，王以铸、崔妙因译：《编年史》（上册），商务印书馆1981年版，第315页。

④ 对此两种观点，当代西方史家各有选择。笔者认为，认定马克罗为杀死提比略的凶手，尚缺乏史料佐证。

⑤ 有西方学者认为，马克罗害怕塞亚努斯的厄运降临到自己头上，便伙同卡利古拉一起谋杀了提比略。见 William Smith and Eugene Lawrence, *A Smaller History of Rome*, New York, 1881. p. 233.；Harold Mattingly, *Outlines of Ancient History: From the Earliest Times to the Fall of the Roman Empire in the West*, A. D. 476, Cambridge at the University Press, 1914. p. 374.

⑥ 原文为"……另外给守城卫队的头目以遗赠"。见［古罗马］苏维托尼乌斯著，张竹明等译《罗马十二帝王传》，商务印书馆1995年版，第151—152页。

⑦ Dio, 59. 2. 1.

近卫军得到了其中绝大部分，数额远远高于普通军团士兵①。

第二节　塞亚努斯：第一个权倾朝野的近卫军长官

　　提比略得名近卫军"第二个创建者"不仅在于将近卫军集中于罗马城，也理应包括近卫军长官权势、地位的变化，"提比略治下的罗马帝国，近卫军长官作为重要的行政管理和咨询官吏出现在帝国政治舞台上。"②狄奥·卡西乌斯记载说，提比略把塞亚努斯（Lucius Aelius Sejanus）提升为自己的顾问并让塞亚努斯协助自己处理各种国务③。当代西方学者形象地将塞亚努斯称为"非正式大臣"④。奥古斯都时代的皇家卫队长，在提比略统治期间晋升为帝国权臣，近卫军长官由普通的御林军首领，摇身一变，成为帝国政坛上呼风唤雨式的人物。帝国许多民政、军事事务均由塞亚努斯主持。从此，近卫军长官在帝国政治生活中的地位日益显赫。现代西方学者认为，近卫军发生的所有变化，都以塞亚努斯晋身近卫军长官为起点⑤。从塞亚努斯开始，近卫军长官成为除皇帝之外，帝国最重要的政治官吏⑥。中国学者冯作民也认为，近卫军是罗马帝政时期的重大弊害之一，其弊端是从塞亚努斯开始的⑦。因此，塞亚努斯的影响不仅限于提比略一朝，而且波及整个罗马帝政史。

---

　　①　Theodor Mommsen, *A History of Rome under the Emperors*, English translation by Clare Krojzl, Routledge, 1996. p. 203.

　　②　Sandra J. Binghan. *The Preatorian Guard in the Political and Social Life of Julio – Claudian Rome*. The University of British Columbia, 1997. p. 39.

　　③　Dio, 57. 19. 7.

　　④　Albert A. Trever, *History of Ancient Civilization*, Volume II, *The Roman World*, Harcourt, Brace and Company, New York, 1939. p. 400.

　　⑤　Matthew Bunson, *Encyclopedia of the Roman Empire* (revised edition), New York , NY 10001, 2002. p. 449.

　　⑥　*The Cambridge Ancient History*, Volume XI, The Imperial Peace, A. D. 70—192, Cambridge University Press, 1936. p. 257.

　　⑦　冯作民编著：《西洋全史（四）罗马兴亡史》，燕京文化事业有限公司 1975 年版，第436 页。

　　历史学家们普遍认为，把近卫军集中在罗马城是塞亚努斯的主意①，是塞亚努斯看到了把他指挥的近卫军集中在罗马与加强自己地位之间的关系②。于是，在公元23年③，城市长官兼近卫军长官的塞亚努斯获准把近卫军集中在罗马城④。从前分散在罗马城外的近卫军，此时在城内有了永久驻地。塞亚努斯对近卫军大加放纵，以使近卫军能够按照他的意愿行事，成为他实现个人野心的工具。帝国历史上不乏野心勃勃、骄横一时的近卫军长官，但塞亚努斯为第一人。

　　论及提比略时代的近卫军及其长官，塞亚努斯是无论如何也无法绕开的一个人物。古典史家声称，塞亚努斯是一个对提比略颇有影响的人物⑤，尽管塞亚努斯比提比略年轻12岁。蒙森认为，提比略与塞亚努斯——提比略密友——之间的关系，是提比略统治后期的重要内容⑥。诚然，塞亚努斯野心勃勃，但绝非一无是处。公元14年，提比略登基后，塞亚努斯通过自己的努力赢得了提比略的青睐，被提比略提名为近卫军长官⑦。塞亚努斯曾与奥古斯都时代即为近卫军长官的斯特拉波——也是塞

---

　　①　一般认为，是塞亚努斯说服了提比略，把近卫军集中在罗马城。至于塞亚努斯采用什么方式、手段，到底怎样说服了提比略，史焉未详。能说明问题的是，通过这件事可以看出塞亚努斯与提比略的关系非比寻常。即使是塞亚努斯的主意，也说明，把近卫军由外地，集中到罗马城迎合了提比略的需要，对提比略强化统治有益，因此，提比略方能同意在罗马为近卫军修筑营地。

　　②　J. B. Bury, *A History of the Roman Empire from Its Foundation to the Death of Marcus Augustus* (27 *B. C.* – 180 *A. D.*), New York, Harper & Brother Publishers, 1893. p. 191.

　　③　西方学者认为，23年是罗马史的转折点。是年，不仅近卫军进驻罗马城，而且提比略的唯一的儿子德鲁苏斯被塞亚努斯谋杀。H. Stuart Jones, *The Roman Empire*, *B. C.* 29 – *A. D.* 476, New York, G. P. Putnam's Sons, London：T. Fisher Unwin, 1908. p. 49.

　　④　A. H. Allceoft, M. A. Oxon., *The Early Principate*：*A History of Rome*, 30*BC.* – 96*AD*, London Ondon：W. B. Olive, University Correspondence College Press, 1898. p. 87.

　　⑤　[古罗马] 塔西佗著，王以铸、崔妙因译：《编年史》（上册），商务印书馆1981年版，第197页。

　　⑥　Theodor Mommsen, *A History of Rome under the Emperors*, English translation by Clare Krojzl, Routledge, 1996. p. 127.

　　⑦　Anthony A. Barrett, *Caligula*：*The Corruption of Power*, First published 1989 by B. T. Batsford Ltd., p. 17.

亚努斯的生父①——共事两年。父子二人共掌近卫军指挥权，帝国历史上极为少见。斯特拉波被派往埃及担任行政长官后，公元 16 年，塞亚努斯"子承父业"，独自一人掌控近卫军②，直至公元 31 年。塞亚努斯是罗马近卫军历史上第一个一人之下、万人之上的近卫军长官——"在罗马城，他是皇帝之外最有权势的人物"③，同时也罗马帝国历史上第一个被皇帝处死的近卫军长官。塞亚努斯创下了多项"纪录"，使其成为研究朱里奥—克劳狄王朝近卫军，乃至整个近卫军历史上的"关键词"之一。

　　古典史家对塞亚努斯有所记载。塔西佗笔下的塞亚努斯工于心计，"通过各种各样的巧妙手法，很快就把提贝里乌斯掌握在自己手里了。提贝里乌斯对他信任到这样程度，以至对其他人来说是神秘莫测的提贝里乌斯，只有对谢雅努斯一个人谈话时是毫无顾忌和无所保留的。"④ 古典作家对塞亚努斯的为人、品格多有诟病，认为塞亚努斯"善于隐蔽自己的思想，却有办法陷害别人。他奴性十足，同时又十分横傲，他在一副谦恭谨慎的外衣下掩盖着渴望权力的极大野心。"⑤ 狄奥·卡西乌斯也记载，塞亚努斯一人执掌近卫军长官权柄后，便以各种方式强化自己的势力，把近卫军集中在罗马城即为其中重要手段之一⑥。当然，塞亚努斯并非愚蠢至极，亦非行尸走肉之徒。公元 14 年（即提比略登基之年），皇子德鲁

① 提比略继位后，近卫军长官只有斯特拉波一人，原因不详。塔西佗在《编年史》中记载，提比略登基后，近卫军长官斯特拉波向他宣誓效忠。见［古罗马］塔西佗著，王以铸、崔妙因译《编年史》（上册），商务印书馆 1981 年版，第 7 页。现代学者宣称，塞亚努斯之父塞亚努斯·斯特拉波是奥古斯都时代最值得信赖的政府公职人员之一。见 J. C. Tarver, *Tiberius The Tyrant*, New York, 1902. p. 385。塞亚努斯也得到了提比略的信赖，但靠的是心术，并非品质。

② Sandra J. Binghan. *The Preatorian Guard in the Political and Social Life of Julio - Claudian Rome.* The University of British Columbia, 1997. p. 39.

③ *Encyclopedia of World History*：*The Ancient World Prehistoric Eras to* 600 *c. e.* , Volume I, edited by Marsha E. ···et al. Printed in the United States of America, 2008. p. 232.

④ ［古罗马］塔西佗著，王以铸、崔妙因译：《编年史》（上册），商务印书馆 1981 年版，第 197 页。

⑤ 同上书，第 197 页。

⑥ Dio, 57. 19. 6. 关于塞亚努斯把近卫军集中在罗马城，狄奥·卡西乌斯的记载似有可商榷之处。历史事实应当是，在征得了提比略同意之后，塞亚努斯执行了把近卫军集中在罗马城的任务。即便塞亚努斯权势如日中天，深得提比略信赖，但如此重大的、公然践踏祖传旧制的、在罗马城驻军行为，也不是塞亚努斯一个人有胆量私下决定的。因此，笔者更倾向于前文提到的"征得了提比略同意后，塞亚努斯把近卫军集中在了罗马城"的观点。

苏斯前往多瑙地区镇压军团叛乱时，刚上任的塞亚努斯亲自指挥新征召的两个近卫军大队和一支骑兵部队陪同前往，充当德鲁苏斯左膀右臂，并最终平息了兵变①，完成了近卫军首次离开罗马城的军事任务。蒙森也认为，塞亚努斯能力超群，但缺少对皇帝的忠诚②。

近卫军、近卫军长官与皇帝的关系本质上是主仆关系，在近卫军及其长官尚未真正得势的历史背景下，塞亚努斯一步登天，与提比略有直接关系。在比较长一段时间内，塞亚努斯深得提比略信赖，是提比略的心腹，也是提比略的挚交③。塞亚努斯与提比略皇室的关系可谓盘根错节。他先是成为提比略儿媳李维拉（Livilla，日后皇帝克劳狄的姐姐）的情夫④，后又在提比略的孙女朱莉亚（Julia）丈夫遭流放后，被安排与茱莉亚订婚，使塞亚努斯与朱里奥家族搭上了关系。这种与皇室的姻亲关系，巩固了塞亚努斯的地位，说明了塞亚努斯的得势与皇权、皇室势力的关系，从一个侧面揭示了近卫军长官与皇帝的亲密关系。古典史家记载，提比略对塞亚努斯"百依百顺"，称塞亚努斯是"为他分忧担劳的人"⑤。提比略对塞亚努斯"绝对信任"，塞亚努斯亦得名"皇帝的助手"（adjutor imperii）⑥。狄奥·卡西乌斯更是直截了当地记载说，提比略依附于塞亚努斯⑦。提比略对塞亚努斯的信赖、依附，为塞亚努斯不可一世创造了条件。就在提比略决定剪除塞亚努斯的公元31年，塞亚努斯与提比略被宣布同掌执政官权力5年⑧。"塞亚努斯的胸像享有被放置在剧场、广场和军团的军旗与祭坛中间的荣誉"；人们只有通过卑劣手段，才能赢得塞亚

---

①　Robert F. Evans, *Soldiers of Rome*, *Praetorian and Legionnaires*, Washington, 1986. pp. 6 – 7.

②　Theodor Mommsen, *A History of Rome under the Emperors*, English translation by Clare Krojzl, Routledge, 1996. pp. 127 – 128.

③　H. Stuart Jones, *The Roman Empire*, *B. C.* 29 – *A. D.* 476, New York, G. P. Putnam's Sons, London: T. Fisher Unwin, 1908. p. 49.

④　历史学家声称，在塞亚努斯的唆使下，李维拉毒死了自己的丈夫。见 Robert F. Pennell, *Ancient Rome*, *from the earliest times down to* 476 *A. D.*, U. S, 1890. p. 150。

⑤　[古罗马] 塔西佗著，王以铸、崔妙因译：《编年史》（上册），商务印书馆 1981 年版，第 198 页。塞亚努斯则想方设法让提比略感到离不开他。

⑥　Matthew Bunson, *Encyclopedia of the Roman Empire* (revised edition), New York NY 10001, 2002. p. 540, p. 494.

⑦　Dio, 57. 19. 7.

⑧　W. F. Mason And F. Stout, *A Synopsis of Roman History to* 138 *A. D.* London: W. B. CLIVE, 1911. p. 77.

努斯的欢心①；"在他活着的时候，他的青铜塑像便在剧场内树立起来。"② 面对如日中天的塞亚努斯，趋炎附势，阿谀逢迎者大有人在，"一大批青铜像由各色人等为他树立起来，为皇帝歌功颂德的诗章也以他的名义在人民和元老院面前诵读。包括元老在内的社会上层清晨就到他的府邸拜访，不仅转达所有私人对提比略的请求，而且包括了需要处理的公共事务。简而言之，没有他的允诺，一件公务也处理不了。"③ 帝国历史上，拥有类似特权地位的近卫军长官不过区区数人，塞亚努斯权势炙手可热的程度溢于言表。

塞亚努斯的权势如日中天，他人无可奈何，但皇室成员，尤其是提比略的继承人皇子德鲁苏斯对塞亚努斯表示出极大不满。史载，德鲁苏斯对塞亚努斯的敌意与日俱增，他甚至抱怨父王对塞亚努斯过于信任。德鲁苏的敌意对塞亚努斯的确有遏制作用，但公元23年，塞亚努斯与德鲁苏斯妻子李维拉合谋，毒死了德鲁苏斯，彻底扫清了实现个人野心的障碍④。德鲁苏斯被谋杀后，提比略家族再无男性子嗣。塞亚努斯的阴险与野心毋庸言表。

塞亚努斯得势除了与提比略的关系之外，另一个不容忽视的因素是，近卫军驻扎罗马城，增加了对全体罗马人（包括各级朝臣、元老）的威慑力，作为近卫军长官的塞亚努斯，已经完全控制了近卫军⑤。近卫军长官与近卫军相辅相成的关系，在塞亚努斯身上得到了印证。塔西佗也明确指出了近卫军集中驻扎罗马城与近卫军长官的关系："近卫军长官的权力过去并不大，但是他把分散在整个罗马的那些步兵中队集中在一个营地里，这样就使近卫军长官的权力加强了。"⑥ 当代学者也认为，近卫军集

---

① ［古罗马］塔西佗著，王以铸、崔妙因译：《编年史》（上册），商务印书馆1981年版，第198、255页。

② Dio，57.21.3.

③ Ibid，57.21.4.

④ Richard Alston, *Aspects of Roman history*, *AD* 14 – 117, First published by Routledge, 1998. p. 30. 关于塞亚努斯与李维拉合谋毒害德鲁苏斯一事，狄奥·卡西乌斯也有比较详细的记载。见Dio，58.11.6–7。

⑤ Dio，58.4.2.

⑥ ［古罗马］塔西佗著，王以铸、崔妙因译：《编年史》（上册），商务印书馆1981年版，第197页。

中驻扎罗马强化了塞亚努斯的地位和势力①。塞亚努斯得势与掌控近卫军
关系密切。他通过贿赂等手段（也是后来近卫军长官、皇帝惯用的伎俩）
赢得了近卫军士兵，确信近卫军是他的得力支持者②。日后得势的近卫军
长官无不借助近卫军的威慑力。塞亚努斯的得势归根结底是提比略的支持
与认可。提比略为了让元老们知道近卫军的强大实力，指使塞亚努斯率领
近卫军表演操练让元老观看，以免元老院轻视近卫军③。塞亚努斯借助近
卫军和皇帝两方面的力量，势力逐步膨胀，愈加令罗马人畏惧，包括元老
在内的所有人对他敬重有加，仿佛他就是皇帝④。尤其在提比略隐居卡普
里岛之后（*Capri*），塞亚努斯几乎成为罗马城内的无冕之王，不仅是近卫
军长官，而且是提比略在都城的代理人⑤。"此时的塞亚努斯已经达到了
权势的顶峰，成为控制军队、元老院的实际统治者，人们对他的敬畏甚至
超过了皇帝。"⑥ 不可一世的塞亚努斯引来了罗马人越来越多的不满和轻
蔑，甚至避免和他见面，有意孤立他⑦。与此同时，塞亚努斯膨胀的野心
也使提比略对他的态度发生改变。然而，塞亚努斯权势再大也不能改变与
皇帝的仆主关系，他的命运最终还把握在提比略手中。

　　作为近卫军长官，塞亚努斯权势炙手可热，当朝皇帝提比略是关键因
素。西方学者认为，塞亚努斯之所以权倾朝野，是因为提比略在公元
25—26 年退隐卡普里岛时，没有把权力移交给元老院，而是交给了塞亚
努斯，塞亚努斯由此成为罗马城内发号施令的统治者。西方学者的类似议
论有一定的说服力，但却没有说明这种权力的移交属于制度安排的漏洞。
塞亚努斯的作为及其嚣张所反映出的正是制度层面的疏漏。蒙森在分析塞
亚努斯被杀原因时指出，塞亚努斯被处死不是因为对皇帝不忠诚，而是由

---

①　Anthony A. Barrett, *Caligula*：*The Corruption of Power*, First published 1989 by B. T. Batsford
Ltd. , p. 17.

②　William Smith and Eugene Lawrence, *A Smaller History of Rome*, New York, 1881. p. 232.

③　Dio, 57. 24. 5.

④　Dio, 58. 4. 1.

⑤　Sandra J. Binghan. *The Praetorian Guard in the Political and Social Life of Julio - Claudian
Rome*. The University of British Columbia, 1997. p. 53.

⑥　Albert A. Trever, *History of Ancient Civilization*, *Volume II*, *The Roman World*, Harcourt,
Brace and Company, New York, 1939. p. 400.

⑦　Dio, 58. 9. 1.

于觊觎王位的野心①。

　　提比略对塞亚努斯的野心并非一无所知，对塞亚努斯的种种作为自然不会漠然视之，也有被塞亚努斯取而代之的担心②。公元 31 年 10 月，提比略决定撤销塞亚努斯近卫军长官职务。然而，塞亚努斯身居近卫军长官要职长达 15 年之久，权势如日中天，早已渗透到帝国各个领域，不仅仅限于近卫军。因此，提比略没有贸然行事，决定设计剪除塞亚努斯。"尽管没有证据表明近卫军会为自己的长官抛弃皇帝，但是，提比略大概已经察觉到，冒同近卫军对抗的风险得不偿失。因此，提比略决定使用计谋达到目的，秘密任命马克罗（Quintus Naevius Cordus Sutorius Macro）为近卫军长官，派他携带给元老院的亲笔信，于 10 月 17 日回到罗马，提比略在信中要求处死塞亚努斯。"③ 给元老院送信的马克罗实际上已经取代了塞亚努斯，并受提比略之命，负责应当做的一切事情（指除掉塞亚努斯——引者注）④。

　　一切按照提比略的安排进行。公元 31 年 10 月 18 日，在元老院会议上，塞亚努斯遭逮捕，并被处以极刑⑤。塞亚努斯的尸体被抛入河中，甚至他的孩子也未能幸免⑥。这一切都是近卫军不在场情况下进行的。或许是塞亚努斯久居近卫军长官位置，或许是在近卫军中影响巨大，处理塞亚努斯过程中，城市警卫大队发挥了关键作用，许多原本是近卫军的职责，也由警卫大队担当。所有这些都是日后取代塞亚努斯的近卫军长官马克罗设计安排的⑦。毕竟经营近卫军多年，得知塞亚努斯被处死的消息后，近卫军在罗马城内制造骚乱，因为近卫军官兵与塞亚努斯的友谊也遭人怀

---

① Theodor Mommsen, *A History of Rome under the Emperors*, English translation by Clare Krojzl, Routledge, 1996. p. 128.

② Dio, 58. 4. 2.

③ Sandra J. Binghan. *The Praetorian Guard in the Political and Social Life of Julio – Claudian Rome*. The University of British Columbia, 1997. pp. 55 – 56. 狄奥·卡西乌斯记载了马克罗夜间返回罗马的史实。见 Dio, 58. 3. 2.

④ Dio, 58. 9. 2.

⑤ 据苏维托尼乌斯所载，塞亚努斯是被作为公敌处死的。见［古罗马］苏维托尼乌斯著，张竹明等译《罗马十二帝王传》，商务印书馆 1995 年版，第 159 页。

⑥ Dio, 58. 11. 4 – 5.

⑦ Anthony A. Barrett, *Caligula：The Corruption of Power*, First published 1989 by B. T. Batsford Ltd. , p. 28.

疑。忠于提比略的城市夜巡大队与杀人放火的近卫军发生冲突①。这是帝国历史上近卫军第一次在罗马城内起兵闹事。近卫军的骚乱足以证实塞亚努斯的影响力不可小觑，连提比略也担心，一旦诛除塞亚努斯行动失败，塞亚努斯会占领罗马城，对他发动进攻，提比略甚至准备了后事②。近卫军最后还是被安抚下来。提比略清楚近卫军站在塞亚努斯一边，但他还是以金钱和荣誉平息了近卫军。为缓解近卫军对元老们的敌意，提比略命令元老院投票同意，近卫军的军饷从国库支付③。关于塞亚努斯被杀后近卫军的种种表现，古典作家有所记载，现代史家也多有评述。其中，狄奥·卡西乌斯的记载似乎更能够深入揭示问题的实质：塞亚努斯离开近卫军营地前往元老院后，马克罗来到近卫军营地，向近卫军官兵宣布除掉塞亚努斯，并带来了提比略的亲笔信，信中允诺给予他们奖赏④。至于提比略与近卫军之间关系的详细内容，古典作家没有留下详细说明。苏维托尼乌斯记载，提比略从未对军队慷慨解囊，唯一一次例外是，给予不支持塞亚努斯的近卫军每人 1000 塞斯退斯⑤，高于普通近卫军士兵一年的军饷。尽管这是唯一一次对（全部）军队的赠予，却从一个侧面说明，提比略对近卫军的重视程度超过了其他军队。然而，提比略利用新任近卫军长官剪除掉塞亚努斯——原有近卫军长官，进一步证实近卫军长官只是皇帝的鹰犬走卒，无视"伴君如伴虎"的危险，势必自食苦果。

　　近卫军由分散各地，到提比略时代通过集中在罗马城的营地，变成了一个联合的整体。为了保持近卫军的忠诚，提比略对近卫军的赏赐慷慨大方，使近卫军也意识到了自己的特殊地位⑥。探讨塞亚努斯的命运，许多学者对塞亚努斯野心勃勃大泼笔墨。但塞亚努斯之所以得志、得势，提比略是决定因素，是皇帝赐予塞亚努斯各种得势的机会。塞亚努斯曾是提比略的"得力助手"，现代学者认为，是塞亚努斯出任近卫军长官，才使得

---

①　Dio, 58. 12. 1 – 2.

②　Ibid, 58. 13. 1.

③　Ibid, 58. 18. 2 – 3.

④　Ibid, 58. 9. 5.

⑤　［古罗马］苏维托尼乌斯著，张竹明等译：《罗马十二帝王传》，商务印书馆 1995 年版，第 138 页。

⑥　Sandra J. Binghan. *The Preatorian Guard in the Political and Social Life of Julio – Claudian Rome.* The University of British Columbia, 1997. pp. 64 – 65.

这一官职的重要性得以凸显①。提比略的信任，以及与皇帝之间的密切关系，助长了塞亚努斯的野心。塞亚努斯与提比略之间存在相互依赖关系，也存在一种平衡的因果关系：皇帝理所当然应该信任自己的近卫军长官，近卫军长官必须对皇帝保持忠诚。只不过皇帝的信赖助长了塞亚努斯的野心，打破了与皇帝之间的平衡关系，在有能力掌控局面的情况下，提比略不能容忍近卫军长官觊觎王位。塞亚努斯的厄运揭示的道理是，无论近卫军长官处于何种强势地位，颠覆与皇帝的主仆关系绝非易事，大多数时候近卫军长官的命运把握在皇帝手中。

塞亚努斯在近卫军历史上占有重要的一席之地，他扩大了近卫军长官的影响，由塞亚努斯开始，"近卫军长官成为举足轻重的官职，手中的权力也越来越多。"② 提比略处死塞亚努斯并未中止近卫军长官权势的上升趋势，相反，伴随手中权力的增大，近卫军长官的各种影响力与日俱增。依仗手中权势成为野心家的近卫军长官层出不穷。

第三节　近卫军所弑第一帝——卡利古拉

提比略的儿子先于提比略辞世，卡利古拉以提比略养孙身份继承了王位③。但在提比略的遗嘱中，提比略指定卡利古拉与他另外一个尚未成年的孙子提比略·盖米鲁斯（Tiberius Gemellus）为共同继承人④。

卡利古拉以昏庸残暴闻名于罗马史。卡利古拉既是罗马帝国历史上第一个死于近卫军之手的皇帝，也是第一个由近卫军拥上王位的皇帝，还是罗马帝国历史上第一个由军队推举的皇帝。在罗马帝政史上，卡利古拉实在是一个地位极其特殊的皇帝。卡利古拉在位期间，近卫军的最大变化是，近卫军长官的人数重新恢复为2人。值得注意的是，卡利古拉手中提

① *Roman History*, Translated from the German of DR. Julius Koch by Lionel D. Barnett, M. A. London, 1901. p. 116.

② Matthew Bunson, *Encyclopedia of the Roman Empire*（revised edition）, New York NY 10001, 2002. p. 448.

③ 在帝国历史上，卡利古拉是著名的荒淫无道的皇帝。苏维托尼乌斯记载，斗兽场喂养动物的牛涨价时，卡利古拉竟然挑选囚徒充当野兽的"饲料"。见［古罗马］苏维托尼乌斯著，张竹明等译《罗马十二帝王传》，商务印书馆1995年版，第170页。

④ ［古罗马］苏维托尼乌斯著，张竹明等译：《罗马十二帝王传》，商务印书馆1995年版，第152、189页。

比略临死前写给元老院的信，以及提比略的遗嘱，是经由近卫军长官马克罗之手交给元老院的①。这件事既反映出近卫军及其长官的重要地位，也预示着卡利古拉与马克罗之间存在的某种相互纠缠的关系。卡利古拉为得到王位，可谓费尽心机，因为提比略在遗嘱中，将帝位传给卡利古拉和提比略·盖米鲁斯二人，并非他一人独揽朝纲。公元 37 年底，卡利古拉处死了共治者提比略·盖米鲁斯，一同被处死的还包括从前支持卡利古拉的近卫军长官马克罗。卡利古拉能够屡屡得逞，近卫军发挥了决定性作用，因为此时的近卫军"倾向于卡利古拉，对提比略·盖米鲁斯不感兴趣"②，所以，"近卫军宣布卡利古拉为皇帝"③。如果离开了近卫军的支持，卡利古拉至少不会顺利登基。然而，卡利古拉并不珍惜得来的王位，昏庸无道，在位仅仅 3 年 10 个月零 8 天，便死于近卫军之手④，近卫军也在此间创下了多个历史"纪录"。

鉴于近卫军在提比略时代已成"气候"，据狄奥·卡西乌斯记载，卡利古拉登基后便"在元老的陪同下视察近卫军的操练，将（提比略）遗留给他们的遗产分配给每人 1000 塞斯退斯。他还自己掏腰包，给予近卫军更多的金钱。"⑤ 不唯近卫军，其他城市部队，以及意大利以外驻军也得到了不同数额的赏赐⑥。近卫军中的骑兵也得到了数量不菲的赏金。"卡利古拉丰厚的赏赐确定一种倾向：只要赏金丰厚，近卫军中的骑兵就能够保持忠诚。此后两个多世纪里，历代皇帝深谙此道，这一点已为大量出土的骑兵墓志铭所证实。"⑦ 卡利古拉的赏赐发挥了应有的作用，确保

① J. B. Bury, *A History of the Roman Empire from Its Foundation to the Death of Marcus Augustus* (27 *B. C.* – 180 *A. D.*), New York, Harper & Brothers Publishers, 1893. p. 215.

② Mary T. Boatwright, Richard J. A. Talbert, Daniel J. Gargola, *The Romans: from Village to Empire.* Oxford University Press, 2004. p. 324.

③ Michael Burgan, *Great Empires of the Past: Empire of Ancient Rome*, Revised Edition, New York, 2009. p. 47.

④ ［古罗马］苏维托尼乌斯著，张竹明等译：《罗马十二帝王传》，商务印书馆 1995 年版，第 152、189 页。

⑤ Dio, 59. 2. 1.

⑥ Ibid, 59. 2. 2 – 3.

⑦ Michael P. Speidel, *Riding For Caesar: The Roman Emperors' Horse Guards*, Published by B. T. Batsford Ltd., 1994. p. 17.

了近卫军对他的忠诚①。后世史家认为，卡利古拉急不可耐地犒赏近卫军，政治意义头等重要②。赏赐近卫军一事说明，登基伊始的卡利古拉，首先需要稳住近卫军。表面上看，近卫军是被动地接受、认可皇权的更替，但由于驻扎罗马城的特殊地位，以及对元老院、各级朝臣的威慑力，任何一位新登基的皇帝都不可轻视近卫军的存在，而且这种"被动"正是在卡利古拉当权时转变为"主动"。近卫军的种种骄横，则在皇帝各种恩宠、笼络中逐步膨胀，乃至不可一世的。

卡利古拉时代，近卫军继续履行着提比略时代的各种职责和义务③。卡利古拉为了加强同近卫军之间的关系，除了出席一些大型活动由近卫军陪伴之外④，还多次赏赐近卫军，以强化同近卫军的特殊关系⑤。卡利古拉巡幸北方时，陪同人员除了演员、角斗士、女人外，还有一部分近卫军——保护他的人身安全⑥。由这件事不难知晓，卡利古拉日常生活中，近卫军的角色无可或缺。正是由于近卫军地位特殊，所得赏金高于其他军队，便逐渐成为不成文的"规矩"或"定制"，无形中助长了近卫军的骄横。卡利古拉统治时期毕竟是近卫军发展初期，近卫军的贪婪尚未达到欲壑难平的程度，卡利古拉赏赐的频率、数额亦未达到最高水平。

卡利古拉统治时期，近卫军一方面充当御林军；另一方面，还被卡利古拉派上其他用场。史载，卡利古拉曾动用近卫军军官征收税款，原因在于征收税款是一个肥差，近卫军的大队长和百人队长就此成为帝国的"税务官"⑦。卡利古拉这样做的目的是取悦、讨好近卫军，使近卫军军官

---

① Richard Alston, *Aspects of Roman history*, *AD* 14 – 117, First published by Routledge, 1998. p. 44.

② Anthony A. Barrett, *Caligula*: *The Corruption of Power*, First published 1989 by B. T. Batsford Ltd. , p. 60.

③ Sandra J. Binghan. *The Preatorian Guard in the Political and Social Life of Julio - Claudian Rome.* The University of British Columbia, 1997. p. 69.

④ ［古罗马］苏维托尼乌斯著，张竹明等译：《罗马十二帝王传》，商务印书馆 1995 年版，第 164 页。

⑤ Sandra J. Binghan. *The Preatorian Guard in the Political and Social Life of Julio - Claudian Rome.* The University of British Columbia, 1997. p. 72.

⑥ Anthony A. Barrett, *Caligula*: *The Corruption of Power*, First published 1989 by B. T. Batsford Ltd. , p. 28.

⑦ ［古罗马］苏维托尼乌斯著，张竹明等译：《罗马十二帝王传》，商务印书馆 1995 年版，第 178 页。

有机会装满腰包，近卫军军官由此多了一条生财之路。卡利古拉和前辈提比略一样，赋予了近卫军诸多参与国家管理的职能，使近卫军直接参与帝国政治生活。卡利古拉荒淫无度，表现出许多人们难以理解、难以置信的疯狂。史载："他任命一些色雷斯人角斗士指挥自己的日耳曼卫队"①。古典史家并未说明这样做的后果，但对近卫军的影响一定是消极的。

　　总之，近卫军在卡利古拉统治时期地位进一步得以提升，在帝国政治舞台上的角色比之从前更加突出。公元 41 年，近卫军两名军官参与了对卡利古拉的谋杀。古典史家对近卫军谋杀卡利古拉的活动有比较详细的记载：公元 41 年 1 月 24 日，卡利古拉在帕拉丁剧场观看排练，近卫军大队长"卡瑞亚（Cassius Chaerea）从背后向他走过来，用剑深深地砍进他的后脑勺，并大呼'动手吧！'接着阴谋的第二个参与者，近卫军大队长科涅利乌斯·萨宾努斯从前面刺入他的胸膛。"② 狄奥·卡西乌斯也记载，卡瑞亚和科涅利乌斯·萨宾努斯参与了刺杀卡利古拉的阴谋活动③。至于卡瑞亚在谋杀过程中所起的作用，约瑟夫认为，卡瑞亚是元凶，因为作为近卫军军官，他容易接近皇帝，寻机杀死皇帝④。历史学家认为，主要是两个原因导致近卫军卷入这场谋杀：一是阴谋者需要近卫军作为帮手和同伙；二是近卫军卷入这场谋杀，大概是对赏赐的一种期待⑤，即近卫军渴望新皇帝继位后，给予他们更多的赏赐。而且谋杀者刺杀皇帝时，近卫军

---

① ［古罗马］苏维托尼乌斯著，张竹明等译：《罗马十二帝王传》，商务印书馆 1995 年版，第 186 页。

② ［古罗马］苏维托尼乌斯著，张竹明等译：《罗马十二帝王传》，商务印书馆 1995 年版，第 188 页。卡瑞亚是罗马史上屈指可数的青史留名的近卫军大队长。提比略时代，卡瑞亚曾在莱茵军团服役，因为人忠诚，被安排在近卫军中服役，晋升为大队长。卡利古拉登基后，卡瑞亚每天服侍卡利古拉，亲眼见证了这位皇帝的怪癖与荒唐，与日俱增地忍受皇帝那些令人痛苦不堪的各种玩笑。苏维托尼乌斯记载，卡利古拉以各种方式侮辱卡瑞亚，嘲弄他女人气和娇气。每当卡瑞亚在宫廷执勤，卡利古拉给予他的口令总是"爱情""维纳斯"等，以各种方式嘲弄卡瑞亚（见［古罗马］苏维托尼乌斯著，张竹明等译《罗马十二帝王传》，商务印书馆 1995 年版，第 187 页）。由此可知，卡瑞亚参与谋杀卡利古拉，很大程度上是出于对卡利古拉的复仇心态。

③ Dio, 59. 29. 1.

④ Victoria Emma Pagán, *Conspiracy narratives in Roman history*, University of Texas Press, 2004. p. 99.

⑤ Sandra J. Binghan. *The Preatorian Guard in the Political and Social Life of Julio – Claudian Rome*. The University of British Columbia, 1997. p. 73.

的大多数官兵在帕拉丁执勤①，谋杀者的胆大妄为毋庸赘言。近卫军军官谋杀皇帝，证实了并非所有的近卫军都忠于皇帝，卡利古拉的"赎买"手段并不完全奏效。起事的近卫军不仅谋杀皇帝，而且连这位昏庸皇帝的家人也不放过。卡利古拉被谋杀后，近卫军大队长鲁普斯（Lupus）立即被派去杀害他的家人，他的妻子和女儿惨遭杀戮②。现代史家认为，近卫军官兵对于卡利古拉的谋杀活动，可能事先征得了两名近卫军长官的同意③。此种推论不无道理。

　　然而，事情发展至此并未彻底平息。毕竟卡利古拉平素经常给予近卫军各种赏赐和恩惠，参与谋杀的只是两名近卫军军官，大多数近卫军并不知实情。当近卫军得知卡利古拉被杀的消息后，"变得异常激动，开始四处搜寻、查找杀死皇帝的凶手。"④ 最后，近卫军的激动情绪被卸任执政官瓦莱利乌斯·阿西亚提库斯（Valerius Asiaticus）平息⑤。接下来发生的事情，更能说明近卫军对帝国政治的主导作用。据狄奥·卡西乌斯记载，卡利古拉被杀后，元老院召开会议，讨论是施行民主政治，还是推行君主制。各种主张难以统一，讨论了一天一夜也没有任何结果。在元老院还在无休止讨论时，近卫军冲进皇宫，把克劳狄拥上王位⑥。近卫军以武力胁迫元老院承认他们的选择。近卫军的政治角色、作用直接显现出来。

　　皇帝私人卫队的军官公开参与谋杀皇帝，罗马帝国历史上第一次，开创一个恶劣的先例的同时，也产生了巨大的负激励作用，近卫军在帝位传承过程中的重要作用毫无掩饰地表露出来。奥古斯都将帝位平稳传给提比略，提比略也相对正常地将王位传给卡利古拉，近卫军"安分守己"，帝位传递波澜不惊。近卫军参与谋杀卡利古拉，不仅打破了帝位平稳传递的局面，也对未来的皇帝克劳狄产生了非同一般的警示作用⑦。近卫军参与

　　① Sandra J. Binghan. *The Preatorian Guard in the Political and Social Life of Julio – Claudian Rome.* The University of British Columbia, 1997. p. 160.

　　② ［古罗马］苏维托尼乌斯著，张竹明等译：《罗马十二帝王传》，商务印书馆 1995 年版，第 189 页。

　　③ Robert F. Evans, *Soldiers of Rome*, *Praetorian and Legionnaires*, Washington, 1986. p. 13.

　　④ Dio, 59. 30. 2.

　　⑤ Ibid, 59. 30. 2.

　　⑥ Ibid, 60. 1. 1 – 2.

　　⑦ Sandra J. Binghan. *The Preatorian Guard in the Political and Social Life of Julio – Claudian Rome.* The University of British Columbia, 1997. p. 76.

谋杀卡利古拉，终结了从奥古斯都到卡利古拉帝位平稳传承的历史，留给后代皇帝的最为重要的启示是，必须处理好同近卫军的关系，否则近卫军就是皇帝的掘墓人。

第四节　马克罗

近卫军历史上，马克罗（Quintus Naevius Cordus Sutorius Macro）堪称第二个"风云人物"：既是提比略王朝第二任近卫军长官，亦为提比略与卡利古拉的"两朝家奴"。马克罗历经提比略和卡利古拉两朝统治，在任11 年：前 7 年为提比略（31—38 年）效力，后 4 年服侍卡利古拉（38—41 年）。马克罗任职近卫军长官期间，可谓大起大落，尤其是在卡利古拉统治期间，虽然竭尽取悦皇帝之能事，但也仅仅维持了 4 年时间。

马克罗曾担任城市消防大队长官，以忠诚提比略而闻名。和近卫军长官相比，城市消防大队长官的地位、权势显然逊色许多。据说，公元 31年时，还在近卫军服役的马克罗引起了提比略的注意，在卡普里岛修身养性的提比略在除掉塞亚努斯的关键时刻，将马克罗派上用场。公元 31 年10 月 18 日是马克罗政治命运的转折点。这一天，马克罗先是奉提比略之命前往元老院送达提比略的敕令（有些文本称之为密信），然后立刻赶赴近卫军军营，就任近卫军长官。马克罗之所以被提比略任命为近卫军长官，关键在于提比略剪除塞亚努斯过程中，马克罗鼎力相助的作用不可替代①。因此，提比略提拔、重用马克罗不属意外。古典史家也认为，马克罗接替塞亚努斯职位的原因，是他（指挥）逮捕了这位野心勃勃的近卫军长官②。支持这一观点的最有说服力的证据是，在镇压前近卫军长官追

---

① W. F. Mason And A. H. Alllcroft, *A Synopsis of Roman History B. C.* 31 *A. D.* 37：*From the Battle of Actium to the Death of Tiberius*，London：W. B，＿ CLIVE & CO. ，UNIV. CORE. OLLEGE PRESS TAREHOUSE, 1890. p. 28.

② ［古罗马］塔西佗著，王以铸、崔妙因译：《编年史》（上册），商务印书馆 1997 年版，第 283 页。但塔西佗也强调，马克罗是比塞亚努斯更坏的恶棍（见《编年史》（上册）商务印书馆 1997 年版，第 313 页）。后来的历史印证了塔西佗的议论。

随者过程中，马克罗发挥了重要作用，塞亚努斯许多朋友惨遭屠戮①，马
克罗罪责难逃。可以说，马克罗是踏着塞亚努斯及其追随者的尸骨登上近
卫军长官宝座的。此外，提比略不仅看重马克罗的忠诚，也看重他控制近
卫军的能力，但马克罗到底怎样晋升近卫军长官的，依然是未解之谜②。
从马克罗任职近卫军长官，到提比略死去的这段时间，提比略再未返回罗
马城，罗马城所有事务交由马克罗全权管理，马克罗如同帝国首相，满朝
文武，无人能够与之比肩。马克罗任近卫军长官期间，提比略慷慨解囊，
给予近卫军大笔金钱③。提比略的做法一方面是为了稳定近卫军；另一方
面，也等于支持了马克罗。

　　马克罗的阴险毒辣比之塞亚努斯有过之而无不及。这位近卫军长官貌
似"忠诚"，实际上却是一个两面三刀的野心家。马克罗的"忠诚"仅仅
是迷惑提比略的假象，老迈年高的提比略对马克罗的"忠诚"深信不疑。
提比略晚年，马克罗的"势力业已达到无人可以约束的程度"④，俨然成
为第二个权倾朝野的"塞亚努斯"。工于心计的马克罗一方面维持与提比
略的关系；另一方面，对未来的天子、提比略的继承人卡利古拉百般谄
媚，不择手段地讨好卡利古拉，甚至"唆使自己的妻子恩妮娅，用一种
假情假意的恋爱迷住这个年轻人，并且用一项结婚的诺言把他束缚住"⑤。
手段之卑鄙下流，为塞亚努斯所不及，堪称近卫军历史上最卑劣的近卫军
长官之一。马克罗的"美人计"在当时很有成效，卡利古拉向马克罗的
妻子恩妮娅·特拉西拉（Ennia Thrasylla）承诺，当上皇帝之后，娶她为
皇后⑥。马克罗通过卑劣手段赢得了卡利古拉的好感，卡利古拉也因马克

---

① ［古罗马］塔西佗著，王以铸、崔妙因译：《编年史》（上册），商务印书馆 1981 年版，
第 295—314 页相关内容。

② Sandra J. Binghan. *The Preatorian Guard in the Political and Social Life of Julio - Claudian
Rome.* The University of British Columbia, 1997. p. 57.

③ Robert F. Evans, *Soldiers of Rome*, *Praetorian and Legionnaires*, Washington, 1986. pp. 11—
12.

④ ［古罗马］塔西佗著，王以铸、崔妙因译：《编年史》（上册），商务印书馆 1981 年版，
第 310 页。

⑤ ［古罗马］塔西佗著，王以铸、崔妙因译：《编年史》（上册），商务印书馆 1981 年版，
第 310 页。狄奥·卡西乌斯也有相同的记载。见 Dio, 58. 28。

⑥ ［古罗马］苏维托尼乌斯著，张竹明等译：《罗马十二帝王传》，商务印书馆 1995 年版，
第 159 页。

罗"奉献"了自己的妻子对其萌生信任。

　　提比略死后，卡利古拉继承王位，是为帝国历史上第三任元首。马克罗自然不会错过这一"展现"自己才能的机会。马克罗帮助卡利古拉得到元老院的认可，并"确保军队指挥官和行省总督支持卡利古拉"①，以此赢得了新主子卡利古拉的信任。马克罗在罗马城内四处奔走，告诉罗马人新皇帝继位；派人前往各个行省，以便使各行省总督和军团官兵尽早知晓卡利古拉登基的消息。马克罗专门准备了入城凯旋仪式，庆祝卡利古拉登基，不仅有民众的欢呼庆祝，且多次举行祭拜仪式。马克罗则向新皇帝宣誓效忠②。此时，近卫军则安静地留守在军营中，对新皇帝登基毫无异议，因为他们在等待新践位皇帝的赏赐③。然而，这些献媚之举并未给马克罗带来好运。卡利古拉登基后不久便开始厌倦马克罗，讨厌他的权势和为人处世之苛刻，也意识到这位近卫军长官对自己潜在的威胁，故此，卡利古拉把马克罗派往埃及充任行政长官，使马克罗的地位、权势大为削减④。将马克罗调离罗马城，目的是使马克罗与近卫军分离⑤，使其无法借助近卫军制造事端。至此，马克罗的厄运非但没有结束，反而刚刚开始。卡利古拉以极端的手段对待帮助他获得王位的马克罗及其妻子、曾经的情人恩妮娅，在元老院公开辱骂两人⑥。虽然马克罗已是远离罗马的埃及行政长官，但他和妻子最终还是被卡利古拉处死⑦。据说，马克罗被杀是因为他参与了一个阴谋活动，但无任何证据可以佐证，颇有"欲加之罪，何患无辞"之意味。马克罗和塞亚努斯的命运结局说明，近卫军长

---

　　①　新皇帝赢得行省总督的支持非常重要，马克罗深谙此道。卡利古拉即位后，马克罗马上派人给各行省总督送信，毫不隐瞒实情，行省总督则立刻宣誓效忠新皇帝。见 Anthony A. Barrett, *Caligula：The Corruption of Power*, First published 1989 by B. T. Batsford Ltd. , p. 53。这件事说明，马克罗不仅忠于卡利古拉，也拥有非常丰富的政治斗争经验。

　　②　Jerry Fielden (1999), *The Praetorian prefecture under the Julio - Claudians – path to power or dead - end job*? from：http：//www. jerryfielden. com/essays/praetorians. htm.

　　③　Dio, 59. 2. 1.

　　④　Ibid, 59. 10. 6.

　　⑤　Sandra J. Binghan. *The Preatorian Guard in the Political and Social Life of Julio - Claudian Rome*. The University of British Columbia, 1997. p. 69.

　　⑥　Jerry Fielden (1999), *The Praetorian prefecture under the Julio - Claudians – path to power or dead - end job*? from：http：//www. jerryfielden. com/essays/praetorians. htm.

　　⑦　［古罗马］苏维托尼乌斯著，张竹明等译：《罗马十二帝王传》，商务印书馆 1995 年版，第 169 页。

官职位的特殊性容易助长近卫军长官的野心，但近卫军长官毕竟是皇帝的奴仆，皇帝可以委以重任，却丝毫容不得近卫军长官有觊觎王位的野心，无法容忍近卫军长官权势过大危及王权。马克罗和塞亚努斯颇为相似的经历和命运结局说明，皇帝能容忍的是奴仆，而非野心家。

近卫军不能没有长官，处死马克罗后，卡利古拉或许已经意识到近卫军由一人掌控的危险性①，于是在公元38年任命克莱门斯（Marcus Arrecinus Clemens）和斯提拉（L. Arruntius Stella）为近卫军长官，使近卫军长官的人数重新恢复到2人建制。其中克莱门斯之所以史有所载，一个重要原因是他参与了41年对卡利古拉的谋杀，而且他的儿子承袭父业，成为日后韦伯芗手下近卫军长官。

第五节　开创先例：近卫军选择克劳狄

克劳狄（Tiberius Claudius Nero Germanicus）——卡利古拉的叔叔、提比略的侄子——是罗马帝国历史上第一个未经元老院"批准"，由近卫军拥上王位的皇帝，也是第一个近卫军选择的皇帝，还是第一位开创登基后赏赐近卫军这一恶劣先例的皇帝。这几项"纪录"在帝国历史上颇具讽刺意味，消极影响延绵不绝，直至近卫军退出历史舞台。68—69年内战中，塔西佗曾把行省军队拥立皇帝称之为"帝国的秘密"②。但在内战之前，帝国的"真正权力（已经）把握在军队手中，近卫军杀死了卡利古拉，拥立其叔父为帝。"③　"军队特别是近卫军开创了取舍皇帝的先例"④。弗拉维乌斯·约瑟福斯也记载了近卫军杀死卡利古拉，迅速拥戴克劳狄，并将他们的选择传达给元老院的史实⑤。与接下来发生的内战及

---

① Anthony A. Barrett, *Caligula*: *The Corruption of Power*, First published 1989 by B. T. Batsford Ltd., p. 80.

② ［古罗马］塔西佗著，王以铸、崔妙因译：《历史》，商务印书馆1997年版，第4页。

③ *A Companion to the Roman Empire*, Edited by David S. Potter, First published 2006 by Blackwell Publishing Ltd., p. 120.

④ Pat Southern, *The Roman army*: *a social and institutional history*, ABC – CLIO, Inc. 2006. p. 60.

⑤ Flavius Josephus, *Jewish Antiquities*, Translated by William Whiston, Wordsworth 2006. p. 834.

其"秘密"相比，身居罗马城的近卫军更具有决定皇帝命运的作用。

　　克劳狄在位期间，近卫军最大的变化有两项：一是近卫军长官的变更次数前所未有：短短 13 年间，前后更换了 5 名近卫军长官；二是近卫军人数增加，近卫军大队数量由原来的 9 个增加到 10 个①，军事实力进一步增强，近卫军及其长官的影响随之进一步扩大。历代史家总体上对克劳狄评价不高，认为他头脑简单，当代西方史家甚至认为他是"傻瓜"。更有西方学者认为："克劳狄是军事独裁的奠基者"②。但实际上，克劳狄在位期间某些政绩颇有影响。比如，他致力于扩大公民权，主持修建一些公共工程，帝国疆域进一步扩大等。作为罗马帝国历史上第一个由近卫军选择的皇帝，在近卫军发展史上具有特殊地位。

　　关于近卫军选择克劳狄的登基过程，苏维托尼乌斯和狄奥·卡西乌斯均有非常生动、详细的、颇有戏剧性的描述③。当时，罗马城布满了近卫军④。但此时的近卫军群龙无首，一盘散沙。没有人想到近卫军长官，近乎天真的元老们则在元老院商讨如何恢复共和制。近卫军士兵凭直觉认为，一旦恢复共和国，近卫军便会被遣散，没有人愿意同弑君者——近卫军士兵为盟。"因为禁（近）卫军认识到元老院也承认恢复共和是不现实的，并且会同意推举一位新皇帝，所以他们决定先下手为强。"⑤ 近卫军士兵冲进皇宫，寻找王位继承人⑥。近卫军士兵找到了克劳狄，让他当皇帝。因惊吓浑身颤抖的克劳狄已不能行走。近卫军士兵只得把克劳狄抬到近卫军营地，宣布他为皇帝⑦。克劳狄发现自己置身近卫军营地时，全然

---

①　Robert F. Evans, *Soldiers of Rome*, *Praetorian and Legionnaires*, Washington, 1986. p. 14.

②　W. F. Mason And F. Stout, *A Synopsis of Roman History to* 138 *A. D.* London：W. B. CLIVE, 1911. p. 79.

③　见［古罗马］苏维托尼乌斯著，张竹明等译：《罗马十二帝王传》，商务印书馆 1995 年版，第 197—198 页；Dio, 60. 1 - 3。

④　Dio, 60. 1. 1.

⑤　［荷］菲克·梅杰著，张朝霞译：《古罗马帝王之死》，广西师范大学出版社 2009 年版，第 21 页。

⑥　Theodor Mommsen, *A History of Rome under the Emperors*, English translation by Clare Krojzl, Routledge, 1996. p. 137.

⑦　Charles Seignobos, *History of the Roman People*, Translation Edited by William Fairley, Ph. D., New York, Henry Holt and Company, 1902. p. 298. 约瑟夫认为，克劳狄不能前往近卫军营地，既是因为身体虚弱，也由于恐惧或兴奋。见 Flavius Josephus, *Jewish Antiquities*, Translated by William Whiston, Wordsworth, 2006. p. 841。综合分析各方面资料，克劳狄不能行走应是恐惧所致。

无任何选择余地。西方学者认为，近卫军在克劳狄登基过程中的作为，属于近卫军在帝国政治生活"初露锋芒"①。近卫军拥立克劳狄为帝的举动，"第一次清晰地证明了近卫军拥有选择皇帝继承人的权力"②。因此，西方学者认为，近卫军拥立克劳狄的举动是近卫军"第一次介入政治"③。近卫军的政治角色也由此日益明显，且无所顾忌。

面对如狼似虎的近卫军，克劳狄"恭敬不如从命"地登上王位。"元老院试图违背近卫军的意志已徒劳无益，甚至连一直支持元老院的城市警卫大队，也站到了近卫军一边。"④ "无助的元老们被迫来到近卫军营地，承认（近卫军选择的）新皇帝。近卫军把握了政权，控制了帝国。"⑤ 由于近卫军造就了"既成事实"，元老院不可能有其他选择。罗马城内军队为何接受克劳狄为皇帝？古今史家几乎一致认为，克劳狄允诺的奖赏、赏赐发挥了决定性作用。"（近卫军官兵）对如何替盖乌斯（卡里古拉）复仇漠不关心——他命该如此——只想到从中得到多少好处。"⑥ 古典史家约瑟夫则指出了近卫军选择克劳狄的真实用意，近卫军选择克劳狄为帝时十分清楚，一旦克劳狄登基，便会给予近卫军应得的赏银，而且数量不菲⑦。根据苏维托尼乌斯的记载，克劳狄允诺每个士兵1.5万塞斯退斯的赏赐⑧，这个数字是卡利古拉登基时赏金（卡利古拉的赏金是1000塞斯退斯）的15倍，超过了前朝任何一个皇帝的赏赐数量，是近卫军一年军

① A Companion to the Roman Empire, Edited by David S. Potter, First published 2006 by Blackwell Publishing Ltd. , p. 217.

② Arthur E. R. Boak, Ph. D. , A History of Rome, to 565 A. D. New York, The Macmillan Company, 1921. p. 275.

③ Mortimer Chambers, et al. . The Western Experience. Volume I, McGraw – Hill Humanities/Social Sciences/Languages, 1991. p161.

④ J. B. Bury, A History of the Roman Empire From Its Foundation to the Death of Marcus Augustus (27 B. C. – 180 A. D.), New York, Harper & Brothers Publishers, 1893. p. 232.

⑤ Charles Seignobos, History of the Roman People, Translation Edited by William Fairley, Ph. D. , New York, Henry Holt and Company, 1902. p. 299.

⑥ Flavius Josephus, Death of an emperor, translation and commentary by T. P. Wiseman. U. K. Published, 1991. p. 32.

⑦ Flavius Josephus, Jewish Antiquities, Translated by William Whiston, Wordsworth, 2006. p. 834.

⑧ ［古罗马］苏维托尼乌斯著，张竹明等译：《罗马十二帝王传》，商务印书馆1995年版，第198页。

饷的 5 倍①，相当于军团普通士兵年军饷的 16 倍②。古典史家称克劳狄是
"第一个花钱收买士兵忠诚的皇帝"③，也是帝国历史上"第一个但绝不是
最后一个按照近卫军意志选择的皇帝"④。

克劳狄的巨额赏赐产生的后果极为消极，不仅吊足了近卫军的胃口，
也使近卫军更加"唯利是图"，贪得无厌，迫使日后大多数皇帝不得不效
仿克劳狄，登基后首先赏赐近卫军，通过金钱换来难以依恃的忠诚。当
然，赏赐军队并非克劳狄首创，在他之前的奥古斯都和提比略也都给予军
队和近卫军不同数量的赏赐、赠予。现代史家认为，奥古斯都和提比略的
赏赐是适度的，至少依照了共和国时代的标准⑤。与以往皇帝的赠予相
比，克劳狄对近卫军慷慨解囊使一般性赏赐发生了质的改变，表现的是皇
帝对近卫军的贿买。克劳狄开创的这一先例后续效应十分恶劣，"继他之
后，历代皇帝都不得不效仿他的做法，以确保这支部队的忠诚。"⑥ 尤其
需要注意的是，在并无定数的罗马帝国帝位传承过程中，赏赐的必要性成
为任何登基者不能漠视的"规则"。现代西方学者曾议论罗马帝国士兵与
皇帝联系的数种形式，其中最重要的一种形式是军队依据皇帝的赏赐保证
对皇帝的忠诚。反之，皇帝只有不断增加赏赐，才能使军队听命于皇
权⑦。由此，皇帝与军队、近卫军之间形成了一种恶性循环的怪圈，得到
赏赐的近卫军总是把握主动，"慷慨解囊"的皇帝却处于被动地位，不得
不依赖金钱赎买近卫军的忠诚。在多次王位更迭过程中，皇帝"出钱"

① Sandra J. Binghan. *The Preatorian Guard in the Political and Social Life of Julio - Claudian Rome.* The University of British Columbia，1997. p. 77.

② ［美］爱德华·勒特韦克著，时殷宏，惠黎文译：《罗马帝国的大战略——从公元一世纪到三世纪》，商务印书馆 2008 年版，第 14 页。

③ 克劳狄赏赐的前提是，人们接受了他这位近卫军选择的皇帝。见［古罗马］苏维托尼乌斯著，张竹明等译《罗马十二帝王传》，商务印书馆 1995 年版，第 198 页。当然，面对凶悍的近卫军，人们没有任何不接受的理由。

④ J. B. Bury, *A History of the Roman Empire from Its Foundation to The Death of Marcus Augustus* (27 *B. C.* - 180 *A. D.*), New York, Harper & Brothers Publishers, 1893. p. 232.

⑤ Susan P. Mattern, *Rome and the Enemy：Imperial Strategy in the Principate*, University of California Press, Ltd., 1999. p. 140.

⑥ Graham Webster, *The Roman Imperial Army of the First and Second Centuries.* University of Oklahoma Press, 1998. p. 265.

⑦ *The Cambridge History of Greek and Roman Warfare*, Volume Ⅱ, Rome from the Late Republic to the late Empire, Edited by Philip Sabin, et al., Cambridge University Press 2007. pp. 211 - 212.

多少决定了近卫军的作为。

　　克劳狄登基后一切活动均由近卫军安排："克劳狄在近卫军的引导下前往皇宫，命令元老们前来王宫。除参与谋杀卡利古拉的主谋卡瑞亚和萨宾努斯之外，元老们无人胆敢拒绝……授予克劳狄王权。"① 近卫军拥立新皇帝登基并无前车之鉴，造成了克劳狄对近卫军的绝对依赖关系，时刻离不开近卫军。克劳狄不仅首开屡屡赏赐近卫军之先例，而且开创了近卫军形影不离之惯例，甚至就餐的餐桌旁也有近卫军保护。任何进入皇宫的人都要接受近卫军的搜身检查②。不仅如此，克劳狄还获得了元老院特殊恩准，可以带近卫军大队长进入库里亚会场③。近卫军无处不在，地位、作用由此得以前所未有的强化，进一步证实了"近卫军是皇帝存在的必要条件"④。近现代学者认为，克劳狄胆小怯懦，不得不仰仗近卫军⑤。克劳狄的软弱在历代罗马帝王中比较少见，但主要原因还在于近卫军羽翼日益丰满，又是克劳狄问鼎王位的决定性因素，天生懦弱的皇帝只能依赖近卫军保全自己的统治。在金钱的驱使下，"近卫军公开为皇帝提供军事保护，并对元老院和城市保民产生威慑。"⑥ 这种利益交易似乎各得其所。

　　自近卫军问世以来，克劳狄统治期间对近卫军的赏赐数量和频率是最多的。史载，克劳狄在庆祝自己登基一周年时，赏赐近卫军每人 100 塞斯退斯，此后每年如是⑦。克劳狄当政期间与近卫军之间的关系，主要靠赏赐和金钱维系的，近卫军对皇帝的忠诚程度，全赖皇帝赏金数额多少。"对于大多数士兵而言，更换皇帝无足轻重，只要他们的需求得到满足，

---

　　① J. B. Bury, *A History of The Roman Empire From Its Foundation to The Death of Marcus Augustus* (27 *B. C.* – 180 *A. D.*), New York, Harper & Brothers Publishers, 1893. p. 232.

　　② Ibid, p. 232.

　　③ [古罗马] 苏维托尼乌斯著，张竹明等译：《罗马十二帝王传》，商务印书馆 1995 年版，第 199、198 页。

　　④ H. Stuart Jones, *The Roman Empire*, *B. C.* 29 – *A. D.* 476, New York, G. P. Putnam's Sons, London：T. Fisher Unwin, 1908. p. 57.

　　⑤ Thomas DeCourse Ruth, *The Problem of Claudius*, *Some Aspects of a Character Study* (A Dissertation), The Johns Hopkins University, 1916. p. 47.

　　⑥ Richard Alston, *Aspects of Roman history*, *AD* 14 – 117, First published by Routledge, 1998. p. 212.

　　⑦ Dio, 60. 12. 4.

他们便能够继续保持对皇帝的忠诚……"[1]；反之，近卫军贪欲得不到满足时，忠诚则化为乌有。克劳狄当政期间，频频对近卫军大肆赏赐。或许是为了皇帝的尊严，在地位稳固之后，为了"杀一儆百"，也为了兑现自己的诺言，克劳狄向几个谋杀卡利古拉的凶手开刀问斩，作为主谋和元凶的近卫军的两个大队长卡瑞亚和萨宾努斯自然难逃厄运[2]。狄奥·卡西乌斯认为，克劳狄处死卡瑞亚，是出于对自身未来安全的考虑[3]。克劳狄施恩近卫军，关键在于维护统治稳定。克劳狄统治期间，多次动用近卫军镇压异己，消除隐患。古典史家多次记载，这位由近卫军拥立的、胆小懦弱的皇帝，遇有"风吹草动"，便到近卫军营地寻找安全，对近卫军的依赖程度堪称帝国历史之最。

　　或许是表达对近卫军拥立为帝的谢意，或许是为笼络近卫军，大约在刚刚登基的公元41年，克劳狄破天荒地专门为近卫军铸造发行了一枚硬币[4]。此后，克劳狄当政期间，多次铸造带有近卫军形象的金币和银币[5]。保存至今的两枚银币很能说明克劳狄对近卫军的依赖关系，其中一枚银币正面是克劳狄戴桂冠的头像，背面是近卫军营地；另一枚银币的背面则镌刻着这位皇帝和近卫军握手的场面[6]。古代罗马，每逢重大活动、庆典如重大战役的胜利、新皇帝登基等，都要铸造硬币，以示纪念。无论是个人，还是集体，铸币纪念都是一项殊荣。克劳狄将此项殊荣给予近卫军，不只是对近卫军的重视，更主要者还在于对近卫军笼络和依恃，近卫军和克劳狄之间的特殊关系得以进一步说明。

　　克劳狄在近卫军发展史上创造了多项历史纪录，其中一项不可思议的

---

① Sandra J. Binghan. *The Preatorian Guard in the Political and Social Life of Julio - Claudian Rome.* The University of British Columbia，1997. p. 79. 皇帝赏赐军队为罗马旧制，由来已久，但在克劳狄时代却成为无原则的、纯粹讨好近卫军的举动，而且流弊深远。

② ［古罗马］苏维托尼乌斯著，张竹明等译：《罗马十二帝王传》，商务印书馆1995年版，第199、198页。

③ Dio，60. 3. 4.

④ Matthew Bunson，*Encyclopedia of the Roman Empire*（revised edition），New York NY 10001，2002. p. 133.

⑤ *A Companion to the Roman Empire*，Edited by David S. Potter，First published 2006 by Blackwell Publishing Ltd.，p. 217.

⑥ Brain Campbell，*The Roman Army*，31*BC—AD*337，*A Source Book.* London and New York，1994. p. 184.

纪录是克劳狄让近卫军参加斗兽表演——狩猎比赛，参加者是近卫军长官及其所率领的一队近卫军。不仅如此，为了庆祝登基纪念日，克劳狄每年都要在近卫军军营举行格斗表演①。狄奥·卡西乌斯也记载，克劳狄在近卫军营地举行角斗士表演，每逢这时，克劳狄都身着军人的斗篷②。另据塔西佗记载，克劳狄统治期间，近卫军参加了他举行的一次海战演习③。"史料没有记载克劳狄这样做的原因，但通过展示军人的勇猛，可以证实皇家卫队的实力。同时，也为每一位近卫军官兵提供了在公共表演中获得荣誉的机会。"④ 对此，古典史家没有详细解说。但可以肯定的是，类似表演有取悦近卫军的成分在其中。克劳狄在位期间，近卫军中的骑兵（praetorian horsemen）还担负着公共演出的任务。克劳狄命令这些骑兵及其军官，甚至还包括近卫军长官，在圆形剧场屠杀来自非洲的野兽。此外，克劳狄还让这些骑兵参加海战表演⑤。克劳狄在位期间，近卫军和骑兵近卫军所参与的这些活动在帝国历史上是罕见的。

克劳狄统治时期的近卫军依然履行着和从前相同的责任和义务，包括城市消防、保卫各种赛会安全等。如前所述，克劳狄获得了由近卫军军官陪同出席库里亚大会的特权⑥；出席元老院会议亦由近卫军长官陪同⑦。按照传统惯例，皇帝离开罗马城，近卫军必须陪同。克劳狄在前往不列颠

---

① 近卫军营地不可能建有设施完善的角斗场，只能"因地制宜"，对此，苏维托尼乌斯专门说明，近卫军营地举行的这类表演既没有野兽，也没有精良的设施。（参见［古罗马］苏维托尼乌斯著，张竹明等译《罗马十二帝王传》，商务印书馆1995年版，第205页）克劳狄这样做的目的，无非是变换花样，取悦近卫军，犒赏近卫军，以使近卫军对自己保持忠诚而已。克劳狄这样做既是迫不得已，也是对近卫军无可奈何最具体的表现。

② Dio, 60. 17. 9.

③ ［古罗马］塔西佗著，王以铸、崔妙因译：《编年史》（下册），商务印书馆1981年版，第302页。

④ Sandra J. Binghan. *The Preatorian Guard in the Political and Social Life of Julio - Claudian Rome*. The University of British Columbia, 1997. pp. 206 – 207.

⑤ Michael P. Speidel, *Riding For Caesar*：*The Roman Emperors' Horse Guards*, Published by B. T. Batsford Ltd. , 1994. p. 19.

⑥ ［古罗马］苏维托尼乌斯著，张竹明等译：《罗马十二帝王传》，商务印书馆1995年版，第199页。

⑦ Dio, 60. 16. 3.

时，近卫军伴随左右①。克劳狄在位期间，他的赏赐和金钱维持了近卫军
的忠诚，近卫军能够较好地履行职责和义务。公元51年，罗马因旱灾导
致粮食短缺，一伙人在罗马广场对克劳狄进行辱骂，向他投掷剩面包。狼
狈不堪的克劳狄全赖近卫军帮助，方得以脱身②。克劳狄之所以对近卫军
重金赏赐，一个重要原因是"胆怯和缺乏自信"。正因如此，克劳狄不得
不对近卫军百般依赖，不断通过各种赏赐笼络近卫军。史载，他出席宴会
时由武装近卫军保护；探视病人时要先搜查病房、枕头、床单，甚至清晨
向他请安的人也一个不漏地搜身。"直到后来才勉强放弃粗暴地对妇女和
男女儿童搜身，不再禁止侍从或书吏携带装有书写用笔或刻字用笔的盒
子。"③ 这位对近卫军百般宠幸、依赖的皇帝，还首创了出席晚宴时，由
武装近卫军警卫的先例，这一惯例一直持续到韦伯芗时代④。这样一个时
时处处有自危感的、胆小怯懦的皇帝，只能千方百计善待近卫军，通过名
目繁多的赏赐，使近卫军保持忠诚，进而保障自己的人身安全。尽管克劳
狄对自己的人身安全格外看重，但罗马传统根深蒂固，克劳狄不得不有所
顾忌。在罗马城，近卫军官兵并非随处可见，克劳狄没有胆量随时随地展
示近卫军的威慑力。克劳狄精明地意识到，应当尽量避免近卫军出现在公
众视野内，以便减少元老院对他的不满情绪⑤。

　　克劳狄在位期间，近卫军发生的重大变化是，近卫军士兵第一次在意
大利以外的Anauni地区征召。尽管该地区尚未获得罗马公民权，但一些
在近卫军服役的士兵还是得到了提拔⑥。依据传统旧制，近卫军士兵只能
在意大利公民中征召⑦。克劳狄将征兵范围扩大到意大利之外，一方面标

　　① Anthony A. Barrett, *Caligula*: *The Corruption of Power*, First published 1989 by B. T. Batsford Ltd. , p. 103.

　　② ［古罗马］苏维托尼乌斯著，张竹明等译：《罗马十二帝王传》，商务印书馆1995年版，第204页。

　　③ 同上书，第214页。

　　④ Dio, 60. 3. 3.

　　⑤ Sandra J. Binghan. *The Preatorian Guard in the Political and Social Life of Julio - Claudian Rome*. The University of British Columbia, 1997. p. 87.

　　⑥ Ibid , p. 86.

　　⑦ 奥古斯都时代，只有中部意大利的居民及其后代才有资格进入近卫军服役，并成为一项特权。此项特权最终被塞维鲁斯终结。H. Stuart Jones, *The Roman Empire*, *B. C.* 29 – *A. D.* 476, New York, G. P. Putnam's Sons, London: T. Fisher Unwin, 1908. p. 14.

志着传统特权的"牢不可破"性发生了动摇；另一方面，也由于此后不久，Anauni 地区即获得了罗马公民权，与意大利人的差异消失。但无论出于何种原因，克劳狄的举措是近卫军发展史上的一件大事，是对传统旧制的一种挑战。

克劳狄对经营近卫军颇费心机，但在关键时刻，他曾百般施惠的近卫军并未保障其生命安全。关于克劳狄的死因，苏维托尼乌斯和塔西佗都记载是被毒死的：前者记载是小阿格里品娜用毒蘑菇毒死的①，后者则记载是小阿格里品娜授意御医毒死了克劳狄②。无疑，克劳狄死于皇后一手策划的阴谋，而且是在近卫军严密把守的宫廷内实施的阴谋。近卫军是否失职，不言而喻。此外，克劳狄之死还揭示了另外一个事实：近卫军的忠诚具有非常大的变数，可以效忠皇帝，也可以听命他人，绝不会"从一而终"。

鉴于昔日近卫军长官假借权势，经常挑起事端等行径，克劳狄上台后第一件事就是撤换了卡利古拉手下两名近卫军长官，由鲁夫利乌斯·波利奥（Rufrius Pollio）和卡特尼乌斯·尤斯图斯（Catonius Iustus）接任。波利奥与克劳狄关系密切，并于 43 年陪同克劳狄出行不列颠③，肩负着保卫克劳狄的使命。当代史家认为，这件事证明波利奥已经成为克劳狄的亲信④。波利奥近卫军长官生涯所享有的最大的荣誉是，克劳狄准予其在元老院有一席之地，并时时伴随克劳狄⑤。

然而，这两名近卫军长官在位时间非常短暂——仅仅两年时间。因当朝皇后美萨丽娜讨厌尤斯图斯，在克劳狄面前进谗言，尤斯图斯于公元 43 年被杀⑥。鲁福利乌斯·克里斯皮努斯和卢西乌斯·盖塔（Lusius Ge-

---

①　[古罗马]苏维托尼乌斯著，张竹明等译：《罗马十二帝王传》，商务印书馆1995年版，第219页。

②　[古罗马]塔西佗著，王以铸、崔妙因译：《编年史》（下册），商务印书馆1981年版，第399—400页。

③　人们对43年之前的波利奥的生平一无所知。狄奥·卡西乌斯对此有所记载。见 Dio，60. 23. 2。

④　Sandra J. Binghan. *The Preatorian Guard in the Political and Social Life of Julio – Claudian Rome.* The University of British Columbia，1997. p. 82.

⑤　Dio，60. 23. 2。

⑥　Dio，60. 18. 3. 当代学者认为，尤斯图斯遭美萨丽娜陷害致死的原因是，他知道美萨丽娜的奸情。见 Matthew Bunson，*Encyclopedia of the Roman Empire*（revised edition），New York NY 10001，2002. p. 295。

ta）于43年出任近卫军长官，并双双卷入一场宫廷内部纷争。塔西佗记载，克里斯皮努斯奉克劳狄之命，带一队近卫军士兵逮捕了亚细亚提库斯（Decimus Valerius Asiaticus），并将其押解回罗马。克里斯皮努斯由此得到奖赏①。公元48年，克劳狄离开罗马前往奥斯提亚。此间，放荡的美萨丽娜竟然准备和情夫举行婚礼。克劳狄得知后，向近卫军长官卢西乌斯·盖塔征求意见。其他人则建议克劳狄到近卫军军营，先征得近卫军的拥护。此时的克劳狄已六神无主，一直语无伦次地询问他人，自己是否还是皇帝。克劳狄"内心里并不信任他的近卫军长官盖塔，因为此人根本不分是非，见风使舵。"② 在这种情况下，纳尔奇苏斯（Narcissus）向皇帝建议，把近卫军的统帅权交到一个被释奴手中。纳尔奇苏斯借机把握了近卫军的统帅权。美萨丽娜的同伙遭到镇压，她本人被迫自杀③。纳尔奇苏斯作为"临时负责人"指挥近卫军平息了事态，为克劳狄除掉了淫乱的皇后。美萨丽娜死后，克劳狄假惺惺地对近卫军说："他的每次婚姻结果都是失败的，因此，今后他将过独立生活，如果他说话不算数，情愿死在他们手里。"④ 克劳狄对近卫军的这些表白当然是言不由衷，他日后的荒唐与荒淫彻底否定了自己对近卫军的承诺⑤，但却反映出克劳狄对近卫军的依赖程度，使他没有"理由"慢待近卫军。至少说明近卫军出入宫廷，对皇帝的言行耳闻目睹，克劳狄不得不有所收敛。克劳狄的宫廷充满倾轧和斗争，由于克劳狄对近卫军慷慨解囊，屡屡赏赐、赠予，近卫军始终站在克劳狄一边，克劳狄以金钱赢得了近卫军的支持⑥。

美萨丽娜自杀后，克劳狄食言，小阿格里品娜（Agrippina the Younger，

① ［古罗马］塔西佗著，王以铸、崔妙因译：《编年史》（下册），商务印书馆1981年版，第320—322页。

② 同上书，第342—348页。

③ ［古罗马］塔西佗著，王以铸、崔妙因译：《编年史》（下册），商务印书馆1981年版，第348—350页。狄奥·卡西乌斯也有比较详细的记载。见 Dio，60.31.4。

④ ［古罗马］苏维托尼乌斯著，张竹明等译：《罗马十二帝王传》，商务印书馆1995年版，第210页。

⑤ 克劳狄于公元50年与小阿格里品娜——日后皇帝尼禄的生母结婚，尼禄则是小阿格里品娜与前夫所生的儿子。在对近卫军假惺惺表白余音未落，克劳狄便另觅新欢。克劳狄虽然治理近卫军毫无良策，但荒唐、荒淫却丝毫不逊色于其他皇帝。

⑥ H. Stuart Jones, *The Roman Empire*, B. C. 29 – A. D. 476, New York, G. P. Putnam's Sons, London：T. Fisher Unwin, 1908. p. 69.

卡利古拉妹妹，尼禄生母）成为克劳狄第四任妻子。"对于克劳狄而言，这桩婚姻就是他走向末路的开始。"① 小阿格里品娜向克劳狄建议撤换近卫军长官："近卫军由于两个人之间的倾轧而分成两派；又说，如果近卫军由一个人来统率，纪律就会更严格些。这样，近卫军的控制权就转到阿弗拉尼乌斯·布路斯手里去了；这是一个极为杰出的军人，不过他了解得很清楚，他这个地位是依靠谁的力量得来的。"② 在小阿格里品娜的煽动下，克里斯皮努斯被解职③。但克里斯皮努斯的厄运并未因遭解职而终结：在卷入针对尼禄的阴谋后，先是被放逐到萨丁尼亚，在获悉自己被判处死刑的消息后，被迫自杀④。和克里斯皮努斯相比，他的同僚盖塔命运稍好一些。按照小阿格里品娜的旨意，阿弗拉尼乌斯·布路斯（Sextus Afranius Burrus）取代了原来的近卫军长官克里斯皮努斯和盖塔⑤。小阿格里品娜缘何对布路斯如此器重，史无详载，当代史家认为，布路斯之所以得到小阿格里品娜的赏识，一方面因为布路斯是小阿格里品娜的密友；另一方面，最终目的是为自己的儿子——尼禄继承王位铺平道路⑥。"小阿格里品娜控制了近卫军。任命阿弗拉尼乌斯·布路斯为唯一一名近卫军长官，取代前任近卫军长官……以尽最大可能保证尼禄继承王位。"⑦ 通过撤换近卫军长官，小阿格里品娜确保了近卫军对自己的忠诚。卡利古拉恢复的两名近卫军长官的旧例，在小阿格里品娜游说下，掌控近卫军的大权重新落入一名近卫军长官——"听话的"布路斯手中⑧。帝国历史上，皇后掌控近卫军长官，并利用近卫军长官达到自己的目的，克劳狄统治时期的小阿格里品娜堪称典型。

---

① ［荷］菲克·梅杰著，张朝霞译：《古罗马帝王之死》，广西师范大学出版社2009年版，第23页。

② ［古罗马］塔西佗著，王以铸、崔妙因译：《编年史》（下册），商务印书馆1981年版，第381页。

③ David Shotter, *Nero*, Second Edition, Routledge, 2005. p. 27, p. 13.

④ ［古罗马］塔西佗著，王以铸、崔妙因译：《编年史》（下册），商务印书馆1981年版，第578页。

⑤ 关于布路斯早年军事生涯史载不详，只知道他年轻时担任过军事保民官。

⑥ Albert A. Trever, *History of Ancient Civilization*, *Volume II*, *The Roman World*, Harcourt, Brace and Company, New York, 1939. p. 415.

⑦ Theodor Mommsen, *A History of Rome under the Emperors*, English translation by Clare Krojzl, Routledge, 1996. p. 146.

⑧ David Shotter, *Nero*, Second Edition, Routledge, 2005. p. 27, p. 13.

无疑，布路斯出任近卫军长官，皇后功不可没。小阿格里品娜这样做的目的既是为儿子着想，也是她实现个人野心的第一步。小阿格里品娜也需要一个忠于她的近卫军长官①，并通过近卫军长官控制近卫军②。她非常清楚，尼禄登基、继位同样离不开近卫军及其长官的支持。克劳狄死后发生的任何皇权之争，近卫军的支持举足轻重。小阿格里品娜如愿以偿，毒死了自己的丈夫，由于近卫军"袖手旁观"，尼禄继承了王位。尼禄登基布路斯立下汗马功劳。"尼禄在布路斯的陪伴下到近卫军那里去……在那里通过近卫军长官的提示，近卫军向他欢呼，随即把他放到一个肩舆上面……尼禄被抬到军营去，他按照当时的情况讲了一些话，并答应像他父亲一样慷慨地向士兵进行赏赐，在这之后他便正式被拥戴为皇帝了。"③和克劳狄一样，尼禄给予的赏金相当于近卫军士兵年军饷的5倍④，再次创下一个新的纪录。现代史家评论说，由于有了近卫军的支持，尼禄在无任何人挑战的情况下继承王位⑤。西方学者论及克劳狄之死与近卫军的关系时指出，小阿格里品娜之所以胆敢毒死克劳狄，有近卫军做依靠是决定性因素⑥。赤手空拳的元老院只得服从近卫军的意志与选择，16岁的尼禄成为罗马帝国历史上第六任皇帝，也是第二个由近卫军推举的皇帝。

第六节　近卫军与尼禄兴亡

尼禄是克劳狄王朝最后一任皇帝，也是以荒淫无道、穷奢极欲著称的

---

① Jerry Fielden (1999), *The Pretorian prefecture under the Julio - Claudians - path to power or dead - end job?* from：http：//www.jerryfielden.com/essays/praetorians.htm.

② W. F. Mason And F. Stout, *A Synopsis of Roman History to 138 A. D.* London：W. B. CLIVE, 1911. p. 80.

③ ［古罗马］塔西佗著，王以铸、崔妙因译：《编年史》（下册），商务印书馆1981年版，第400—401页。

④ Albert A. Trever, *History of Ancient Civilization*, Volume II, *The Roman World*, Harcourt, Brace and Company, New York, 1939. p. 536.

⑤ Sandra J. Binghan. *The Preatorian Guard in the Political and Social Life of Julio - Claudian Rome.* The University of British Columbia, 1997. p. 95.

⑥ Guglielmo Ferrero, Litt. D, *Characters and Events of Roman History：From Caesar to Nero*, Translated by Frances Lance Ferrero, G. P. Putnam's Sons, New York and London, 1909. p. 104.

皇帝①。尼禄和近卫军之间的关系，最能说明问题的是在位 14 年间，和克劳狄一样，前后更换了 4 名近卫军长官，两人创下了皇帝在位期间更换近卫军长官人数的纪录。和养父克劳狄一样，"尼禄把自己的登基归功于近卫军……"②。尼禄登基后没有忘记犒赏近卫军："在朗读完塞内加为他撰写的讲话之后，允诺给予近卫军克劳狄所给予的一切（指赏赐——引者注）。"③ "罗马历代皇帝，每当即位都对近卫军有所赏赐，唯独尼禄的赏赐特别丰盛，因此全体近卫军将士，莫不欣喜若狂……"④ 登基后不久，尼禄便宣布，每个月给近卫军士兵免费发放粮食⑤。西方学者认为，尼禄登基一方面借助了母后的影响；另一方面，则是依赖忠诚于母后的近卫军长官布路斯的支持。为使自己的儿子顺利登基，小阿格里品娜在克劳狄死后封锁消息，直至近卫军宣布尼禄为帝⑥。"还是在近卫军支持下，尼禄登上王座。"⑦ "近卫军并未给元老院更多的时间进行讨论，而是直接宣布尼禄继承克劳狄帝位……元老院只得听从近卫军安排。"⑧ 近卫军在尼禄登基过程中的"决定"作用由此可窥一斑。至此，尼禄继养父克劳狄之后，成为第二个由近卫军拥上王位的皇帝。自拥立克劳狄之后，近卫军在王位更替中的决定性作用又迈上了一个"新台阶"，近卫军在帝位传承过程中的作用日益凸显，逐步成为"皇帝的制造者"。

---

① 尼禄是罗马帝国历史上最残暴的帝王之一。关于尼禄荒淫无道，嗜血成性，穷奢极欲，古典史家有诸多记载。Eutropius 在他的 *Abridgment of Roman History*［Literally translated by the Rev. John Selby Watson. London：George Bell and Sons（1886）］中记载，尼禄用香水洗澡，用黄金制成的网捕鱼等。见该书 7.14。

② Albert A. Trever, *History of Ancient Civilization*, *Volume II*, *The Roman World*, Harcourt, Brace and Company, New York, 1939. p. 417.

③ Dio，60. 3. 1.

④ 冯作民编著：《西洋全史（四）罗马兴亡史》，燕京文化事业有限公司 1975 年版，第464 页。

⑤ ［古罗马］苏维托尼乌斯著，张竹明等译：《罗马十二帝王传》，商务印书馆 1995 年版，第 226 页。

⑥ J. B. Bury, *A History of the Roman Empire from Its Foundation to the Death of Marcus Augustus* (27 B. C. – 180 A. D.), New York, Harper & Brothers Publishers, 1893. p. 255.

⑦ Michael Burgan, *Great Empires of the Past：Empire of Ancient Rome*, Revised Edition, New York, 2009. p. 49.

⑧ Jürgen Malitz, *Nero*, English translation by Allison Brown, Blackwell Publishing Ltd., 2005. p. 5.

尼禄登基全赖母后小阿格里品娜一手策划①。小阿格里品娜为使尼禄顺利登基，还在克劳狄在世时，就创造各种机会，让尼禄抛头露面。尼禄13 岁时，被克劳狄过为继子，并引荐给元老。尼禄则手持大盾检阅了近卫军官兵②。由此可知，小阿格里品娜不仅使尼禄成为当朝皇帝克劳狄的合法继承人，也刻意让尼禄与近卫军有所接触，使登基之前的尼禄与近卫军彼此有所印象。

小阿格里品娜既工于心计，也荒淫无道，不择手段。为了保住自己的权势，甚至想勾引、"下嫁"给自己的亲生儿子③。年仅 17 岁的尼禄先被人抬到近卫军营地，向近卫军发表了简短的演说，然后才前往元老院。继承王位后，"把一切国事和私事的管理委托给自己的母亲。继位第一天，他向卫队长发布的口令便是'良母'。此后他经常同她一起乘坐她的肩舆出现在大街上。"④ 小阿格里品娜是帝国历史上屈指可数的临朝母后，并采取罗马帝国式的"垂帘听政"干预朝政："元老院的会议是特别在帕拉提乌姆皇宫召开的，这样她就可以坐在宫殿后部新开的一个门里面，门上有一个门帘，这个门帘厚到可以使人看不到她，但是她却可以听到人们的讲话。"⑤ 尼禄继位初期，小阿格里品娜不仅"垂帘听政"，而且在最初的

---

① 无论怎样下场，或古典史家的评价如何，小阿格里品娜是罗马帝国历史上影响非常大的皇后似乎不应有太多争议。小阿格里品娜也是帝国历史上第一个元老院批准，形象出现在钱币上的皇后。见 J. B. Bury, *A History of the Roman Empire from Its Foundation to the Death of Marcus Augustus* (27 B. C. – 180 A. D.)，New York，Harper & Brothers Publishers，1893. p. 252。此外，在罗马帝国历史上，乃至在近卫军发展史上，小阿格里品娜均堪称有影响的皇后，她的三个儿子中两人——尼禄、卡利古拉——登基称王，在罗马帝政史和宫廷史上绝无仅有。

② ［古罗马］苏维托尼乌斯著，张竹明等译：《罗马十二帝王传》，商务印书馆 1995 年版，第 226 页。尼禄的登基过程是克劳狄登基程序的重演：尼禄先是在近卫军营地得到近卫军认可后，才到元老院获得"批准"。即先得到了近卫军的支持，然后再履行"程序"。

③ ［古罗马］塔西佗著，王以铸、崔妙因译：《编年史》（下册），商务印书馆 1981 年版，第 452—453 页。苏维托尼乌斯则记载，尼禄与生母有乱伦行为。见 ［古罗马］苏维托尼乌斯著，张竹明等译《罗马十二帝王传》，商务印书馆 1995 年版，第 240—241 页。

④ ［古罗马］苏维托尼乌斯著，张竹明等译：《罗马十二帝王传》，商务印书馆 1995 年版，第 227 页。

⑤ ［古罗马］塔西佗著，王以铸、崔妙因译：《编年史》（下册），商务印书馆 1981 年版，第 405 页。

几个月里，行为举止更像帝国的摄政王①。

　　尼禄当政前 5 年，帝国相安无事，"主要原因在于他的母后小阿格里品娜为他指派了两个家庭教师，一个是哲学家塞内加（Lucius Annaeus Seneca），另一个则是近卫军长官卢西乌斯·阿弗拉尼乌斯·布路斯。"②两人"通过不同方式对皇帝施加影响"③。两人中，布路斯是尼禄时代重要的顾问和关键人物，由尼禄母后举荐，于公元 51 年出任近卫军长官④。小阿格里品娜之所以举荐布路斯，是因为"阿格里品娜发现布路斯有用处，且值得信赖。"在宫廷内部纷争中，"皇太后"小阿格里品娜刻意在近卫军中发展势力，布路斯的作用无可替代⑤。也正是小阿格里品娜笼络近卫军，排除异己，才确保近卫军支持尼禄登基⑥。而布路斯忠于尼禄已得到证实⑦。尼禄曾对政敌进行谋杀，影响恶劣，"如果不是阿弗拉尼乌斯·布路斯和塞内加出来干预的话，谋杀确实会继续下去。"⑧由于近卫军长官为皇帝家庭教师，对皇帝的影响是垂直的，折射出近卫军长官对帝国政治、宫廷生活的各种影响。

　　尼禄一朝，宫廷充满倾轧与争斗，首先围绕母后和尼禄之间的利害关系展开。随着年龄的增长，尼禄对母后干预朝政，以及对他本人的各种控制愈加不满，最终导致尼禄对母后产生杀心。在此过程中，近卫军长官布

　　① J. B. Bury, *A History of the Roman Empire from Its Foundation to the Death of Marcus Augustus* (27 *B. C.* – 180 *A. D.*), New York, Harper & Brothers Publishers, 1893. p. 275.

　　② Gwyn Morgan, 69 *A. D.*: *The Year of Four Emperors*, Oxford University Press, 2006. p. 17. 塞内加乃罗马帝国时代诗人、作家、哲学家。他和近卫军长官布路斯是尼禄朝廷的重要阁僚，但却无正式官职。

　　③ ［古罗马］塔西佗著，王以铸、崔妙因译：《编年史》（下册），商务印书馆 1981 年版，第 403 页。

　　④ Jürgen Malitz, *Nero*, English translation by Allison Brown, Blackwell Publishing Ltd., 2005. p. 12.

　　⑤ Matthew Bunson, *Encyclopedia of the Roman Empire* (revised edition), New York NY 10001, 2002. p. 84, p. 11.

　　⑥ Arthur E. R. Boak, Ph. D., *A History of Rome*, to 565 *A. D.* New York, The Macmillan Company, 1921. p. 277.

　　⑦ Richard Alston, *Aspects of Roman history*, *AD* 14 – 117, First published by Routledge, 1998. p. 72.

　　⑧ ［古罗马］塔西佗著，王以铸、崔妙因译：《编年史》（下册），商务印书馆 1981 年版，第 403 页。

路斯的处境非常微妙：既受恩于小阿格里品娜，又不能冒犯尼禄，况且尼禄对布路斯多有猜忌和不信任，替换布路斯的想法早已有之，"只是由于塞内加的干预，布路斯的这个地位才算被保留下来。"① 在管理帝国方面，因有小阿格里品娜支持，布路斯和塞内加地位炙手可热。尼禄称帝前5年，布路斯和塞内加向年轻的皇帝提了许多施政建议②。布路斯虽然没有成为又一个权倾朝野的塞亚努斯，但对于尼禄的各种影响不能低估。公元54年10月的一天，布路斯陪同17岁的尼禄前往近卫军军营。在那里，尼禄对近卫军官兵发表了讲话，并承诺给予每人1.5万塞斯退斯的金钱。这笔数量不菲的金钱相当于近卫军士兵5年的军饷③。这件事至少说明了两个问题：其一，布路斯对尼禄的影响不容忽视；其二，年少的皇帝尽管有母后临朝，却也深谙收买近卫军的重要性。

尼禄对生母的厌恶逐渐变成仇恨，欲尽早将其除掉而后快。尼禄剥夺了小阿格里品娜的荣誉、各项权力，并将其逐出皇宫，曾经三次下毒谋杀生母均未能得逞④。尼禄不满母后专权干政，但除掉小阿格里品娜必须得到近卫军的支持⑤。在小阿格里品娜与尼禄之间，近卫军最终选择了尼禄。部分近卫军官兵对小阿格里品娜并无敌意和恶意，尼禄毕竟是当朝皇帝，近卫军明白孰轻孰重。公元55年，尼禄从母后身边撤走了一个大队的近卫军士兵——克劳狄时代作为私人卫队配给小阿格里品娜的⑥。尼禄"不允许任何士兵陪伴他的母后，以此说明除了皇帝之外，任何人不得有

---

① ［古罗马］塔西佗著，王以铸、崔妙因译：《编年史》（下册），商务印书馆1981年版，第418页。

② Arthur E. R. Boak, Ph. D. , *A History of Rome*, *to 565 A. D.* New York, The Macmillan Company, 1921. p. 277.

③ Jürgen Malitz, *Nero*, English translation by Allison Brown, Blackwell Publishing Ltd. , 2005. p. 13.

④ ［古罗马］苏维托尼乌斯著，张竹明等译：《罗马十二帝王传》，商务印书馆1995年版，第245页。而塔西佗则记载，尼禄毒死生母只是一种想法，并未付诸行动。见［古罗马］塔西佗著，王以铸、崔妙因译《编年史》（下册），商务印书馆1981年版，第454页。

⑤ 鉴于近卫军长官布路斯和哲学家塞内加与母后小阿格里品娜的关系，尼禄谋杀生母的阴谋活动避开了二人。见 Theodor Mommsen, *A History of Rome under the Emperors*, English translation by Clare Krojzl, Routledge, 1996. p. 153.

⑥ ［美］韦戈尔著，王以铸译：《罗马皇帝尼禄》，辽宁教育出版2003年版，第136页。

近卫军护卫。"① "罗马民众第一次见到尼禄的母后无近卫军陪伴……。"②
古典作家的叙述告诉人们这样一个史实：尼禄的母后曾一直由近卫军陪护
出入宫闱。

　　尼禄为了达到置母后于死地之目的，派近卫军大队长波里奥（Iulius
Pollio）监视小阿格里品娜并负责督促制造杀死布列塔尼库斯的毒药③。尼
禄谋杀生母的过程中，近卫军长官布路斯曾作为尼禄的人选。史载："一
心想谋杀他的母亲的尼禄已经到了迫不及待的程度，直到得到布路斯的保
证之后他才安定下来。布路斯向尼禄保证，只要她的罪证确实，便立刻置
她于死地。"④ 关于塞内加和布路斯是否参与了对小阿格里品娜的谋杀，
古典作家没有明确记载。据塔西佗记载，布路斯不曾下令谋杀小阿格里品
娜⑤。尽管如此，布路斯的作用仍举足轻重：布路斯首先保证了近卫军不
背叛尼禄⑥，使尼禄不必担心"后院起火"。小阿格里品娜也曾想借用近
卫军的力量，躲过劫难，但未能成功。小阿格里品娜死后，布路斯安抚了
近卫军和罗马民众⑦，把近卫军集中起来，以示效忠尼禄，并借此缓解尼
禄的恐惧感⑧。据狄奥·卡西乌斯记载，小阿格里品娜死后，尼禄赏赐了
近卫军⑨，希望以此保证近卫军对自己的忠诚⑩。杀死小阿格里品娜之后，
尼禄写信给元老院，告诉元老院谋害他的阴谋，并会见了近卫军军官。结
果，元老院和近卫军都为尼禄的"胜利"欢呼⑪。这说明，尼禄的金钱攻
势达到了预期的目的。

　　虽然布路斯在除掉小阿格里品娜过程中发挥了重要作用，但尼禄摆脱

---

① Dio，61.8.4.

② Ibid，61.8.6.

③ ［古罗马］塔西佗著，王以铸、崔妙因译：《编年史》（下册），商务印书馆 1981 年版，
第 413—414 页。

④ 同上书，第 418 页。

⑤ 同上书，第 418—419 页。

⑥ ［英］戴维·肖特著，李丹、赵蓓蓓译：《尼禄》，上海译文出版社 2003 年版，第 41 页。

⑦ *Seneca*，Edited by John G. Fitch，Oxford University Press，2008.

⑧ Sandra J. Binghan. *The Preatorian Guard in the Political and Social Life of Julio - Claudian
Rome*. The University of British Columbia，1997. p. 101.

⑨ Dio，61.14.3.

⑩ Robert F. Evans，*Soldiers of Rome*，*Praetorian and Legionnaires*，Washington，1986. p. 17.

⑪ Richard Alston，*Aspects of Roman history*，*AD* 14 － 117，First published by Routledge，
1998. p. 80.

布路斯影响的想法由来已久，布路斯注定要成为皇权的牺牲品。公元62年，布路斯死去。关于布路斯的死因，古典史家各有议论，塔西佗指出："他是病死的，还是被人毒死的，颇值得人们怀疑。"① 狄奥·卡西乌斯则认为布路斯是被毒死的②。无论布路斯的真正死因如何，有一点不容置疑，即他的死与尼禄有直接关系。蒙森则指出，尼禄过于懦弱，根本无法像提比略处置塞亚努斯那样处置布路斯，尼禄用毒药毒死布路斯也缺乏可信的证据③。对于尼禄而言，布路斯之死使他彻底摆脱了母亲安排的家庭教师的影响和控制，等于走出了母后的阴影。布路斯之死标志着这位近卫军长官与皇帝、皇太后结盟的终结，尼禄必须寻找新的人选充填近卫军长官的空缺。

尼禄统治期间，近卫军作为皇帝的鹰犬部队及其作用得到了较好发挥，一些纠纷也由近卫军出面平息。史载，普提欧里（Puteoli，今意大利波佐利市）的两个使团中的一个谴责民众闹事，民众则控告上层市民贪赃枉法。双方僵持不下，有爆发流血冲突的危险。最后由近卫军出面，一方面展示军队的威慑力；另一方面，近卫军处死了其中几个人，杀一儆百，使事态得以平息④。前来平息事端的近卫军一直驻扎此地，直至恢复常态⑤。类似事件说明，近卫军镇压民众的职能一直为统治者所看重。

由于尼禄荒淫无道，推翻他的阴谋活动多次发生。皮索便是组织者之一。皮索图谋暴露后，尼禄派遣新征召的近卫军士兵前去抓捕皮索，这些新征召的近卫军士兵"是特意被尼禄选出来担任这项任务的，因为他担心老兵可能会对披（皮）索表示同情。"⑥ 尼禄的担心并不是没有依据，因为除了皮索本人之外，阴谋的策划者和发起人还包括近卫军一名将领苏布里乌斯·弗拉乌斯（Subrius Flavus）和大队长苏尔皮奇乌斯·阿斯佩尔

---

①　但同时，塔西佗又记载，布路斯是被尼禄派人毒死的。见［古罗马］塔西佗著，王以铸、崔妙因译《编年史》（下册），商务印书馆1981年版，第494页。

②　Dio, 62. 13. 3.

③　Theodor Mommsen, *A History of Rome under the Emperors*, English translation by Clare Krojzl, Routledge, 1996. p. 153.

④　［古罗马］塔西佗著，王以铸、崔妙因译：《编年史》（下册），商务印书馆1981年版，第441—442页。

⑤　James S. Reid, Lirr. D. *The Municipalities of the Roman Empire*, Cambridge, 1913. p. 450.

⑥　［古罗马］塔西佗著，王以铸、崔妙因译：《编年史》（下册），商务印书馆1981年版，第554页。

(Sulpicius Asper)，他们始终是"阴谋最坚决的参加者"①。弗拉乌斯设计了谋杀尼禄的方案，他设想"尼禄在登台唱歌时，或是宫殿起火，尼禄在没有侍卫的情况下独自一人这里那里乱跑时，向尼禄发动袭击。"② 但密谋者并没有将各种设想付诸实践。推翻尼禄的谋杀暴露后，苏尔皮奇乌斯·阿斯佩尔被抓，当尼禄问及为什么参与谋杀活动时，阿斯佩尔回答说："只有通过这样的办法才能挽救他这样一个罪行累累的人"③。由此可知，尼禄的昏庸也令近卫军中某些人对他痛恨万分。

近卫军显然不能没有指挥官，继承布路斯近卫军长官职位的两个人分别是：卢西乌斯·菲尼乌斯·路福斯（Lucius Faenius Rufus）和盖乌斯·欧封尼乌斯·提盖里努斯（Gaius ofonius Tigellinus）④。近卫军长官又由一人恢复为两人。古典史家塔西佗对新任两名近卫军长官的评价是："一个是老实而无能，另一个却是罪大恶极的罪犯……一个是法伊尼乌斯·路福斯，他在负责供应罗马粮食工作中没有自私自利的行为，因此群众对他颇有好感；一个是索佛尼乌斯·提盖里努斯，他过去因放荡和无耻而得到尼禄的赏识。"两人中，提盖里努斯的得势一方面是尼禄的赏识和提拔；另一方面，因他在镇压皮索阴谋活动中支持皇帝，地位进一步巩固。比较而言，"提盖里努斯对皇帝的影响更大一些，他被允许参加尼禄的最隐秘的放荡行为。"⑤ 狄奥·卡西乌斯记载说，提盖里努斯远比同龄人更无法无天和残暴，他使尼禄远离他人，也不信任手下臣僚⑥。尼禄许多荒淫、古怪、不可思议，乃至声名狼藉的行为，泰半出自提盖里努斯的建议和纵容⑦。提盖里努斯通过阿谀逢迎和对尼禄的怂恿，赢得了尼禄的信任，

---

① ［古罗马］塔西佗著，王以铸、崔妙因译：《编年史》（下册），商务印书馆1981年版，第544页。

② 同上书，第546页。

③ 同上书，第560页。

④ 关于提盖里努斯的早期生涯各种记载阙如，人们只知道他出身卑微。提盖里努斯于62—68年出任近卫军长官，是尼禄身边最著名的奴仆。

⑤ ［古罗马］塔西佗著，王以铸、崔妙因译：《历史》，商务印书馆1997年版，第61—62页。

⑥ Dio，62. 13. 3.

⑦ J. B. Bury, *A History of The Roman Empire from Its Foundation to the Death of Marcus Augustus* (27 *B. C.* – 180 *A. D.*), New York, Harper & Brothers Publishers, 1893. p. 283.

"掌管近卫军的实权落入提盖里努斯之手……。"① 提盖里努斯营造了一个
遍及罗马城的告密者、特务的恐怖网络，用以消灭尼禄的各种反对者。提
盖里努斯利用和皇帝的亲密关系，首先对路福斯发难，罪名是从前同小阿
格里品娜的友谊甚笃②。据塔西佗记载，路福斯参与了推翻尼禄的阴谋。
由于阴谋活动败露，大批参与者被处死。提盖里努斯在调查、处置这场阴
谋过程中，为尼禄立下汗马功劳，并借助皇权势力如日中天③。提盖里努
斯继镇压皮索密谋活动之后，第二次成为帝国政治舞台的显赫人物。虽然
近卫军长官参与了这次阴谋活动，但尼禄丝毫不敢怠慢近卫军，对近卫军
再次进行赏赐，近卫军每人得到 2000 塞斯退斯的赏金④。提盖里努斯等
人获得了胜利奖章等殊荣，并在帕拉丁为他们竖立了雕像⑤。尼禄的用心
并不复杂，即他必须依赖近卫军的忠诚以保证他的统治得以维系。

　　得势的提盖里努斯"使尼禄变得堕落，以致使尼禄胆大妄为，无恶
不作。他竟敢背着尼禄干下一些勾当，终于离开并背叛了他。"⑥ 狄奥·
卡西乌斯也曾记载，提盖里努斯被尼禄任命为宴会和各种铺张奢侈活动的
总管⑦。提盖里努斯不仅为虎作伥，而且为尼禄的堕落、疯狂、奢靡推波
助澜。但背叛主子的提盖里努斯不可能有好下场。他患病后，权力被尼禄
剥夺。伽尔巴取代尼禄后，免除了提盖里努斯近卫军长官的职务，一些人
甚至叫嚣要处死提盖里努斯。执政官维尼乌斯出面求情，声称提盖里努斯
曾经救过自己女儿的性命，方使提盖里努斯躲过一劫。奥托取代伽尔巴
后，为了平息人们的愤怒，强迫他自杀⑧。据说，在拉科被任命为近卫军

① Matthew Bunson, *Encyclopedia of the Roman Empire* (revised edition), New York NY 10001, 2002. p. 541.

② [古罗马] 塔西佗著，王以铸、崔妙因译：《编年史》（下册），商务印书馆 1981 年版，第 499 页。

③ Matthew Bunson, *Encyclopedia of the Roman Empire* (revised edition), New York NY 10001, 2002. p. 541.

④ [古罗马] 塔西佗著，王以铸、崔妙因译：《编年史》（下册），商务印书馆 1981 年版，第 564 页。

⑤ J. B. Bury, *A History of the Roman Empire from Its Foundation to the Death of Marcus Augustus* (27 B.C. –180 A.D.), New York, Harper & Brothers Publishers, 1893. p. 290.

⑥ [古罗马] 塔西佗著，王以铸、崔妙因译：《历史》，商务印书馆 1997 年版，第 61 页。

⑦ Dio, 62.14.2. 尼禄以荒淫奢侈青史留恶名。提盖里努斯总管尼禄的奢侈、铺张和宴会活动，也等于把他自己和尼禄的荒淫无道联系在一起。

⑧ [古罗马] 塔西佗著，王以铸、崔妙因译：《历史》，商务印书馆 1997 年版，第 62 页。

长官时，提盖里努斯曾让近卫军长官转告伽尔巴他对伽尔巴没有敌意①。但提盖里努斯所做的一切于事无补，丝毫改变不了自己的厄运。

路福斯被处死后不久，尼菲狄乌斯·萨比努斯（Gaius Nymphidius Sabinus）成为提盖里努斯的同僚②。提盖里努斯染病后，原有的权力转移到萨比努斯手中。萨比努斯在伽尔巴取代尼禄过程中扮演了重要角色：伽尔巴大兵压境之际，萨比努斯与同僚提盖里努斯"说服军队拥戴伽尔巴登基称帝"，"条件是内廷和近卫军的士兵每人犒赏7500德拉克马"③。不仅如此，萨比努斯野心勃勃，甚至"他本人也想取得皇帝的地位"④。

尼禄当政期间，近卫军的各项职能、义务与前辈皇帝在位期间几无差别，依然负责保卫皇帝、皇室、宫廷的安全，继续肩负着维护首都安全等使命，如各种赛会的安全保卫，陪同尼禄出席元老院会议等⑤。尤其是几次企图推翻尼禄统治的阴谋被平息后，尼禄对近卫军更加依赖和信任，更加依赖近卫军。尼禄出席圆形剧场，穿过广场时，武装近卫军陪同左右⑥。和其他皇帝一样，近卫军与尼禄形影相随，既履行保卫皇帝的职责，也对罗马民众显示一种威慑力。尼禄出行希腊期间，近卫军亦随之保驾出行⑦。尼禄统治初期，经常在近卫军的陪同下，夜间在罗马城街道上出没，躲闪不及的路人经常遭到痛打⑧。类似事例说明，尼禄许多荒唐的举动常常为近卫军耳闻目睹。古典史家并没留下近卫军作何感受的记载，但尼禄种种与身份不符的行为，不可能让近卫军对他有真正的忠诚。

罗马帝国历代皇帝中，尼禄以热衷登台演出闻名，动辄"引吭高

---

①　Gwyn Morgan, 69 A. D. : The Year of Four Emperors, Oxford University Press, 2006. p. 39.

②　有传言宣称，尼菲狄乌斯·萨比努斯的母亲被一名角斗士诱奸，为了尼菲狄乌斯的名声，尼菲狄乌斯不得不同意母亲与这名角斗士结婚。见 Donald G. Kyle, Spectacles of Death in Ancient Rome, London and New York, 1998. p. 112。

③　[古罗马] 普鲁塔克著，席代岳译：《希腊罗马名人传》第 3 册，吉林出版集团有限责任公司 2009 年版，第 1874 页。

④　[古罗马] 塔西佗著，王以铸、崔妙因译：《历史》，商务印书馆 1997 年版，第 5 页。

⑤　[古罗马] 塔西佗著，王以铸、崔妙因译：《编年史》（下册），商务印书馆 1981 年版，第 586 页。

⑥　Dio, 63. 20. 4.

⑦　J. B. Bury, A History of The Roman Empire From Its Foundation to The Death of Marcus Augustus (27 B. C. – 180 A. D.), New York, Harper & Brothers Publishers, 1893. p. 293.

⑧　Theodor Mommsen, A History of Rome under the Emperors, English translation by Clare Krojzl, Routledge, 1996. p. 153.

歌"，抚琴吟唱，乐此不疲。故此，尼禄统治时代近卫军的许多行动和剧场、演出联系在一起，这一点可视为尼禄治下近卫军的一大特色。尼禄出席剧场、庆典演出时，近卫军不仅要执行警卫任务，而且还要充当观众、听众，为尼禄捧场。尼禄登场演出时，近卫军长官帮助搬运乐器，其他近卫军军官和大批随从则为尼禄的演出欢呼叫好①。面对主子这种荒唐的举动，近卫军官兵无可奈何。古典史家记载，公元59年，尼禄为了纪念第一次剃须，专门在罗马举行了一个"青年竞赛会"。演出高潮时，尼禄现身剧场，亲自登台演出，近卫军大队长和近卫军几个百人队长则入场充当观众，其他近卫军官兵散布在四周，监视剧场内的各种动向②，以防不测。公元60年，尼禄举办了由他的名字命名的赛会——尼禄尼亚赛会，尼禄演出时，近卫军长官提着琴服侍左右。据说，一名新入伍的近卫军士兵看见尼禄身披锁链的模样，不知皇帝在表演，以为主子遭难，竟然冲上前去解救③。为鼓励近卫军观看演出，尼禄甚至给观看演出的官兵发放金钱④。尼禄对近卫军每每慷慨赏赐，政治上的后果是消极的，帝国经济也在他统治期间走向危困⑤。公元55年年底，"通常在举行赛会时进行戒备的近卫军撤退了，这样做的目的在于使赛会具有更加自由的气氛，在于不使近卫军士兵因为过分亲密地同剧场中的放荡作风相接触而败坏纪律……。"但事情的发展远非尼禄的想象，由于剧场发生骚动，近卫军不得已又重新返回剧场，维护剧场安全⑥。

尼禄喜欢表演，也喜欢举办各种类型的大型角斗、斗兽表演。在举行斗兽表演时，近卫军往往被派上特殊的"用场"——与野兽搏斗。有时，

---

① Jürgen Malitz, *Nero*, English translation by Allison Brown, Blackwell Publishing Ltd., 2005. p. 44.

② ［古罗马］塔西佗著，王以铸、崔妙因译：《编年史》（下册），商务印书馆1981年版，第466页；Dio 61. 19. 1, 61. 20. 2.

③ ［古罗马］苏维托尼乌斯著，张竹明等译：《罗马十二帝王传》，商务印书馆1995年版，第234—235页。

④ Dio, 63. 10. 3.

⑤ Richard Alston, *Aspects of Roman history*, *AD* 14 – 117, First published by Routledge, 1998. p. 89.

⑥ ［古罗马］塔西佗著，王以铸、崔妙因译：《编年史》（下册），商务印书馆1981年版，第421—422页。

骑兵近卫军一场演出便杀死 400 头熊、300 只狮子。类似表演经常举办①,近卫军骑兵经常出现在剧场,不仅是保卫皇帝,而且充当演员。

尽管尼禄对近卫军有过各种恩赐,但他放荡不羁、奢靡无度导致近卫军的反感情绪与日俱增,近卫军士兵越来越无法忍受尼禄荒诞怪异的举止,因此,针对谋杀尼禄的阴谋,近卫军也参与其中。据塔西佗记载,近卫军中的一些百人队长参与了塞内加知晓的阴谋②。尼禄各种荒淫荒唐的行为,使"近卫军对尼禄极为不满"③,近卫军开始疏远曾经宣誓效忠的皇帝。尼禄统治后期,近卫军对尼禄只是"例行公事":照旧巡逻、护卫宫廷安全,在这些表象背后隐藏的却是近卫军对尼禄的叛离。公元 66 年,近卫军陪同尼禄巡幸希腊。此次巡幸希腊过程中,行为和思维异常古怪的尼禄到达科林斯后,突发奇想,计划开凿一条跨越科林斯地峡的运河。尼禄随即召集随同的近卫军,参与开挖运河的艰苦劳役。尼禄本人也加入其中。科林斯人与挖掘运河的近卫军不胜其苦。好在尼禄很快对这项工程失去了兴趣,近卫军才结束了噩梦般的劳作④。类似令人匪夷所思的闹剧是近卫军历史上唯一一次,但皇帝的翻云覆雨也足以让近卫军哭笑不得。

一如前文所述,近卫军的核心职能是保卫皇帝及皇室安全,即使派往前线作战,也主要在帝国版图之内,很少被派往海外执行军事任务。尼禄统治期间,曾设想征服非洲的埃塞俄比亚,于公元 61 年秋天派遣一支由近卫军组成的探险队⑤,沿尼罗河逆流而上,进行考察。近卫军探险队横穿广袤的埃塞俄比亚,收集到了相关的信息和资料。由于通往白尼罗河的道路遍布沼泽,近卫军无法前行,只得返回。返回旅途也非一帆风顺,探险的近卫军大约在 63 年时,方才回到罗马,而且并未获得尼禄期望的关

---

① Michael P. Speidel, *Riding For Caesar*: *The Roman Emperors' Horse Guards*, Published by B. T. Batsford Ltd. , 1994. p. 114.

② 但阴谋活动很快败露,参与者被治罪。[古罗马]塔西佗著,王以铸、崔妙因译:《编年史》(下册),商务印书馆 1981 年版,第 558 页。

③ Sandra J. Binghan. *The Preatorian Guard in the Political and Social Life of Julio - Claudian Rome*. The University of British Columbia, 1997. p. 113.

④ Matthew Bunson, *Encyclopedia of the Roman Empire* (revised edition), New York NY 10001, 2002. p. 153, p. 391.

⑤ 这支队伍由 2000 人组成,其中辅军还包括了日耳曼骑兵。见 Jürgen Malitz, *Nero*, English translation by Allison Brown, Blackwell Publishing Ltd. , 2005. p. 95。

于尼罗河更多的资料信息[①]。据说，这支由近卫军组成的探险队曾抵达上尼罗河，目的地或许是阿比西尼亚（Abyssinia）[②]。普林尼的《自然史》曾记载了此次军事行动。据历史学家考证，近卫军此次海外远征是恺撒之后，罗马人最大规模的军事探险行动[③]。此次非洲之行，是近卫军历史上屈指可数的几次海外远征行动，不仅劳民伤财，无功而返，也是尼禄随心所欲、反复无常、好大喜功本性的真实写照。在行将灭亡的 68 年，尼禄还组织了两次大规模的军事行动，一次是派军队征服埃塞俄比亚，另一次是占领里海。近卫军参与了这两次军事行动[④]。

尼禄巡幸希腊期间，近卫军长官提盖里努斯依照惯例陪同前往，另一位近卫军长官萨比努斯则驻留罗马，绝大多数近卫军也依惯例留在都城。控制大多数近卫军的唯一一名近卫军长官萨比努斯，借此机会迎合、笼络近卫军士兵，使近卫军对尼禄的忠诚发生动摇——后来发生的事情证实了这一点。尼禄不情愿地回到罗马城时，虽然表面上近卫军陪伴左右[⑤]，但此时的近卫军已与尼禄貌合神离，曾经有过的忠诚荡然无存。闻之西班牙总督伽尔巴被军队推举为皇帝后，尼禄惊慌失措，不得不求助于近卫军。由于萨比努斯蓄意挑拨，尼禄在近卫军中的威信大为削弱，近卫军的忠诚已不可依恃，尼禄的统治走到了尽头。两名近卫军长官也识时务地转向尼禄的对立面，力图保全自己[⑥]。即使尼禄想做垂死挣扎，也处于孤立无援境地。

尼禄的倒行逆施和荒唐举动使自己成为孤家寡人，既失去了近卫军的支持，元老院也对他充满敌意[⑦]。尤其是近卫军官兵对尼禄种种有悖伦

---

① Matthew Bunson, *Encyclopedia of the Roman Empire* (revised edition), On New York NY 10001, 2002. p. 153, p. 391.

② Albert A. Trever, *History of Ancient Civilization*, *Volume II*, *The Roman World*, Harcourt, Brace and Company, New York, 1939. p. 436.

③ Susan P. Mattern, *Rome and the Enemy*: *Imperial Strategy in the Principate*, University of California Press, Ltd. , 1999. p. 37.

④ Robert F. Evans, *Soldiers of Rome*, *Praetorian and Legionnaires*, Washington, 1986. p. 17.

⑤ Dio, 63. 20. 4.

⑥ Jürgen Malitz, *Nero*, English translation by Allison Brown, Blackwell Publishing Ltd. , 2005. p. 103.

⑦ Julian Bennett, *Trajan*, *optimus princeps*: *a life and times*, First published by Routledge, 1997. p. 17.

常、荒谬的举动，实在不堪忍受①。尼禄统治末年，危机四伏。由于近卫军已对尼禄失去忠诚，因此，"65—67 年，推翻他的阴谋活动接二连三。"② 朝不保夕的尼禄准备逃离罗马，并试图说服近卫军与他一起逃走，但近卫军竟无人愿意陪同主子逃离罗马③。尼禄曾经颇费心思、百般恩惠的近卫军，最终却全部归顺叛将伽尔巴。在此过程中，尼禄选定的近卫军长官萨比努斯公开背叛尼禄，甚至连为尼禄寝宫站岗的近卫军也纷纷撤离。尼禄"力图说服近卫军的长官和百夫长同他一起逃走。但是，他们有的人拖延推诿，有的人公开拒绝……"，只有 4 个仆人跟随他逃走④，悲惨与凄凉不难想见。当代西方学者认为，尼禄的灭亡与近卫军长官萨比努斯的叛变有直接关系⑤。尽管古今史家一再强调，是伽尔巴的赏赐彻底动摇了近卫军的军心，但恰恰从一个侧面反映出近卫军及其长官的不可靠性，也使近卫军及其长官成为尼禄命运的决定性因素。西方学者不止一人强调了尼禄的覆亡与近卫军变节之间的关系："近卫军的叛变直接导致了尼禄垮台……"⑥；"（近卫军）士兵开了小差，迫使尼禄于 68 年自杀身亡"⑦；"公元 68 年，尼禄遭受到禁卫军的反对，只好自杀以逃避他们的杀害。"⑧ 透过西方学者的种种议论，可以得到的认识是，尽管尼禄躲过了近卫军的刀锋，但他的死与近卫军忠诚的缺失有直接关系。尼禄王朝近卫军忠诚的缺失是一个渐变过程，之所以会发生这种渐变，金钱及其腐蚀作用显而易见（下一章有具体说明）。

朱里奥—克劳狄王朝是近卫军发展史上的一个重要阶段，是近卫军

---

① Jürgen Malitz, *Nero*, English translation by Allison Brown, Blackwell Publishing Ltd., 2005. p. 80.

② Gwyn Morgan, *69 A. D.：The Year of Four Emperors*, Oxford University Press, 2006. p. 18.

③ ［古罗马］苏维托尼乌斯著，张竹明等译：《罗马十二帝王传》，商务印书馆 1995 年版，第 248 页。

④ 同上书，第 258—259 页。

⑤ H. Stuart Jones, *The Roman Empire*，*B. C. 29 - A. D. 476*, New York, G. P. Putnam's Sons, London：T. Fisher Unwin, 1908. p. 83.

⑥ J. Stobart, *The Grandeur that Was Rome：A Survey of Roman Culture and Civilisation*, London, 1912. p. 273.

⑦ *The Cambridge History of Greek and Roman Warfare*, Volume Ⅱ, Rome from the late Republic to the late Empire, Edited by Philip Sabin, et al., Cambridge University Press, 2007. p. 47.

⑧ ［英］J. F. C. 富勒著，钮先钟译：《西洋世界军事史》（卷一），广西师范大学出版社 2004 年版，第 226 页。

"角色转换"的"初级阶段"，也是"初试锋芒"的历史阶段。尽管这一历史时期近卫军的猖狂程度不及日后，但诚如西方学者所指出的，朱里奥—克劳狄王朝时期，近卫军干预帝国政治的能力一览无余①。近卫军对帝国政治的干预，主要通过对皇帝性命的把握反映出来。这一时期近卫军的"角色转换"指的是，近卫军进驻罗马城，在短短 50 余年间，近卫军由皇帝的保卫者，逐步转换成为掘墓人。所谓"初级阶段"，系指这一时期的近卫军唯利是图，以金钱取舍皇帝，尚未达到"高峰时段"，但日后近卫军的许多恶行，在朱里奥—克劳狄王朝都进行了"预演"，为后来的"质变"进行了"量"的积累。尤其是近卫军营地的建造，更为近卫军不断犯上作乱建造了根据地。

---

① McKay Hill Buckler, *A History of Western Society – from Antiquity to the Enlightenment.* Volume I, U. S. A. 1995. p. 174.

第三章

68—69年内战与近卫军

68—69年是罗马帝国历史上一个非常重要的年份，也是历代史家研究罗马帝国政治史、军事史往往大着笔墨的一个特殊年份。对于68—69年的罗马帝国史，古典史家塔西佗给予了非常精辟的概括："我正要写的这段历史，是充满了灾难的历史，在这里面有恐怖的战争，激烈的内讧，这些内讧即使没有大动干戈也是恐怖的。有四个皇帝被杀；发生了三次内讧，更多的对外战争，常常是国内与国外的战争同时进行。"① 故此，这一年被后人称之为"四帝之年"（Year of the Four Emperors，也有学者称之为"四帝争立之年""四帝纷争之年"等）。当代史家也宣称，这一年是"罗马帝国历史上最血腥、混乱的年份"②。狄奥·卡西乌斯不无感慨地声称："在内战和混战的年代里，没有一个人有希望独掌王权。"③ 吉本也指出："在短短的18个月中有四位帝王倒在短剑之下；各部队之间争强斗胜的疯狂行径震撼着整个罗马世界。"④ 吉本所云4个被杀的皇帝分别是：尼禄、伽尔巴、奥托和维特利乌斯。伽尔巴死于军队之手，"奥托倒在了维特利乌斯的日耳曼军团面前，接下来轮到奥托被韦伯芗的将领们击败……。"⑤ 总之，"这一时期皇帝是由军队推举的"⑥："不是近卫军拥

---

① ［古罗马］塔西佗著，王以铸、崔妙因译：《历史》，商务印书馆1997年版，第2页。

② Matthew Bunson, *Encyclopedia of the Roman Empire* (revised edition), New York NY 10001, 2002. p. 507.

③ Dio, 63. 29. 4.

④ ［英］爱德华·吉本：《罗马帝国衰亡史》（上册），商务印书馆1997年版，第73页。应当说，此次内战中心在罗马城，但参与的军队包括了罗马城以外的行省军队。

⑤ Richard Congreve, *The Roman Empire of the West*, London, 1855, p. 34.

⑥ Thomas Keightley, *History of the Roman Empire：From the Accession of Augustus to the End of the Empire of the West*, Boston, 1841. pp. 124 – 125.

立的，就是军团推举的。"① 在这场内战中，皇位几度易主；发生了三次
以争夺皇位为目标的战争，近卫军长官也几易其人——一年多一点儿的时
间里，5 名近卫军长官在历史舞台上成为匆匆过客，近卫军则因皇帝短
命，不断更换主人。

68—69 年内战在近卫军历史上打上了深刻的烙印。近卫军不仅扮演
了皇帝保卫者的角色，而且多次成为皇帝争夺天下的工具；不仅经历了维
特利乌斯进行的"脱胎换骨"式的改革，而且近卫军破天荒地直接参与
王位争夺战，多名近卫军长官被派往前线，带兵打仗，参与天下争夺。同
时，内战中近卫军的"双刃剑"角色也暴露无遗：既能够帮助皇帝打内
战，成为皇帝手中打击对手的"利器"，也可以与皇帝反目为仇，另立新
君。近卫军在内战中的表现非但没有遏止战火的蔓延，反而因参与帝位更
替进一步加剧了内战的惨烈程度。

68—69 年内战是罗马帝国开国以来第一次大规模内战发生。应当说，
罗马人、罗马帝国对于内战并不陌生，罗马帝国本身即是在内战废墟上建
立起来的，奥古斯都即是通过 15 年之久的内战建立元首制的。但此次内
战与以往（确切地说应是共和国末年）发生的内战截然不同。关于这场
内战的结果、影响，后世学者不厌其烦地援引的那句"至理名言"——
"帝国的秘密"：行省军队和罗马城的近卫军一样，可以在外地拥立皇
帝②——予以论述，并成为对 68—69 年历史定性分析的主要依据。诚然，
塔西佗的分析鞭辟入里，也揭示了日后军队与皇帝之间的关系，但关键问
题还在于：这个日后大白于天下的秘密究竟是如何产生的？内战的驱动力
来自何方？有必要进一步追问。

第一节　解读"帝国秘密"

68—69 年内战与共和国末年的内战表现形式、驱动力迥然有别。共
和国末年的内战是不同政治集团之间的角逐，凸显政治利益追求。68—

① William Smith and Eugene Lawrence, *A Smaller History of Rome*, New York, 1881. p. 234.
② 原文为："帝国的秘密现在已被揭露出来：在外地可以同在罗马一样地拥立皇帝。"见
[古罗马] 塔西佗著，王以铸、崔妙因译《历史》，商务印书馆 1997 年版，第 4 页。

69 年内战的驱动力是什么呢？什么原因驱使近卫军、军团官兵近乎疯狂地参与内战呢？学术界虽有不同的解说，但作为与内战同时代的古典史家塔西佗的论述应具有说服力。塔西佗在《历史》中，援引木齐亚努斯的话，一针见血地指出了内战发生的根本原因："金钱是内战的动力"①。也就是说，68—69 年的内战的重要结果是"帝国的秘密"大白于天下，而内战的发生，则是金钱作祟——祸根在于军队对于金钱的追逐。金钱刺激着军团、近卫军对自己的同胞大开杀戒，军队的本质与"帝国秘密"一同大白于天下。因此，68—69 年内战与共和国末年内战的最大不同之处在于，参与者由政治主体转变为利益主体。现代史家也强调："内战期间，各种赏金尤为重要。"② 内战中，赏金的多寡决定了参战军队对将领、皇帝的忠诚度，也决定了内战的走向与进程，乃至皇帝的命运。

68—69 年内战是军事将领对最高统治权角逐的具体表现。但各色军事将领并未像共和国末年那样代表着不同的社会阶层和政治集团，而是军队、军人效忠不同军事将领，为一己私利而进行战争。内战期间，军队的忠诚指向军事首领，既包括军团将领，也包括手握重兵的其他军事将领，却未指向帝国或皇帝。国家需要军队的忠诚，需要通过军队的忠诚保障国家安宁。这种忠诚因利益、金钱发生"转向"和"迁移"，导致军队忠诚缺失，进而造成了不同地域的军队忠于自己的将领，野心勃勃的王位觊觎者挟军队争夺帝位的局面。军团官兵、近卫军之所以抛弃对帝王、国家的忠诚，纯粹是出于一己私利，私利成为维持军队及其效忠对象关系的首要方式，利益、金钱关系彻底取代了军队对帝国的忠诚。军队不仅不能维系国家安全，保卫皇帝的身家性命，反而成为动乱的祸根。

帝国军队中，近卫军与帝国军团差异多多，但在对金钱、赏赐、赠予的要求与渴望方面，两者并无二致。比较而言，近卫军远甚于军团官兵。皇帝对近卫军慷慨解囊，从第二任皇帝提比略时代即已形成"惯例"。久而久之，一旦近卫军贪婪的欲望得不到满足，便会"另请高明"。内战中伽尔巴的命运充分说明了这一点。近卫军为了金钱、赏赐抛弃尼禄，选择伽尔巴。伽尔巴即位后，过于"吝啬"，没有履行自己赏赐近卫军的诺

---

① ［古罗马］塔西佗著，王以铸、崔妙因译：《历史》，商务印书馆 1997 年版，第 148 页。

② Susan P. Mattern, *Rome and the Enemy: Imperial Strategy in the Principate*, University of California Press, Ltd. , 1999. p. 140.

言，"当贪婪的近卫军无理地要求得到依惯例，皇帝登基的赏赐时，守旧而又节俭的伽尔巴一毛不拔。他的名言是：他只习惯挑选士兵，而不习惯收买士兵。这句名言在罗马的古代颇有价值，但在他所处的时代不可能赢得近卫军更多的认同。"① 伽尔巴"不合时宜"的做法，自然让近卫军大失所望，逐步失去对伽尔巴的忠诚，最终难逃杀身之祸。继伽尔巴之后，奥托依靠贿赂近卫军入主罗马——大有"金钱开道"之意味。奥托被近卫军拥上王位第二天便前往近卫军营地，给予每人 1250 德拉克马的赏赐②。奥托这样做显然是吸取了伽尔巴的教训，及时满足了近卫军的金钱欲望，希冀通过金钱换来近卫军的忠诚。短短 18 个月的内战中，类似闹剧多次上演，金钱的动力与魔力昭然若揭。

　　68—69 年内战主体既有驻扎罗马城的近卫军，亦包括驻扎意大利以外行省军团。"金钱是内战的动力"并非意味着是金钱导致了内战的发生，深层次的消极影响在于金钱销蚀了军队的正义性和正义感，揭示了"谁出钱多，为谁效力"，这一军队质变根本原因。从内战的规模及其影响力而言，金钱的巨大魔力和驱动力进一步彰显，罗马军队的"趋利性"昭然若揭。例如，在奥托与维特利乌斯争夺天下时，帝国总共 30 个军团中，14 个军团对内战不感兴趣，其余 16 个军团分成两大势力集团，且各自效忠自己的主子：7 个日耳曼军团和 1 个高卢军团站在维特利乌斯一边，另外 8 个军团则支持奥托③。军团参与内战的"广泛性"说明了一个关键问题：军队与国家的关系被军人与将领之间的关系所取代。作为国家化的军队，在一个相当长的历史时期内，罗马国家与军队之间依靠忠诚、正义、责任、义务维系。罗马从台伯河畔一个小城邦，发展成为横跨欧亚非三大洲的大帝国，军队对国家的忠诚至关重要。参与 68—69 年内战的帝国军队，效忠的是自己的将领，士兵与统帅之间的关系依赖金钱维系，彼此间的利益关系高于一切。金钱的驱动力恰在于此。

---

① Bernard W. Henderson, M. A., *Civil War and Rebellion in the Roman Empire A. D.* 69 – 70, *A Companion to the "Histories" of Tacitus*, Macmillan Co., Limited, London, 1908. p. 13.

② ［古罗马］普鲁塔克著，席代岳译：《希腊罗马名人传》第 3 册，吉林出版集团有限责任公司 2009 年版，第 1899 页。"德拉克马"（Drachma）为古希腊货币单位，来自古希腊语 Drakhme，意为"一把"。今天的希腊货币沿用古老称谓，亦为"德拉克马"。

③ Bernard W. Henderson, M. A., *Civil War and Rebellion in the Roman Empire A. D.* 69 – 70, *A Companion to The "Histories" of Tacitus*, Macmillan Co., Limited, London, 1908. pp. 25 – 26.

　　此次内战涉及内容较多，但核心内容之一是皇帝的人选与废立。近卫军与行省军团竞相自己选择皇帝，除去一些人为、偶然因素外，制度安排上的疏漏，为近卫军和军团轮流拥废皇帝创造了条件。至少在现存资料中，看不到罗马帝国关于帝位传承的法律和宪法层面的明确规定，更没有不会授权士兵、军队依据自己的意愿取舍皇帝。蒙森指出，皇帝的产生或是元老院推举，或由军队决定①。似乎可以把皇帝的产生过程视为元老院与军队的一场博弈。在这场博弈中，军队总是赢家，永远占据上风。从制度层面分析，军队向皇帝宣誓效忠，并非向元老院效忠。军队、皇帝、元老院构成的一个特殊的三角关系中，军队的强势地位"说明了自己的实力和文官政府的软弱"②。大多数皇帝面临的最大威胁来自军队。涉及推举皇帝的军队，罗马帝国军队可分为两大实力集团：近卫军与军团。一些时候，军团能够认可近卫军的选择；如果不认同，随之而来的便是兵戎相见——内战接踵而至。

　　内战中，近卫军扮演了极不光彩的角色。某种意义上讲，近卫军是这场内战始作俑者之一。近卫军的所作所为，对此起彼伏的内战起到了推波助澜的作用。内战不仅提升了近卫军的地位和作用，也使近卫军军营成为政治焦点：伽尔巴在近卫军营地宣布自己的继承人人选，奥托则是在近卫军军营被拥立为王；维特利乌斯虽然没有在近卫军营地宣布登基，但因奥托的近卫军固守营地，最激烈的战斗即发生在这里。此后100多年时间里，近卫军营地相安无事。193年，近卫军营地故事重演，不仅决定皇帝的人选，而且成为"拍卖"帝位的"竞拍"场。当然，作为军营本无更多职能，但由于近卫军在帝国政治生活中的举足轻重，近卫军的营地被用作他途。

　　68—69年内战的基本历史线索很能说明近卫军所扮演的角色：68年近卫军离弃尼禄，导致内战发生；接替尼禄的伽尔巴被近卫军杀死；奥托被近卫军拥上王位，维特利乌斯最终遭近卫军抛弃；结束这场内战的韦伯芗，借鉴了历史经验，让自己的儿子出任近卫军长官。这一简单的历史线索，已经从不同的历史侧面反映出近卫军在内战中的表现或作用。

　　① Theodor Mommsen, *A History of Rome under the Emperors*, English translation by Clare Krojzl, Routledge, 1996. p. 138.

　　② ［英］爱德华·吉本著，席代岳译：《罗马帝国衰亡史》第1册，吉林出版集团有限责任公司2008年版，第67页。

第二节　近卫军与内战

关于 68—69 年内战的起因，西方学者从宏观制度层面进行过研究，指出：“罗马人的军事体制是一种长期服役的制度。”① 在长期服役过程中（众所周知，罗马军团士兵服役期长达 20 年之久），占军人绝大多数的军团官兵长期远离罗马，皇帝与军队之间相互不熟悉，对帝国、皇帝的忠诚日渐销蚀，进而导致内战发生②。从军事体制入手，分析内战原因，这一观点有一定的说服力，但并非是问题的全部症结所在。一个比较有说服力的史实是，此后 120 多年间，帝国并未发生大规模内战，尽管偶有近卫军兴风作浪。所以，68—69 年内战的主要原因并不在于服役期长短，应有其他深层次原因。

拉开“四帝之年”序幕的是伽尔巴（Servius Sulpicius Galba）。伽尔巴问鼎王位，首先得到的是近卫军的支持和元老院的认可③。近卫军在尼禄死后选择伽尔巴，主要动因来自金钱的驱使。当贪欲未得到满足时，近卫军废黜伽尔巴的举动等于开启了内战的帷幕。“选择伽尔巴当皇帝是由军队决定的，而且任何一位皇帝都需要近卫军的支持。”④ “这时，帝国军队实际上已经不是一个整体了。尼禄死后，帝国各地的军队纷纷拥立自己的将领作为帝国皇帝人选。”⑤ 但近卫军的作用又是军团不能替代的，近卫军更加直接地参与皇帝的“取舍”，近卫军同伽尔巴之间的关系颇能说明这一点。同理，奥托之所以能够取代伽尔巴，则是奥托利用在近卫军中的影响，说服近卫军对他效忠⑥。不唯如此，近卫军还直接参与争霸战

① Bernard W. Henderson, M. A., *Civil War and Rebellion in the Roman Empire A. D.* 69 – 70, *A Companion to the "Histories" of Tacitus*, Macmillan Co., Limited, London, 1908. p. 17.

② Ibid, pp. 18 – 20.

③ William Smith and Eugene Lawrence, *A Smaller History of Rome*, New York, 1881. p. 236.

④ Sandra J. Binghan. *The Preatorian Guard in the Political and Social Life of Julio – Claudian Rome.* The University of British Columbia, 1997. p. 118.

⑤ Bernard W. Henderson, M. A., *Civil War and Rebellion in the Roman Empire A. D.* 69 – 70, *A Companion to the "Histories" of Tacitus*, Macmillan Co., Limited, London, 1908. p. 3.

⑥ Sandra J. Binghan. *The Preatorian Guard in the Political and Social Life of Julio – Claudian Rome.* The University of British Columbia, 1997. p. 119.

争，比较典型的事例是，奥托取代伽尔巴之后，帝国历史上，近卫军第一次被派往前线，阻击维特利乌斯的军队。韦伯芗在与维特利乌斯争夺王位时，罗马城内最激烈的战斗则发生在近卫军营地。

最能够说明近卫军与68—69年内战关系的史实是，军团官兵对近卫军的敌意。"军团士兵很嫉妒禁卫军，因为禁卫军的收入和待遇都非常好，但是他们也非常憎恨禁卫军，因为禁卫军总有一种高高在上的优越感。""在他们眼里，禁卫军非常自以为是，而且享受了太多的特权。"① 军团和近卫军各种"待遇"上的差异，实际上造成了两支帝国军队之间的敌意和对立。内战中，这种敌意集中表现为对皇帝的选择。举凡近卫军选择的皇帝，军团绝不认可。奥托与维特利乌斯之间的战争，即能较好地说明这一问题。内战中军团屡次与近卫军交战，使战争具有了近卫军与军团因皇帝人选而进行战争的性质。

近卫军与军团之间的敌意，源自帝国政治体制。早在近卫军设置之初，由各种"待遇"产生的军团与近卫军之间的差异，已经为两支军队敌意的具体化、公开化埋下了纷争的种子。西方学者指出：（罗马帝国）"皇帝权力的最后基础仍为军队，所以拥立皇帝的权力首先移入近卫军的手里，然后再转到兵团的手里。"② 68—69年帝国军队的表现正是这种"轮换"的真实写照。

第三节　伽尔巴："吝啬"与死亡

朱里奥—克劳狄王朝，骨子里不安分的近卫军虽然屡次以武力干涉皇位继承，但（并非严格意义上的）血缘传承尚未打破，皇帝的选择限定在皇族血统之内。作为"尤里乌斯·恺撒家族的最后一名后裔，以及朱里奥—克劳狄王朝的末代国君"③ 尼禄死后，恺撒、克劳狄皇室血统随之

---

① [英] 戴维·肖特著，李丹、赵蓓蓓译：《尼禄》，上海译文出版社2003年版，第126页。

② [英] J. F. C. 富勒著，钮先钟译：《西洋世界军事史》（卷一），广西师范大学出版社2004年版，第226页。

③ Bernard W. Henderson, M. A., *Civil War and Rebellion in the Roman Empire A. D. 69 - 70*, *A Companion to the "Histories" of Tacitus*, Macmillan Co., Limited, London, 1908. p. 2.

消亡。尼禄的垮台不仅是他一个人统治的终结，也是朱里奥—克劳狄王朝的末日。尼禄生前杀尽了奥古斯都族系的男性子孙，也未给自己留下继承人，奥古斯都皇统彻底中断，存在 95 年的朱里奥—克劳狄王朝寿终正寝。"尼禄无嗣而亡，伟大独裁者（指恺撒——引者注）的世袭中断，一个新的纪元即将开始。"① 到底应怎样"开始"一个"新的纪元"？68—69 年的内战给出了与血缘嫡传截然不同的答案。

尼禄之死第一个直接后果是朱里奥—克劳狄王朝嫡系传承中断，"恺撒家族（嫡传或过继）和尼禄一起作古"②，客观上为那些王位觊觎者们留下了逐鹿的空间："尼禄没有继承人或后嗣，实际上留下了一个供人争抢的帝国。"③ "争抢"必须依靠实力，于是军队便成为决定性因素，内战因王位争夺不可避免。第一个"争抢"到帝国的是塔拉哥纳西班牙行省（Hispania Tarraconensis）总督、73 岁的伽尔巴。"伽尔巴继承了尼录的王位（68 A. D.）。他跟恺撒家族没有任何亲缘关系……"④，成为罗马帝国历史上第一个诞生在行省的皇帝⑤，是第一个非朱里奥—克劳狄王朝嫡系的皇帝，亦即"四帝之年"第一帝。

伽尔巴登基必须经过近卫军认同——不可绕过的前提条件，近卫军虽然不具备"审批"权力，但近卫军可以让元老院的"合法程序"一文不名。经过一番波折，伽尔巴得到了近卫军的承认⑥。伽尔巴入主罗马有赖军队支持，近卫军长官尼菲狄乌斯·萨比努斯起到了关键作用。人称萨比努斯接受了伽尔巴的贿赂，使近卫军对尼禄的忠诚发生动摇⑦。尼菲狄乌

---

① J. B. Bury, *A History of the Roman Empire from Its Foundation to the Death of Marcus Augustus* (27 *B. C.* – 180 *A. D.*), New York, Harper & Brothers Publishers, 1893. p. 298.

② Richard Congreve, *The Roman Empire of the West*, London 1855. p. 37.

③ Peter Jones & Keith Sidwell, *The World of Rome*: *an introduction to Roman culture.* Cambridge University Press, 1997. p. 71.

④ ［古罗马］苏维托尼乌斯著，张竹明等译：《罗马十二帝王传》，商务印书馆 1995 年版，第 264 页。

⑤ Richard Congreve, *The Roman Empire of the West*, London 1855. p. 33. 伽尔巴问鼎王位在罗马帝政史上有特殊的意义，皇帝的出身及来源地不再是硬性规定。

⑥ ［古罗马］普鲁塔克著，席代岳译：《希腊罗马名人传》（第 3 册），吉林出版集团有限责任公司 2009 年版，第 1882—1883 页。

⑦ ［英］戴维·肖特著，李丹，赵蓓蓓译：《尼禄》，上海译文出版社 2003 年版，第 101 页。

斯·萨比努斯深知金钱对近卫军的作用，便以（未来的皇帝）伽尔巴的名义，允诺给予近卫军士兵数量不菲的赏赐：每人 7500 德拉克马；还答应给予军团官兵每人 1250 德拉克马①。古典史家不无感慨地指出："这支尼禄在意大利挑选的近卫军，就这样抛弃了尼禄。元老院接受了近卫军的选择，将王权和称号授予伽尔巴。"② 更重要的是，"……近卫军既然可以把帝国卖给克劳狄，也同样希望出售给伽尔巴。"③ 金钱使近卫军利令智昏，改弦更张，归顺了伽尔巴。伽尔巴用金钱购得了王位，手无寸铁的元老院自然也对近卫军手中的刀剑望而生畏，只得接受近卫军的选择。正是有了近卫军的认可、支持，老迈年高的伽尔巴才问鼎王位，成为第一个被罗马城以外的军队拥上王位的皇帝，可谓首开罗马城以外军人称帝之先河。同时，身为尼禄近卫军长官的萨比努斯，摇身一变，又成为伽尔巴的近卫军长官：近卫军长官的"延续性""稳定性"为所服侍的皇帝所不及。

伽尔巴入主罗马，近卫军长官萨比努斯功不可没，但萨比努斯工于心计，野心勃勃④，尤其是对近卫军的掌控，使萨比努斯具备了觊觎皇权的实力，甚至计划取代伽尔巴，问鼎王位。伽尔巴进驻罗马之前，萨比努斯"便以新皇帝的名义行使着统治权"⑤；"其时，帝国的军事大权把握在萨

① ［古罗马］普鲁塔克著，席代岳译：《希腊罗马名人传》第 3 册，吉林出版集团有限责任公司 2009 年版，第 1874 页。

② Thomas Keighley, *History of the Roman Empire, From the Accession of Augustus to The End of the Empire of the West.* Boston: Hillard, Gray, and Company, 1841. p. 125.

③ Victor Duruy, *History of Rome, and of the Roman People, From Its Origin To the Invasion of the Barbarians.* Translated By M. M. Ripley and W. F. Clarke. Published by C. F. Jewett Publishing Company, Boston, 1883. p. 54. 某种意义上讲，此次近卫军的行为更像 193 年"拍卖帝位"的预演，或者说，日后的"拍卖帝位"是赤裸裸的、公开的，此时"拍卖帝位"多少带有隐蔽色彩。

④ 尽管萨比努斯是角斗士的儿子（关于萨比努斯的出身上一章已有说明），但为了实现自己的野心，公然宣称自己是卡利古拉的后代，以谎言掩盖自己低微的身世。见 Victor Duruy, *History of Rome, and of the Roman People, From Its Origin To the Invasion of the Barbarians.* Translated By M. M. Ripley and W. F. Clarke. Published by C. F. Jewett Publishing Company, Boston, 1883. p. 57.

⑤ Victor Duruy, *History of Rome, and of the Roman People, From Its Origin To the Invasion of the Barbarians.* Translated By M. M. Ripley and W. F. Clarke. Published by C. F. Jewett Publishing Company, Boston, 1883. p. 57.

比努斯手中，并已就近卫军的忠诚问题与元老院达成协议。"① 正因如此，萨比努斯才可能"毫不客气地将权力抓在手里，这也是意料中的事，他认为伽尔巴老迈不堪（当时他的年龄是 73 岁），要想坐在抬舆里面活着进入罗马，恐怕已经是力不从心。都城的禁卫军长久以来始终听从他的指挥，现在被他应许的重赏所收买，双方的关系极其融洽。"② 借助近卫军的势力，萨比努斯的野心日益膨胀，逐步接近他预设的目标：近卫军中许多人"拥戴他登基称帝"③。然而，萨比努斯的如意算盘只是"一厢情愿"，伽尔巴亦未等闲视之，不可能让萨比努斯轻易得逞。导致萨比努斯挑战伽尔巴权威的导火索事件是伽尔巴任命心腹科尔内利乌斯·拉科（Cornelius Laco）为近卫军长官，萨比努斯为此"心中愤愤不平"④。"萨比努斯允诺登基后给予近卫军赏赐，密谋推翻伽尔巴。"⑤ 萨比努斯试图说服近卫军官兵，拥戴他在近卫军军营内称帝。因为此时的近卫军已宣布忠于伽尔巴，萨比努斯在近卫军中的影响力大打折扣⑥。近卫军营地的官兵高喊拥护伽尔巴，野心勃勃的萨比努斯却殒命近卫军军营⑦。伽尔巴除掉心腹之患、问鼎王位的过程揭示出这样两个事实：即使依靠行省军队夺得王位，近卫军的支持也是决定性的；近卫军长官毕竟是皇帝的奴仆，强

---

① Jürgen Malitz, *Nero*, English translation by Allison Brown, Blackwell Publishing Ltd., 2005. p. 105.

② ［古罗马］普鲁塔克著，席代岳译：《希腊罗马名人传》第 3 册，吉林出版集团有限责任公司 2009 年版，第 1878 页。

③ 同上书，第 1882 页。

④ 古典史家普鲁塔克和苏维托尼乌斯对拉科均有记载。见［古罗马］普鲁塔克著，席代岳译《希腊罗马名人传》第 3 册，吉林出版集团有限责任公司 2009 年版，第 1881 页；［古罗马］苏维托尼乌斯著，张竹明等译：《罗马十二帝王传》，商务印书馆 1995 年版，第 273 页。在出任近卫军长官之前，骑士出身的拉科仅仅是伽尔巴的法律顾问，但此人在罗马人中恶名昭彰，原因不仅是此人的傲慢无礼令人难以忍受，而且懒惰程度也让人难以置信。见 Niels M. Saxtorph, *Warriors and Weapons 3000B. C. to A. D1700*, Blandforo Press, London, Reprinted, 1975. p. 36.

⑤ Jerry Fielden（2000）: *An Emperor in trouble － Galba's relationship with the Roman Army*, from: http://www. jerryfielden. com/essays/praetorians. htm.

⑥ J. B. Bury, *A History of the Roman Empire from Its Foundation to the Death of Marcus Augustus (27 B. C. －180 A. D.)*, New York, Harper & Brothers Publishers, 1893. p. 326.

⑦ 伽尔巴曾以杜塞尼乌斯·盖米努斯（Ducenius Geminus）取代萨比努斯。但由于伽尔巴 1 月 15 日便被推翻，杜塞尼乌斯·盖米努斯大概没有机会行使近卫军长官的权力便被取代。见 Gwyn Morgan, 69 A. D. : *The Year of Four Emperors*, Oxford University Press, 2006. p. 94.

势皇帝绝不容忍奴仆功高盖主，处死近卫军长官易如反掌。伽尔巴践位过程说明，纵然皇帝出身军伍，有军团为靠山，罗马城内的近卫军力量亦无法小觑。

　　古典史家及近现代史家关于伽尔巴覆亡的讨论，均未离开伽尔巴的节俭与"吝啬"。例如："（伽尔巴）生平自奉甚俭，对国家的钱却颇吝啬"①；"尼禄对于赏赐非常大方已经达到了一掷千金的程度，伽尔巴抱定宗旨要改变这种风气……。"② 伽尔巴的"小气"与尼禄的慷慨大方形成了鲜明对照。由于国库空虚，伽尔巴赏赐给近卫军的金钱不及尼禄赏赐的1/10③。近卫军对皇帝"慷慨大方"的种种期待，与以节俭闻名的伽尔巴形成了矛盾，近卫军难免对新皇帝大失所望。尤其是伽尔巴未兑现登基时赏赐的诺言④，导致近卫军的反感和愤怒在所难免。伽尔巴不仅不兑现自己的承诺，而且对近卫军态度强硬，一些近卫军军官因被伽尔巴怀疑为萨比努斯的同党，接二连三遭撤职，在近卫军中引发恐慌⑤。此外，"伽尔巴将皇家日耳曼卫队解散……"，"毫无报酬地将他们遣回故土……。"⑥ 被伽尔巴解散日耳曼卫队，恺撒时代即已存在，经受过多次考验，对皇帝的忠诚超过了近卫军。"从公元69年到公元98年，日耳曼卫队的历史中

① ［古罗马］塔西佗著，王以铸、崔妙因译：《历史》，商务印书馆1997年版，第41页。狄奥·卡西乌斯也记载，因为需要大量金钱，伽尔巴聚敛钱财贪得无厌，但却很少花钱。见Dio, 64.2.1。

② ［古罗马］普鲁塔克著，席代岳译：《希腊罗马名人传》（第3册），吉林出版集团有限责任公司2009年版，第1884页。讨论伽尔巴的"吝啬"与"抠门"，学术界大多认为，是伽尔巴身上罗马传统过多所致。但实际上，当时罗马帝国的财政状况已不允许伽尔巴"慷慨大方"。尼禄奢靡无度，铺张浪费，造成国库空虚，伽尔巴登基后难免"囊中羞涩"，无"慷慨大方"的资本。见Gwyn Morgan, 69 A. D. : The Year of Four Emperors, Oxford University Press, 2006. p. 46。塔西佗也记载，尼禄在位期间，以各种名义的赏赐、赠予浪费的金钱多达22亿塞斯退斯。见王以铸、崔妙因译《历史》，商务印书馆1997年版，第19页。

③ ［古罗马］塔西佗著，王以铸、崔妙因译：《历史》，商务印书馆1997年版，第19页。

④ 西方学者认为，这个精打细算的老皇帝，根本拿不出那么多当时所承诺的赏金。见Victor Duruy, History of Rome, and of the Roman People, From Its Origin to the Invasion of the Barbarians. Translated By M. M. Ripley and W. F. Clarke. Published by C. F. Jewett Publishing Company, Boston. 1883. p. 49。

⑤ ［古罗马］苏维托尼乌斯著，张竹明等译：《罗马十二帝王传》，商务印书馆1995年版，第275页。

⑥ 同上书，第273页。

断。出土墓志铭和文本文献均未记载弗拉维王朝时期骑兵近卫军在罗马的作为。"① 伽尔巴不仅对近卫军表现"吝啬",还以强硬的态度"拒绝惩罚罗马人强烈要求惩处的提盖里努斯,以及其他尼禄手下的酷吏,却处死了 Helius、Locusta 等人,因而冒犯了罗马人。"②

　　帝国历史上,诸多皇帝千方百计"制造"机会赏赐近卫军,以期笼络近卫军。伽尔巴却反其道而行之,既没有"慷慨解囊",及时发放事先允诺的赏金,也没有对近卫军逆来顺受,因此,伽尔巴"从未得到三心二意的近卫军的更多的支持"③。年迈的伽尔巴无子嗣,直到覆亡前,才确定皮索(Piso Licinianus)为继承人。皇帝过继子嗣是一件大事,本应在元老院宣布,但"后来人们决定还是到近卫军营地去宣布这件事,因为他们认为通过正当途径而取得他们的支持,这将是对军队的一种荣誉;更何况即使通过贿买和劝诱等不正当手段取得他们的支持,也是必要的。"④ 伽尔巴将皮索带到近卫军面前,宣布皮索为继承人。直到这时,关于赏赐之事伽尔巴依然只字未提。皇帝在近卫军军营宣布帝位继承人,从不同侧面折射出近卫军在帝国政治生活中的地位与作用,以及关键时刻对皇帝命运的把握,进一步证实赤手空拳的元老在近卫军面前回天乏术。此时的近卫军军营颇有政治中心之意味,塔西佗称之为承载荣誉、威信的近卫军营地,也常常是阴谋、谋杀、颠覆王权的罪恶之地。

　　内战期间,近卫军和其他军队的地位因战事得以提升,"各种赏赐(对于皇帝命运)往往具有决定性作用"⑤。古今史家大多认为,伽尔巴因"吝啬"所招致的最大怨恨来自近卫军。近卫军对伽尔巴的食言与吝啬颇为不满,近卫军认为:"由于战争,他们竟然失掉了取得甚至在和平时期都属于他们的赠赐的权利。""毫无疑问,这个吝啬的老头子,只要把手

　　① Michael P. Speidel, *Riding For Caesar: The Roman Emperors' Horse Guards*, Published by B. T. Batsford Ltd., 1994. p. 17 – 18.

　　② Thomas Keightley, *History of the Roman Empire*, *From the Accession of Augustus to the End of the Empire of the West.* Boston: Hillard, Gray, and Company, 1841. p. 126.

　　③ Albert A. Trever, *History of Ancient Civilization*, *Volume II*, *The Roman World*, Harcourt, Brace and Company, New York, 1939. p. 427.

　　④ [古罗马] 塔西佗著, 王以铸、崔妙因译:《历史》, 商务印书馆 1997 年版, 第 17 页。

　　⑤ Susan P. Mattern, *Rome and the Enemy: Imperial Strategy in the Principate*, University of California Press, Ltd., 1999. p. 140.

稍稍放松一些，近卫军士兵对他忠诚是完全可以争取过来的。"① 此处所谓"争取"无疑是金钱赎买的另一种说法。伽尔巴没有解决近卫军的忠诚与金钱赐予之间的矛盾，忽视了近卫军的巨大能量：既可以拥戴他称王，也可以轻易将他废黜。伽尔巴对近卫军的吝啬与"小气"为自己埋下了覆亡的祸根。

除了近卫军之外，伽尔巴对其他军队也十分"小气"，直接"恶化"了与军队的关系，"士兵们对他尤其憎恨，因为军官们在伽尔巴未到罗马时曾答应士兵，如果他们宣誓忠于伽尔巴，将给他们不寻常的礼物，可是伽尔巴不仅没有兑现他们的许诺，而且还一再声言，他只习惯于征兵，而不习惯于买兵。"② 应当说，伽尔巴是罗马传统比较浓重的皇帝。他不仅"不习惯收买士兵"，而且还对军队涣散的军纪加以整饬③。因此，军队官兵"对于辛苦的行军、给养的缺乏和严酷的纪律是非常不满的。"④ 许多士兵"还热烈地想念着尼禄和他们先前的放纵生活……。"⑤ 正是由于伽尔巴对军队的"小气"、吝啬，以及整饬军纪等强硬措施，激怒了包括近卫军在内所有军队的士兵，首先，上日耳曼军团发动兵变，宣布不再效忠于伽尔巴，公开宣称："这位皇帝不符合他们的口味，近卫军最好自己推举一名全军都拥护的人。"⑥ 帝国的命运、新皇帝的人选再一次由近卫军裁决。"近卫军被召集起来，推举新皇帝。"⑦ 奥托轻而易举地在近卫军中找到了自己的支持者，将近卫军争取到自己一方。向来骄横不羁，贪得无厌的近卫军对伽尔巴的"吝啬"已忍无可忍。近卫军对伽尔巴由疏远到

---

① ［古罗马］塔西佗著，王以铸、崔妙因译：《历史》，商务印书馆1997年版，第18页。

② ［古罗马］苏维托尼乌斯著，张竹明等译：《罗马十二帝王传》，商务印书馆1995年版，第275页。

③ 史载，在伽尔巴覆亡前夕，形势已经十分紧迫，他还处置了四名军官，其中包括两名近卫军军官安东尼乌斯·陶鲁斯（Antonius Taurus）和安东尼乌斯·纳索（Antonius Naso）。伽尔巴的这一做法显然"不合时宜"。见［古罗马］塔西佗著，王以铸、崔妙因译《历史》，商务印书馆1997年版，第18页。

④ ［古罗马］塔西佗著，王以铸、崔妙因译：《历史》，商务印书馆1997年版，第18页。

⑤ 同上书，第23页。

⑥ ［古罗马］苏维托尼乌斯著，张竹明等译：《罗马十二帝王传》，商务印书馆1995年版，第275页。

⑦ Theodor Mommsen, *A History of Rome under the Emperors*, English translation by Clare Krojzl, Routledge, 1996. p. 160.

厌恶，最后到叛离，直至参加奥托组织的刺杀阴谋。谋杀伽尔巴的过程并不复杂。伽尔巴被杀至少说明他既对近卫军贪婪本性估计不足，也对军队的趋利本质缺乏认识。因此，伽尔巴的失败在于既未得到军团的支持，"也失去了近卫军的拥护"①。其中，近卫军的角色是决定性的：决定了伽尔巴登基，也决定了伽尔巴的灭亡。

取代伽尔巴的是"四帝之年"第二帝奥托（Marcus Salvius Otho，卢希塔尼亚总督）。奥托之所以能够煽动近卫军杀死伽尔巴自己登基，与包括近卫军在内的军队交好是决定性因素。"很久以来他就设法取得士兵们对他的好感，因为他希望继伽尔巴为皇帝或是准备发动某种大胆的举动。"② 奥托巧妙地借助军队各种不满情绪，在军队中扩大自己的影响。除了军团之外，奥托当然知晓近卫军的重要。奥托利用各种手段、各种机会笼络、争取近卫军，对近卫军另眼相待③。奥托曾宴请近卫军中队，并给予每人 100 塞斯退斯。"这是按国家的规定给予的赠赐，但是奥托却通过暗中给予个人的赏赐而增加了这种赠赐的分量。"④ "他不放弃向任何人讨好献殷勤的机会，每当宴请元首时，他都要给卫队士兵发一块金币，此外，他还经常以这样那样的方式笼络其他士兵。"⑤ 奥托为取代伽尔巴，在赢得军队支持方面可谓用尽心机，不惜血本。塔西佗对奥托贿赂、收买军队有非常详细的记载⑥。奥托利用了军队的不满，尤其利用了伽尔巴"吝啬"的"弱点"，使军队"发生了动摇"⑦，也从根本上动摇了伽尔巴的统治基础。

伽尔巴短短几个月的当政期间，两人先后出任近卫军长官：前者是有觊觎王位野心的尼菲狄乌斯·萨比努斯，后者是拉科。两人均为伽尔巴的

---

① Arthur E. R. Boak，Ph. D.，*A History of Rome*，*To* 565 A. D. New York，The Macmillan Company，1921. p. 281.

② ［古罗马］塔西佗著，王以铸、崔妙因译：《历史》，商务印书馆 1997 年版，第 21 页。

③ 通过金钱贿买近卫军已不罕见，尤其应当注意的是，奥托在登基第二天到近卫军营地发给近卫军每人 1250 德拉克马。见［古罗马］普鲁塔克著，席代岳译《希腊罗马名人传》（第 3 册），吉林出版集团有限责任公司 2009 年版，第 1899 页。

④ ［古罗马］塔西佗著，王以铸、崔妙因译：《历史》，商务印书馆 1997 年版，第 23 页。

⑤ ［古罗马］苏维托尼乌斯著，张竹明等译：《罗马十二帝王传》，商务印书馆 1995 年版，第 281 页。

⑥ ［古罗马］塔西佗著，王以铸、崔妙因译：《历史》，商务印书馆 1997 年版，第 23 页。

⑦ 同上。

顾问，但拉科出任近卫军长官，则是伽尔巴登上王位后对他的奖赏①。与支持伽尔巴篡夺王权的萨比努斯不同，拉科既是伽尔巴的心腹，也与当朝执政官维尼乌斯②分掌帝国大权③。拉科在帝国政治生活中扮演过重要角色，皮索便是在拉科的支持下，成为伽尔巴的继承人的。皮索成为伽尔巴的继承人也颇有几分讽刺意味：先于元老院在近卫军营地宣布的④，而这里恰恰还是 6 天之后，取代伽尔巴的奥托登基所在地。拉科还将皮索介绍给对他并不热心的近卫军⑤。由于近卫军长官的权势重大，伽尔巴经常被维尼乌斯、拉科和另外一个伽尔巴的心腹伊塞鲁斯⑥所控制，两人甚至进驻宫闱，寸步不离伽尔巴⑦。此外，维尼乌斯与拉科不仅不是合作伙伴，反倒是官场竞争对手，拉科花费许多时间与维尼乌斯争权夺利⑧。奥托取代伽尔巴之后，拉科先是被放逐到一个岛屿上，后被奥托派去的士兵杀死⑨。维尼乌斯的下场同样可悲，因参与奥托推翻伽尔巴的谋杀被近卫军处死。

　　尽管伽尔巴曾采取强硬手段整饬军纪，但对近卫军的治理成效甚微。伽尔巴在帕拉丁祭祀时（69 年 1 月 15 日），近卫军宣布奥托为皇帝⑩。此次帝位传承是通过血腥的军事政变完成的，其间，近卫军再次扮演主角。夺取王位过程中，奥托曾寻机奔向近卫军军营，近卫军把他举到肩上，在

---

　　①　Matthew Bunson, *Encyclopedia of the Roman Empire* (revised edition), New York NY 10001, 2002. p. 299.

　　②　Titus Vinius, 维尼乌斯曾在近卫军中担任队长一职，也是最早唆使鼓动伽尔巴争夺王权的帝国官吏之一。

　　③　［古罗马］塔西佗著，王以铸、崔妙因译：《历史》，商务印书馆 1997 年版，第 12 页。

　　④　Kenneth Wellesley, *The Year of the Four Emperors*, Third Edition, published by Routledge, 2000. p. 18.

　　⑤　Matthew Bunson, *Encyclopedia of the Roman Empire* (revised edition), New York NY 10001, 2002. p. 432.

　　⑥　Icelus, 一个被释奴，因伽尔巴而得势。早在伽尔巴担任行省总督期间，伊塞鲁斯就已是伽尔巴身边的得力顾问。

　　⑦　Gwyn Morgan, 69 A. D. : *The Year of Four Emperors*, Oxford University Press, 2006. p. 46.

　　⑧　Matthew Bunson, *Encyclopedia of the Roman Empire* (revised edition), New York NY 10001, 2002. p. 299.

　　⑨　［古罗马］塔西佗著，王以铸、崔妙因译：《历史》，商务印书馆 1997 年版，第 38 页。

　　⑩　H. Stuart Jones, *The Roman Empire*, B. C. 29 – A. D. 476, New York, G. P. Putnam's Sons, London: T. Fisher Unwin, 1908. p. 86.

近卫军的刀光剑影和欢呼声中，奥托被拥上王位。但据塔西佗记载，最初只有 23 名近卫军正式宣布他为皇帝①。伽尔巴得知奥托在近卫军军营由近卫军拥立为帝的信息后，派出几个使者，试图说服追随奥托的近卫军回心转意②。然而，伽尔巴的举动无异于妄想，一切努力均告徒劳。伽尔巴乘坐的肩舆的椅子上被标枪击中，士兵们对他的尸体百般凌辱，把他的头颅割下来，挑在一个杆子上，在近卫军军营和元老院内示众③。伽尔巴并非绝对没有支持者，近卫军中一个百人队长——塞姆普洛尼乌斯·戴苏斯（Sempronius Densus）便是为数有限的忠于伽尔巴的近卫军官兵之一。近卫军在奥托支持下，刺杀伽尔巴时，戴苏斯挺身而出，竭尽全力保护伽尔巴，直至最后自己也被杀死④。收养皮索仅 6 天之后，伽尔巴一命归西⑤，横尸罗马街头。 "在奥托授意下，近卫军对皇室主要成员大肆屠戮……。"⑥ 此时的近卫军不仅是新登基皇帝的帮凶，更像杀人不眨眼的刽子手。

奥托则以胜利者的身份，带领全副武装的部队从近卫军营地进入罗马城，平息了包括元老在内的各种敌对势力的反抗。元老院再一次被迫接受近卫军的选择，将皇帝的名号授予奥托⑦。近卫军接受并拥戴奥托的原因非常简单：奥托允诺给予近卫军数量不菲的赏赐⑧。奥托成为奥古斯都以来，第三个由近卫军拥上王位的皇帝，也是"四帝之年"第一个被近卫

---

① ［古罗马］苏维托尼乌斯著，张竹明等译：《罗马十二帝王传》，商务印书馆 1995 年版，第 282—283 页；［古罗马］塔西佗著，王以铸、崔妙因译：《历史》，商务印书馆 1997 年版，第 24 页。当时，并非所有的近卫军都及时"转向"投靠奥托，一部分近卫军持观望态度：既不效忠伽尔巴，也不愿意站在奥托一边。但奥托很快便赢得了全体近卫军的支持，因为近卫军实在厌恶伽尔巴。见 Dio, 64. 5. 3。

② Dio, 64. 6. 1.

③ Ibid, 64. 6. 3 – 5.

④ Ibid, 64. 6. 4.

⑤ ［古罗马］苏维托尼乌斯著，张竹明等译：《罗马十二帝王传》，商务印书馆 1995 年版，第 275 页。

⑥ Matthew Bunson, *Encyclopedia of the Roman Empire* (revised edition), New York NY 10001, 2002. p. 433.

⑦ J. B. Bury, *A History of the Roman Empire from Its Foundation to the Death of Marcus Augustus* (27 B. C. – 180 A. D.), New York, Harper & Brothers Publishers, 1893. p. 329. 也就是说，元老院履行的程序依然在近卫军拥立皇帝之后。

⑧ Robert F. Evans, *Soldiers of Rome*, *Praetorian and Legionnaires*, Washington, 1986. p. 20.

军拥上王位的皇帝。奥托没有皇统，只是依靠近卫军支持登基，由此导致日耳曼军团官兵反叛——他们根本不承认奥托的帝位。但"近卫军与军团之间的对抗并不是新问题"①，只是近卫军凭借天时地利，拥立奥托使这一由来已久的问题进一步凸显。举凡涉及近卫军参与王位更替，必然牵涉军团。罗马帝国军队参与帝位更迭，或许不能简单归结为近卫军与军团之争，但68—69年内战却使近卫军与军团在皇帝人选的矛盾、冲突达到水火不容的地步。

当代学者常将尼禄与伽尔巴进行比较：二人"与军队的关系不尽相同，但结果却殊途同归：双双失去了帝国和自己的性命。"②69年1月15日，伽尔巴和他选定的接班人皮索被杀，成为"四帝之年"第一个短命皇帝，也是近卫军刀下的另一个牺牲品，并由此拉开了皇帝接二连三遭近卫军和军队杀戮的序幕。然而，罗马城外并不安宁，近卫军在自己的军营宣布奥托为皇帝前十几天，维特利乌斯便由罗马城外的军团宣布为皇帝。所不同的是，奥托是罗马城内的皇帝，维特利乌斯则是罗马城外的皇帝——帝国历史上第一个在罗马城之外，由军团拥立的皇帝③。"维特利乌斯正在率领他的军队前往罗马，69年的血战拉开帷幕"④。伽尔巴和奥托两人的命运结局进一步证实："在内战期间，赏赐已经成为具有决定性的问题。"日后皮尔提那克斯的作为和命运也证实了这一点⑤。

第四节　奥托的近卫军及其忠诚

"四帝之年"借助军队登基的几个皇帝，与近卫军关系迥异，下场不

---

①　David Shotter, *Nero*, Second Edition, Routledge, 2005. p. 82.

②　Jerry Fielden (2000): *An Emperor in trouble – Galba's relationship with the Roman Army*, from：http：//www. jerryfielden. com/essays/praetorians. htm.

③　塔西佗在论述68—69年内战时，经典论述是"帝国秘密"大白于天下。其核心依据便是皇帝可在罗马城外产生，这个皇帝即是奥托。因此，奥托在罗马帝国历史上尽管不是有作为、垂名青史的皇帝，但却是第一个诞生在罗马城之外的皇帝。

④　Matthew Bunson, *Encyclopedia of the Roman Empire* (revised edition), New York NY 10001, 2002. p. 227.

⑤　Susan P. Mattern, *Rome and the Enemy：Imperial Strategy in the Principate*, University of California Press, Ltd. , 1999. p. 141.

尽一致。"四帝"中，近卫军只是对奥托一人保持了真正的忠诚。但奥托顾此失彼：很好地安抚了"此地"的近卫军，但对"彼地"——行省军队却无能为力。因此，简单地归纳奥托统治期间的作为及下场，用"顾此失彼"形容似乎比较恰当。奥托和伽尔巴的各种做法截然相反：古典史家记载伽尔巴生性节俭，而奥托却奢靡无度；伽尔巴对军队"小气""吝啬"，奥托则对军队慷慨大方；伽尔巴被枭首后在近卫军军营示众，奥托则在近卫军营地被宣布为皇帝……。然而，正是近卫军的态度加速了奥托的灭亡。"奥托不是军团中意的选择，而且只要他是被禁卫军选出的，那么他就将是肯定不能被接受的。禁卫军和军团间的敌意并不是新的现象。"① 因此，仅仅依靠近卫军的忠诚，奥托难免"顾此失彼"。

伽尔巴举兵反叛尼禄过程中，奥托是第一个起兵响应的行省总督②，但他"本人也怀有强烈的当皇帝的愿望……"；"在（69 年）1 月份的早些时候，奥托一直指望伽尔巴能够选择他为继承人。"③ "从一开始，奥托就是理所当然的继承人人选。"④ 近卫军和军团官兵也认为，奥托将会成为伽尔巴的继承人⑤。伽尔巴的选择出乎奥托意料，不止一位古典史家记载，奥托因伽尔巴收养皮索为继承人大为恼怒。"当希望破灭后，他决定采用暴力。"⑥ 奥托只得选择其他路径实现自己的野心。因奥托已经收买了近卫军和其他军队，被釜底抽薪的伽尔巴生命安全毫无保障，遭遇杀身之祸不属意外。奥托以伽尔巴的悲剧为借鉴，不惜以金钱开道，贿赂军队，并首选近卫军。奥托以大笔金钱的许诺，"从近卫军那里买到了忠

① ［英］戴维·肖特著，李丹、赵蓓蓓译：《尼禄》，上海译文出版社 2003 年版，第 126 页。

② ［古罗马］普鲁塔克著，席代岳译：《希腊罗马名人传》（第 3 册），吉林出版集团有限责任公司 2009 年版，第 1888 页。

③ Bernard W. Henderson, M. A., *Civil War and Rebellion in the Roman Empire A. D.* 69 – 70, *A Companion to the "Histories" of Tacitus*, Macmillan Co., Limited, London, 1908. p. 14.

④ Gwyn Morgan, 69 *A. D.*：*The Year of Four Emperors*, Oxford University Press, 2006. p. 58.

⑤ ［古罗马］普鲁塔克著，席代岳译：《希腊罗马名人传》（第 3 册），吉林出版集团有限责任公司 2009 年版，第 1889 页。

⑥ ［古罗马］苏维托尼乌斯著，张竹明等译：《罗马十二帝王传》，商务印书馆 1995 年版，第 281 页。皮索也仅仅做了 4 天的恺撒。在奥托大举进攻罗马之时，皮索丝毫没有感觉到大难临头，仍在对近卫军高谈阔论。见 Victor Duruy, *History of Rome, and of the Roman People, From Its Origin to the Invasion of the Barbarians.* Translated By M. M. Ripley and W. F. Clarke. Published by C. F. Jewett Publishing Company, Boston. 1883. p. 63.

诚，并于（69年）1月15日，在近卫军军营中被宣布为皇帝。"① 以近卫军为首选目标，说明奥托对近卫军有比较清楚的认识，重金赏赐之下的近卫军，"没有哪一个人不认为和不宣扬只有奥托才配做皇帝"②。至此，伽尔巴和奥托的命运似可用一成一败总结描述，成败原因均系于近卫军。伽尔巴和奥托都与近卫军达成过"交易"，只不过奥托兑现了承诺，以赏金换来了近卫军的支持。当然，奥托之所以能够收买近卫军，主要原因有二：其一，伽尔巴试图整肃近卫军军纪，引起近卫军普遍不满；其二，欲壑难平的近卫军没有从伽尔巴那里得到"应有"的赏赐③。奥托轻而易举地利用了近卫军对伽尔巴的敌意，并借助近卫军的力量达到了登基称王的目的。

奥托取代仅仅做了7个月皇帝的伽尔巴，成为帝国历史上第七任皇帝④。与伽尔巴相比，奥托显然清楚"冒犯"近卫军的后果，他获得王位的决定性因素即在于此。踏着伽尔巴尸骨登上王座的奥托并非志得意满，"除了把他拥上王位的近卫军之外，其他所有人都对奥托表示忧虑。"⑤ 近卫军的举足轻重，决定了"奥托离不开近卫军，必须始终关注近卫军的选择与好恶，因为近卫军是奥托最重要的、最忠实的支持者，近卫军的忠诚在内战中尤其不能忽视。"⑥ 奥托由近卫军拥上王位，由此决定了奥托与近卫军之间关系的特殊性。"近卫军是奥托面临的一道难题。近卫军意识到，奥托的王位应归功于他们的贡献，奥托的统治也依赖近卫军的支持。在未来的军事斗争中，近卫军是奥托最精锐的部队。因此，奥托不可

---

① Harold Mattingly, *Outlines of Ancient History*: *From the Earliest Times to the Fall of the Roman Empire in the West*, *A. D.* 476, Cambridge at the University Press, 1914. p. 385.

② ［古罗马］苏维托尼乌斯著，张竹明等译：《罗马十二帝王传》，商务印书馆1995年版，第281页。

③ Kenneth Wellesley, *The Year of the Four Emperos*, Third Edition, published by Routledge, 2000. p. 20.

④ Bernard W. Henderson, M. A., *Civil War and Rebellion in the Roman Empire A. D.* 69 – 70, *A Companion to the "Histories" of Tacitus*, Macmillan Co., Limited, London, 1908. p. 14.

⑤ Kenneth Wellesley, *The Year of the Four Emperos*, Third Edition, published by Routledge, 2000. p. 55.

⑥ Gwyn Morgan, 69 *A. D.*: *The Year of Four Emperors*, Oxford University Press, 2006. p. 93.

能与近卫军对立，也不可能强化纪律约束。"① 在奥托当政的短短 3 个月时间里，"罗马城一直由近卫军统治"②，近卫军俨然已为帝国无冕之王。奥托对近卫军的各种恩惠，只限于部分近卫军或近卫军官兵少数人。在奥托登上王位后的一两个月时间里，并未赏赐全体近卫军官兵。近卫军由此萌生不满，发生兵变，奥托不得不赏赐近卫军③。历史一再证实，对近卫军的赏赐不只是满足近卫军的要求，还关系皇帝统治的安定与否。

与伽尔巴相比，奥托对待近卫军的态度走向了另一个极端。据塔西佗记载，奥托为讨好近卫军，默认了士兵们的各项请求，甚至拥有了选择自己长官的权力。于是，李奇尼乌斯·普罗库路斯（Licinius Proculus）和普洛提乌斯·费尔姆斯（Plotius Firmus）成为近卫军自己选举的长官④。此时，两位近卫军推举的近卫军长官与"三朝元老"级近卫军长官提盖里努斯共同履职。至于三者之间的关系如何，史焉未详。近卫军长官三足鼎立为帝国历史上前所未有。"奥托大概以为，他给予近卫军这些权力，他的安全便有了保障，近卫军士兵也愿意接受他们选择的长官的指挥……。"⑤ 奥托处处迎合近卫军，通过金钱贿赂安抚了近卫军，达到了预期目的，在位短短几个月时间内，近卫军相安无事，甚至连后事也是由近卫军处理的⑥。奥托与近卫军"交易"的成功之处在于，双方各得其所：奥托得到了近卫军的支持，近卫军装满了腰包，乃至近卫军只信赖奥托一人，把所有希望都寄托在奥托身上，包括奥托任命指挥近卫军的军官等其他任何人，全不在话下⑦。奥托通过金钱赎买了近卫军的忠诚，依仗近卫军保全自己的身家性命。在奥托寝宫门外⑧，时刻有近卫军把守。

研讨奥托短暂统治期间与近卫军之间的关系，近卫军长官提盖里努斯

① J. B. Bury, *A History of the Roman Empire from Its Foundation to the Death of Marcus Augustus* (27 *B. C.* –180 *A. D.*), New York, Harper & Brothers Publishers, 1893. p. 332.

② W. F. Mason And F. Stout, *A Synopsis of Roman History to* 138 *A. D.* London：W. B. CLIVE, 1911. p. 83.

③ Gwyn Morgan, 69 *A. D.*：*The Year of Four Emperors*, Oxford University Press, 2006. p. 265.

④ ［古罗马］塔西佗著，王以铸、崔妙因译：《历史》，商务印书馆1997年版，第37页。

⑤ Sandra J. Binghan. *The Preatorian Guard in the Political and Social Life of Julio – Claudian Rome*. The University of British Columbia, 1997. p. 120.

⑥ ［古罗马］塔西佗著，王以铸、崔妙因译：《历史》，商务印书馆1997年版，第120页。

⑦ Gwyn Morgan, 69 *A. D.*：*The Year of Four Emperors*, Oxford University Press, 2006. p. 94.

⑧ Dio, 64. 7. 2.

是一个不能绕开的人物。到奥托践位时期，提盖里努斯已是"三朝元老"：先后服侍了尼禄、伽尔巴和奥托三代皇帝。古典史家对提盖里努斯评价不高，涉及提盖里努斯的史料中（如塔西佗和普鲁塔克等人的著作），关于他的丑行、荒淫等记载屡屡出现。正因如此，古典史家称奥托制裁提盖里努斯为"主持正义"，罗马人"感激涕零"①。据塔西佗记载，提盖里努斯在众叛亲离中自杀身亡②，另一名近卫军长官拉科则在奥托入主罗马后被处死③。

　　除提盖里努斯之外，奥托治下的另外两名由近卫军推举的长官：李奇尼乌斯·普罗库路斯和普洛提乌斯·费尔姆斯。如前文所述，奥托给予近卫军自己选举长官的权利，"近卫军则抓住时机"④，推举普洛提乌斯·费尔姆斯和李奇尼乌斯·普罗库路斯为近卫军长官。普洛提乌斯·费尔姆斯先是在近卫军中服役，后担任罗马城市消防队长。出身并不显赫的普洛提乌斯·费尔姆斯在伽尔巴当政期间得到快速提拔。但在伽尔巴遭杀戮之前，普洛提乌斯·费尔姆斯已是奥托的支持者，被视为奥托集团成员。在这种背景下，普洛提乌斯·费尔姆斯还能够得到提拔的确是一件耐人寻味的事情。李奇尼乌斯·普罗库路斯成为近卫军长官属于"破格"提拔：竟然"从一个能干的士兵，从练兵场上被提拔为近卫军长官……"⑤，全然不顾军事经验是担任近卫军长官的重要条件。当代史家认为，发生在近卫军军营中的一系列事件，深刻说明了奥托与近卫军之间的关系⑥。奥托前往皇宫时，担心有人谋杀新皇帝，两人恢复了近卫军的纪律，使奥托安全登基。69 年 4 月 15 日，奥托被维特利乌斯击败，普洛提乌斯·费尔姆斯曾请求奥托离开战败的军队，自逃生路，但奥托自己结束了自己的生命⑦。"一步登天"的李奇尼乌斯·普罗库路斯与奥托关系密切，是奥托坚定的支持者。在奥托与维特利乌斯决战时，李奇尼乌斯·普罗库路斯曾

　　①　［古罗马］普鲁塔克著，席代岳译：《希腊罗马名人传》第 3 册，吉林出版集团有限责任公司 2009 年版，第 1889 页。

　　②　［古罗马］塔西佗著，王以铸、崔妙因译：《历史》，商务印书馆 1997 年版，第 62 页。

　　③　Robert F. Evans, *Soldiers of Rome*, *Praetorian and Legionnaires*, Washington, 1986. p. 20.

　　④　Gwyn Morgan, *69 A. D.*：*The Year of Four Emperors*, Oxford University Press, 2006. p. 93.

　　⑤　Ibid, p. 94.

　　⑥　Ibid, p. 93.

　　⑦　［古罗马］塔西佗著，王以铸、崔妙因译：《历史》，商务印书馆 1997 年版，第 120 页。

对奥托提过建议，并得到了奥托的重视①。同维特利乌斯争霸战争中，两名近卫军长官陪也曾同奥托开赴前线②。

奥托治下的近卫军可谓用途"广泛"，不仅履行保卫皇帝及皇室安全的职责和义务，还被派出陪同使节外出与维特利乌斯谈判。塔西佗记载："奥托为了提高使节的威望而派出一些近卫军士兵伴随使节，但这些士兵并未同那里的军团士兵混到一处就被送了回来。"③ 虽然近卫军没有完成奥托期待的任务，但陪同使节外出谈判，一方面说明了使节所肩负使命之重要；另一方面，通过近卫军抬高使节的地位，也反映出近卫军在帝国特殊重要的地位。

奥托虽然借鉴了伽尔巴的经验，但从登基之日开始，便危机四伏，外有虎视眈眈的维特利乌斯与之争夺天下，内有罗马城并不安分守己的近卫军。桀骜不驯的近卫军全然不把奥托的恩宠放在眼里，常常因为一件小事挑起事端，几乎酿成"毁灭全城的兵变"④。据塔西佗记载，奥托曾下令将第 17 步兵中队从外地调回罗马城。近卫军将领瓦里乌斯·克利斯披努斯奉命装备这个中队。克利斯披努斯直到晚上才打开兵器库，准备装车运走，交给该中队。这一举动引起人们的怀疑，认为克利斯披努斯动机不纯。言传克利斯披努斯准备用这些武器发动兵变。克利斯披努斯杀死几个百人队长，便向帕拉丁皇宫的奥托报告此事。奥托正在皇宫内宴请权贵。权贵们听到克利斯披努斯的报告后，人人大惊失色，纷纷把目光投向奥托。奥托一面派近卫军长官安抚激动的近卫军士兵，一面让客人离开皇宫。但近卫军长官无法阻止近乎疯狂的士兵。士兵们冲进皇宫，顾不上皇帝尊严的奥托，向士兵哭诉哀求，士兵才停了下来。近卫军勉强返回自己的营地，"手上还沾着血迹。第二天，家家户户都把门关得紧紧的，整个城市就好像已被敌人占领了一样，街上几乎看不到一个规规矩矩的人。老百姓都垂头丧气，惶惶不安……近卫军将领李奇尼乌斯·普罗库路斯和普洛提乌斯·费尔姆斯向士兵讲了话……他们在结束发言时说，每个士兵将

① Matthew Bunson, *Encyclopedia of the Roman Empire* (revised edition), New York NY 10001, 2002. p. 212, p. 403.

② Gwyn Morgan, 69 A. D. : *The Year of Four Emperors*, Oxford University Press, 2006. p. 139.

③ ［古罗马］塔西佗著，王以铸、崔妙因译：《历史》，商务印书馆 1997 年版，第 63 页。

④ 同上书，第 69 页。

要得到五千谢司特尔提乌斯。"① 金钱平息了近卫军的情绪后，奥托才有胆量来到近卫军军营。至于奥托与近卫军之间的关系，塔西佗尖锐指出，近卫军中"大多数士兵喜欢这种兵变……"②。言外之意，越是混乱，近卫军的价值越能得以彰显，越能借混乱之机达到目的。现代史家认为，近卫军光天化日之下，在罗马城聚众闹事是一次推翻奥托的阴谋③。无论此次闹事是否为阴谋活动，颇能说明问题实质的是，近卫军已成为奥托身边最大的不安定因素，是一支令皇帝左右为难、无可奈何的军队。此外，近卫军营地已经成为近卫军兴风作浪的"根据地"，装备精良的近卫军以此为依托，兴风作浪，令人防不胜防。

伽尔巴被杀后，一场难以避免的战争将在奥托与维特利乌斯之间展开④。奥托只是罗马城内的皇帝，罗马城外，奥托尚未称帝之前，驻扎日耳曼的罗马军队就已经宣布维特利乌斯为皇帝。只不过奥托与维特利乌斯各有依恃："近卫军拥立奥托为皇帝，日耳曼军队则推举维特利乌斯为王。"⑤ 近卫军与行省军团的行为，从根本上诠释了塔西佗所云"帝国的秘密"的真实内涵。然而，"二日中天"局面不可能维持长久，两个势不两立的敌手，注定要通过战争决出胜负。奥托与维特利乌斯的对决是两人拥有军队战斗力的对决。史载，奥托多次致信维特利乌斯，竭尽谄媚之能事，并以金钱相允诺，答应保证维特利乌斯过奢侈放荡的生活。维特利乌斯则"以其人之道，还治其人之身"，也向奥托提出了类似的建议⑥。由此可知，双方为了皇位不断"斗智斗勇"。战争不可避免，效忠维特利乌斯的军队开始进军罗马。奥托建议元老院派人通知维特利乌斯，皇帝已经选出，劝阻他不要进军罗马。"这时，近卫军对他（奥托）本人的忠诚与

① ［古罗马］塔西佗著，王以铸、崔妙因译：《历史》，商务印书馆1997年版，第69—71页。

② 同上书，第71页。

③ Gwyn Morgan, 69 *A. D.*：*The Year of Four Emperors*, Oxford University Press, 2006. p. 64.

④ Bernard W. Henderson, M. A., *Civil War and Rebellion in the Roman Empire A. D.* 69－70, *A Companion to The "Histories" of Tacitus*, Macmillan Co., Limited, London, 1908. p. 15.

⑤ ［古罗马］苏维托尼乌斯著，张竹明等译：《罗马十二帝王传》，商务印书馆1995年版，第306页。

⑥ ［古罗马］塔西佗著，王以铸、崔妙因译：《历史》，商务印书馆1997年版，第63页。

热爱得到了一次证明：他们几乎消灭了整个元老院。"① 近卫军历史上，这是第一次对元老大肆屠戮，近卫军的本性暴露无遗。在奥托军队与维特利乌斯军队交战过程中，面对毫无斗志的军队，两名近卫军长官为了鼓舞士气，声称维特利乌斯付出了惨痛的代价，等等②。奥托厚待近卫军的确成效显著，关键时刻，近卫军长官挺身而出，力保奥托。

奥托统治期间，一方面对近卫军慷慨解囊；另一方面，也深谙精锐之师近卫军的战斗力。与维特利乌斯交战中，奥托把近卫军派往战场，迎击维特利乌斯的军队③。在著名的第一次贝德利亚库姆战役（Battle of Bedriacum）中，近卫军为奥托浴血奋战，异常勇敢。近卫军以参与争霸战争的实际行动表达了对奥托的忠诚。近卫军的几个大队被奥托派往战场，抵御维特利乌斯的进攻，其中部分近卫军把守布里克塞路姆（Brixellum）④。近卫军成为奥托所依靠的主要力量⑤，近卫军长官李奇尼乌斯·普罗库路斯则成为奥托的主要将领。"（奥托）派近卫军阻止维特利乌斯军队的开进，近卫军也证实了自己在战场上的战斗力：在罗马城内服役并未使战斗力受到影响。甚至在奥托大多数军队被维特利乌斯击败之后，奥托仍为近卫军坚持战斗所鼓舞……"⑥ 近卫军开赴前线，参与皇权争夺是近卫军创建以来的第一次，也成为近卫军发展史上的重大事件。

奥托与维特利乌斯通过战争决出了胜负。奥托一方的军队近卫军是核心⑦，据塔西佗记载，奥托迎击维特利乌斯的军队中，除了奥托调集的军团外，"还有从罗马本城来的一支未可轻视的军队，这就是近卫军五个中

① ［古罗马］苏维托尼乌斯著，张竹明等译：《罗马十二帝王传》，商务印书馆 1995 年版，第 284 页。苏维托尼乌斯此处记载模糊不清且存在前后矛盾之处，没有说明近卫军为什么要对元老们大肆屠戮。但无论如何近卫军之疯狂与猖狂由此可窥一斑。

② ［古罗马］塔西佗著，王以铸、崔妙因译：《历史》，商务印书馆 1997 年版，第 116 页。

③ 同上书，第 76 页。

④ J. B. Bury, *A History of the Roman Empire from Its Foundation to the Death of Marcus Augustus* (27 *B. C.* - 180 *A. D.*), New York, Harper & Brothers Publishers, 1893. p. 335, p. 337.

⑤ 奥托没有军团的支持，只能依赖近卫军。见 Kenneth Wellesley, *The Year of the Four Emperors*, Third Edition, published by Routledge, 2000. p. 49。

⑥ Sandra J. Binghan. *The Preatorian Guard in the Political and Social Life of Julio - Claudian Rome.* The University of British Columbia, 1997. p. 120.

⑦ Bernard W. Henderson, M. A., *Civil War and Rebellion in the Roman Empire A. D. 69 - 70*, *A Companion to the "Histories" of Tacitus*, Macmillan Co., Limited, London, 1908. p. 33.

队……伴随奥托本人的是一支精锐的亲卫队和其余的近卫军，还有近卫军老兵以及大量的海军士兵。"近卫军坚定地支持奥托与维特利乌斯决战①。以近卫军和多瑙军团为主力，奥托在克莱蒙那（Cremona）附近抵抗维特利乌斯②。但仅有近卫军的忠诚难以战胜势头强劲的维特利乌斯——维特利乌斯进攻意大利使用的人数最多、战斗力最强的帝国军团③。奥托所依赖的军队士兵根本没有他所想象、所需要的勇敢与忠诚。奥托的军事实力与维特利乌斯相差悬殊。奥托的军队差不多是"乌合之众"，除了近卫军和少量的军团部队之外，还有一批志愿者④；因兵员不足，7000 名角斗士也被武装起来充作士兵⑤。然而，最重要的是，这支东拼西凑的军队不可依赖，动辄主动与维特利乌斯讲和⑥。由这样一群官兵组成的军队，实在不可能保证奥托战胜强大的维特利乌斯。奥托最后自杀身亡，成为"四帝之年"第二个死于内战的皇帝。听到奥托自杀的消息后，近卫军长官普洛提乌斯·费尔姆斯赶到奥托身边，在奥托身上发现了一个伤口。毕竟奥托对近卫军慷慨大方，金钱的确能够收买近卫军的军心。奥托的尸体火化时，一些士兵高声朗读颂词，一些士兵流下了眼泪，还有一些士兵亲吻奥托的手和脚⑦。一些近卫军士兵甚至在奥托火化地点自杀或相互对刺身亡⑧，以殉葬的方式表达对奥托最后的忠诚。塔西佗记载说，这些近卫军

---

① ［古罗马］塔西佗著，王以铸、崔妙因译：《历史》，商务印书馆 1997 年版，第 90—117 页。

② Boris Rankov, *The Praetorian Guard*, Osprey Publishing, Midland House, 1994. p. 11.

③ David Shotter, *Nero*, Second Edition, Routledge, 2005. p. 83.

④ Victor Duruy, *History of Rome, and of the Roman People, From Its Origin to the Invasion of the Barbarians*. Translated By M. M. Ripley and W. F. Clarke. Published by C. F. Jewett Publishing Company, Boston, 1883. p. 73.

⑤ E. G. Hardy, *Studies In Roman History*, London & New York, 1906. p. 199.

⑥ ［古罗马］塔西佗著，王以铸、崔妙因译：《历史》，商务印书馆 1997 年版，第 116 页。

⑦ 同上书，第 120 页。按照古代罗马人的丧葬习俗，人死后并不马上火化，用以供人吊唁。或许是为了发泄一种仇恨，或许也存在某种担心，维特利乌斯坚持立刻火化奥托的尸体。火化奥托的尸体最后由近卫军实施。见 Gwyn Morgan, *69 A. D. : The Year of Four Emperors*, Oxford University Press, 2006. p. 144。送了奥托最后一程，从一个侧面反映出奥托与近卫军之间的密切关系。

⑧ J. B. Bury, *A History of the Roman Empire from Its Foundation to the Death of Marcus Augustus* (27 B. C. –180 A. D.), New York, Harper & Brothers Publishers, 1893. p. 337。［古罗马］苏维托尼乌斯著，张竹明等译：《罗马十二帝王传》，商务印书馆 1995 年版，第 287 页。

士兵之所以这么做，一方面是为了表达对奥托的爱戴；另一方面，则是效仿奥托自杀行为的"光荣范例"①。

至此，帝国由士兵转交给了维特利乌斯②。但身为近卫军长官之一的波里奥却在奥托死后，吩咐近卫军宣誓效忠维特利乌斯③。近卫军对奥托忠诚的真实程度，通过这位近卫军长官也可知一二。

与"吝啬"的伽尔巴相比，奥托与近卫军的关系更为密切。奥托通过各种手段"换来"了近卫军的忠诚。奥托的灭亡一方面是因为对手强大；另一方面，近卫军即使是精锐之师，也难以抵挡强大的日耳曼军团。日耳曼军团拥戴维特利乌斯为帝，一个非常重要的原因是军团"嫉妒近卫军选择奥托为皇帝"④。维特利乌斯对竞争对手态度的变化也耐人寻味。最初，维特利乌斯将伽尔巴视为自己的竞争对手。当近卫军拥立奥托为帝后，维特利乌斯便将奥托和近卫军当作敌手。维特利乌斯态度的变化，可谓"成也萧何，败也萧何"：没有近卫军支持，奥托不可能问鼎王位；而近卫军的支持"惹怒"军团官兵，近卫军也成为维特利乌斯的打击目标，进而导致奥托的灭亡。从军事角度看，奥托与维特利乌斯的争霸战，似乎更像是以近卫军——罗马城内的军队——为主力的奥托军队，同以军团——罗马城外的军队——为核心的维特利乌斯军队的角逐，后者占了上风。尽管近卫军"非常忠诚"⑤，但奥托依然摆脱不了自杀身亡的命运⑥。奥托及其伽尔巴的命运说明，在"四帝之年"的皇权争霸战中，近卫军一直扮演着举足轻重的角色，也由此强化了近卫军在皇权更替中的地位和作用。内战之后，近卫军令许多皇帝陷入进退两难的境地：放纵会自食苦果；严格约束无异于自取灭亡；没有近卫军的支持显然行不通，过分依赖

---

① ［古罗马］塔西佗著，王以铸、崔妙因译：《历史》，商务印书馆 1997 年版，第 120 页。

② Victor Duruy, *History of Rome, and of the Roman People, From Its Origin to the Invasion of the Barbarians.* Translated By M. M. Ripley and W. F. Clarke. Published by C. F. Jewett Publishing Company, Boston, 1883. p. 75.

③ ［古罗马］普鲁塔克著，席代岳译：《希腊罗马名人传》第 3 册，吉林出版集团有限责任公司 2009 年版，第 1911 页。

④ W. F. Mason And F. Stout, *A Synopsis of Roman History to 138 A. D.* London：W. B. CLIVE, 1911. p. 83.

⑤ Gwyn Morgan, *69 A. D.：The Year of Four Emperors,* Oxford University Press, 2006. p. 141.

⑥ ［古罗马］苏维托尼乌斯著，张竹明等译：《罗马十二帝王传》，商务印书馆 1995 年版，第 286 页。

近卫军，强大的行省军团也不可能"等闲视之"。如何处理近卫军与军团的关系，如何处理与近卫军的关系已成为历代皇帝不能绕开的一道难题。

第五节　维特利乌斯首次改组近卫军

由古典史家各种记载可知，维特利乌斯是一个荒淫无道的统治者。鉴于近卫军对奥托的忠诚，维特利乌斯依恃军团夺得王位后，首先对近卫军进行了前所未有的改组——重建。罗马帝政史上，真正对近卫军采取改组、重建措施的皇帝不过寥寥数人，维特利乌斯为其中之一。

忠于奥托的近卫军在内战中的种种表现令"维特利乌斯感到惊惶不安"[1]。由于这支近卫军"杀死伽尔巴，支持奥托登基"[2]，因此，维特利乌斯称帝后，"通过一道敕令毫不犹豫地遣散全部近卫军大队，因为他们树立了一个反复无常的榜样。他命令他们将武器交给其司令官。其次，他发现曾有120名近卫军在杀死伽尔巴后向奥托递交呈文，要求奖励他们的功绩；他命令将他们逮捕起来，并处以死刑。"[3] 作为对近卫军的惩罚，维特利乌斯解散近卫军的同时，还处死了近卫军中的百人队长[4]。对近卫军实施如此严厉的惩罚为帝国历史上第一次，由此可知，曾经效忠他的敌手奥托，且朝秦暮楚的近卫军的确让维特利乌斯恨之入骨。古典史家高度赞扬维特利乌斯的这一举措："这些行动都是值得赞赏的、高尚的，使人感到他将成为一个伟大的皇帝……。"[5] 遭维特利乌斯裁汰的近卫军，转

① ［古罗马］塔西佗著，王以铸、崔妙因译：《历史》，商务印书馆1997年版，第134页。

② *The Cambridge Ancient History*，Volume XI，The Imperial Peace，A. D. 70 – 192，Cambridge University Press，1936. p. 7.

③ ［古罗马］苏维托尼乌斯著，张竹明等译：《罗马十二帝王传》，商务印书馆1995年版，第292页。

④ Boris Rankov，*The Praetorian Guard*，Osprey Publishing，Midland House，1994. p. 11.

⑤ ［古罗马］苏维托尼乌斯著，张竹明等译：《罗马十二帝王传》，商务印书馆1995年版，第293页。但塔西佗的记载与苏维托尼乌斯的说法有些出入。据塔西佗记载，维特利乌斯采用的是比较缓和的手段对付近卫军："他把他们分割开来；继而又用光荣退役来缓和他们的情绪……。"此处所谓光荣退役，是指近卫军服役期满16年的退役。见［古罗马］塔西佗著，王以铸、崔妙因译《历史》，商务印书馆1997年版，第134页。笔者认为，两位古典史家的记载各有依据，维特利乌斯采用强硬与安抚两种手段对付近卫军应是事实。

而投靠日后取代维特利乌斯的韦伯芗，并成为其军队中的骨干力量①。无论历代史家如何评价维特利乌斯，无论他对近卫军改组、重建结果如何，维特利乌斯对近卫军的种种举措，堪称近卫军历史上一件大事，他本人也成为第一位改组近卫军的皇帝。维特利乌斯并未像其他皇帝那样，通过赏赐、赎买等手段换取近卫军的支持或忠诚，而是通过重建近卫军，达到根本治理之目的。当然，对于近卫军"唯利是图"，以及对钱财的贪婪本性，维特利乌斯似乎也无力回天，虽然他没有赏赐近卫军，但也通过其他途径给予补偿②。维特利乌斯的举措说明，即使近卫军重新改组，赏赐的"规矩"或"传统"也不可废弃，差异在于"表达"方式不一。

皇帝不能没有近卫军，皇权永远是近卫军存在的土壤。维特利乌斯遣散原有的近卫军，并非意味着彻底抛弃近卫军，他只是从伽尔巴、奥托等人的遭遇中得到了反面的经验，意识到了近卫军忠诚的重要性。因此，维特利乌斯裁汰了原有近卫军之后，用日耳曼军团的精英③，组建了一支由16 个大队构成的新的近卫军④，16 个近卫军大队每个大队定额为 1000人⑤，构成了一支非比以往的新型近卫军，成为帝国历史上大队数量最多的一支近卫军⑥。除了维特利乌斯的嫡系部队外，许多来自前线的骑兵也加入近卫军行列⑦。此时的近卫军从"内容"，到"形式"与奥古斯都所创建的近卫军相比，已"面目全非"。塔西佗不无抱怨地指出："……近卫军军营的崇高威信也动摇了，要知道，这两万人并不是精锐的士兵，而

① *The Cambridge History of Greek and Roman Warfare*, Volume Ⅱ, Rome from the Late Republic to the late Empire, Edited by Philip Sabin, et al., Cambridge University Press, 2007. p. 47.

② Gwyn Morgan, 69 *A. D.*：*The Year of Four Emperors*, Oxford University Press, 2006. p. 265.

③ 维特利乌斯对这支由嫡系部队组成的近卫军格外依赖，在日后与韦伯芗争夺天下过程中，很大一部分近卫军参与了这场王位争夺战。H. Stuart Jones, *The Roman Empire*, B. C. 29 - A. D. 476, New York, G. P. Putnam's Sons, London：T. Fisher Unwin, 1908. p. 98.

④ Sandra J. Binghan. *The Preatorian Guard in the Political and Social Life of Julio - Claudian Rome.* The University of British Columbia, 1997. p. 121.

⑤ ［古罗马］塔西佗著，王以铸、崔妙因译：《历史》，商务印书馆 1997 年版，第 157 页。

⑥ 维特利乌斯在增加近卫军数量的同时，将城市警卫大队由原来的 3 个增加到 4 个，每个大队人数也由原来的 500 人增加至 1000 人，使罗马城的军队数量大增。但是，维特利乌斯并未增加军团的数量，而且还下令减少军团和辅军人数。［古罗马］塔西佗著，王以铸、崔妙因译：《历史》，商务印书馆 1997 年版，第 157 页。

⑦ Michael P. Speidel, *Riding For Caesar*：*The Roman Emperors' Horse Guards*, Published by B. T. Batsford Ltd., 1994. p. 19.

只是从全军凑起来的乌合之众而已。"① 维特利乌斯对近卫军的重组与重建,是对祖传旧制的颠覆,是近卫军历史上一件大事。维特利乌斯从军团士兵中选拔近卫军,不仅摒弃了近卫军官兵身份限制的传统,更重要的是,他所重新组建的近卫军不再是精锐之师,作为精锐之师的近卫军与普通常规部队——军团官兵之间的区别不复存在。西方学者甚至认为,维特利乌斯重建的、主要由日耳曼部队构成的近卫军混乱无序②。维特利乌斯改组近卫军的举措,使他成为罗马帝国历史上"第一个允许边远军团士兵进入近卫军的皇帝……"③。维特利乌斯组建这样一支近卫军,一方面吸取前人的经验教训;另一方面,前车之鉴也令维特利乌斯对这支他亲手组建的、由日耳曼军团精英组成近卫军时常感到"惊惶不安"④。也就是说,维特利乌斯虽然对近卫军进行了前所未有的改组,但改组后的近卫军能否对他保持所期待的忠诚,连他本人也无把握。改组与重建更多体现在"外壳"与形式上,而近卫军能否恪守职责、对皇帝是否忠诚等关键问题,绝非外在形式、大队数量能够决定的。

维特利乌斯在位时间异常短暂,但在罗马帝国近卫军历史上却是一个十分重要的皇帝。维特利乌斯不仅第一次改组了近卫军,而且由于他改组近卫军导致了新老近卫军之间发生了血腥的火并。69 年,失去往日耀武扬威地位的、遭解散的原属奥托部下的"老"近卫军,将驻扎在近卫军营地内的"新"近卫军团团包围,"老"近卫军对"新"近卫军大肆杀戮,近卫军军营大部分建筑在这场火并中毁掉,日后不得不在这座军营建成后进行第一次大规模重建和修缮⑤。近卫军之间发生火并,以及在火并

① [古罗马]塔西佗著,王以铸、崔妙因译:《历史》,商务印书馆1997年版,第157页。塔西佗此处所言两万士兵除了近卫军16个大队1.6万人之外,还包括重新组建的4个城市警卫大队的4000人。塔西佗抱怨说,士兵数量的增加,令军营无法容纳,这些士兵无所事事,整日在罗马城游荡,恣意放纵。也有现代学者认为,维特利乌斯改组后的近卫军总人数约为1.28万人。见 Boris Rankov, *The Praetorian Guard*, Osprey Publishing, Midland House, 1994. p. 8。

② Albert A. Trever, *History of Ancient Civilization*, Volume II, The Roman World, Harcourt, Brace and Company, New York, 1939. p. 482.

③ Maurice Plantnauer, *The Life And Reign of the Emperor: Lucius Septimius Severus*, Oxford University Press, 1918. p. 67.

④ [古罗马]塔西佗著,王以铸、崔妙因译:《历史》,商务印书馆1997年版,第134页。

⑤ Matthew Bunson, *Encyclopedia of the Roman Empire* (revised edition), New York NY 10001, 2002. p. 101.

中损毁近卫军军营，在帝国历史上尚属首次，塔西佗所称道的近卫军军营的"崇高威信"，不仅威信扫地，而且通过这场火并愈加恶名远播。

重新组建近卫军的同时，维特利乌斯任命普布里里乌斯·撒比努斯（Publilius Sabinus）和优利乌斯·普利斯库斯（Julius Priscus）为近卫军长官①。如同维特利乌斯对近卫军改组一样，对近卫军长官的任命也带有非比以往的创新性。依照奥古斯都所立旧制，近卫军长官需要在骑士阶层提拔。而普布里里乌斯·撒比努斯出任近卫军长官之前，仅为近卫军中的一个大队长②，优利乌斯·普利斯库斯只是军团中的一个百人队长，与传统旧制出身标准要求相去甚远。塔西佗曾记载，两人得势是因为各自有权势人物举荐，"如果事情不经两个人的同意，维特利乌斯就什么都办不成。"③ 据此可知，维特利乌斯的改组与重建并未对近卫军长官形成应有的制约。当然，维特利乌斯"破格提拔"近卫军长官一方面是对传统旧制的蔑视与反叛；另一方面，则反映出内战导致的一个直接后果是军人意志对政治秩序的践踏。维特利乌斯与他所"破格提拔"近卫军长官并未保持长久的稳定关系，撒比努斯因蔑视维特利乌斯的命令被处死④，由阿尔芬努斯·瓦鲁斯（Alfenus Varus）接任。瓦鲁斯曾在莱茵军团服役，69年时，他所在军队支持维特利乌斯。因在同奥托军队战斗中的上佳表现被维特利乌斯任命为近卫军长官，与优利乌斯·普利斯库斯共掌近卫军长官大权。在维特利乌斯与韦伯芗争夺帝国统治权的过程中，瓦鲁斯参加了保卫罗马城的战斗。战败后，瓦鲁斯得到韦伯芗宽恕⑤，曾一度担任韦伯芗手下近卫军长官。

---

① 塔西佗还记载，这两名新任近卫军长官是死对头。见［古罗马］塔西佗著，王以铸、崔妙因译《历史》，商务印书馆 1997 年版，第 157 页。

② 现代西方学者 Gwyn Morgan 认为，普布里里乌斯·撒比努斯是骑兵中队长。见 Gwyn Morgan, 69 A. D.: *The Year of Four Emperors*, Oxford University Press, 2006. p. 161。无论是骑兵中队长还是近卫军的大队长，均未达到奥古斯都钦定的近卫军长官的任职出身标准。维特利乌斯之所以公然置传统旧制于不顾，一方面是对原有近卫军的憎恶；另一方面，则是维特利乌斯也需要一支属于他自己的近卫军。

③ ［古罗马］塔西佗著，王以铸、崔妙因译：《历史》，商务印书馆 1997 年版，第 157 页。

④ H. Stuart Jones, *The Roman Empire*, B. C. 29 – A. D. 476, New York, G. P. Putnam's Sons, London: T. Fisher Unwin, 1908. p. 98.

⑤ Matthew Bunson, *Encyclopedia of the Roman Empire* (revised edition), New York NY 10001, 2002. p. 569.

　　维特利乌斯通过军队夺取王位后，放纵、姑息军队的事例屡屡见诸史册。塔西佗记载说，维特利乌斯"对手下统帅的放任还比不上他对士兵的纵容。每个人在军队里愿意干什么工作就干什么工作"[①]；维特利乌斯"……对军中的纪律不闻不问。他把自己的随行人员的抢劫和放荡统统视为儿戏。"[②] 在军事将领争霸罗马的年代，不仅帝国的安宁系于军队皇帝命运也由军队把握。维特利乌斯在对待军队的态度，以及命运结局等方面与伽尔巴有诸多相似之处：依赖军队——军团、近卫军——夺取王位，然后对军队大加放纵等。军队恣意妄为的史实说明，内战参与者离不开军队，军队的地位和重要性迫使王位争夺者对军队产生更多的依赖，军队由是猖狂日甚。维特利乌斯对军队百般放纵，目的是为了维护自己的统治。然而，和罗马帝国许多时候一样，将帝国的安宁、皇帝的统治寄托于缺乏治理的军队，无异于饮鸩止渴。因此，放纵军队并未带给维特利乌斯所期待的结果。由于军队的叛离，维特利乌斯最终被韦伯芽推翻。

　　69 年 8 月初，韦伯芽（Titus Flavius Vespasianus）在东方称帝——"四帝之年"第四帝。近卫军参加随后发生的争夺王位的战争。69 年 10 月中旬，韦伯芽的军队兵分三路进攻罗马[③]。为抵御韦伯芽的进攻，维特利乌斯命令两名近卫军长官优利乌斯·普利斯库斯和阿尔芬努斯·瓦鲁斯带领 14 个大队近卫军和全部骑兵中队把守弗拉米安大路（Flaminian Way），封锁通往亚平宁山脉的各个隘口，其余两个大队作为皇帝卫队驻留罗马城[④]。在维特利乌斯离开麦瓦尼亚（Mevania）返回罗马城时，14 个近卫军大队中的 7 个大队跟随左右（如此一来，罗马城内近卫军大队数量增加到 9 个），剩余 7 个大队由两名近卫军长官指挥，把守纳尔尼亚（Narnia）[⑤]。和维特利乌斯打败的对手奥托一样，关键时刻将近卫军派上了战场。至此，68—69 年内战期间，近卫军作为皇帝争夺天下的"利

---

① ［古罗马］塔西佗著，王以铸、崔妙因译：《历史》，商务印书馆 1997 年版，第 213 页。

②· ［古罗马］苏维托尼乌斯著，张竹明等译：《罗马十二帝王传》，商务印书馆 1995 年版，第 293 页。

③ J. B. Bury, *A History of the Roman Empire from Its Foundation to the Death of Marcus Augustus* (27 *B. C.* –180 *A. D.*), New York, Harper & Brothers Publishers, 1893. p. 347.

④ Gwyn Morgan, 69 *A. D.*: *The Year of Four Emperors*, Oxford University Press, 2006. p. 231, p. 234.

⑤ ［古罗马］塔西佗著，王以铸、崔妙因译：《历史》，商务印书馆 1997 年版，第 213 页。

器"，参与了各种争霸战争。然而，与近卫军长官相比，驻守纳尔尼亚的
近卫军士兵对皇帝更加忠诚。在两名近卫军长官放弃抵抗，逃回罗马城之
后，越来越多的军官逃离战场。只有那些普通的近卫军士兵始终保持对维
特利乌斯的忠诚，确信会有援兵到达①。交战中，维特利乌斯的近卫军损
失惨重，他身边大约只有 3 个近卫军大队②，兵力上处于劣势。最激烈
的、具有决定意义的战斗发生在近卫军营地。尽管维特利乌斯的近卫军是
塔西佗笔下的"乌合之众"，但在生死存亡的战斗中也异常勇敢。塔西佗
记载说："（近卫军）军营是最难攻打的地方，因为最勇敢的士兵把它作
为最后的希望，拼死进行保卫。抵抗行动只会使胜利一方更加奋力地进
攻……。"在交战中，维特利乌斯的近卫军使用各种兵器保卫自己的营
地③。反之，进攻的一方也使用"十八般兵器"攻击近卫军军营，近卫军
营地成为罗马城内血腥遭遇战的一个战场④。攻打近卫军营地的队伍中，
包括被维特利乌斯遣散的奥托的近卫军官兵，而且这些官兵作战尤为勇
敢。韦伯芗的军队与支持维特利乌斯的近卫军、罗马民众在罗马城内展开
巷战。韦伯芗的军队大开杀戒，据说，死亡人数多达 5 万人⑤。忠于维特
利乌斯的近卫军，在近卫军营地内坚持到最后，结果"全部阵亡"⑥。韦
伯芗的军队攻占了近卫军营地，士兵们将维特利乌斯拖出，百般羞辱后，
将其杀死⑦，抛尸台伯河。"四帝之年"宣告结束。在最后的"闭幕战"
中，近卫军依然扮演了重要角色。

---

①　Gwyn Morgan, 69 A. D.：*The Year of Four Emperors*, Oxford University Press, 2006. p. 237.

②　由于兵员紧张，维特利乌斯有些"饥不择食"，不得不采取各种"非常"措施：武装奴
隶、让准军事化的消防队参加战斗等。后来，甚至普通罗马人和奴隶都被告知武装起来，参与维
特利乌斯的争霸战争。Gwyn Morgan, 69 A. D.：*The Year of Four Emperors*, Oxford University Press,
2006. p. 239，p. 249.

③　［古罗马］塔西佗著，王以铸、崔妙因译：《历史》，商务印书馆 1997 年版，第 238 页。

④　Victor Duruy, *History of Rome*, *and of the Roman People*, *From Its Origin to the Invasion of the
Barbarians.* Translated By M. M. Ripley and W. F. Clarke. Published by C. F. Jewett Publishing Company,
Boston. 1883. p. 93.

⑤　J. B. Bury, *A History of the Roman Empire from Its Foundation to the Death of Marcus Augustus*
(27 B. C. –180 A. D.), New York, Harper & Brothers Publishers, 1893. p. 347.

⑥　［古罗马］塔西佗著，王以铸、崔妙因译：《历史》，商务印书馆 1997 年版，第 239 页。
关于维特利乌斯的命运结局，苏维托尼乌斯的记载有所不同，见《罗马十二帝王传》，第 298—
299 页。

⑦　约瑟福斯著，王丽丽等译：《犹太战争》，山东大学出版社 2007 年版，第 182 页。

第六节　内战的意义

关于68—69年内战的影响，古今史家各有评论。围绕近卫军的作为发表见解者，蒙森的观点令人玩味。蒙森认为，"四帝之年""使恢复共和国的希望在近卫军的阻抗之下彻底破灭"[①]。近卫军本身肯定与共和国格格不入，近卫军对恢复共和国的"阻抗"、对皇帝人选的蓄意干预，横行罗马，彻底熄灭了罗马人恢复共和国的最后一线希望。然而，在罗马帝国王权更迭的历史上，内战的最大意义是："在68—69年一系列事件发生后，没有哪个皇帝会漠视近卫军和士兵的能量。"[②]68—69年内战给予后代皇帝的教训是深刻的。

68—69年内战的影响是消极的。军队在金钱、利益驱使下，成为王位觊觎者、争夺者的工具。除了塔西佗所说的"帝国的秘密"大白于天下之外，内战开启了诸多恶劣的先例：伽尔巴第一个由罗马城以外的军团拥立登基；驻扎行省的军团进军意大利、罗马，帮助自己的将领争夺王位；为了争夺王位，手握重兵的军事将领形成了数个军事集团，捉对厮杀，近卫军几次参与其中并现身前线；通过内战，近卫军对皇帝命运的掌控呈日益强化之势；维特利乌斯第一次对近卫军进行了脱胎换骨式的改组；等等。这些恶劣的先例后来多被仿效，作为最高统治者的皇帝及其继承的合法地位遭遇到前所未有的挑战，近卫军和军队的"决定作用"更加突出。例如，"奥托是元老院和罗马人民接受的皇帝"[③]，但最终还是被维特利乌斯推翻，命赴黄泉。至于内战中走马灯般更换的几位皇帝，古典史家评价不高。塔西佗指出："……人们害怕奥托的火一样的情欲甚于维提里乌斯的昏昏沉沉的享乐。而且伽尔巴被杀，使人们对奥托感到恐怖，并且憎恨他……维提里乌斯的好色和贪吃只是被认为是玷污他一个人的缺

---

① Theodor Mommsen, *A History of Rome under the Emperors*, English translation by Clare Krojzl, Routledge, 1996. p. 159.

② Antonio Santosuosso, *Storming the heavens: soldiers, emperors, and civilians in the Roman Empir*, Westview Press, 2001. p. 165.

③ Bernard W. Henderson, M. A., *Civil War and Rebellion in the Roman Empire A. D. 69 - 70*, *A Companion to the "Histories" of Tacitus*, Macmillan Co., Limited, London, 1908. p. 30.

点；但奥托的奢侈、残酷和胆大妄为看来对国家却更加危险。"① 由古典作家的记述可知，内战造就的几个皇帝均为昏庸之辈。

内战最大的受害者莫过于帝国本身。对于帝国来说，68—69 年内战不啻为重大灾难的降临。由于军队在推举自己选择的皇帝过程中兵戎相见，帝国固有政治秩序遭到严重破坏，皇帝作为最高统治者的尊严遭到空前蔑视。血腥与杀戮交替折磨着帝国，失去控制的军队肆无忌惮地在自己的国度里烧杀劫掠，无恶不作。塔西佗记载了维特利乌斯战胜奥托之后军队的恶行："分布在各个自治市和移民地的维提李乌斯的军队劫掠、盗窃、残暴、淫乱，无所不用其极。他们的贪婪和爱财使得他们根本分不清是非……。"甚至有人借混乱之际，趁火打劫，假扮士兵，公报私仇②。在一年多的时间里，帝位因军队几易其主，而军队拥立新君的真实动机也不言自明。对此，后代史家评论说，士兵之所以如此疯狂，都是在仿效皇帝，是皇帝纵容的结果③。杀戮、暴力使帝国经历了血雨腥风的洗礼。

内战中的"四帝争立"表现为近卫军与驻扎行省军团之间的较量。这种较量互有胜负，最终印证了"帝国秘密"的关键所在。在帝国未来历史上，这种较量长期存在，甚至演变为近卫军、驻扎边境地区的军团④、皇帝三者之间的连续博弈。近卫军因其得天独厚的优势，总体上占有上风。此外，内战最大的影响之一，即这场内战开启了罗马帝国皇帝生成路径多样化的序幕⑤，近卫军的裁决、选择作用日渐凸显。反复无常，动辄背叛、杀戮皇帝，另择新主构成了内战中近卫军历史的主要内容，近卫军日后各种遭人痛恨的恶行，多次在内战中"演练"。对于后代皇帝而言，内战的教训是深刻的，一些吸取历史经验的皇帝"不再依赖反复无

---

① ［古罗马］塔西佗著，王以铸、崔妙因译：《历史》，商务印书馆 1997 年版，第 104 页。

② 同上书，第 124—125 页。

③ Bernard W. Henderson, M. A., *Civil War and Rebellion in the Roman Empire A. D. 69 - 70, A Companion to the "Histories" of Tacitus*, Macmillan Co., Limited, London, 1908. p. 129.

④ 例如，多瑙河前线驻防的军团跟随自己的将领，"杀"回罗马，参与争夺王位的内战。罗马人自己的军队如同进攻敌方都城一样攻打罗马，肆意杀戮劫掠，产生了极其恶劣的影响。对此，不止一位古典作家有所评论。

⑤ 关于罗马帝国皇帝的生成路径，可见拙作《罗马军队与帝位嬗递》，中国社会科学出版社 2006 年版，第 287 页。

常近卫军，也不再惧怕元老院的显贵。"① 然而，帝国历史上真正不依赖近卫军、不惧怕元老院的皇帝为数有限，属于"铁腕"皇帝者少之又少。

"68—69 年内战的遗产是，近卫军及其长官政治上的重要性不再为人们所忽视。"② 换言之，68—69 年内战，使人们不得不对近卫军刮目相看：不仅仅是皇帝的私人卫队，而且可以通过决定皇帝人选，改变原有的政治格局或政治秩序，令其他军队望尘莫及。近卫军通过内战展示了自己的价值和重要性，更使近卫军的本性及贪婪暴露无遗。内战堪称试金石，检验了近卫军的忠诚度，也证实了皇帝与近卫军之间的关系异常脆弱，不堪一击。

68—69 年内战中，四个皇帝先后殒命，"士兵们明白了皇帝不仅可以在罗马城内产生，也可以在其他任何地方诞生。"③ 这便是塔西佗所说的"帝国的秘密"，揭开这一秘密的是驻扎帝国行省、边境的各个军团，但也揭示了这样一个事实：日后帝位更替过程中，近卫军与帝国军团之间争锋的局面在所难免。大多数情况下，近卫军因地利之便，占有上风。强大的军团一旦"醒悟"，自然不甘落在近卫军之后，近卫军与军团之间再燃战火"顺理成章"。193 年内战，以及三世纪危机期间，近卫军与军团为皇帝人选展开厮杀，互不相让，一方面说明了两支军队各自的目的性；另一方面，也说明近卫军与军团在皇帝人选方面的争斗，无疑是 68—69 年内战的重要"遗产"和后续影响。

内战期间，近卫军的地位呈强化趋势，近卫军在政治舞台上的地位通过内战进一步巩固，并以"四帝"之最后一帝韦伯芗任命皇子提图斯担任近卫军长官为特殊标志，使近卫军进入一个新的发展时期。"虽然内战已经结束，但军队忠诚与信念却发生了根本的动摇。"④ 这种动摇既包括了军团，也包括了近卫军。在政治秩序大乱的内战期间，近卫军和帝国军

---

① Charles Seignobos, *History of the Roman People*, Translation Edited by William Fairley, Ph. D. , New York, Henry Holt and Company, 1902. p. 340.

② *The Cambridge History of Greek and Roman Warfare*, Volume II , Rome from the Late Republic to the late Empire, Edited by Philip Sabin, et al. , Cambridge University Press, 2007. p. 47.

③ A. H. M. Jones, *Constantine and The Conversion of Europe.* Published by Toronto Press, 1994. p. 14.

④ *The Cambridge Ancient History*, Volume XI, The Imperial Peace, A. D. 70—192, Cambridge University Press, 1936. p. 3.

队各自利用自己的优势，不是维护帝国的稳定，反而使帝国深陷混战的泥沼，"帝国成了战利品，意大利变成了战场。"① 内战不同于对外征服，对于帝国军队而言，不论是近卫军抑或是军团，彼此杀戮，既是同室操戈，生灵涂炭，也使帝国本身成为最大的受害者。内战进一步诠释了近卫军与皇帝之间的悖论关系：皇帝离不开近卫军，近卫军却动辄杀君弑主；皇帝期望近卫军成为帝国安宁的守护者，而帝国常常因近卫军发生内战。这种人类历史上罕见的悖论关系，在日后罗马帝国一再显现。

---

① Bernard W. Henderson, M. A. , *Civil War and Rebellion in the Roman Empire A. D.* 69 – 70, *A Companion to the* "*Histories*" *of Tacitus*, Macmillan Co. , Limited, London, 1908. p. 4.

第四章

弗拉维王朝：近卫军的整饬与收敛

公元 69 年 7 月 1 日，韦伯芗在埃及亚历山大里亚被手下军团推举为皇帝。5 个月后，韦伯芗战胜了"四帝"之年的最后一个对手，亦即最后一帝维特利乌斯，元老院适时地认可他的登基。韦伯芗也成为一年中第二个被获胜军队拥上王位的皇帝，并拉开了弗拉维王朝（69—96 年）的序幕。韦伯芗结束了 68—69 年的"四帝"纷争，开启了帝国历史上一个新的、嫡传特征明显的新王朝。西方学者认为，韦伯芗甚至可以称其为"第二个奥古斯都"[①]。言外之意，韦伯芗不仅结束了内战，而且恢复了帝国的政治秩序，美化了罗马城，留下了诸如大斗兽场之类的许多宏伟建筑。近卫军在短暂的弗拉维王朝的作为，大致可以分为两大阶段，韦伯芗与提图斯治下的近卫军得到较好控制，无疑，这与近卫军在内战中的恶劣表现给予韦伯芗深刻教训有直接关系。该王朝第三位皇帝多米提安在位期间可视为第二个阶段。多米提安对近卫军的掌控显然不及他的父亲和长兄，最后死于近卫军长官参与的谋杀。

综观近卫军在弗拉维王朝的作为，与前朝和后代相比，可视为略有收敛的一个时期：比之内战期间有所收敛，而与"五贤帝"时代比较，仍是不"安分守己"的历史时段。史实证明，"要使禁卫军（近卫军）和行省军队的行伍中恢复宁静和纪律并非一件容易的事。"[②] 弗拉维王朝历三帝，存续时间仅为 30 年，但却是近卫军历史上的重要一页，即从该王朝

---

① J. B. Bury, *A History of the Roman Empire from Its Foundation to the Death of Marcus Augustus* (27 *B. C.* – 180 *A. D.*), New York, Harper & Brothers Publishers, 1893. p. 375.

② ［美］M. 罗斯托夫采夫著，马雍、厉以宁译：《罗马帝国社会经济史》（上册），商务印书馆 1985 年版，第 158 页。此时的近卫军经过了朱里奥—克劳狄王朝的"历练"，经历了 68—69 年内战的"洗礼"，早已体会到自己之于皇帝、皇权的价值，因此，真正给近卫军立规矩难度非常大。

开始，近卫军长官不仅仅来源于骑士，而且埃及的行政长官也成为近卫军长官的重要人选①。

第一节　重构近卫军

公元 70 年，韦伯芗打败维特利乌斯，入主罗马。登基伊始，韦伯芗必须直面的是一个惨遭内战蹂躏、政治秩序混乱的帝国，包括内战中大部分毁于战火的罗马城。韦伯芗急需处理的两个问题是：保证帝位的血缘传承和控制近卫军。为了尽快解决这两个当务之急的问题，韦伯芗煞费苦心，经常让自己的两个儿子在公共场合出头露面②，以显示他的王朝后继有人。"对于帝国的未来，一个非常重要的事实是，韦伯芗有自己的子嗣：提图斯 30 岁，多米提安 18 岁。于是，王朝的传承成为可能。"③ 尤其对于长子提图斯，韦伯芗创造各种机会，不仅使他经常现身公开场合，甚至经常让这位王子以他的名字签署敕令，签发各种信件等④。提图斯和多米提安还担任相应的帝国官职（如执政官、大法官等）⑤，借以锻炼未来皇帝的行政能力，为建造新的嫡传王朝奠定基础。

整饬军纪⑥，重新建构、恢复内战中遭到破坏的各种政治秩序，是韦伯芗登基后面临的首要任务。鉴于近卫军对于巩固皇权的重要性，以及内

---

① 《剑桥古代史（第九卷）》认为，从弗拉维王朝开始，埃及行省行政长官是近卫军长官的仅有人选。见 *The Cambridge Ancient History*, Volume XI, The Imperial Peace, A. D. 70 – 192, Cambridge University Press, 1936. p. 258。但该观点与史实出入较大，即便是在弗拉维王朝，近卫军长官也未全部为埃及行省行政长官出身。因此，只能是重要人选，绝非唯一人选。

② *The Cambridge Ancient History*, Volume XI, The Imperial Peace, A. D. 70—192, Cambridge University Press, 1936. p. 6.

③ Ibid, p. 2.

④ Ibid, p. 6.

⑤ J. B. Bury, *A History of the Roman Empire from Its Foundation to the Death of Marcus Augustus* (27 B. C. –180 A. D.), New York, Harper & Brothers Publishers, 1893. p. 348.

⑥ 据塔西佗记载，韦伯芗曾给各个部队下达指令，要求各个部队"设法争取憎恨维特利乌斯的近卫军，办法则是答应近卫军能重新服兵役。"见 ［古罗马］塔西佗著，王以铸、崔妙因译《历史》，商务印书馆 1997 年版，第 147 页。由塔西佗的叙述可知，各行省军团对近卫军的态度极不友好。行省军团官兵对近卫军的不友好态度，既是历史悠久，"与生俱来"，也是近卫军有恃无恐，不可一世的必然结果。

战中维特利乌斯的近卫军与韦伯芗为敌，"组建近卫军成为韦伯芗最为关注的问题之一"①。韦伯芗登基不久，对近卫军进行了"大换血"式的改组，解散了维特利乌斯从日耳曼军团选拔的 16 个近卫军大队，重新恢复奥古斯都创建的旧制，且 9 个大队的近卫军士兵主要在意大利人中征召②。韦伯芗认为，用不同的军团官兵组建近卫军，彼此之间会产生摩擦，不利于掌控近卫军。在减少近卫军大队数量的同时，还缩小了近卫军的规模：每个大队由 500 人构成③。另有当代学者认为，韦伯芗的近卫军人数约为 7200 人④。至于缘何将维特利乌斯组建的 16 个大队近卫军重新降至 9 个，有学者认为，韦伯芗的国库已无力再增加军饷的数量⑤。蒙森也指出，韦伯芗登基时，国库告罄，赤字累累，国家濒临破产⑥。类似观点有一定的说服力。先是尼禄等皇帝挥霍无度，后是"四帝"争霸，战火绵延，帝国民穷财尽，再支付近卫军的高额军饷，难免困难重重。韦伯芗缩减近卫军规模，等于为帝国节省了大笔军饷开支。有西方学者通过计算认为，仅近卫军军饷一项，韦伯芗即可节约两千多万塞斯退斯的开支⑦，这对于经历一系列天灾人祸，经济不景气的罗马帝国而言，无疑是一笔天文数字。

"韦伯芗实际上已经意识到，近卫军的数量并不是最重要的，重要的是加强在首都的营地。"⑧ 因近卫军军营在内战中遭损毁，公元 70 年，按照韦伯芗的旨意，时任近卫军长官阿莱西努斯·克莱门斯（Arrecinus

① J. B. Bury, *A History of the Roman Empire from Its Foundation to the Death of Marcus Augustus* (27 B. C. −180 A. D.), New York, Harper & Brothers Publishers, 1893. p. 380.

② H. Stuart Jones, *The Roman Empire*, B. C. 29 − A. D. 476, New York, G. P. Putnam's Sons, London：T. Fisher Unwin, 1908. p. 118.

③ Gwyn Morgan, 69 A. D.：*The Year of Four Emperors*, Oxford University Press, 2006. p. 266.

④ Boris Rankov, *The Praetorian Guard*, Osprey Publishing, Midland House, 1994. p. 8。

⑤ J. B. Bury, *A History of the Roman Empire from Its Foundation to the Death of Marcus Augustus* (27 B. C. −180 A. D.), New York, Harper & Brothers Publishers, 1893. p. 348, p. 380.

⑥ Theodor Mommsen, *A History of Rome under the Emperors*, English translation by Clare Krojzl, Routledge, 1996. p. 173.

⑦ Gwyn Morgan, 69 A. D.：*The Year of Four Emperors*, Oxford University Press, 2006. p. 266.

⑧ Theodor Mommsen, *A History of Rome under the Emperors*, English translation by Clare Krojzl, Routledge, 1996. p. 173.

Clemens)① 负责对近卫军军营的重建②。这是帝国历史上第一次，也是唯一一次对近卫军军营的重建活动（不包括对近卫军军营的扩建）。此后，一直到君士坦丁大帝将近卫军军营夷为平地，再无第二次大规模重建、修建活动。在近卫军长官的名录中，克莱门斯既不权势过人，亦非恶名昭彰，因主持对近卫军军营的重建，使克莱门斯在近卫军历史上占有重要的一席之地。克莱门斯与韦伯芗有近亲关系，是名副其实的皇亲国戚——未来皇帝提图斯第一任妻子的哥哥③。克莱门斯主持修建近卫军营地，得到了元老院的支持，他本人亦为立法机构成员④。提图斯担任近卫军长官后不久，阿莱西努斯·克莱门斯离开近卫军长官职位，并于73年担任了特别执政官⑤。

鉴于此前近卫军难以驾驭，屡生事端，以及塞亚努斯等近卫军长官野心勃勃造成的危害，韦伯芗任命自己儿子提图斯为唯一一名近卫军长官⑥，"通过任命自己的儿子为近卫军长官，达到控制近卫军的目的。"⑦皇储亲自掌控近卫军，不仅控制了意大利境内最大一支军队，而且也使皇

---

① 卡利古拉手下近卫军长官阿莱西努斯·克莱门斯（M. Arrecinus Clemens）可谓子承父业，其父 M. 阿莱西努斯·克莱门斯（M. Arrecinus Clemens）曾取代马克罗，出任卡利古拉手下近卫军长官。罗马帝国历史上，父子二人双双出任近卫军长官最早的记录是塞亚努斯父子。塞亚努斯之父曾是奥古斯都手下近卫军长官，塞亚努斯则在提比略手下如日中天。

② Matthew Bunson, *Encyclopedia of the Roman Empire* (revised edition), New York NY 10001, 2002. p. 126.

③ H. Stuart Jones, *The Roman Empire*, B. C. 29 – A. D. 476, New York, G. P. Putnam's Sons, London：T. Fisher Unwin, 1908. p. 118. 有人认为，正是由于阿莱西努斯·克莱门斯的妹妹嫁给了提图斯，他才有机会在70年时成为近卫军长官的人选。见 Matthew Bunson, *Encyclopedia of the Roman Empire* (revised edition), New York NY 10001, 2002. p. 126。

④ Matthew Bunson, *Encyclopedia of the Roman Empire* (revised edition), New York NY 10001, 2002. p. 126.

⑤ *The Cambridge Ancient History*, Volume XI, The Imperial Peace, A. D. 70 – 192, Cambridge University Press, 1936. p. 10.

⑥ *The Cambridge Ancient History*, Volume XI, The Imperial Peace, A. D. 70 – 192, Cambridge, At The University Press, 1936. p. 7. 据苏维托尼乌斯记载，提图斯"不断地担任皇帝的同僚和保卫者"，并"以父亲的名义口述信函，起草敕令……"见［古罗马］苏维托尼乌斯著，张竹明等译《罗马十二帝王传》，商务印书馆1995年版，第319页。

⑦ J. C. Stobart, *The Grandeur that Was Rome：A Survey of Roman Culture and Civilisation*, London, 1912. p. 274.

帝的人身安全得到了保障。韦伯芗的用意非常清楚①。此外，提图斯成为
帝国历史上第一位皇子出身的近卫军长官，其重要意义在于，韦伯芗没有
沿袭旧制，在骑士阶层中选拔近卫军长官，而是任命自己的接班人掌管近
卫军。韦伯芗的这一做法堪称突破性改革。韦伯芗任命提图斯为唯一一名
近卫军长官，也是吸取历史经验教训的结果："近期的历史清晰地表明，
各种危及皇权的威胁来自手握大权的近卫军长官。"② 由于近卫军长官经
常是首都罗马城内一种潜在的威胁，韦伯芗开始时任命自己的亲戚阿莱西
努斯·克莱门斯担任近卫军长官，并负责重新组建近卫军。后来则由皇子
提图斯独自担任近卫军长官③，韦伯芗统治的家天下色彩日益浓重，近卫
军长官的地位随之显赫异常，尽管"在此之前这个职位都由罗马骑士充
任"④，但无论如何骑士不能与皇太子相提并论。更重要的是，提图斯出
任近卫军长官强化了皇帝对近卫军的控制⑤，皇家卫队的性质由此得到了
前所未有的强调。现代史家认为，提图斯一人担任近卫军长官，且终身任
职，使提图斯获得了无可匹敌的声望，同时也是对从前两名近卫军长官相
互制约的否定⑥。皇帝与近卫军长官之间的关系通过皇亲血缘关系得以巩
固，提升近卫军长官地位的同时，近卫军的重要性随之进一步加强。韦伯
芗任命提图斯为唯一一名近卫军长官，明显是总结从前历史经验教训的结
果，"血浓于水"的皇亲血缘关系能够保证皇太子对皇帝的忠诚，排除了
野心勃勃的近卫军长官觊觎王位的危险，更可以通过提图斯掌控近卫军，
不必"提防近卫军对他不忠诚"⑦。与先前的近卫军长官不同，行伍出身

---

① Richard Alston, *Aspects of Roman history*, AD 14 – 117, First published by Routledge, 1998. p. 124.

② J. B. Bury, *A History of the Roman Empire from Its Foundation to the Death of Marcus Augustus* (27 B. C. – 180 A. D.), New York, Harper & Brothers Publishers, 1893. p. 377.

③ Theodor Mommsen, *A History of Rome under the Emperors*, English translation by Clare Krojzl, Routledge, 1996. p. 173.

④ [古罗马]苏维托尼乌斯著，张竹明等译：《罗马十二帝王传》，商务印书馆 1995 年版，第 319 页。

⑤ [英] J. C. 斯托巴特著，王三义译：《伟大属于罗马》，上海三联书店 2011 年版，第 324 页。

⑥ E. G. Turner, *Tiberivs Ivlivs Alexander*, The Journal of Roman Studies, Vol. 44 (1954), p. 64.

⑦ Arthur E. R. Boak, Ph. D., *A History of Rome*, To 565 A. D. New York, The Macmillan Company, 1921. p. 287.

的提图斯有能力管理近卫军，使其遵守纪律、恪尽职守①。从各方面考量，提图斯堪称内战后帝国近卫军长官最佳人选。

韦伯芗在位期间，共有四人出任近卫军长官：提比略·朱利乌斯·亚历山大（Tiberius Julius Alexander）、阿里乌斯·瓦鲁斯（Arrius Varus）、阿莱西努斯·克莱门斯和提图斯。历史学家声称："提比略·朱利乌斯·亚历山大是帝国历史上最为成功的犹太人之一"②。亚历山大曾在尼禄治下担任埃及行政长官③，内战中成为韦伯芗的支持者，并利用埃及行政长官的身份，说服东方行省支持韦伯芗。亚历山大以自己的行动赢得了韦伯芗的信任，因此，被任命为近卫军长官。阿里乌斯·瓦鲁斯生平事迹不详。西方学者认为，他是自己任命自己出任近卫军长官④，后被任命为埃及行政长官（大概与近卫军长官只有提图斯一人担任有关）。需要说明的是，前三位近卫军长官任职时间非常短暂，皇太子提图斯一人不仅执掌近卫军权柄时间比较长，而且成为弗拉维王朝的第二任皇帝，也是帝国历史上第一个近卫军长官出身的皇帝。与此前此后各个王朝相比，韦伯芗开创的弗拉维王朝，近卫军大多数时间"安分守己"，从未卷入宫廷纷争，究其原因，提图斯出任近卫军长官，以及对近卫军的有力掌控是决定性因素。弗拉维王朝仅经历3个皇帝统治，第二任皇帝提图斯为近卫军长官出身，熟知如何调教近卫军，近卫军没有制造事端的机会。弗拉维王朝最后一帝多米提安死于近卫军参与的宫廷阴谋，则从一个侧面说明，这位皇帝并未处理好同近卫军的关系。

韦伯芗当政期间，并未像其前辈皇帝那样，对近卫军慷慨解囊，大加

---

① 　Sandra J. Binghan. *The Preatorian Guard in the Political and Social Life of Julio – Claudian Rome.* The University of British Columbia, 1997. p. 122.

② 　Matthew Bunson, *Encyclopedia of the Roman Empire* (revised edition), New York NY 10001, 2002. p. 541. 也有学者认为，提比略·尤里乌斯·亚历山大则与提图斯有过一段共事的经历。见 E. G. Turner, *Tiberivs Ivlivs Alexander*, The Journal of Roman Studies, Vol. 44 (1954), p. 64。

③ 　如同前文所及，埃及行省长官是罗马帝国四个重要的长官之一。这四个长官分别为：罗马城市谷物供应长官、罗马城消防队长、近卫军长官和埃及行政长官。总人数不过四五人（近卫军长官有时为一人）。见 Gwyn Morgan, 69 *A. D.*: *The Year of Four Emperors*, Oxford University Press, 2006. p. 15。按照这一说法，埃及行政长官与近卫军长官属"同一级别"，说明亚历山大受重用的时间比较早。此外，除埃及行省行政长官外，其余三个行政长官均在罗马城内。关于帝国地位显赫的高级官吏，另一种说法包括了罗马城内的谷物供应长官。

④ 　Gwyn Morgan, 69 *A. D.*: *The Year of Four Emperors*, Oxford University Press, 2006. p. 256.

赏赐。或许是接受了前朝诸代皇帝的教训，或许是经济拮据，韦伯芗对近卫军的赏赐非常有限，近卫军的军饷在公元 83 年之前最低为 750 迪纳里①。但近卫军并未因此起事，也从一个方面反映出，提图斯对掌控成效显著。

韦伯芗登基之初的两个非常重要的问题得到了比较好的解决，他的王朝有了继承人，近卫军也得到应有的控制。经历了内战的近卫军，终于在韦伯芗治下"安分守己"。

第二节　提图斯：近卫军长官首践王位

韦伯芗圆满地解决了王位继承问题，他死后，长子提图斯继承了王位——是为帝国历史上第一位近卫军长官出身的皇帝。帝国历史上，近卫军长官出身的皇帝远不止提图斯一人，与那些桀骜不驯的骄兵悍将相比，提图斯的优势得天独厚：以皇储身份担任近卫军长官，并顺理成章地继承了王位。

近卫军长官出身的提图斯深谙近卫军的"鹰犬"作用，在位期间，提图斯经常利用近卫军刺探情报，剪除异己。史载："如果有人引起了他的怀疑，他便秘密地派卫队到剧院或兵营，要求大家惩罚此人，然后立即把他干掉。""他通过这种措施虽然保证了自己的安全，但同时也招致了空前的仇恨，还从来不曾有过哪位在登上皇位时像他这样有负众望和违背民意的。"② 提图斯经常利用近卫军中的某些人充当他的间谍耳目，暗地里打探消息，并由近卫军执行暗杀任务，铲除自己的敌对势力。这些非公开的行动成为近卫军的义务，且都由近卫军担当。或许是害怕引起民众不满情绪，近卫军的这些活动范围和权限是有限的③。这些事例说明，近卫

---

① Gwyn Morgan, 69 *A. D.* : *The Year of Four Emperors*, Oxford University Press, 2006. p. 265; 266.

② ［古罗马］苏维托尼乌斯著，张竹明等译：《罗马十二帝王传》，商务印书馆 1995 年版，第 319—320 页。提图斯也属于帝国历史上的昏君，冷酷、放荡、贪婪等，丝毫不亚于此前的尼禄。对此，古典作家多有记述。

③ Matthew Bunson, *Encyclopedia of the Roman Empire* (revised edition), New York NY 10001, 2002. p. 221.

军在罗马帝国除了担负皇室安危的警卫任务外，还直接充当皇帝的鹰犬，从事相关"特务"的勾当。

提图斯及其后任者、胞弟多米提安统治时代的近卫军军事作用得到了很好的发挥，两人多次"把这支精锐部队用于日耳曼和多瑙河边境的战争"[1]。继提图斯之后，多位皇帝把近卫军用于边境前线战争，使近卫军训练有素的军事职能得以充分发挥和展示。

提图斯治下的帝国相对平稳，关于他统治时期的近卫军及其作为史载无多。从整体社会背景可知，近卫军能够履行职责，没有犯上作乱。

第三节　多米提安——第三个死于近卫军之手的皇帝

提图斯没有子嗣（仅有一个女儿），他死后，胞弟多米提安（Domitian，拉丁语为 Titus Flavius Domitianus）理所当然成为王位继承者。多米提安继位的过程颇具近卫军干预帝位传承的"罗马帝国特色"：他刚刚离开提图斯的停尸间，近卫军便在当天——公元 81 年 9 月 13 日——宣布他为皇帝，需要元老院履行的各种"程序"：将各种皇帝应有的称号授予多米提安却是在第二天——9 月 14 日[2]。近卫军的"超前"举动又一次说明了近卫军在帝国政治生活中的作用，反映出军队武力的威慑力远远大于元老院的程序和法律效力。"多米提安统治的一个重要标志是把近卫军大队用于战场……"[3] 因大部分近卫军经常被派往前线，为确保罗马城安全，多米提安将近卫军大队的数量由 9 个增加到 10 个[4]，近卫军大队的数量第三次发生改变。有学者认为，多米提安手下的近卫军的人数为8000 人，这个数额一直保持到塞维鲁斯时代[5]。与此同时，多米提安还使

① *The Cambridge History of Greek and Roman Warfare*, Volume Ⅱ, Rome from the late Republic to the late Empire, Edited by Philip Sabin, et al., Cambridge University Press, 2007. p. 47.

② *The Cambridge Ancient History*, Volume XI, The Imperial Peace, A. D. 70 – 192, Cambridge University Press, 1936. p. 22.

③ 在对日耳曼人和达契亚人战争中，多米提安都大量使用近卫军参战。

④ Robert F. Evans, *Soldiers of Rome*, *Praetorian and Legionnaires*, Washington, 1986. p. 34.

⑤ Boris Rankov, *The Praetorian Guard*, Osprey Publishing, Midland House, 1994. p. 8.

近卫军军事建制向军团靠拢，使近卫军在建制上与军团无太大差别①。

多米提安与近卫军的关系比较特殊。父王韦伯芗故去时，多米提安就有了贿赂近卫军的计划，近卫军推举他当皇帝，作为对近卫军的答谢，多米提安给予近卫军双倍的赏赐②。但曾经担任提图斯手下近卫军长官的克莱门斯却被处死③。多米提安当政期间，曾4次前往战场，每次都由近卫军长官陪同④。科尔内利乌斯·福斯库斯（Cornelius Fuscus）是多米提安手下另一名近卫军长官，亦属"三朝元老"，伽尔巴统治期间担任潘诺尼亚行政长官并帮助韦伯芗夺取王位。85年，福斯库斯在多米提安手下出任近卫军长官，"作为皇帝的保卫者，他与皇帝寸步不离，也是唯一一个允许在皇帝面前携带短剑的人。作为近卫军长官，在皇帝顾问圈子中的地位不言而喻……。"⑤ 是年，达契亚人在戴西巴鲁斯（Decebalus）率领下越过多瑙河，进入莫西亚（Moesia）。多米提安由福斯库斯陪伴，急率军队开赴前线。在一系列抗击入侵者的战斗中，多米提安选择福斯库斯进攻达契亚。福斯库斯被委以重任，率领一支庞大的部队进入达契亚⑥。在对达契亚人的第二次战争中，近卫军长官充任前线军队指挥官，福斯库斯为帝国历史上第一人。不幸的是，福斯库斯及其军队大败而归⑦，丢失了帝国军团鹰旗，或许还损失了部分近卫军⑧，他本人和大部

---

① Lawrence Keppie, *The Making of the Roman Army*: *From Republic to Empire*, Routledge, 1998. p. 158.

② J. B. Bury, *A History of the Roman Empire from Its Foundation to the Death of Marcus Augustus* (27 *B. C.* – 180 *A. D.*), New York, Harper & Brothers Publishers, 1893. p. 385.

③ *The Cambridge Ancient History*, Volume XI, The Imperial Peace, A. D. 70 – 192, Cambridge University Press, 1936. p. 29.

④ Ibid, p. 65.

⑤ Ibid, p. 198.

⑥ Dio, 67. 6. 5. 多米提安在位期间，多次发动对外战争，但这些旷日持久的战争并未取得预期的胜利，军事成果非常有限。

⑦ ［古罗马］苏维托尼乌斯著，张竹明等译：《罗马十二帝王传》，商务印书馆1995年版，第329页。

⑧ Matthew Bunson, *Encyclopedia of the Roman Empire* (revised edition), New York NY 10001, 2002. p. 223. Europius 记载损失了部分军队。见 Europius, *Abridgement of Roman History*. translated, with notes, by the Rev. John Selby Watson. London: Henry G. Bohn, York Street, Convent Garden, 1853. 7. 23。

分军队殒命沙场①。福斯库斯虽然惨遭败绩，但却说明近卫军长官的军事地位更加突出，军事上的权力有了很大的扩张。"给予近卫军长官军队指挥权在安东尼王朝不乏先例。佩伦尼斯深得奥莱利乌斯信任，在多瑙河前线指挥军队。"② 罗马帝国晚期历史学家尤特罗庇乌斯声称，科尔内利乌斯·福斯库斯及其所率部队被消灭，使多米提安蒙受了巨大损失③。或许是考虑到历史上近卫军长官拥兵坐大的恶果，多米提安在位期间经常更换近卫军长官，唯恐近卫军长官获得士兵们的信任④，殃及自己的统治。正因如此，多米提安在位 15 年，前后有 4 人出任近卫军长官。

多米提安在位期间，因战事较多，近卫军频繁开赴前线。在对马克罗曼尼人的战争中，近卫军骑兵长官克劳狄亚努斯（M. Arruntius Claudianus）先后五次获得作战奖赏（此项奖励一般授予城市警卫大队和近卫军中的百人队长），远远超过了长期以来，其他任何一名近卫军骑兵长官所获得的同类奖赏⑤。这一事例说明，骑兵近卫军不仅忠诚可靠，而且不愧为"精英部队"。

多米提安的名字和近卫军紧密联系在一起，与他给近卫军大幅度增加军饷有直接关系。帝国历史上，对近卫军慷慨解囊的皇帝不乏其人，但大幅度增加近卫军军饷的皇帝，帝国历史上不过 4 人⑥。多米提安将近卫军

---

①　Europius *Abridgement of Roman History*. translated, with notes, by the Rev. John Selby Watson. London：Henry G. Bohn, York Street, Convent Garden , 1853. 7. 23.

②　Howe, Laurence Lee. *The Pretorian Prefect from Commodus to Diocletian（AD* 180 – 305）, The University of Chicago Press. 1942. p. 21.

③　［古罗马］尤特罗庇乌斯著，谢品巍译：《罗马国史大纲》，世纪出版集团、上海人民出版社 2011 年版，第 81 页。

④　Victor Duruy, *History of Rome, and of the Roman People, From Its Origin to the Invasion of the Barbarians*. Translated By M. M. Ripley and W. F. Clarke. Published by C. F. Jewett Publishing Company, Boston. 1883. p. 204.

⑤　Michael P. Speidel, *Riding For Caesar*：*The Roman Emperors' Horse Guards*, Published by B. T. Batsford Ltd. , 1994. p. 29.

⑥　帝国历史上，只有四个皇帝在位期间大幅度增加近卫军军饷：多米提安、塞维鲁斯、卡拉卡拉，以及三世纪危机期间的马克西米努斯。其他皇帝虽然没有大幅度提高近卫军的军饷，但各种名目的赏赐、赠予也等于"隐性"增加了近卫军的收入。见 M. Alexander Speidel, *Roman Army Pay Scales*, The Journal of Roman Studies, Vol. 82（1992）, p. 88. 前文已述及，近卫军收入的重要来源是新皇帝登基时的赏赐——自克劳狄以降形成了规矩，但这些赏赐与军饷相比，属于"非固定性""非稳定性"收入。

的军饷由原来每年 375 迪纳里，增加至 1500 迪纳里，增加了 4 倍多，增加幅度不可谓不大。近卫军军饷的发放方式依然和军团官兵一样，每年发放三次：1 月、5 月、9 月。近卫军在退役时还可获得 5000 迪纳里的"安置费"，或一块土地①，目的是解除近卫军后顾之忧，但也增加了近卫军的贪欲。进入帝国时代之后，近卫军、军团、辅军官兵的军饷一直呈上升趋势，只不过其他军队的军饷涨幅远不及近卫军。"马尔库斯·奥莱利乌斯之后，近卫军的军饷不断提升，到 3 世纪初期，近卫军的军饷达到了最高点 1 万塞斯退斯。"② 在帝国经济极度衰败、萧条的 3 世纪，庞大的近卫军及其军饷曾令帝国危困的经济雪上加霜。

多米提安与近卫军关系远比前辈特殊，他的命运结局集中表现了这一点。多米提安登基得到了近卫军的支持，尤其是得到了近卫军长官的支持，而支持他登基的近卫军长官之一的佩特隆尼乌斯·赛昆杜斯（Petronius Secundus）③ 却参与了这一暗杀阴谋④。多米提安治下的近卫军没有像 68—69 年内战时期那么猖狂。多米提安死于带有宫廷内部纷争色彩的谋杀，也是近卫军发展史上一个比较特殊的案例。这场谋杀的主谋是皇后多米提娅·龙吉娜（Domitia Longina）和近卫军长官佩特隆尼乌斯·赛昆杜斯⑤、宫廷管家帕提尼乌斯（Parthenius）。皇后多米提娅·龙吉娜之所以成为谋杀的主要制造者，原因在于多米提安一直不信任皇后，曾与多米提娅·龙吉娜离过一次婚，将其赶出宫廷，但不久又与多米提娅·龙吉娜和解。多米提安覆亡前，不仅皇后对他恨之入骨，其他人也怨声载道。多米提安则"对这些人疑心重重，甚至设想在同一时刻把这些人悉数杀死。他把所要处死的人的名字写在一个名单上，放在枕头底下……"多米提娅·龙吉娜偶然发现了这个名单，并发现自己的名字也在其中。多米提

---

① Matthew Bunson, *Encyclopedia of the Roman Empire* (revised edition), New York NY 10001, 2002. p. 448.

② Albert A. Trever, *History of Ancient Civilization*, *Volume II*, *The Roman World*, Harcourt, Brace and Company, New York, 1939. p. 536.

③ 赛昆杜斯在出任近卫军长官之前曾担任埃及长官。见 E. G. Turner, *Tiberivs Ivlivs Alexander*, The Journal of Roman Studies, Vol. 44（1954），p. 63。

④ E. G. Turner, *Tiberivs Ivlivs Alexander*, The Journal of Roman Studies, Vol. 44（1954），pp. 54–64.

⑤ 另一名新任近卫军长官诺尔巴努斯（Norbanus）也参与了此次谋杀活动。

娅·龙吉娜把相关信息告诉那些进入此"黑名单"的相关人员①。96年9月18日，多米提娅·龙吉娜与近卫军长官、宫廷管家共谋杀死了多米提安②。"对于阴谋者而言，近卫军是罗马城内至关重要的武装。近卫军忠于多米提安，但如果他们的两个长官也参与了暗杀阴谋，也可以说服近卫军背离多米提安。"③忠于多米提安的近卫军在主子遭谋杀时无动于衷，而在新皇帝登基后，以"复仇"的姿态挑起事端，其用意不言而喻。

在近卫军长官参与下，多米提安死于谋杀。存在不足30年的弗拉维王朝宣告结束。与68—69年内战比较，弗拉维王朝的近卫军相对收敛了许多。但近卫军长官杀死多米提安，结束了弗拉维王朝也是一个具有极大讽刺意味的结局。

弗拉维王朝存在时间异常短暂，帝国总体形势波澜不惊。从韦伯芗再次重组近卫军，到多米提安将近卫军大队总数扩充至10个；从皇太子出任近卫军长官，到多米提安死于近卫军长官参与的谋杀，近卫军再次"挣脱管束"，上演杀君弑主的闹剧。近卫军在仅仅二十余年的弗拉维王朝的表现，是帝国历史的一个横断面，也是近卫军各种恶劣行径的一个缩影。

---

① Dio，67.15.3 – 5.

② Harold Mattingly，*Outlines of Ancient History*：*From the Earliest Times to the Fall of the Roman Empire in the West*，A. D. 476，Cambridge at the University Press，1914. p. 392. 除了两名近卫军长官、宫廷管家之外，另有一名不知名的角斗士也参与了对多米提安的谋杀。

③ John D. Grainger，*Nerva and the Roman succession crisis AD* 96 – 99，First published by Routledge，2003.

第五章

近卫军的鼎盛时代及其终结

正如第一章援引西方学者所述，2 世纪是近卫军的鼎盛时代①。对于
"鼎盛时代"，从正面理解，即近卫军在古今史家每每称道的"五贤帝"
（Five Good Emperors，96—180 年相继在位）② 控制下，能够认真履行自
己的职能，帝国没有因近卫军发生动荡。鉴于近卫军 2 世纪相当长一段时
间内的上佳表现，西方学者得出了"鼎盛时代"的结论。与此前此后相
比，"鼎盛时代"的观点属于比较客观的评价，是基于近卫军真正为国家
尽职尽责的评价。翻检近卫军的历史，2 世纪几十年的表现空前绝后，
"鼎盛时代"的观点是有说服力的。

近卫军的政治角色，尤其对帝位传承的干预，对皇帝命运的把握，在
奥古斯都创建元首制之后的百余年间得以充分体现。近卫军与主子皇帝之
间血腥的博弈，已经揭示了皇帝与近卫军之间的悖论关系。笔者以为，皇
帝与近卫军之间的"利害冲突"必然决定两者之间控制与反控制的存在。
于是，近卫军存续的数百年间，"一些最坚强、地位最为稳固的皇帝也不
得不恩威并用、赏罚兼施……。"③ 帝国历史上，真正名副其实地运用铁
腕掌控近卫军的皇帝并不多见，"五贤帝"时代的多位皇帝做到了恩威并
用、赏罚兼施，牢牢控制近卫军，近卫军的骄横习气大为收敛，成为帝国
历史上近卫军最为安分守己的一个时代。一个有趣的历史现象是，血缘关
系并不突出的"安东尼王朝"前五帝为"五贤帝"，最后一帝康茂德则以
血缘嫡传身份继承王位，正是这位嫡传皇帝，不仅结束了罗马帝国辉煌的
历史，也终结了近卫军的全盛时代。

---

① Boris Rankov, *The Praetorian Guard*, Osprey Publishing, Midland House, 1994. p. 15.

② 此处所言"五贤帝"特指安东尼王朝前 5 个皇帝。

③ ［英］爱德华·吉本著，黄宜思、黄雨石译：《罗马帝国衰亡史》上册，商务印书馆
1997 年版，第 99 页。

"五贤帝"时代绝大多数时间为2世纪。2世纪在罗马帝国历史上是一个非常重要的世纪，此间，社会稳定，经济繁荣，边境安宁，帝国疆域达到最大化。同时，2世纪也是近卫军发展史上一个非常重要的历史阶段。由于"五贤帝"中多数"贤帝"治军有方，牢牢掌控着近卫军，除97年之外，近卫军再无兴风作浪之时机，这在近卫军的历史上差不多空前绝后。当然，更主要的是，以图拉真、哈德良、奥莱利乌斯为代表的"贤帝"，通过把近卫军派到前线、战场，近卫军由此转变了"角色"——成为前线部队，并在战场上表现出了精锐部队的军事素质，近卫军在战场上的出色表现空前绝后。此外，这一时期的近卫军长官也一改往日骄横，伴随皇帝开赴前线，甚至为帝国捐躯，在近卫军历史上并不多见。

近卫军本应俯首听命，认真履行自己的职能，保卫皇室安全，似乎是一般常识，但纵观全部罗马史，不难发现一个奇特的历史现象：帝国政治越是平稳安定，近卫军兴风作浪的机会越少，负面作用也减少许多；反之，政治秩序大乱的年代，近卫军"用武之地"的空间随之增大，近卫军愈加横行不法。由于诸位"贤帝"注重对近卫军的管束，近卫军也只得安分守己，听命于皇帝，帝国由此增添了安宁。

第一节　近卫军起事与尼尔瓦的选择

多米提安被杀死的一个直接后果是，罗马帝国历史上第二个"家天下"王朝作古。在皇帝人选问题上，元老院选择尼尔瓦（M. Cocceius Nerva）出于多方面的考虑：尼尔瓦年事已高（时年66岁），不希望久居王位；尼尔瓦膝下无子，不可能建立一个家天下王朝；尼尔瓦无更多权力欲望，不想同元老院争权夺利。同时，尼尔瓦也缺少近卫军的强有力支持①。然而，鉴于帝国至此一个多世纪的王位传承变迁，西方学者又将尼尔瓦在位的时间称之为"王位继承危机"的出现②。

① Michael Burgan, *Great Empires of the Past: Empire of Ancient Rome*, Revised Edition, New York, 2009. p. 52.

② 见 John D. Grainger, *Nerva and the Roman succession crisis AD 96 - 99*, First published by Routledge, 2003. 相关论述。

　　尼尔瓦登基与伽尔巴有诸多相似之处：既非诞生在行省，亦非士兵选择，而由元老院推举。多米提安被杀后，尼尔瓦马上被宣布为皇帝。"尽管尼尔瓦并不合乎近卫军的胃口，但还是勉强接受了尼尔瓦。"① 68—69年内战之后，三种力量制约着历代统治者的安危：罗马民众、远在边境的各个军团、近卫军。尼尔瓦也是如此。由于近卫军驻扎罗马城，已经成为三种力量中"危险系数"最大的一股势力，尤其是近卫军已经知道，自己的力量能够决定皇帝的命运②。因此，如何掌控近卫军成为历代皇帝必须正视的难题。

　　"五贤帝"第一帝尼尔瓦即位时年过花甲，且非军人出身，"是一个熟练的法学家和有学问的作家"③，是一个受人尊敬的、64 岁的元老④，也是一个缺少军队或军事背景的皇帝。历史学家认为，尼尔瓦的各项政策以温和，甚至是软弱为标志⑤。尼尔瓦继位之初，近卫军长官分别为佩特隆尼乌斯·赛昆杜斯和卡斯佩里乌斯·埃里亚努斯（Casperius Aelianus），两人均为多米提安时代近卫军长官。人们认为，多米提安诸多恶行，都与埃里亚努斯有关联⑥。史载，新登基的老皇帝倡导节俭⑦，但刚刚坐上王座便遭遇近卫军叛乱。势力强大的近卫军长官有足够的影响力，首先将近卫军控制在自己手中，并能够决定近卫军对皇帝的效忠与否⑧。此时的近卫军长官借助近卫军的力量，呼风唤雨，无事生非，身为一国之主的皇帝

---

　　① Leonhard Schmitz, F. R. S. E., *History of Rome, From the Earliest Times to the Death of Commodus*, A. D. 198, New York: Harper & Brothers, Publishers, 1854. p. 514. 尼尔瓦虽然担任过一系列有权势的官职，但在军队中威望不高，士兵对这位老皇帝无更多好感。

　　② W. W. Capes, *The Roman Empire of the Second Century or the Age of the Antonines*, New York: Charles Scribner's Sons, 1911. p. 6.

　　③ J. B. Bury, *A History of the Roman Empire from Its Foundation to the Death of Marcus Augustus* (27 B. C. – 180 A. D.), New York, Harper & Brothers Publishers, 1893. p. 413.

　　④ Leonhard Schmitz, F. R. S. E., *History of Rome, from the Earliest Times to the Death of Commodus*, A. D. 198, New York: Harper & Brothers, Publishers, 1854. p. 514.

　　⑤ J. B. Bury, *A History of The Roman Empire from Its Foundation to the Death of Marcus Augustus* (27 B. C. – 180 A. D.), New York, Harper & Brothers Publishers, 1893. p. 416.

　　⑥ Richard Alston, *Aspects of Roman history*, AD 14 – 117, First published by Routledge, 1998. p. 144.

　　⑦ Dio, 68, 2. 1 – 3.

　　⑧ W. W. Capes, *The Roman Empire of the Second Century or the Age of the Antonines*, New York: Charles Scribner's Sons, 1911. p. 6.

亦无可奈何。97年10月，近卫军在长官卡斯佩里乌斯·埃里亚努斯带领下，包围了位于帕拉丁山上的皇宫，将尼尔瓦扣为人质，胁迫尼尔瓦处死刺杀多米提安的凶手。"愤怒的近卫军胁迫尼尔瓦处死佩特隆尼乌斯，因为佩特隆尼乌斯与多米提安之死有牵连。"[1]埃里亚努斯甚至强迫尼尔瓦在公开场合向近卫军致以谢意，"以此发泄对元老院选择尼尔瓦的不满"[2]。在近卫军刀剑之下，尼尔瓦被迫做出让步，佩特隆尼乌斯·赛昆杜斯和帕特尼乌斯被抓后处以极刑[3]。近卫军的这次兵变表现出对新皇帝的蔑视和挑战。当然，近卫军胆敢对皇帝如此无礼，主要有两方面原因：第一，近卫军有蔑视皇帝，妄自尊大的"历史传统"。既然近卫军可以杀死在位皇帝，另择人选，对尼尔瓦亦可如法炮制；第二，尼尔瓦称帝近卫军不甚满意。在勉强认可了元老院的人选后，近卫军千方百计制造事端，令软弱无力的皇帝无计可施，等于给尼尔瓦一个下马威。毫无管束，纪律崩坏的近卫军已经撼动了尼尔瓦的权威。[4]

此次事件中，保住身家性命的尼尔瓦感觉蒙受了巨大羞辱[5]。历史学家宣称："近卫军的傲慢证实了在国家中的强势"[6]；"对于阴谋者而言，近卫军是罗马城内最重要的武装力量"[7]。正因如此，疯狂的近卫军才可能蔑视尼尔瓦。在近卫军历史上，此次近卫军闹事是"五贤帝"时代近卫军唯一一次叛乱事件，但也成为改变此后几代皇帝以过继、收养方式确立继承人的事件。卡斯佩里乌斯·埃里亚努斯的嚣张，以及近卫军的猖狂，令

---

① John D. Grainger, *Nerva and the Roman succession crisis AD* 96 – 99, First published by Routledge, 2003. p. 18.

② Boris Rankov, *The Praetorian Guard*, Osprey Publishing, Midland House, 1994. p. 12. p. 19.

③ Dio, 8. 3. 3 – 4. 现代史家推测，与皇后多米提娅·龙吉娜、佩特隆尼乌斯·赛昆杜斯共同参与谋杀多米提安活动的另一名近卫军长官诺尔巴努斯（Norbanus）想必也厄运难逃。见 Matthew Bunson, *Encyclopedia of the Roman Empire*（revised edition）, New York NY 10001, 2002. p. 181; p. 392. 但关于诺尔巴努斯的死因，史无记载。

④ Julian Bennett, *Trajan*, *optimus princeps*: *a life and times*, First published by Routledge, 1997. p. 42.

⑤ Leonhard Schmitz, F. R. S. E., *History of Rome*, *from the Earliest Times to the Death of Commodus*, *A. D* 198, New York: Harper & Brothers, Publishers, 1854. p. 514.

⑥ Thomas Keightley, *History of the Roman Empire*: *From the Accession of Augustus to the End of the Empire of the Wast*. Boston, 1841. p. 168.

⑦ John D. Grainger, *Nerva and the Roman succession crisis AD* 96 – 99, First published by Routledge, 2003. p. 18.

身居皇位的尼尔瓦颜面无光，在顾问李希尼乌斯·苏拉（L. Licinius Sura）建议下，尼尔瓦确定继承人时没有考虑选择自己的亲属①，而是选择上日耳曼军团将领图拉真（M. Ulpius Nerva Trajanus）为继承人②。狄奥·卡西乌斯在叙述尼尔瓦收养图拉真的原因时指出，尼尔瓦认为是自己年事已高，遭到近卫军的蔑视③。后世历史学家大多认为，是继位后不久的近卫军叛乱，使尼尔瓦选择了图拉真为继承人④。因为图拉真不仅是行省总督、杰出的军事将领，更重要的是，图拉真身后有 8 个忠于他的、威慑力强大的军团，足以让罗马城内的近卫军望而生畏。收养、过继是罗马人在没有子嗣时的传统方法。尼尔瓦在这一点上仿效了伽尔巴，即按照的他的意志选定了被过继者。据载，尼尔瓦在对自己的选择解释时说："我收养图拉真，这件事将证明会给元老院、罗马人民和本人带来好运。"⑤ 因此，尼尔瓦收养图拉真既包括年龄因素，也由于他本人不属骄兵悍将，难以应付骄横日甚的近卫军。说到底，尼尔瓦收养图拉真是为了寻找一个强有力的靠山。也有人认为，尼尔瓦过继图拉真，更像是通过图拉真一雪近卫军长官埃里亚努斯侮辱之耻⑥。综合各种因素分析，这一观点不无道理。结合近卫军一直以来的种种作为，尼尔瓦收养图拉真的最大意义在于，没有给近卫军留下可乘之机。

　　尼尔瓦收养图拉真主要迫于近卫军造成的压力，但由此开启了一个"过继皇帝"王朝——安东尼王朝。此处所说"五贤帝"即是该王朝前五位皇帝，也是以收养、过继为帝位传承方式的五位皇帝。通过收养、过继

---

　　① J. B. Bury, *A History of the Roman Empire from Its Foundation to the Death of Marcus Augustus* (27 *B. C.* – 180 *A. D.*), New York, Harper & Brothers Publishers, 1893. p. 416.

　　② Ronald Syme, *Guard Prefects of Trajan and Hadrian*, The Journal of Roman Studies, Vol. 70 (1980), p. 64.

　　③ Dio, 68. 3. 4.

　　④ W. W. Capes, *The Roman Empire of the Second Century or the Age of the Antonines*, New York: Charles Scribner's Sons, 1911. p. 7. 多数史家认为，尼尔瓦之所以选择图拉真，最根本的原因在于近卫军的叛乱给予尼尔瓦深刻教训，使他认识到了军队和强有力军事将领的重要性。有西方学者明确指出："罗马城内（近卫军）士兵的叛乱，导致尼尔瓦在军事将领中间寻找一个强有力的盟友……。" 见 *A Companion to the Roman Empire*, Edited by David S. Potter, First published 2006 by Blackwell Publishing Ltd. . p. 128。

　　⑤ Dio, 68. 3. 4.

　　⑥ Julian Bennett, *Trajan, optimus princeps: a life and times*, First published by Routledge, 1997. p. 48.

传承王位，在罗马帝国历史上早有先例，帝制的开创者奥古斯都的继承人，罗马帝国第二任皇帝提比略即是奥古斯都的继子。然而，安东尼王朝——"过继皇帝"王朝的建立，追根溯源却与近卫军有直接关系。是近卫军造成的压力，使该王朝的开启者尼尔瓦不得不选择收养强悍的军事将领为继承人。因此，安东尼王朝的过继不可与从前各种过继、收养同日而语。

尼尔瓦短暂的统治在罗马帝国帝制发展史上产生了重要影响。历史学家声称，尼尔瓦选择图拉真为继承人是最明智的举动，遏止了近卫军制造的危机[①]，成功地阻止了类似68—69年内战的混乱局面的发生。但更重要的是，尼尔瓦登基时近卫军的表现为后来诸位"贤帝"敲响了警钟，使后继者对近卫军实施了有效的管束和治理，成为近卫军历史上最为"安分守己"的历史时期。尼尔瓦在位期间，没有史料显示不得不对近卫军予以赏赐，近卫军的叛乱反而促使这位老皇帝选择强有力的军事将领为继承人，以便震慑不可一世的近卫军。可以认为，正是近卫军的骄横跋扈促使尼尔瓦选择了"军事强人"为继承人，近卫军也由此步入了鼎盛时期。

第二节　图拉真铁腕治下的近卫军

"或许可以认为，帝国历史的新纪元是从图拉真继位开始的。"[②]所谓"新纪元"，古今中外史家有不同的解读，核心意思不外乎图拉真统治时代罗马帝国疆域达到了最大化，帝国政治经济平稳运行等。如果联系本章议题，"新纪元"的重要内容之一应与近卫军的"鼎盛时代"相吻合。

诸位"贤帝"中，素有"士兵皇帝"之称的图拉真对近卫军及其长

① Albert A. Trever, *History of Ancient Civilization*, *Volume II*, *The Roman World*, Harcourt, Brace and Company, New York, 1939. p. 503.

② J. B. Bury, *A History of the Roman Empire from Its Foundation to the Death of Marcus Augustus* (27 B.C. – 180 A.D.), New York, Harper & Brothers Publishers, 1893. p. 417. 本节以"铁腕"为切入点，主要侧重图拉真与近卫军之间的关系。一般认为，图拉真不是暴力治国的皇帝。

官的态度是强硬的，与养父尼尔瓦对近卫军逆来顺受形成了鲜明对照，成效前所未有。"作为新登基的皇帝，图拉真牢牢地控制着军队"①。据狄奥·卡西乌斯记载，图拉真被宣布为皇帝后，派人叫来近卫军长官埃里亚努斯和那些起事反对尼尔瓦的近卫军，假惺惺地宣称要继续留用他们，然后却将他们处死②。现代史家评论说，严厉惩罚卡斯佩里乌斯·埃里亚努斯和叛变的近卫军，原因是他们曾对尼尔瓦傲慢无礼③；处死埃里亚努斯等于净化了近卫军④。近卫军威胁养父事件让图拉真刻骨铭心，图拉真到罗马城所做的第一件事就是惩处当年哗变起事的近卫军⑤，并将登基后给予近卫军的赏赐减半⑥，惩治、复仇心态溢于言表。近卫军及其长官为对前朝皇帝的傲慢、无礼付出了生命的代价，在近卫军历史上尚属首次。图拉真的举动起到了杀一儆百的作用，对近卫军的震慑力前所未有。尤其值得注意的是，图拉真继位伊始，处死近卫军长官，一方面表达了一种强硬态度，有利于强化自己的统治；另一方面，卡斯佩里乌斯·埃里亚努斯亦堪称一个非常好的"反面教材"：日后有人胆敢步其后尘，必遭同样下场。此时，罗马城内近卫军群龙无首，两名近卫军长官一个在97年被杀，另一个被图拉真处死。图拉真任命新的近卫军长官弥补这一职位的空缺，阿提乌斯·苏布拉努斯（Sex. Attius Suburanus）成为图拉真手下第一任近卫军长官。98—99年，苏布拉努斯陪同图拉真巡视多瑙河地区各个行省⑦。据说，图拉真回到罗马后，将一把短剑交给苏布拉努斯，上面刻有近卫军长官的标识，即图拉真的一句名言："如果我尽职尽责，用它来保

①　John D. Grainger, *Nerva and the Roman succession crisis AD* 96 – 99, First published by Routledge, 2003. p. 5.

②　Dio, 68. 5. 4.

③　Thomas Keightley, *History of the Roman Empire*: *From the Accession of Augustus to the End of the Empire of the Wast*. Boston, 1841. p. 169.

④　Richard Alston, *Aspects of Roman history*, AD 14 – 117, First published by Routledge, 1998. p. 145.

⑤　［俄］科瓦略夫著，王以铸译：《古代罗马史》，上海书店出版社2007年版，第669页。

⑥　Albert A. Trever, *History of Ancient Civilization*, *Volume II*, *The Roman World*, Harcourt, Brace and Company, New York, 1939. p. 510

⑦　Ronald Syme, *Guard Prefects of Trajan and Hadrian*, The Journal of Roman Studies, Vol. 70 (1980), p. 65.

护我；如果我胡作非为，用它把我干掉。"① 图拉真的话表明了自己的态度，强调近卫军长官职责的同时，授予其监督自己言行的权力。总之，图拉真"通过各种严厉手段，使猖狂一时的近卫军俯首称臣。"② 在图拉真的铁腕之下，近卫军昔日的骄横不复存在。图拉真强有力地控制着近卫军，虽然近卫军在帝位更替过程中不再扮演重要角色，却也使近卫军进入了鼎盛时期。可以认为，近卫军的鼎盛时期并非来自内部，而是图拉真等皇帝有效治理的结果。

图拉真对近卫军的治理手段强硬，堪称反其道而行之。图拉真没有像奥古斯都以来绝大多数皇帝那样，依靠金钱赏赐换得近卫军的忠诚，而是采取强硬措施，令曾经不可一世的近卫军俯首听命。实践证明，对近卫军强硬治理的结果远比金钱赎买更有效。图拉真从行省回到罗马城，在身着普通罗马市民服装、暗藏兵器的近卫军护卫下，穿过人群，徒步前往卡皮托林山和朱皮特神庙③。这一史实说明，图拉真和所有的皇帝一样，须臾离不开近卫军，所不同的是，他没有采取娇纵的手段，对近卫军放任自流，换得眼前的安宁。因此，图拉真的强硬态度的目的是为了对近卫军进行更好的治理。

帝国历史上，对近卫军有过重大改革举措的皇帝屈指可数，图拉真当为其中之一。图拉真对近卫军一项重大带有改革性质的举措，是他在第一次达契亚战争中（101—102 年）组建了皇家骑兵卫队④。组建这样一支骑兵卫队，有图拉真的创新，但也是对古老传统的复活⑤。在拉丁语中，*Equites Singulares Augustus*（or *Equites singulares Augusti*）最初含义是"精选的""出类拔萃的"，或许正因如此，有人称这支部队为"骑兵精英"（élite cavalry unit）⑥。图拉真组建这支皇家骑兵卫队用心良苦。就时代背

① J. B. Bury, *A History of the Roman Empire from Its Foundation to the Death of Marcus Augustus* (27 *B. C.* – 180 *A. D.*), New York, Harper & Brothers Publishers, 1893. p. 421.

② William Smith and Eugene Lawrence, *A Smaller History of Rome*, New York, 1881. p. 238.

③ Julian Bennett, *Trajan, optimus princeps: a life and times*, First published by Routledge, 1997. p. 55.

④ Lawrence Keppie, *The Making of the Roman Army: From Republic to Empire*, Routledge, 1998. p. 158.

⑤ Michael P. Speidel, *Riding For Caesar: The Roman Emperors' Horse Guards*, Published by B. T. Batsford Ltd., 1994. p. 29.

⑥ Lawrence Keppie, *The Making of the Roman Army: From Republic to Empire*, Routledge, 1998. p. 158.

景而言，皇家骑兵卫队是图拉真严惩了刁难尼尔瓦的罪魁祸首之后组建的。图拉真组建皇家骑兵卫队的真实用意何在？古典史家没有详细说明。现代西方学者认为，图拉真组建皇家骑兵卫队与当时罗马帝国的局势密切相关。其时，任职行省总督的图拉真刚被养父尼尔瓦收养（过继）不足一年，便登上王位。任上日耳曼行省总督期间，图拉真已经拥有了一支精心选拔的骑兵卫队，图拉真正是在这支骑兵卫队陪伴下，进入罗马城的。图拉真对罗马城内的近卫军心存提防，忠于他的军团驻扎在北方行省。故此，除了在行省的随身卫兵外，图拉真专门组建了这支骑兵卫队。骑兵卫队成员来自莱茵河与多瑙河前线服役的辅军骑兵，属于临时执行警卫皇帝的任务。3 年后，仍返回辅军骑兵部队继续服役[1]。一般认为，皇家骑兵卫队源头可上溯至多米提安统治时代，其前身是建制比较完备的行省总督的骑兵卫队（*equites singularis consularis*）[2]。也有学者认为，早在多米提安对外战争期间，就组建了 *Equites Singulares Augustus*。这支皇家骑兵卫队也被称为"巴达维"（*Batavi*）[3]，并一直使用到塞维鲁斯王朝时代[4]。

和近卫军一样，图拉真组建的皇家骑兵卫队驻扎在罗马城，但未将这支部队安置在近卫军营地，其永久性营地设在罗马七丘之一的凯里安山[5]，兵员主要来自日耳曼行省，巴达维亚（*Batavians*）骑兵[6]构成了皇家骑兵卫队的骨干力量。皇家骑兵卫队官兵大约为 1000 人，服役期为 25 年，与近卫军不同的是，这支卫队要在服役期满后才能获得公民权。出土铭文显示，真正的骑兵为 500 人[7]。卫队成员经常被派往帝国各地军队中

---

[1] http：//www. angelfire. com/or2/jrscline/eliteeqsing. html.

[2] *The Cambridge History of Greek and Roman Warfare*, Volume Ⅱ, Rome from the Late Republic to the late Empire, Edited by Philip Sabin, et al. , Cambridge University Press 2007. p. 49.

[3] 即下段文字中 Batavians 的缩写。

[4] Michael P. Speidel, *Riding For Caesar*：*The Roman Emperors' Horse Guards*, Published by B. T. Batsford Ltd. , 1994. pp. 24 – 26.

[5] Caelian hill. 后来，在塞维鲁斯统治时期，专门为皇家骑兵卫队新建了一座军营。见 Boris Rankov, *The Praetorian Guard*, Osprey Publishing, Midland House, 1994. p. 14。鉴于当时骑兵的战斗力，以及强大的机动性，此后历代君主重视骑兵卫队是必然的。

[6] 据塔西佗记载，巴达维亚人为卡提（Chati）人的一支，后迁居到莱茵河三角洲，成为罗马帝国的一部分。见［古罗马］塔西佗著，马雍、傅正元译《阿古利可拉传，日耳曼尼亚志》，商务印书馆 1985 年版，第 69 页。关于这支骑兵卫队的来历，狄奥·卡西乌斯亦有所记载。见 Dio, 55. 26. 7。

[7] Boris Rankov, *The Praetorian Guard*, Osprey Publishing, Midland House, 1994. p. 14.

任职，卫队长官由骑兵百人队长担任，隶属近卫军长官，通常也可以指挥近卫军的一个大队。骑兵卫队在战场上扮演着皇帝骑兵随从的角色，有可能参加了图拉真对达契亚人的战争，并在 130 年伴随哈德良巡幸东方①。皇帝外出征战时，皇家骑兵卫队在皇帝帐篷附近驻防②。皇家骑兵卫队的组建，使帝国近卫军又增加了新的成分，皇帝鹰犬部队的实力得以进一步增强③。此外，皇家骑兵卫队的组建对近卫军也是一种制约，假如近卫军再像对待尼尔瓦那样对待皇帝，皇帝便会使用另一支军队对付近卫军④。因此，组建皇家骑兵卫队的终极意义是维护皇帝的统治。至于图拉真出于何种目的组建这支皇家骑兵卫队，古典史家没有详细记载，甚至连这支重要的骑兵卫队也记述无多。现代学者认为，鉴于近卫军对待尼尔瓦的态度，使图拉真感觉到不能把自己的生命安危全部交给近卫军⑤。结合图拉真严厉惩治近卫军的史实，这种分析有一定道理。

图拉真在位期间，对外征伐频繁，图拉真差不多把近卫军作为常规军队用于战场，近卫军各个大队与边境行省军团几无二致，经常伴随图拉真东征西战。近卫军参与对外征伐战争，增强了帝国军队的军事实力⑥。

---

① *The Cambridge History of Greek and Roman Warfare*，Volume Ⅱ，Rome from the Late Republic to the late Empire，Edited by Philip Sabin，et al.，Cambridge University Press，2007. p. 50.

② Boris Rankov，*The Praetorian Guard*，Osprey Publishing，Midland House，1994. p. 14. 意大利罗马城内至今仍保存完好的图拉真纪功柱，也描述了这支骑兵部队在 101—106 年达契亚战争中，陪同图拉真行军、渡河、视察等不同场景，显示出图拉真与这支骑兵部队关系密切。见 Michael P. Speidel，*Riding For Caesar：The Roman Emperors' Horse Guards*，Published by B. T. Batsford Ltd.，1994. pp. 30 – 31.

③ 这支皇家骑兵卫队最后结局模糊不清，大约在 3 世纪时退出历史舞台。见 Boris Rankov，*The Praetorian Guard*，Osprey Publishing，Midland House，1994. p. 14. 另据记载，这支战场上陪伴皇帝的皇家骑兵卫队在 3 世纪晚期变成了 *protectores Domini nostri*。此时近卫军中的皇家骑兵卫队在战场上与近卫军骑兵彻底分离，成为 *protectores Domini nostri*。这两支部队在帝国晚期构成了精锐骑兵中最高级的部队。见 *A Companion to the Roman Army*，Edited by Paul Erdkamp，Blackwell Publishing Ltd.，2007. pp. 275 – 276.

④ Michael P. Speidel，*Riding For Caesar：The Roman Emperors' Horse Guards*，Published by B. T. Batsford Ltd.，1994. p. 29.

⑤ Ibid，p. 29.

⑥ Victor Duruy，*History of Rome，and of the Roman People，From Its Origin to the Invasion of the Barbarians*. Translated By M. M. Ripley and W. F. Clarke. Published by C. F. Jewett Publishing Company，Boston，1883. p. 236.

101 年 3 月，图拉真出征，近卫军成为军团部队的一部分开赴前线①。今天依然矗立在罗马城内的图拉真纪功柱上，也有描绘图拉真战场上指挥近卫军拼杀的场面②。同在此次出征军队中，近卫军长官提比利乌斯·克劳狄乌斯·李维亚努斯（Tiberius Claudius Livianus）是图拉真麾下最优秀的两位指挥官之一③。图拉真在位一半以上的时间里，近卫军长官离开罗马城，参与他发动的对外战争。对达契亚人（Dacia）的战争是图拉真发动的主要战事（101—102 年）之一，与从前不同的是，两名近卫军长官均在前线陪伴图拉真。近卫军长官提比利乌斯·克劳狄乌斯·李维亚努斯两次陪同图拉真前往达契亚前线（101—102 年、107—108 年），并成为帝国外交使团成员④。102 年，李维亚努斯不仅在达契亚前线服役，并且和苏拉（L. Licinius Sura，尼尔瓦身边的顾问、图拉真的心腹）一同作为帝国代表，前往图拉真达契亚，与达契亚国王戴西巴鲁斯谈判⑤。但戴西巴鲁斯拒绝与提比利乌斯·克劳狄乌斯·李维亚努斯面晤，李维亚努斯无功而返⑥。科尔内利乌斯·福斯库斯曾是多米提安时代近卫军长官，在达契亚战争中战死前线⑦。历任图拉真、哈德良两朝的近卫军长官昆图斯·马尔奇乌斯·图尔波（Quintus Marcius Turbo），在图拉真统治期间，一直在同帕提亚人和马克曼尼人作战前线服役；还是这位图尔波曾在多瑙河前线长期任职⑧。那些前线阵亡的近卫军长官，等于用行动诠释了"鼎盛时代"近卫军的内涵，反映出图拉真对这些近卫军长官的信任和依赖，近卫军也以此改变了昔日的形象。

---

① H. Stuart Jones, *The Roman Empire*, *B. C.* 29 – *A. D.* 476, New York, G. P. Putnam's Sons, London: T. Fisher Unwin, 1908. p. 161.

② Julian Bennett, *Trajan*, *optimus princeps*: *a life and times*, First published by Routledge, 1997. p. 95.

③ J. B. Bury, *A History of the Roman Empire from Its Foundation to the Death of Marcus Augustus* (27 *B. C.* – 180 *A. D.*), New York, Harper & Brothers Publishers, 1893. p. 422.

④ Ronald Syme, *Guard Prefects of Trajan and Hadrian*, The Journal of Roman Studies, Vol. 70 (1980), pp. 64 – 80.

⑤ Dio, 68. 9. 2.

⑥ Matthew Bunson, *Encyclopedia of the Roman Empire* (revised edition), New York NY 10001, 2002. p. 327.

⑦ E. G. Turner, *Tiberivs Ivlivs Alexander*, The Journal of Roman Studies, Vol. 44 (1954), pp. 54 – 64.

⑧ Ibid, pp. 54 – 64.

图拉真一生戎马倥偬，他的名字与一系列外扩张战争联系在一起①。对外战争中，尤以征服达契亚最为闻名。在征服达契亚过程中，近卫军和军团一起在前线作战。101 年 3 月 25 日，图拉真离开罗马城，陪同他离开的近卫军，成为已经在多瑙河中部集结的军团的一部分②。此次出征军队的军官中，近卫军长官李维亚努斯和莫西亚总督最为出类拔萃③。116年——图拉真病故前一年，在对东方的两河流域、波斯等地的军事行动中，近卫军及其长官随图拉真出征，并再一次充当了帝国使者的角色。一个名曰森提乌斯（Sentius）的近卫军百人队长，曾奉命与某国国王谈判④。

图拉真在位期间，近卫军保持了对皇室的忠诚，近卫军长官也能够尽职尽责，对皇帝忠心耿耿。117 年 8 月，图拉真死去，手下一名近卫军长官普布里乌斯·阿希利乌斯·阿提亚努斯（Publius Acilius Attianus）陪同图拉真的岳母马提迪娅（Matidia）和妻子普劳提娅（Plotina）为他守灵，并将其骨灰护送回罗马城⑤。

图拉真对近卫军的治理，与历史上大多数皇帝截然不同。帝国历史上，大多数皇帝遵循"惯例"，被迫以金钱赏赐维系近卫军的忠诚，但往往收效甚微。图拉真则反其道而行之，一改前辈皇帝对近卫军慷慨赏赐的做法，非但没有增加赏金数额，反而将赏金削减一半。固然不能将图拉真对近卫军的有效治理简单地归结为削减赏金，但图拉真的举措从另一个侧面说明，金钱换取的近卫军的忠诚难以依恃。金钱进一步刺激的是近卫军的贪欲，对皇帝忠诚则大打折扣，金钱赐予与近卫军的忠诚不成正比。历

---

① 除了对近卫军进行某些改革之外，图拉真统治时期将罗马军团的总数增加到 30 个。帝国历史上，帝国军团的数量是一直比较稳定的。奥古斯都时代，帝国军团数量为 25 个，到图拉真当政时为 26 个。图拉真将军团数量增加到 30 个。见 Theodor Mommsen, *A History of Rome under the Emperors*, English translation by Clare Krojzl, Routledge, 1996. p. 201。笔者认为，图拉真扩大军团数量，与他在位期间的一系列对外征伐密切相关。

② H. Stuart Jones, *The Roman Empire*, *B. C.* 29 – *A. D.* 476, New York, G. P. Putnam's Sons, London：T. Fisher Unwin, 1908. p. 161.

③ J. B. Bury, *A History of the Roman Empire from Its Foundation to the Death of Marcus Augustus* (27 *B. C.* – 180 *A. D.*), New York, Harper & Brothers Publishers, 1893. p. 422.

④ Robert F. Evans, *Soldiers of Rome*, *Praetorian and Legionnaires*, Washington, 1986. p. 36.

⑤ Ronald Syme, *Guard Prefects of Trajan and Hadrian*, The Journal of Roman Studies, Vol. 70 (1980), pp. 64 – 80. 已故皇帝骨灰由近卫军长官护送到罗马城，为帝国历史上第一次。

史证明，图拉真对近卫军强有力的治理手段是治理近卫军唯一有效的手段，只不过大多数皇帝做不到这一点。

第三节　哈德良时代：近卫军辉煌的顶点

和尼尔瓦一样，没有子嗣的图拉真也以收养的形式传递了王位。与尼尔瓦不同的是，图拉真收养的哈德良（Publius Aelius Hadrianus）是自己的近亲：哈德良的父亲与图拉真为表兄弟，哈德良则迎娶图拉真侄女维比娅·萨比娜（Vibia Sabina）为妻①。狄奥·卡西乌斯认为，图拉真之所以过继哈德良，一方面是由于近亲关系；另一方面，则是看重了哈德良拥有一支强大的军队②。"五贤帝"中泰半"贤帝"通过前朝皇帝收养继位，这种收养、过继表象背后的深层次原因在于，几位"被过继者"多为军事"强人"，足以用武力、军队支撑自己的统治，有能力严密控制近卫军。

与图拉真不同的是，哈德良继位过程中，近卫军长官普布里乌斯·阿希利乌斯·阿提亚努斯和皇后发挥了关键作用。117 年，图拉真突然死去，他收养过继哈德良的文书尚未传递到哈德良手中，也就是说，哈德良是在图拉真死后得知被收养的。关键时刻，近卫军长官阿提亚努斯和皇后封锁图拉真死亡的消息，并负责保管图拉真拟定的文书，直至哈德良收到这份重要的文书③。阿提亚努斯及其近卫军支持东方军团宣布哈德良为帝④，近卫军又一次扮演了新皇帝——哈德良强有力的支持者的角色⑤。哈德良登基过程中，近卫军长官"皇帝制造者"的角色以一种特殊的、平稳的方式表现出来。

---

① J. B. Bury, *A History of the Roman Empire from Its Foundation to the Death of Marcus Augustus* (27 B. C. −180 A. D.), New York, Harper & Brothers Publishers, 1893. p. 491, p. 422.

② Dio, 69. 1. 2.

③ William Dodge Gray, *A Study of the Life of Hadrian Prior to His Accession*, Northampton, MASS. 1912. p. 194.

④ Matthew Bunson, *Encyclopedia of the Roman Empire* (revised edition), New York NY 10001, 2002. p. 54.

⑤ William Dodge Gray, *A Study of the Life of Hadrian Prior to His Accession*, Northampton, MASS. 1912. p. 209.

　　众所周知，哈德良继位后奉行与养父图拉真截然不同的对外政策。哈德良终止了罗马军队大规模对外征战的军事行动，他的边境政策以防守为主。哈德良当政期间，放弃了养父对东方的征伐政策，"和奥古斯都一样，他认为他的帝国已经够大了"，不需要再侵略扩张①。哈德良奉行的和平政策为帝国带来了近半个世纪的和平，此间，"罗马世界享受到了他的和平政策带来的幸福时光，这种幸福时光空前绝后。"② 无疑，这种"幸福时光"与哈德良有效地控制军队、控制近卫军相辅相成。

　　哈德良在位期间，经常巡幸帝国各个行省，是一个足迹遍及帝国的皇帝。每次巡幸，总有近卫军长官陪伴左右。"哈德良两次长时间巡幸帝国时，都由近卫军长官陪同。"③ 不仅如此，130 年时，皇家骑兵卫队还陪同哈德良前往东方巡幸④。哈德良离开罗马期间，罗马城的安全掌控在另一位近卫军长官手中。哈德良继位时的两名近卫军长官：阿提亚努斯和苏尔皮西乌斯·西米里斯（Sulpicius Similis）为图拉真时代的近卫军长官，均为"两朝元老"，由于两人先后失去哈德良的信任，图尔波和赛普提西乌斯·克拉卢斯（C. Septicius Clarus）被任命为近卫军长官⑤。尽管哈德良最终没有任用阿提亚努斯，但阿提亚努斯与哈德良曾经有过一段非比寻常的关系。哈德良还是孤儿时，图拉真决定收养哈德良，并让其在罗马接受教育，以便日后有所发展。图拉真的同胞、骑士出身的阿提亚努斯被委以培养、教育哈德良的重任，成为哈德良的监护人。历史学家宣称，哈德良一生中，有两个人对他产生过决定性影响：一个是图拉真，另一个便是阿提亚努斯⑥。阿提亚努斯系两朝元老，哈德良至交，对哈德良的影响由来

　　① Charles Seignobos, *History of the Roman People*, Translation Edited by William Fairley, Ph. D. , New York, Henry Holt and Company, 1902. p. 331.

　　② J. B. Bury, *A History of the Roman Empire from Its Foundation to the Death of Marcus Augustus* (27 B. C. –180 A. D.), New York, Harper & Brothers Publishers, 1893. p. 493. 哈德良在位期间，大规模的对外军事行动只有一次，即对犹太人的第二次战争。

　　③ Ronald Syme, *Guard Prefects of Trajan and Hadrian*, The Journal of Roman Studies, Vol. 70 (1980) . p. 64.

　　④ Boris Rankov, *The Praetorian Guard*, Osprey Publishing, Midland House, 1994. p. 14.

　　⑤ J. B. Bury, *A History of the Roman Empire from Its Foundation to the Death of Marcus Augustus* (27 B. C. –180 A. D.), New York, Harper & Brothers Publishers, 1893. p. 496.

　　⑥ William Dodge Gray, *A Study of the Life of Hadrian Prior to His Accession*, Northampton, MASS. 1912. p. 154.

已久，哈德良登基阿提亚努斯功不可没①。正是通过阿提亚努斯牵线搭
桥，哈德良方能与图拉真的侄女维比娅·萨比娜结下良缘。因在登基过程
中的贡献，阿提亚努斯成为哈德良的顾问，并仍司职近卫军长官——成为
历经图拉真、哈德良两朝的近卫军长官。然而，好景不长，阿提亚努斯与
哈德良的"蜜月关系"很快降至冰点，导火索事件为阿提亚努斯处死了 4
名元老。4 名元老对哈德良的种种不满被发现后，阿提亚努斯派遣近卫军
下属侦缉队（speculatores）前去镇压。结果，4 个元老被处以极刑。阿提
亚努斯的举动招致罗马公众怨恨，很快传到哈德良那里。哈德良清楚公众
的同情心不可漠视，只得秉公执法，解除了阿提亚努斯近卫军长官职务。
但哈德良无法彻底不念旧情，作为对昔日恩典的回报，阿提亚努斯被授予
元老荣誉，依然是元老②，"给予阿提亚努斯的荣誉无以复加"③。关于阿
提亚努斯被解职一事，古典史家与后世史家解说不一。古典史家认为，阿
提亚努斯处死 4 名元老后，哈德良不能容忍阿提亚努斯的权势，准备处死
阿提亚努斯，因为哈德良对阿提亚努斯处死 4 名元老非常憎恶。尽管事实
俱在，但哈德良还是将此事归罪于阿提亚努斯。在阿提亚努斯的请求下，
哈德良才免除了他的官职，给他一条生路④。后世史家则依据古典史家的
叙述，认为阿提亚努斯的行为给哈德良制造了麻烦，哈德良不愿意看到阿
提亚努斯权势过大，成为第二个塞亚努斯，作为对处死 4 名元老的惩罚，
撤销其近卫军长官职务⑤。无论古今史家的议论哪种更接近现实，一个不
容回避的问题是，近卫军长官纵然有如风光八面之时，但伴君如伴虎的危
险也如影相随。在"强势"皇帝手中，近卫军长官的命运由不得自己把
握，阿提亚努斯可视为典型例证之一。

　　阿提亚努斯遭解职后，苏尔皮西乌斯·西米里斯曾与昆图斯·马尔奇
乌斯·图尔波（Q. Marcius Turbo）有过一段共事的经历，但年龄资历均

　　① William Dodge Gray, *A Study of the Life of Hadrian Prior to His Accession*, Northampton,
MASS. 1912. p. 154.

　　② Matthew Bunson, *Encyclopedia of the Roman Empire* (revised edition), New York NY 10001,
2002. p. 54.

　　③ Aelius Spartianus, *Historia Augusta*, *The Life of Hadrian*. VIII, IX. Tranlated by David Magie,
Ph. D. , for the Loeb Classical Library, 1924.

　　④ Iibd, IX.

　　⑤ Ferdinand Gregorovius, *The Emperor Hadrian*, *A Picture of The Graeco – Roman World in his
Time*, Translated by Mary E. Robinson, London Macmilan and Co. Limited, 1898. p. 42.

在图尔波之上。狄奥·卡西乌斯记载，苏尔皮西乌斯·西米里斯出身低微，曾先后担任过近卫军百人队长、谷物供应长官等职。图拉真在世时，曾召见他和近卫军长官，他先于近卫军长官到达，便对图拉真说："陛下，您和一个百人队长谈话时，近卫军长官站在旁边，实在有违纲常。"苏尔皮西乌斯·西米里斯一直对担任近卫军长官没有太多兴趣。哈德良满足了苏尔皮西乌斯·西米里斯的愿望，他生命中最后7年在宁静的乡村度过。苏尔皮西乌斯·西米里斯的墓碑上刻着这样一段耐人寻味的文字："苏尔皮西乌斯·西米里斯在此安息。他曾经生存了许多年，却只生活了7年。"①

　　图拉真时代，共有四位近卫军长官历史留名。其中，哈德良王朝著名的近卫军长官昆图斯·马尔奇乌斯·图尔波是哈德良最信任的朋友和政治盟友②，在东方一系列军事行动的指挥权，也由图尔波执掌。正因如此，哈德良在位大多数时间里，军事经验丰富的图尔波担任近卫军长官，并很好地履行了近卫军长官的职责，恪尽职守地管理近卫军。罗马城发生推翻哈德良的阴谋活动时，骑士出身的图尔波被哈德良授予特别军事指挥权，控制潘诺尼亚（Pannonia）和达契亚两个行省③。图尔波认真执行哈德良的政策，整肃了达契亚，并由此获得了罕见的荣誉：被任命为达契亚和潘诺尼亚的副将——对于一个出身骑士阶层的人来说是至高无上的荣誉④。哈德良在位期间，还派图尔波前往毛里塔尼亚镇压摩尔人的叛乱⑤。图尔

---

　　①　Dio, 69. 19. 1 – 2.

　　②　昆图斯·马尔奇乌斯·图尔波早在图拉真时代即是得到图拉真垂青的一员猛将。图拉真曾命图尔波带领军队镇压犹太人的起义和反抗。见 Ferdinand Gregorovius, *The Emperor Hadrian*, *A Picture of The Graeco – Roman World in his Time*, Translated by Mary E. Robinson, London Macmilan and Co. , Limited, 1898. p. 18.图尔波在 103 年时或许还只是一个百人队长。在第二次达契亚战争中引起了图拉真的注意，很快得到提拔，并在皇家骑兵卫队供职。哈德良时代，图尔波任近卫军长官。见 Julian Bennett, *Trajan*, *optimus princeps*: *a life and times*, First published by Routledge, 1997. p. 113。

　　③　J. B. Bury, *A History of the Roman Empire from Its Foundation to the Death of Marcus Augustus* (27 *B. C.* –180 *A. D.*), New York, Harper & Brothers Publishers, 1893. p. 499.

　　④　Matthew Bunson, *Encyclopedia of the Roman Empire* (revised edition), New York NY 10001, 2002. p. 558.

　　⑤　Ronald Syme, *Guard Prefects of Trajan and Hadrian*, The Journal of Roman Studies, Vol. 70 (1980). pp. 64 – 80.

波是"一位传统意义上的罗马军事精英"①，之所以得到哈德良的垂青，一方面源于他对哈德良的忠诚——传统罗马军人的忠诚；另一方面，则是图尔波的军事业绩。哈德良以图尔波接替阿提亚努斯，可谓知人善任，近卫军长官的各种职能及其对皇室的忠诚，在图尔波身上得以充分体现。

与图尔波相比，于119年共同出任近卫军长官的赛普提西乌斯·克拉卢斯则不那么幸运，成为哈德良治下另一位被解职的近卫军长官。赛普提西乌斯·克拉卢斯曾是留下《罗马十二帝王传》的历史学家苏维托尼乌斯的保护人②，大约在122年被哈德良解职。据《哈德良传》记载，赛普提西乌斯·克拉卢斯遭解职的同时，苏维托尼乌斯的帝国秘书职务也被撤销，另有其他一些人也遭撤职厄运，原因是这些人完全不顾宫廷规矩，与皇后萨比娜（Sabina）交往过于随便③。这一事例再次说明，虽然近卫军长官有权高势重之时，但在充满倾轧的宫廷中，近卫军长官亦堪称"高危"职位，不仅与皇帝之间的主仆关系难以超越，而且宫廷内部复杂的人际关系也随时让近卫军长官丢掉乌纱，乃至身家性命。

近卫军历史上，作为近卫军长官，图尔波虽然不及塞亚努斯那样权倾朝野，但也属于少见的、颇得皇帝真正信赖的、青史留名的近卫军长官。图尔波赢得哈德良信赖，并非依靠权术和心机，而是通过自己对皇帝的忠诚，成为哈德良最信任的朋友之一④。狄奥·卡西乌斯对图尔波赞誉有加，认为图尔波是最伟大的将才，称赞图尔波"做任何事情既不矫揉造作，也不傲慢无礼，与大多数人没有差别。他整天都在皇宫周围，甚至半夜三更他人进入梦乡时，他也要前往宫廷……图尔波白天从不逗留家中，即使病患缠身，也要前往哈德良身边。哈德良建议他休息，他回答说：'近卫军长官应当暴死。'"⑤ 近卫军历史上，类似图尔波这样的近卫军长官极为罕见，他不仅尽职尽责，也成为哈德良统治时代的宫闱安全，乃至

① Ferdinand Gregorovius, *The Emperor Hadrian*, *A Picture of the Graeco - Roman World in his Time*, Translated by Mary E. Robinson, London Macmilan and Co. Limited, 1898. p. 42.

② Samuel Dill, *Roman Society*, *From Nero To Marcus Aurelius*, Macmillan and Co. , Limited, 1905. p. 162.

③ Aelius Spartianus, *Historia Augusta*, *The Life of Hadrian*, Translated by David Magie, Ph. D. , for the Loeb Classical Library, 1924. 11. 3.

④ Matthew Bunson, *Encyclopedia of the Roman Empire* (revised edition), New York NY 10001, 2002. p. 558.

⑤ Dio, 69. 18. 1 - 4.

社会安宁的重要因素。

哈德良在位期间，曾经进行过一些重要的军事改革。涉及近卫军，一项非常重要的内容是近卫军长官身份要求的新变化：近卫军长官的提拔，不再以元老身份为必要条件，使近卫军长官的职位比之此前更加开放①。近卫军长官身份条件的放宽，是近卫军发展史上的一件大事，并对日后近卫军的发展产生了重要的影响。就职权范围而言，哈德良统治期间，扩大了近卫军长官的司法权限和职能②，不仅增加了近卫军长官的权限，也为近卫军长官日后管理司法事务创造了条件。此后，担任近卫军长官必须拥有管理国家事务、司法审判等方面的能力，故此，3世纪里一些大法官才有机会出任近卫军长官③。总体而言，哈德良治下的近卫军长官权势依然重大，一人之下，万人之上④。但因哈德良治理有方，近卫军长官尽职尽责，没有出现危及皇权的野心家式的近卫军长官。

帝国历史上，哈德良以注重军队建设，强化军纪而闻名。在强化军纪，加强军队训练过程中，哈德良把近卫军作为全部军队学习的标准。"哈德良把近卫军作为全军出类拔萃的楷模。他坚持高标准训练军队，以近卫军中的百人队长为教官训练军团和辅军官兵。"⑤ 近卫军的军事地位和受重视程度前所未有，这也反映出哈德良治下的近卫军，作为"军事精英"名不虚传。

哈德良在位期间，尽管没有像养父那样不断对外用兵，但治理军队尤其对近卫军的治理卓有成效。近卫军一如图拉真时代，得到了很好的掌控，能够认真履行自己的职责，没有发生任何危及皇帝身家性命的兵变事件，近卫军的形象得到了扭转，在近卫军中服役成为许多投身行伍人的理想。著名法学家卢西乌斯·内拉提乌斯·普利斯库斯（Lucius Neratius Priscus）曾记载这样一段生动的对话，颇能反映当时近卫军在人们心目中

---

① J. B. Bury, *A History of the Roman Empire from Its Foundation to the Death of Marcus Augustus* (27 B. C. – 180 A. D.), New York, Harper & Brothers Publishers, 1893. p. 511.

② Albert A. Trever, *History of Ancient Civilization*, Volume II, *The Roman World*, Harcourt, Brace and Company, New York, 1939. p. 531.

③ J. B. Bury, *A History of the Roman Empire from Its Foundation to the Death of Marcus Augustus* (27 B. C. – 180 A. D.), New York, Harper & Brothers Publishers, 1893. p. 511.

④ Albert A. Trever, *History of Ancient Civilization*, Volume II, *The Roman World*, Harcourt, Brace and Company, New York, 1939. p. 531.

⑤ Robert F. Evans, *Soldiers of Rome*, *Praetorian and Legionnaires*, Washington, 1986. p. 38.

的地位：

有人问一个想从军的人："你想到哪里服役？"

"近卫军。"

"你的身高是多少？"

"五英尺半。"

"你先到城市警卫大队服役，如果你是一个好士兵，那么在第三年里，你将有能力通过测试，成为近卫军的一员。"①

通过这段对话可知，当时的年轻人以在近卫军中服役为追求，乐于在近卫军服役。换言之，同样是服兵役，哈德良时代的年轻人首选近卫军。研讨个中原因，固然不能忽视近卫军种种优厚待遇，但这一时期近卫军表现上乘，没有给人留下太多的恶劣印象等，自然令人对近卫军刮目相看。年轻人向往到近卫军中服兵役符合情理。

哈德良统治期间，沿袭了养父对近卫军的各种治理措施，成为近卫军历史上履行自己职责最好的一个时段，军事精英名副其实。历史学家评价说："只是哈德良统治时期，近卫军被他打造成为一支真正的精英部队，而不是被娇宠的军队，且以意大利人居多。"② 整肃军队，强化军纪，构成了哈德良统治期间的重要内容。对此，古典史家屡有记述。涉及近卫军，与其他历代皇帝最大的不同之处在于，多位皇帝因整饬军纪引来杀身之祸，哈德良的治军则取得了积极成效，当政二十余年，从未有任何形式的兵变发生③。这在帝国历史上极为罕见。现代学者认为，哈德良统治时期是帝国辉煌的顶点④。无疑，帝国辉煌顶点的出现与哈德良很好地控制了近卫军、帝国军队是分不开的。

① Victor Duruy, *History of Rome, and of the Roman People, From Its Origin to the Invasion of the Barbarians.* Translated By M. M. Ripley and W. F. Clarke. Published by C. F. Jewett Publishing Company, Boston, 1883. p. 400.

② E. T. Salmon. *A History of the Roman World from 30 BC to AD 138*, London, Methuen, 1959. p. 300.

③ Charles Seignobos, *History of the Roman People*, Translation Edited by William Fairley, Ph. D., New York, Henry Holt and Company, 1902. p. 331.

④ Ferdinand Gregorovius, *The Emperor Hadrian, A Picture of the Graeco - Roman World in his Time*, Translated by Mary E. Robinson, London Macmilan and Co. Limited, 1898. p. 4.

第四节 "虔诚者"与相安无事的近卫军

继哈德良之后，皮乌斯（Antoninus Pius）的统治处于平稳状态，既无图拉真那样的大规模对外征伐，亦未像哈德良那样苦心经营帝国边防，整饬军纪，用"平稳"二字形容皮乌斯的统治比较恰当。因在拉丁语中Pius 意为"虔诚者""受人敬仰者"等，皮乌斯亦得名"虔诚者"。

皮乌斯的统治以和平为标志，也是哈德良治理边境富有成效的必然结果。当代西方史家对皮乌斯的评价是："尽管他卓尔不群，但他不是伟大的君主。"[1] 吉本甚至声称安东尼·皮乌斯"无为而治"[2]。皮乌斯对军事征伐兴趣无多，他认为："保留一个公民的生命强过杀死 1000 个敌人。"[3]在这种思想支配下，皮乌斯治下的罗马帝国没有大规模对外军事行动。也有学者认为，皮乌斯的统治相安无事，以守土为核心，是因为哈德良进行了诸多建设性改革之后，帝国需要休养生息[4]。

皮乌斯在位期间，外无重大战事，内无轰轰烈烈的改革，主要是继承前辈的统治政策。但他改革了官职的任职年限，许多官吏延长了在职时间，近卫军长官在职时间长达 18 年[5]。尽管皮乌斯执政期间近卫军依然相安无事，没有蓄意制造各种事端，但他也和前辈图拉真、哈德良一样，给予近卫军相应的赏金。女儿出嫁时，皮乌斯没有忘记赏赐近卫军[6]。古

---

① H. Stuart Jones, *The Roman Empire*, B. C. 29 – A. D. 476, New York, G. P. Putnam's Sons, London：T. Fisher Unwin, 1908. p. 198.

② 见 [英] 爱德华·吉本著，席代岳译：《罗马帝国衰亡史》第 1 册，吉林出版集团有限责任公司 2008 年版，第 7 页。

③ Charles Seignobos, *History of The Roman People*, Translation Edited by William Fairley, Ph. D. , New York, Henry Holt and Company, 1902. p. 337.

④ H. Stuart Jones, *The Roman Empire*, B. C. 29 – A. D. 476, New York, G. P. Putnam's Sons, London：T. Fisher Unwin, 1908. p. 198.

⑤ *The Cambridge Ancient History*, Volume XI, The Imperial Peace, A. D. 70 – 192, Cambridge University Press, 1936. p. 334.

⑥ Matthew Bunson, *Encyclopedia of the Roman Empire* (revised edition), New York NY 10001, 2002. p. 185.

典史家亦记载，皮乌斯在位期间发放军饷"慷慨大度"①。在近卫军历史上，皮乌斯与图拉真、哈德良统治时代，是近卫军所得各种赏赐数量最少的一个历史时段。然而，这一时期的近卫军却是对皇帝最为忠诚、帝国历史上非常罕见的一个时期，由此可以看出，近卫军的忠诚与金钱赏赐之间不存在必然的因果关系，赏金数额的多寡并不与近卫军对皇帝的忠诚成正比。关于这一点，图拉真、皮乌斯的对近卫军的种种举措提供了非常有说服力的例证。

皮乌斯统治时代的近卫军经过图拉真、哈德良两位皇帝的治理，依然能够履行自己的职能，属于近卫军历史上安分守己的一个阶段。皮乌斯统治时期，M. 皮特洛尼乌斯·马莫提努斯（M. Petronius Mamertinus）与马尔库斯·盖维乌斯·马克西姆斯（Marcus Gavius Maximus）曾担任近卫军长官②。有学者认为，这两个人或其中一人是由哈德良任命的③。马克西姆斯曾长期担任近卫军长官职务，甚至比图尔波更出色④。皮乌斯时代，马克西姆斯是青史留名的近卫军长官。哈德良时代，马克西姆斯曾担任过毛里塔尼亚行政长官。皮乌斯继承王位后，马克西姆斯不仅出任近卫军长官，而且还参与许多军事决策⑤。虽然从 143 年开始，马克西姆斯独自一人执掌近卫军权柄，但更多时候充当皇帝顾问的角色，直至 158 年退休，任职长达 20 年之久⑥，成为帝国历史上屈指可数的任职逾 20 年的近卫军

---

① ［古罗马］尤特罗庇乌斯著，谢品巍译：《罗马国史大纲》，世纪出版集团、上海人民出版社 2011 年版，第 87 页。

② M. 盖维乌斯·马克西姆斯在皮乌斯当政的大多数时间内担任近卫军长官，具体何时任职，史载不详。见 *The Cambridge Ancient History*, Volume XI, The Imperial Peace, A. D. 70 - 192, Cambridge University Press, 1936. p. 151。

③ 也有西方学者认为，盖维乌斯·马克西姆斯是"两朝元老"，在哈德良时代即已担任了近卫军长官。见 Matthew Bunson, *Encyclopedia of the Roman Empire* (revised edition), New York NY 10001, 2002. p. 450。

④ Ronald Syme, *Guard Prefects of Trajan and Hadrian*, The Journal of Roman Studies, Vol. 70 (1980). pp. 64 - 80.

⑤ *The Cambridge Ancient History*, Volume XI, The Imperial Peace, A. D. 70 - 192, Cambridge University Press, 1936. p. 334.

⑥ Victor Duruy, *History of Rome*, *and of the Roman People*, *From Its Origin to the Invasion of the Barbarians*. Translated By M. M. Ripley and W. F. Clarke. Published by C. F. Jewett Publishing Company, Boston, 1883. p. 439.

长官之一。退休之后，皮乌斯承袭哈德良政策，对马克西姆斯善待有加①。继马克西姆斯之后，盖乌斯·塔提图斯·马克西姆斯（Gaius Tattius Maximus）曾担任近卫军长官②。盖乌斯·塔提图斯·马克西姆斯在任期间死去，塞克斯斯图斯·科尔内利乌斯·莱奔提努斯（Sextus Cornelius Repentinus）与弗利乌斯·维克托利努斯（Furius Victorinus）③ 出任近卫军长官，再次结束了一人担任近卫军长官的历史。

有论者谓："关于近卫军的活动，在皮乌斯统治的 23 年里，历史记载寥寥无几……。"④ 故此，关于近卫军的作为知之甚少。但可以肯定的是，此时的近卫军依然沿袭着图拉真、哈德良时代的传统，恪尽职守，没有给帝国制造从前的麻烦。

161 年 3 月 7 日，74 岁的皮乌斯死去。临终前，皮乌斯将两名近卫军长官科尔内利乌斯·莱奔提努斯与弗利乌斯·维克托利努斯召集到身边，当着两人的面，举荐奥莱利乌斯为继承人⑤。此事足以说明，近卫军长官不仅在皮乌斯心目中占有重要地位，而且证明近卫军长官对帝国政治的影响力依然未减。

据说，皮乌斯在平静中死去。临死前，"虔诚者"皇帝给近卫军大队长的最后一个口令是"平静"⑥。是表达一种心愿还是希望近卫军能够继续保持对帝国的忠诚？不得而知。

---

① Matthew Bunson, *Encyclopedia of the Roman Empire*（revised edition），New York NY 10001，2002. p. 236.

② Ibid, p. 361.

③ 弗利乌斯·维克托利努斯为马克西姆斯的继任者。皮乌斯继位后，奥莱利乌斯继续担任近卫军长官。168 年，在对马克曼尼人战争开始时阵亡。用近卫军长官任职条件与标准衡量，塞克斯斯图斯·科尔内利乌斯·莱奔提努斯属于"破格"提拔，因为他本人并无任何军事经验。见 P. A. Brunt, *Princeps and Equites*, The Journal of Roman Studies, Vol. 73（1983），pp. 42 – 75。奥古斯都帝国初年设置近卫军长官时的标准，经过百余年时间，多次被人打破，约束力大大降低。

④ Robert F. Evans, *Soldiers of Rome*, *Praetorian and Legionnaires*, Washington, 1986. p. 38.

⑤ J. B. Bury, *A History of the Roman Empire from Its Foundation to the Death of Marcus Augustus*（27 *B. C.* – 180 *A. D.*），New York，Harper & Brothers Publishers，1893. p. 531.

⑥ Aelius Spartianus, *Historia Augusta*, *the Life of Marcus Aurelius*. 7. 3，Translated by David Magie, Ph. D., for the Loeb Classical Library, 1924.

第五节　"皇帝哲学家"与近卫军

奥莱利乌斯（Marcus Annius Catilius Severus）为"五贤帝"最后一帝，罗马帝国的辉煌与繁荣在奥莱利乌斯这里画上了句号。罗马帝国历史上，唯有奥莱利乌斯一人得名"哲学家皇帝"。狄奥·卡西乌斯声称，奥莱利乌斯几乎一生都在同蛮族作战中度过①。奥莱利乌斯统治时期，恰逢帝国多事之秋，外部蛮族屡屡进犯帝国边境②，边境频频告急；内部则是瘟疫袭击罗马，人口锐减。奥莱利乌斯统治时代也是近卫军鼎盛的最后阶段，近卫军沿袭了前几位"贤帝"时代的传统，认真履行职能，保持了对皇帝的忠诚。此后的罗马帝国日渐混乱、衰微，近卫军的最后辉煌随之一去不复返。

皮乌斯生前收养了奥莱利乌斯，并将自己的女儿嫁给了这位王位继承者。皮乌斯故去时，仅指定奥莱利乌斯一人继承王位，未提及他人。在没有近卫军和军队恶意干预的情况下，元老院真正行使法定的权力，把王位授予了奥莱利乌斯。但迫于元老院在皮乌斯死后的种种压力，奥莱利乌斯史无先例地和自己被收养的弟弟康茂都斯（L. Ceionius Commodus）共掌王权，两人权力、地位等同③，将恺撒和奥古斯都的头衔授予康茂都斯，并将自己的名字维卢斯（Verus）给予这位非同胞兄弟④。或许是为了合作的稳固，或许是为强化两人之间的关系，奥莱利乌斯将自己的女儿露茜拉（Lucilla）嫁给维卢斯。帝国大权第一次落入两个皇帝手中⑤，"罗马

---

① Dio, 71. 3. 1.

② 当时，摩尔人进犯西班牙，蛮族入侵高卢，驻扎不列颠的军队企图另立门户，东方的帕提亚人也失去了昔日的安宁。见 Robert F. Pennell, *Ancient Rome*, *from the earliest times down to* 476 *A. D.*, U. S, 1890. p. 159。

③ H. Stuart Jones, *The Roman Empire*, *B. C.* 29 – *A. D.* 476, New York, G. P. Putnam's Sons, London：T. Fisher Unwin, 1908. p. 208。

④ Aelius Spartianus, *Historia Augusta*, *The Life of Marcus Aurelius*. 7. 5 – 7, Tranlated by David Magie, Ph. D., for the Loeb Classical Library, 1924.

⑤ Thomas Keighley, *History of the Roman Empire*, *From the Accession of Augustus to the End of the Empire of the West*. Boston：Hillard, Gray, and Company. 1841. p. 182.

帝国第一次由两个皇帝统治"①。正是由于奥莱利乌斯开创的先例，罗马日后不止一次出现两个皇帝共治帝国的局面。近卫军也第一次履行陪伴、保卫两个皇帝的安全等项职责②。162—166 年，（部分）近卫军在东方前线陪同维卢斯③。然而，"一天二日"的局面持续时间不长，维卢斯死后，帝国大权由奥莱利乌斯一人独掌，最终避免了兄弟之间为争夺王权，相互拼杀的悲剧。

皮乌斯在位期间，既没有大规模对外用兵，亦无铺张浪费，国库充盈，为奥莱利乌斯留下了大笔财富。奥莱利乌斯和维卢斯共治天下后，立刻光顾近卫军营地，并对军队进行赏赐，近卫军官兵每人得到了 2 万塞斯退斯的赏金，其他士兵也得到了相应数额的赏赐④。"行省军队和近卫军都得到了相应的赏赐，赏赐的数量依据这些军队的重要性而定……。"⑤近卫军所得赏赐远比军团官兵多得多⑥。由此可知，奥莱利乌斯虽然比前辈皇帝拥有更多的哲学素养，但对近卫军却没有前辈的治理措施，亦缺乏图拉真式的铁腕，选择赏赐安抚近卫军无异于恢复了中断的"传统"。尤其需要说明的是，奥莱利乌斯对近卫军的赏赐数量，在公元 300 年之前是一项无人打破的"纪录"。蒙森议论说："马尔库斯（奥莱利乌斯）通过被养父收养合法登上王位，因此，没有必要对士兵大加赏赐……但在他统治期间，每一位近卫军官兵得到了 8000 迪纳里的赏赐。"⑦ 看来，不是依仗近卫军登上王位的"哲学家皇帝"，也深谙笼络近卫军的"重要性"。

---

① *The Thought of the Emperor M. Aurelius Antoninus*, Translated by Goerge Long, London and New York, 1887. p. 5.

② 近卫军如何同时为两个皇帝服务，具体分工、行为方式等不详。

③ Boris Rankov, *The Praetorian Guard*, Osprey Publishing, Midland House, 1994. pp. 14 – 15.

④ J. B. Bury, *A History of the Roman Empire from Its Foundation to the Death of Marcus Augustus* (27 *B. C.* – 180 *A. D.*), New York, Harper & Brothers Publishers, 1893. p. 539. 但由于接连不断的对蛮族战争，奥莱利乌斯很快便面临巨大的军费开支的压力，前辈的财富积累告罄，不得已卖掉自己的珠宝，甚至降低了金币的含量量，以支撑持续不断的战争。

⑤ *The Cambridge Ancient History*, Volume XI, The Imperial Peace, A. D. 70 – 192, Cambridge University Press, 1936. p. 343.

⑥ Victor Duruy, *History of Rome*, *and of the Roman People*, *From Its Origin to the Invasion of the Barbarians.* Translated By M. M. Ripley and W. F. Clarke. Published by C. F. Jewett Publishing Company, Boston, 1883. p. 460.

⑦ Theodor Mommsen, *A History of Rome under the Emperors*, English translation by Clare Krojzl, Routledge, 1996. p. 203.

奥莱利乌斯赏赐所产生的"负激励"效应丝毫不亚于当年克劳狄的赏赐："他默认了在皇帝登基之日赐予军队庞大馈赠的传统陋习。馈赠数额如此巨大，以至每个军人（起码是禁卫军）都发了一笔财。自此以后，军人将这个数目当做基准。"① 提升近卫军赏金数量，刺激了近卫军的贪欲，使帝国经济负担加重，且后患无穷。

和前辈一样，奥莱利乌斯非常重视近卫军长官及其人选。奥莱利乌斯继位伊始，皮乌斯时代的近卫军长官之一、军事经验丰富的弗利乌斯·维克托利努斯便成为他的重要幕僚②。奥莱利乌斯统治期间，尽管没有对近卫军进行有影响的改革，但对近卫军长官人选出身有了新的要求，而且比哈德良更向前迈进了一步。奥莱利乌斯开始在法学家阶层选拔近卫军长官，使近卫军长官在帝国内部管理方面的职能，在很大程度上取代了最初的军事职能③。出土的碑文显示，奥莱利乌斯统治时代，近卫军长官被赋予意大利境内的司法权④。奥莱利乌斯给予近卫军长官绝大多数案件的最终审理权，此类案件一经近卫军长官裁决，便被视为终审裁决，无需上诉⑤。奥莱利乌斯的这一举措实际上为塞维鲁斯时代，大批著名法学家担任近卫军长官奠定了基础。除此之外，"近卫军长官被明确指定为皇帝的代理人"，一些公共官职也由近卫军长官担任⑥。奥莱利乌斯的这一做法，虽然没有改变近卫军的职能、性质，但却提升了近卫军长官在帝国官吏中的地位，使近卫军长官可以"名正言顺"地参与帝国管理，不再是单纯的军事长官。权限范围的扩大增加了近卫军权势，其基本军事职能并未因此淡漠。例如，169 年，埋葬了染病死去的弟弟，他的共治皇帝维卢斯之

---

① ［瑞士］雅各布·布克哈特著，宋立宏等译：《君士坦丁大帝时代》，上海三联书店 2006 年版，第 2 页。

② The Cambridge Ancient History, Volume XI, The Imperial Peace, A. D. 70 – 192, Cambridge University Press, 1936. p. 160.

③ Thomas Keightley, *History of the Roman Empire*, *From the Accession of Augustus to the End of the Empire of the West.* Boston：Hillard, Gray, and Company. 1841. p. 399.

④ *The Cambridge Ancient History*, Second Edition, Volume XII, The Crisis of Empire, a. d. 193 – 337. Cambridge University Press, 2008. p. 11.

⑤ William Wotton, *The history of Rome*, *From the Death of Antoninus Pius*, *to the Death of Severus Alexander*, London, 1701. p. 124.

⑥ J. B. Bury, *A History of the Roman Empire from Its Foundation to the Death of Marcus Augustus* (27 *B. C.* – 180 *A. D.*)，New York, Harper & Brothers Publishers, 1893. p. 538.

后，奥莱利乌斯便马上由近卫军长官巴塞乌斯·鲁福斯（M. Bassaeus Rufus）陪同，再次前往北部边境①。

　　168 年年初，近卫军被派往前线同卡提人（Quadi）作战，遭遇失败，近卫军长官弗利乌斯·维克托利努斯殒命沙场②。巴塞乌斯·鲁福斯取代了弗利乌斯·维克托利努斯，连任的皮乌斯手下的近卫军长官科尔内利乌斯·莱奔提努斯则被马尔库斯·马科里尼乌斯·温德克斯（Marcus Macrinius Vindex）取代③。奥莱利乌斯治下的近卫军长官因四处征战，出生入死，在帝国官场地位进一步得以巩固和提升，获得了"杰出"（eminentissimus）之别号。这一称谓意味着近卫军长官获得了仅次于皇帝的权力和特权④。

　　近乎不间断地同蛮族作战构成了奥莱利乌斯当政期间的主要内容，他把全部精力都用于保卫帝国⑤。迎击蛮族入侵的战争中，近卫军始终伴随左右⑥。战事此起彼伏、边境屡屡吃紧、军团兵员不足，奥莱利乌斯只得把近卫军派往前线迎敌，近卫军一改往日久居都城的形象，成为战场上的重要角色⑦。因近卫军近乎不间断地在边境作战，不止一名近卫军长官战死沙场。奥莱利乌斯的近卫军长官温德克斯战死疆场——为马克曼尼人（Marcomanni）所杀⑧。奥莱利乌斯为了纪念、表彰这位为国捐躯的近卫军长官，在罗马城内为温德克斯竖立了 3 尊雕像⑨。温德克斯死后，奥莱

---

①　H. Stuart Jones, *The Roman Empire*, *B. C.* 29 – *A. D.* 476, New York, G. P. Putnam's Sons, London：T. Fisher Unwin, 1908. p. 224.

②　Ibid.

③　*The Cambridge Ancient History*, Volume XI, The Imperial Peace, A. D. 70 – 192, Cambridge University Press, 1936. p. 170.

④　Ibid, p. 819.

⑤　H. Stuart Jones, *The Roman Empire*, *B. C.* 29 – *A. D.* 476, New York, G. P. Putnam's Sons, London：T. Fisher Unwin, 1908. p. 222.

⑥　Robert F. Evans, *Soldiers of Rome*, *Praetorian and Legionnaires*, Washington, 1986. p. 39.

⑦　*The Cambridge Ancient History*, Volume XI, The Imperial Peace, A. D. 70 – 192, Cambridge University Press, 1936. p. 357.

⑧　J. B. Bury, *A History of the Roman Empire from Its Foundation to the Death of Marcus Augustus* (27 *B. C.* – 180 *A. D.*), New York, Harper & Brothers Publishers, 1893. p. 545.

⑨　Dio, 71. 12. 3. 在帝国历史上，能够获此殊荣，并以"正面"形象出现的近卫军长官寥寥无几。如果深入考察其中原委，除了近卫军长官负面形象较多外，古典史家对近卫军长官缺乏好感也是重要因素。

利乌斯准备任命皮尔提那克斯（Pertinax），但皮尔提那克斯任职条件欠缺，这位哲学家皇帝不得不几年后起用皮尔提那克斯。在这种背景下，瓦里乌斯·克莱门斯（Varius Clemens）接替了温德克斯①。

奥莱利乌斯在位期间一直忙于平息边境事端，在罗马城逗留时间有限②。近卫军及其长官自然紧随皇帝，频频现身前线。178—179 年，奥莱利乌斯的私人秘书（负责处理拉丁文信件），接替退休的巴塞乌斯·鲁福斯的近卫军长官塔鲁特尼乌斯·帕特尔努斯③也被派往同马克曼尼人作战前线④。人称："帕特尔努斯带领一支强大的军队，参加一场决定性战役……"⑤ 在近卫军历史上，只有在奥莱利乌斯统治时期，近卫军长期被视为"野战军"，派往边境前线，多名近卫军长官捐躯战场。这些案例说明，近卫军长官的军事地位、军事权力有所加强；近卫军长官既是皇家卫队的司令官，也可因战事需要，充任前线部队的指挥官。近卫军历史上，近卫军长官军事权力最大的一个历史时段即是安东尼王朝时期，原因在于这一时期帝国战事频频，或边境吃紧，等于为有良好军事素养的近卫军长官提供了用武之地。近卫军战场上的勇敢，在著名的图拉真记功柱上也有所体现⑥。

奥莱利乌斯长时间同蛮族作战，一个不可回避的问题是兵源紧张。自前辈哈德良强化边防，在军团驻防地区补充兵员以来，罗马军队的构成成分正在发生变化。奥莱利乌斯统治期间，连年不断的战事，以及瘟疫袭击导致人口锐减，军队兵员紧缺的问题日渐突出，奥莱利乌斯不得不舍弃旧制，在非意大利和非罗马人中间征召士兵，罗马军队的士兵来自文明地区的惯例逐步被打破。即使在这样的背景之下，奥莱利乌斯统治时期的近卫

---

① *The Cambridge Ancient History*, Volume XI, The Imperial Peace, A. D. 70 – 192, Cambridge University Press, 1936. p. 174.

② Ibid, p. 181.

③ Tarrutenius Paternus，见 *The Cambridge Ancient History*, Volume XI, The Imperial Peace, A. D. 70 – 192, Cambridge University Press, 1936. p. 183。此议论为一种观点，其他观点则认为，帕特尔努斯是在康茂德当政第一年出任近卫军长官。

④ Dio, 71. 12.

⑤ *The Cambridge Ancient History*, Volume XI, The Imperial Peace, A. D. 70 – 192, Cambridge University Press, 1936. p. 364.

⑥ Boris Rankov, *The Praetorian Guard*, Osprey Publishing, Midland House, 1994. p. 15.

军和官吏阶层仍保持着出身意大利的特殊传统要求①。近卫军的特殊性、特权性依然保留，其重要性由此可窥一斑。

180 年 3 月 17 日，奥莱利乌斯染病死去。"这位哲学家皇帝的悲剧落下了帷幕，罗马世界的悲剧却拉开了序幕。"② 从此开始，帝国也随之失去了对近卫军的任何约束力。近卫军的鼎盛时期和帝国的辉煌年代一同成为历史烟云。

第六节　康茂德时代——近卫军的转折点

奥莱利乌斯死后，皇子康茂德（Lucius Aurelius Commodus）继承王位，罗马帝国的"过继皇帝"王朝随之作古。康茂德成为奥古斯都创建元首制以来，屈指可数的嫡传继位的皇帝之一。"康茂德继位后，近卫军发现他们第二次面对少年君主。"③ 年仅 19 岁登基的康茂德，是罗马帝国历史上与尼禄齐名的昏君、暴君④，也是罗马世界悲剧序幕的开启者，更是近卫军安分守己年代的终结者。康茂德统治时期，近卫军彻底改变了"五贤帝"时代的"温顺"形象，"重新投身政治旋涡"⑤，并对帝国社会、历史产生了极其消极的影响。康茂德统治时期，近卫军的重大变化即是重新恢复了先前的狰狞面目，康茂德本人死于近卫军长官参与的谋杀即

---

①　*The Cambridge Ancient History*，Volume XI，The Imperial Peace，A. D. 70 – 192，Cambridge University Press，1936. p. 847.

②　H. Stuart Jones，*The Roman Empire*，*B. C.* 29 – *A. D.* 476，New York，G. P. Putnam's Sons，London：T. Fisher Unwin，1908. p. 228.

③　Robert F. Evans，*Soldiers of Rome*，*Praetorian and Legionnaires*，Washington，1986. p. 40. 帝国历史上，第一个少年君主为尼禄。

④　康茂德和尼禄同样有罗马人痛恨讨厌的各种恶癖。尼禄喜欢登台演出，康茂德不仅喜欢参与各种公共演出，而且格外热衷斗兽、角斗等血腥娱乐。史载，他曾亲手杀死过各种野兽，经常与勇猛善战的角斗士搏斗。见 Herodian，1. 15. 1. 吉本称他是"罗马第一个既不求知又无品位的皇帝。"[英] 爱德华·吉本著，席代岳译：《罗马帝国衰亡史》第 1 册，吉林出版集团有限责任公司 2008 年版，第 77 页。此外，康茂德还把大笔公共资金用于各种演出、表演、斗兽等，极度挥霍大量帝国资财。见 Donald G. Kyle，*Spectacles of Death in Ancient Rome*，London and New York，1998. p. 225。也有学者宣称，康茂德当政十余年是罗马史最黑暗的一个时期。见 [荷] 菲克·梅杰著，张朝霞译《古罗马帝王之死》，广西师范大学出版社 2009 年版，第 66 页。

⑤　Boris Rankov，*The Praetorian Guard*，Osprey Publishing，Midland House，1994. p. 15.

能够说明这一点。

　　和父王奥莱利乌斯一样，为了争取支持，康茂德即位后，没有忘记赏赐军队和近卫军并以此煽动起军队的热情①。遵循前朝皇帝先例，康茂德不止一次对近卫军大行赏赐。此外，康茂德还效仿克劳狄，十分罕见地将近卫军的形象铸造在钱币上②，这一包含了对近卫军笼络的举动，也等于强调了近卫军在帝国社会的重要性。"五贤帝"对近卫军的种种治理及其结果，到康茂德时代化为乌有。

　　和"五贤帝"相比，康茂德不是通过"铁腕"等手段控制近卫军及其长官，而是赋予近卫军长官非常大的权力③。由近卫军的历史可知，自近卫军诞生以来，康茂德手下的近卫军长官被赋予的权力前所未有：负责掌管帝国行政和军事事务④。近卫军在帝国政治舞台上的角色重新恢复，比之"五贤帝"之前各个时代，有过之而无不及，等于为不久以后三世纪危机疯狂不羁创造了条件⑤。康茂德治下的近卫军长官及其命运也是一个充满悖论性的问题，一方面近卫军长官权力范围空前扩大，说明康茂德对近卫军及其长官的器重和依赖；但另一方面，这些权势熏天的近卫军长官又接二连三死于非命，绝大多数难得"善终"。这种充满悖论的历史现象，当为康茂德统治时期近卫军一大特色。康茂德当政十余年间，"竟然没有一名近卫军长官在任超过3年"⑥；"……禁卫军的统帅一再被处死，被罢黜，久而久之，担任这一职务就真像进了鬼门关一般；这一点最清楚地说明了争取禁卫军的斗争。这些被处死和被罢黜的指挥官中，有帕特尔努斯、佩伦尼斯至克勒安德尔之间的历任统领多人、克勒安德尔本人、尤利亚努斯、雷季卢斯和雷土斯，其中除了最后一位外，全部遭到这位皇帝

①　*The Cambridge Ancient History*, Volume XI, The Imperial Peace, A. D. 70－192, Cambridge University Press, 1936. p. 377.

②　Robert F. Evans, *Soldiers of Rome*, *Praetorian and Legionnaires*, Washington, 1986. p. 40.

③　Mary T. Boatwright, Daniel J. Gargola and Richard J. A. Talbert, *The Romans*：*From Village to Empire*, Oxford University, 2004.

④　Albert A. Trever, *History of Ancient Civilization*, *Volume II*, *The Roman World*, Harcourt, Brace and Company, New York, 1939. p. 626.

⑤　现代学者认为，康茂德继承王位得到了近卫军的支持。见 *Roman History*, Translated from the German of DR. Julius Koch by Lionel D. Barnett, M. A. London, 1901. p. 136。

⑥　Howe, Laurence Lee. *The Pretorian Prefect from Commodus to Diocletian*（*AD* 180－305）, The University of Chicago Press. 1942. p. 66.

的猜忌而成为牺牲者。"① 除西方学者讨论的各种原因外，这些近卫军长官惨遭厄运，不仅仅由于康茂德的残暴、猜忌，一些近卫军长官的野心、贪婪等，也是导致近卫军长官屡遭杀戮的主要原因。尽管多名近卫军长官被康茂德送上断头台，但康茂德前往角斗场"演出"时，依然离不开近卫军长官陪同②，仍然需要近卫军保驾。

康茂德统治期间，推翻他的各种密谋此起彼伏，康茂德则以各种血腥屠杀予以回应，无论男女，或公开处死，或用毒药秘密杀害③。康茂德即位初期，一些奥莱利乌斯时代有能力的官吏仍在执政，其中包括曾经为奥莱利乌斯立下过赫赫战功的近卫军长官帕特尔努斯，只不过异常短暂④。帕特尔努斯因参与密谋推翻康茂德的阴谋活动被处死⑤。古典史家认为，身为近卫军长官的帕特尔努斯控制着近卫军，要想杀死康茂德是轻而易举的事情，且不可能被康茂德发现⑥。因此，帕特尔努斯是康茂德大肆杀戮、遭无端猜忌的牺牲品，颇有"欲加之罪，何患无辞"之意味。据《康茂德传》记载，帕特尔努斯丧命的真实原因是，举行凯旋式时，康茂德的同性恋情人骑马跟在皇帝马车之后，并在大庭广众之下卿卿我我。帕特尔努斯大为不悦，将康茂德的同性恋情人引出宫廷后杀死⑦。帕特尔努斯的举措无疑触犯了天条，昏君无法容忍，帕特尔努斯则在劫难逃。

帕特尔努斯被处死后，他的同僚意大利人提吉狄乌斯·佩伦尼斯（Tigidius Perennis）成为唯一一名近卫军长官，也成为康茂德统治时代第

---

① ［美］M. 罗斯托夫采夫著，马雍、厉以宁译：《罗马帝国社会经济史》，商务印书馆1985 年版，第 552 页。在所列举的人名中，帕特尔努斯、佩伦尼斯原为奥莱利乌斯手下近卫军长官。

② Donald G. Kyle, *Spectacles of Death in Ancient Rome*, London and New York, 1998. p. 225.

③ Dio, 72. 4. 1.

④ H. Stuart Jones, *The Roman Empire*, *B. C.* 29 – *A. D.* 476, New York, G. P. Putnam's Sons, London: T. Fisher Unwin, 1908. p. 228.

⑤ 奥莱利乌斯生前曾组建了一个顾问委员会，以便对年仅 19 岁的康茂德有所帮助和指导。这些顾问为康茂德父王奥莱利乌斯生前指派，均为资深的老臣。帕特尔努斯即其中著名的顾问之一。然而，康茂德从未接受帕特尔努斯的任何建议或咨询，一直让他在多瑙前线，完成父王未竟的军事任务。尤其需要指出的是，康茂德一意孤行，根本不可能把父王安排顾问委员会放在眼里。

⑥ Dio, 72. 5. 4.

⑦ Aelius Spartianus, *Historia Augusta*, *The Life of Commodus*. Translated by David Magie, Ph. D. , for the Loeb Classical Library, 1924. 4. 5 – 6.

三个被杀死的近卫军长官①。古典史家希罗狄安记载，佩伦尼斯曾是一名优秀士兵，军事经验丰富，这也正是康茂德任命他为近卫军长官的理由。然而，佩伦尼斯也是一个善于玩弄权术的阴谋家。他满足年轻皇帝的各种欲望，让康茂德沉湎酒色和淫乐，将国家政务搁置一边②。因年轻的皇帝纵情声色，疏于朝政，许多国家大事都由这位近卫军长官以皇帝的名义处置。昏庸无知的年轻皇帝又一次给野心勃勃的近卫军长官创造了机会，佩伦尼斯借机揽权干政，不可一世，目空一切。182—185 年间，佩伦尼斯一人独自统领近卫军，帝国许多政务也由佩伦尼斯处理，俨然成为"副皇帝"，"不仅统管罗马城的大事小情，甚至干涉行省事务……。"③ 狄奥·卡西乌斯记载："（佩伦尼斯）不仅掌管军事，而且管理所有事情，甚至是元老院的首脑。"④《康茂德传》也记载，到这时，佩伦尼斯已经大权独揽⑤。现代西方史家评论说，佩伦尼斯权力之大，形同于苏丹帝国权力无所不及的威其尔（宰相），连"皇帝也成为近卫军长官实现个人野心的工具"⑥。帝国历史上，曾名噪一时的塞亚努斯等近卫军长官的权势也难与佩伦尼斯比肩。

不唯如此，野心膨胀的佩伦尼斯还将打击目标指向康茂德任命的顾问⑦。在佩伦尼斯的挑唆下，原本对这些顾问有所畏惧的康茂德，处死了这些顾问，并没收了他们的财富⑧。这些顾问之所以遭康茂德杀戮，他们拥有的财富是诱因之一。佩伦尼斯总是觊觎富人的财产，"他一直建议皇

---

① 据狄奥·卡西乌斯记载，佩伦尼斯是帕特尔努斯的同僚，帕特尔努斯被处死与他有直接关系。见 Dio，72. 10. 1。

② Herodian，1. 8. 1。

③ Laurence Lee Howe, *The Praetorian Perfect from Commodus to Diocletian*（A. D. 180 – 305），University of Chicago，1942. p. 12.

④ Dio，72. 9. 1。

⑤ Aelius Spartianus, *Historia Augusta*, *The Life of Commodus*, Translated by David Magie, Ph. D. , for the Loeb Classical Library，1924. 5. 5.

⑥ *The Cambridge Ancient History*, Volume XI, The Imperial Peace, A. D. 70 – 192, Cambridge University Press，1936. p. 381

⑦ 其中包括康茂德之后的皇帝皮尔提那克斯（Publius Helvius Pertinax）。这些顾问尽职尽责，在康茂德继位后一段时间内，所做的一切都是这些顾问建议的。在执政的最初几年，康茂德对这些顾问言听计从。随着年龄的增长，康茂德独自控制帝国的欲望与日俱增。康茂德为了摆脱这些顾问、老臣，对这些顾问大开杀戒。见 Herodian，1. 6. 1；1. 8. 1。

⑧ Herodian，1. 8. 2。

帝消灭有势力的人。通过剥夺富人的财产，佩伦尼斯轻而易举地成为了那个时代最富有的人。"① 借助皇帝的权威，佩伦尼斯中饱私囊、富可敌国，"副皇帝" 的权势、地位也让人望而生畏。康茂德离开罗马时，他可以代表皇帝统治整个帝国②。此间，不列颠曾发生兵变，兵变重要原因之一即是对佩伦尼斯的怨恨与不满③。和塞亚努斯等人一样，势力的迅速膨胀刺激了佩伦尼斯的野心，开始阴谋篡国。他说服康茂德，任命自己年轻的儿子掌握伊利里库姆（Illyricum）军队的控制权，为他实现个人野心提供军队支持。然而，阴谋很快化作一枕黄粱，佩伦尼斯和他的儿子被处死④，甚至连他的妻子、妹妹也未能幸免⑤。佩伦尼斯也成为康茂德手下第一个被处死的近卫军长官。继帕特尔努斯和佩伦尼斯被杀之后，余下所有近卫军长官接二连三遭杀戮，在位时间均超不过 3 年⑥。康茂德在位期间是近卫军长官厄运横生的一个时代，昔日耀武扬威的近卫军长官，在康茂德治下大有朝不保夕之虞。佩伦尼斯的命运也昭示了野心勃勃近卫军长官的命运，有不可一世之时，也有大祸临头之日。

　　185 年，佩伦尼斯被杀后，近卫军长官人数重新恢复到二人：尼戈尔（Niger）和马尔奇乌斯·贾图斯（Marcius Quartus）——两个短命的近卫军长官。尼戈尔是帝国历史上任职时间最为短暂的近卫军长官——据说，尼戈尔在任仅仅 6 个小时便被处死，创下了近卫军长官在职时间最短的纪

---

① Herodian，1. 8. 7.

② 有西方学者形象地宣称，佩伦尼斯是帝国实际统治者。足见其权势巨大。

③ Dio，72. 9. 1 – 3.

④ Herodian，1. 10. 据狄奥·卡西乌斯记载，佩伦尼斯的种种行为招致不列颠军团的强烈不满，前往意大利，没有遇到任何抵抗，抵近罗马城。康茂德询问这些士兵缘何来到罗马城，有何意图时，士兵们回答："佩伦尼斯正在密谋推翻你，让他的儿子当皇帝。"康茂德听信了士兵的话，处死了佩伦尼斯。见 Dio，72. 9. 3. 至于佩伦尼斯是否真正密谋推翻康茂德，以自己的儿子取而代之已无从可考。现代史家认为，佩伦尼斯被处死的原因似乎是组织了一场政变。见 *The Cambridge Ancient History*，Volume XI，The Imperial Peace，A. D. 70 – 192，Cambridge University Press，1936. p. 382. 按照西方学者的观点，佩伦尼斯之死很大程度上是 "莫须有" 罪名——并无确凿证据。佩伦尼斯命运及其结局非常形象地说明了近卫军长官和皇帝之间的关系：可以借助皇权，骄横一时，而一旦失宠于皇帝，下场一定是可悲的。

⑤ Dio，72. 10. 1.

⑥ Aelius Spartianus，*Historia Augusta*，*The Life of Commodus*，Translated by David Magie，Ph. D.，for the Loeb Classical Library，1924. 14. 8.

录。马尔奇乌斯·贾图斯比尼戈尔的下场稍好一些，在位也仅仅 5 天①。
到此为止，185 年共有 3 名近卫军长官死于非命，创下了近卫军历史上另
一项纪录。近卫军长官的在位时间竟然以小时、以天为单位计算，近卫军
长官命运的不确定性，为近卫军历史上空前绝后。

　　与尼戈尔和马尔奇乌斯·贾图斯相比②，187 年出任近卫军长官的马
尔库斯·奥莱利乌斯·克里安德命运要好许多③。人们认为，克里安德曾
参与了推翻佩伦尼斯的行动，并扮演了重要角色④。

　　克里安德是帝国历史上另一个影响巨大，且恶名昭彰的近卫军长官⑤。援
引狄奥·卡西乌斯的话说，继佩伦尼斯之后，克里安德成为最有权势的人
物⑥。帝国历史上，克里安德堪称又一位不可一世的近卫军长官。史载，仅仅
一年时间克里安德就任命了 25 位执政官，堪称前无古人，后无来者⑦。佩伦
尼斯称自己是"主人的利剑"，这一称谓暗示，作为皇室卫队的司令官⑧，他
握有生杀予夺大权。克里安德在担任近卫军长官的同时，还兼任皇家骑兵卫

---

　　① Aelius Spartianus, *Historia Augusta*, *The Life of Commodus*, Translated by David Magie,
Ph. D. , for the Loeb Classical Library, 1924. 6. 6 – 8.

　　② 在尼戈尔、马尔奇乌斯·贾图斯与克里安德之间，曾有 3 任近卫军长官：185 年出任近
卫军长官的龙吉乌斯·鲁福斯 (T. Longaeus Rufus)；一个不知名的近卫军长官，以及 187 年出任
近卫军长官的阿提利乌斯·艾布提亚努斯 (P. Attilius Aebutianus)。由于克里安德不喜欢阿提利
乌斯·艾布提亚努斯，在他任职当年就将其处死，近卫军长官由克里安德独自一人担任。见 Ae-
lius Spartianus, *Historia Augusta*, *The Life of Commodus*, Translated by David Magie, Ph. D. , for the
Loeb Classical Library, 1924. 6. 12。

　　③ Marcus Aurelius Cleander。克里安德与康茂德的关系比较特殊。克里安德曾是出身小亚的
宫廷奴隶，和许多奴隶一起被卖到罗马，与康茂德一起长大成人，后成为宫廷管家。他能够出任
近卫军长官与此不无关系。见 Herodian, 1. 12. 3；Dio, 72. 12. 1。

　　④ *The Cambridge Ancient History*, Volume XI, The Imperial Peace, A. D. 70 – 192, Cambridge
University Press, 1936. p. 189.

　　⑤ 据载，克里安德挑选了两人为近卫军长官，并于 188 年离开这一职位。见 Laurence Lee Howe,
The Pretorian Perfect from Commodus to Diocletian (A. D. 180 – 305), University of Chicago,
1942. p. 67. Aelius Spartianus, *Historia Augusta*, *The Life of Commodus*. 6. 13. Translated by David Magie,
Ph. D. , for the Loeb Classical Library, 1924。亦有相同记载，并说明帝国历史上第一次由三人共任近卫
军长官。

　　⑥ Dio, 72. 12. 1.

　　⑦ Ibid, 72. 12. 4.

　　⑧ *A Companion to the Roman Empire*, Edited by David S. Potter, First published 2006 by Blackwell
Publishing Ltd. , p. 140.

队长官①，这在帝国历史上也是罕见的。佩伦尼斯与康茂德之间的关系，两件事颇能说明问题：出任康茂德的宫廷管家，娶康茂德的姘妇达莫斯特拉提娅（Damostratia）为妻②。克里安德担任近卫军长官4年间无恶不作：聚敛巨额财富，卖官鬻爵③，帝国历史上所有恶贯满盈的近卫军都不及克里安德作恶多端。《康茂德传》则记载，康茂德通过克里安德干的坏事，要比他的前任佩伦尼斯所干的坏事多得多④。当然，克里安德聚敛的大笔不义之财并未"独自享用"，有相当一部分"孝敬"了康茂德，因为康茂德的宫闱、各种公共工程等项开销十分巨大⑤。克里安德聚敛大笔财富之后，和塞亚努斯、佩伦尼斯一样，野心日益膨胀，开始觊觎王权⑥。掌管罗马城粮食供给的克里安德⑦，私自囤积粮食，寻机发国难财。189年，罗马城内发生民变，起因是饥馑和瘟疫——前者为人祸，后者是天灾。克里安德不采取措施分发粮食，赈济灾民，反而指挥近卫军镇压暴动民众⑧，暴动民众予以抵抗还击。交战中，一支城防步兵大队也加入暴动民众行列，近卫军寡不敌众，节节后退。克里安德的倒行逆施招致各方面怨恨，愤怒的民众对克里安德仇恨万分。史载，康茂德在宫中得知民众暴动的消息后，自然不能容忍克里安德，下令将克里安德枭首，然后把克里安德的头颅丢给愤怒的民众。人们把克里安德的头颅插在木杆上，到处示众。他的孩子、亲密的朋友也未能幸免⑨。狄奥·卡西乌斯指出，克里

---

① Michael P. Speidel, *Riding For Caesar: The Roman Emperors' Horse Guards*, Published by B. T. Batsford Ltd, 1994. p. 39.

② Dio, 72. 12. 1.

③ 据狄奥·卡西乌斯记载，克里安德"出售"的官职几乎囊括了所有帝国官职：元老身份、军事将领、行省总督、检察官职位等等，"一言以蔽之，无所不包。"有人为了谋得元老身份，不惜倾家荡产。见 Dio, 72. 12. 3。

④ Aelius Spartianus, *Historia Augusta*, *The Life of Commodus*, Translated by David Magie, Ph. D., for the Loeb Classical Library, 1924, 6. 5.

⑤ Dio, 72. 12. 5.

⑥ Herodian, 1. 12. 4.

⑦ 古典史家记载，克里安德大量囤积粮食，企图在粮食短缺时，通过分发粮食控制民众和军队。见 Herodian, 1. 12. 4。

⑧ 有学者认为，克里安德指挥皇家骑兵卫队镇压罗马民众。见 Boris Rankov, *The Praetorian Guard*, Osprey Publishing, Midland House, 1994. p. 15.

⑨ 关于克里安德之死，两位古典史家的记载不尽相同。Herodian 记载，康茂德下令抓住克里安德，枭首后把他的首级扔给愤怒的民众。而狄奥·卡西乌斯则记载，康茂德下令处死克里安德和他的儿子。分别见 Herodian, 1. 13. 1–6；Dio, 72. 13. 1；72. 13. 6。

安德死于罗马民众之手①。言外之意，有恃无恐，多行不义的克里安德，激怒了罗马民众，自取灭亡。克里安德成为康茂德治下又一个死于非命的近卫军长官，也是帝国历史上因民变丧命的近卫军长官。

克里安德死后，近卫军长官被杀戮的命运并未终结。克里安德的继任者尤里亚努斯成为唯一一名近卫军长官，但 189 年便被处死。据《康茂德传》记载，尤里亚努斯是被康茂德推到游泳池里淹死的，死前甚至命令这位近卫军长官在众人面前裸体跳舞②。作为克里安德第二个继任者的莱吉卢斯（Regillus），刚上任不久便被处死。据现代学者考证，继莱吉卢斯之后，还有一个近卫军长官在位，姓名不详③。有案可查的继任者为昆图斯·埃米里乌斯·莱图斯（Quintus Aemilius Laetus），也是唯一一名近卫军长官。

康茂德荒淫无道，举国上下充满怨恨。康茂德则充分发挥近卫军鹰犬部队的作用，肆意杀戮反对者。"康莫杜斯和多米戚安一样，开始了反对元老院的决战。他在进行这场斗争时，不得不向其他各个方面找寻支持，他自然而然地转求禁卫军和外省驻军的士兵……"；"康莫杜斯在对付反对派时依靠了军人，特别是依靠了禁卫军。"④ 康茂德动辄杀死近卫军长官的同时，没有忽视近卫军镇压民众，消除异己的作用。康茂德短暂的统治很大程度上依赖近卫军武力威慑和镇压。

康茂德接二连三处死近卫军长官，但血腥的手段似乎对近卫军长官没有震慑力，他最后死于近卫军长官莱图斯为参与的谋杀具有极大的讽刺意味。西方学者认为，正是从康茂德开始，近卫军长官开始成为"国家的头号人物"⑤。莱图斯 192 年（或 191 年）出任近卫军长官，也是康茂德身边的顾问，对康茂德有很大的影响力，曾说服康茂德任命塞维鲁斯

---

① Dio，72. 13. 1.

② Aelius Spartianus，*Historia Augusta*，*The Life of Commodus*，Translated by David Magie，Ph. D.，for the Loeb Classical Library，1924. 11. 3.

③ Laurence Lee Howe，*The Pretorian Perfect from Commodus to Diocletian*（A. D. 180 - 305），University of Chicago，1942. pp. 67 - 68.

④ ［美］M. 罗斯托夫采夫著，马雍、厉以宁译：《罗马帝国社会经济史》，商务印书馆1985 年版，第 552 页。

⑤ 同上书，第 554、2 页。

（两年后登基的皇帝）出任潘诺尼亚总督。也曾劝说康茂德不要烧毁罗马城①。史实表明，莱图斯与康茂德关系非同一般。然而，正是这位近卫军长官与皇帝寝宫管家伊克莱克图斯②共同谋杀了康茂德。据古典史家记载，莱图斯对康茂德沉湎斗兽极为不满，密谋推翻康茂德③。按照狄奥·卡西乌斯的说法，导致谋杀发生的直接原因是，莱图斯和伊克莱克图斯得知自己的名字出现在拟被处死的人员名单上，便与康茂德的宠妃玛西娅（Marcia，也是伊克莱克图斯的情人）勾结，于 192 年 12 月 31 日，用毒药毒死了康茂德④。现代西方学者分析认为，谋杀康茂德的参与者，之所以选择这一天非常巧妙，适逢节日，甚至连近卫军也解除了武装，没有丝毫戒备之心⑤。这一分析有一定道理，但绝非问题的关键所在，因为近卫军长官参与了谋杀，与近卫军是否解除武装无必然联系。

　　康茂德生前恶贯满盈，天怒人怨，被毒死后，他的雕像从元老院移走，以自由女神雕像取而代之⑥。近卫军长官成为康茂德的掘墓人。西方学者评价说，3 世纪是近卫军长官权势的顶点，基础却是在 2 世纪末奠定的，并于康茂德统治时期初露端倪⑦。得知康茂德死去的消息后，全体罗马人欢欣鼓舞，唯有近卫军除外，因为康茂德生前给予近卫军太多的赏赐⑧，军队应有的正义感已被铜臭彻底销蚀。

　　康茂德之死与前朝皇帝多米提安有"异曲同工"之处，虽然时隔将近 100 年：二人均死于近卫军长官参与的谋杀，都是皇帝身边人参与：多米提安的皇后与近卫军长官和宫廷管家勾结，康茂德则是因为自己的

---

①　Matthew Bunson, *Encyclopedia of the Roman Empire* (revised edition), New York NY 10001, 2002. p. 300.

②　伊克莱克图斯（Eclectus）属于资深宫廷官吏，曾担任康茂德父亲奥莱利乌斯的寝宫管家。见 Dio, 72. 6. 在克里安德被处死后，伊克莱克图斯得到康茂德的信赖，出任宫廷管家，成为两朝元老。伊克莱克图斯的名字之所以出现在拟被处死名单上，与康茂德荒淫无道、反复无常有直接关系。

③　Dio, 72. 22. 1.

④　Ibid, 72. 22. 4.

⑤　Anthony R. Birley, *Septimius Severus*, *The African Emperor*, Routledge, 1999. p. 88.

⑥　Herodian, 1. 15. 1.

⑦　Laurence Lee Howe, *the Praetorian Perfect From Commodus to Diocletian* (A. D. 180 – 305), University of Chicago, 1942. p. 11.

⑧　Leonhard Schmitz, F. R. S. E., *History of Rome*, *From the Earliest Times to the Death of Commodus*, *A. D* 192, New York: Harper & Brothers, Publishers, 1854. p. 529.

宠妃与近卫军长官、宫廷管家勾结命赴黄泉，导火索都是一份"黑名单"。表面上看，两者之间带有某种巧合，但性质上并无差异，均可视为近卫军长官卷入宫廷内部纷争，或者说宫廷内部纷争的参与者看重了近卫军长官的军事实力或威慑力，容易与其达成共谋。至于康茂德治下的近卫军长官与皇帝宠妃相勾结，置皇帝于死地，与康茂德统治时期大肆杀戮近卫军长官有直接关系。康茂德时代的近卫军长官遭杀戮的频率和数量，在帝国历史上创下纪录，构成了康茂德统治时代近卫军的一大特点。

一如前文西方学者所论，康茂德对近卫军长官的杀戮，使近卫军长官的职位充满了朝不保夕的危机和危险，疏远了皇帝，近卫军长官不可能在命运莫测的前提下对皇帝保持忠诚。当近卫军长官生命难保之时，"朋友"很快转化为敌人在所难免。然而，近卫军却与其长官的命运截然不同，近卫军在康茂德统治时代颇得恩宠，不仅未因长官被杀殃及普通士兵，而且还因屡屡镇压皇帝的异己势力，越发得宠，猖狂日甚。和从前一样，日后的近卫军依仗手中的刀剑，随意废立皇帝，军团则步近卫军后尘[1]，公然"拍卖帝位"，以及由此引发的193—197 年内战即是鲜明的例证。此外，从近卫军长官屡遭杀戮的史实中，不难发现康茂德统治时期近卫军的另一特点，即这一时期，也是一个"盛产"野心勃勃近卫军长官的时代。康茂德的屠刀对"前仆后继"的野心家没有实质性的震慑力，比较图拉真、哈德良时代的近卫军及其长官，昏庸无道的康茂德对个别近卫军长官的屠杀，绝非"铁腕"治理的代名词。

需要强调的是，康茂德的统治不仅终结了近卫军的鼎盛时代，也使黄金时代的帝国变成了落满尘埃的铁锈帝国[2]。如果说图拉真是近卫军鼎盛时代的开创者的话，那么，康茂德则是终结者。许多历史学家确信，罗马帝国的衰亡始于康茂德统治时代[3]。

[1] Leonhard Schmitz, F. R. S. E., *History of Rome, From the Earliest Times to the Death of Commodus, A. D* 192, New York: Harper & Brohers, Publishers, 1854. p. 529, p. 530.

[2] Dio, 71. 36. 4.

[3] *Encyclopedia of World History: The Ancient World Prehistoric Eras to 600 c. e.*, Volume I, edited by Marsha E, et al. Printed in the United States of America, 2008. p. 341.

第七节　近卫军鼎盛时代简说

近卫军的鼎盛时代是以近卫军长官谋杀康茂德皇帝画上句号的，对鼎盛时代似乎是一个绝妙的讽刺。历史好像又回归到了从前。近卫军此后成为脱缰野马，很少再有当权者能够将其控制。在决定、影响和干预帝位继承人选的问题上，近卫军在"五贤帝"控制下，平静了一个世纪①，这个世纪又是帝国繁荣昌盛的一个世纪，是近卫军真正辉煌的一个世纪。

罗马帝国历史上，近卫军的所作所为往往与帝国的命运紧密联系在一起。2世纪帝国全盛时期，近卫军则进入鼎盛时代；当帝国遭受类似68—69年内战的蹂躏时，近卫军则使帝国雪上加霜。近卫军鼎盛时代前后的历史均可证实这一点。"五贤帝"时代结束后，近卫军的鼎盛时期一去不复返，狰狞面目显露无遗，从不同层面证实了难得的鼎盛时代之"珍贵"。如果把近卫军发展史和帝国历史流变各画一条曲线，会发现两条曲线是重合的：近卫军的鼎盛时代恰逢帝国历史上的全盛时期，尤其是"五贤帝"的统治，帝国疆域达到了最大化，更为西方古今史家称赞有加。近卫军的种种表现显然不是帝国繁荣昌盛的充分条件，但却是必要条件。近卫军有何作为，决定性的因素主要有两项：其一，帝国社会环境；其二，皇帝对近卫军的掌控。社会环境因素主要指，社会为近卫军创造了哪些条件或机会。"五贤帝"统治时代的罗马帝国繁荣稳定，帝位传承有序，没有大规模政治纷争和社会动荡，近卫军自然得不到任何可乘之机。在这种稳定的社会环境中，诸位"贤帝"牢牢控制近卫军，管束有方，使其认真履行职能，真正发挥精锐之师的作用，或为国效力，或为皇帝效忠，或赴战场拼杀，鼎盛时代并非虚名。反之，作为帝国鼎盛时代的"终结者"，康茂德骄奢淫逸，治国、治军毫无章法，他本人的无能等于放纵了近卫军，最后死于近卫军长官参与的谋杀颇能说明问题。

① Albert A. Trever, *History of Ancient Civilization*, *Volume II*, *The Roman World*, Harcourt, Brace and Company, New York, 1939. p. 627.

第六章

"拍卖帝位"与塞维鲁斯王朝的近卫军

从192年12月31日康莫德被杀到塞维鲁王朝建立，近卫军参与了一系列军事政变，短短5个月时间里，接连拥立了两个皇帝——皮尔提那克斯（Publius Helvius Pertinax）和狄迪乌斯·朱里亚努斯（Didius Julianus），帝国历史进入了拥废、杀戮皇帝的第二个高峰期。近卫军在这一历史时期撕去了最后的伪装。如果说"五贤帝"时代是近卫军履行职能，为帝国安宁贡献力量的辉煌鼎盛时期，那么此后的历史则是近卫军不断加害帝国，祸国殃民的历史，是近卫军猖狂的顶点①。

第一节 近卫军与弗拉维王朝的覆亡

从理论上讲，康茂德被杀，理应元老院确立皇帝人选，但此时却完全由近卫军操控，近卫军在决定皇帝人选上"无以匹敌"的作用再一次得到验证。对于整个过程，古典史家狄奥·卡西乌斯、希罗狄安均有非常详细的记载。康茂德被杀后，近卫军长官莱图斯和皇帝寝宫管家伊克莱克图斯等人封锁信息，甚至连近卫军也不知道康茂德被杀，目的是防止宫廷的近卫军发现他们的作为②。莱图斯、伊克莱克图斯与玛西娅③协商，对外

①　［瑞士］雅各布·布克哈特著，宋立宏等译：《君士坦丁大帝时代》，上海三联书店2006年版，第5页。

②　Herodian, 2.1.1.

③　据Herodian记载，玛西娅参与了谋杀康茂德的阴谋活动。见Herodian, 1.17.9－10。

宣称康茂德死于中风。并来到皮尔提那克斯①——仅存的一位康茂德父亲指定的顾问——面前,告诉他所发生的一切,表示非常高兴拥立他为皇帝。皮尔提那克斯不得不认可眼前的事实②。皮尔提那克斯被带到近卫军军营后,首先允诺近卫军每人将得到1.2万塞斯退斯的赏金,因此,赢得了近卫军士兵的支持③。有了数额不菲的赏金,近卫军不再计较康茂德缘何死去。在皮尔提那克斯被宣布为皇帝的同时,康茂德被宣布为公敌④。

近卫军在皮尔提那克斯登基过程中到底发挥了怎样的作用?除近卫军长官莱图斯"一手操办"外,近卫军的意志也是当时所有人不能忽视的。希罗狄安详细记载了皮尔提那克斯登基争得近卫军认可的全部过程⑤。狄奥·卡西乌斯也较为完整地记载了莱图斯在皮尔提那克斯登基前后的所作所为⑥。帝国历史上,许多皇帝的登基都与近卫军军营有直接关系,或是近卫军在自己的军营里拥立新皇帝,或是新皇帝登基后立刻前往近卫军军营,以求得近卫军的支持。皮尔提那克斯则是在近卫军军营内"紫袍加身"。近卫军军营已不再是近卫军集结地的符号代码,被人为地赋予了其他意义。尤其是新登基的皇帝,不仅要得到元老院的认可——一种形式上的程序,而且需要争得近卫军的支持或同意,因此,近卫军军营往往成为新皇帝登基的"出发点"。近卫军与帝位传承、帝国政治之间的关系,近卫军军营及其特殊功能是有力的证明。

康茂德被杀后,参与谋杀康茂德的寝宫管家伊克莱克图斯怂恿出身卑微的城市长官皮尔提那克斯当皇帝,并得到了近卫军的支持,元老院也批准了近卫军的选择。和所有的新皇帝一样,即位后的皮尔提那克斯首先对

---

① 狄奥·卡西乌斯记载,皮尔提那克斯曾担任罗马城的城市长官,并且是一个称职的城市长官。见 Dio, 74.7。希罗狄安则记载,皮尔提那克斯在对日耳曼人和东方蛮族战争中功绩卓著,在罗马人心目中声望较高,并十分富有。见 Herodian, 2.4。

② Dio, 74.1; Herodian, 2.1。

③ Dio, 74.1; *Historia Augusta*, *The Life of Pertinax* 也记载,莱图斯和伊克莱克图斯把皮尔提那克斯带到近卫军军营。皮尔提那克斯在那里对近卫军发表了讲话,并允诺给予近卫军官兵赏赐。见 Aelius Spartianus, *Historia Augusta*, *The Life of Pertinax*, Translated by David Magie, Ph. D., for the Loeb Classical Library, 1924. 4.5–6。

④ Dio, 74.2.1. 罗马帝国历史上,遭人唾弃的皇帝不止一人,但被宣布为公敌的皇帝并不多见。

⑤ Herodian, 2.2.1–10。

⑥ Dio, 74.6。

近卫军下达了"口令"，"但士兵对他表示的是反感，他们不愿意为一个63岁的老皇帝效劳。"① 士兵们的态度显然不是一个好的征兆，预示着伊克莱克图斯在新王朝的任职和皮尔提那克斯的统治一样短命，193年，近卫军屠杀大多数宫廷臣僚时，伊克莱克图斯死在近卫军刀下。皮尔提那克斯属于被动地当上皇帝，没有统治基础，治国乏术，因此，真正控制罗马城的是近卫军长官，亦即前朝皇帝康茂德手下近卫军长官莱图斯②。近卫军把皮尔提那克斯拥上王位，近卫军长官则借助近卫军的武力控制局面，这种因果关系在皮尔提那克斯那里得到了充分的证明。近卫军拥立皮尔提那克斯不久便发现，这位新皇帝令他们难以忍受。原因在于帝国经济危困③，皮尔提那克斯囊中羞涩，甚至无法支付当初允诺近卫军奖赏数量的一半，近卫军的强烈不满由是而生。历史学家评论说，皮尔提那克斯和伽尔巴犯了同样的错误④，即未能及时给予近卫军渴望的赏赐。欲壑难平的近卫军当初选择皮尔提那克斯十分勉强，因为在近卫军看来皮尔提那克斯给予的"赏金太少"⑤，如今竟然连"如此之少"的赏金也未拿到，自然对皮尔提那克斯萌生不满。近卫军追求的是金钱，皮尔提那克斯的精打细算必然与近卫军的"期待值"产生难以调和的矛盾。未及时拿到"应得"金钱的近卫军，不可能与皮尔提那克斯长时间"和平共处"。此外，近卫军对皮尔提那克斯的各种怨恨，还缘于这位新登基的皇帝要求近卫军恢复原有的纪律约束——远比康茂德严厉许多，甚至处死了几名立有战功的近卫军士兵⑥。皮尔提那克斯强化军队纪律的举动彻底惹怒了军队，拥立他登基的近卫军更是无法忍受⑦。后代史家声称，皮尔提那克斯加强近卫军

---

①　Anthony R. Birley, *Septimius Severus*, *The African Emperor*, Routledge, 1999. p. 91.

②　H. Stuart Jones, *The Roman Empire*, *B. C. 29 – A. D.* 476, New York, G. P. Putnam's Sons, London: T. Fisher Unwin, 1908. p. 234.

③　史载，为了筹措金钱，皮尔提那克斯甚至将康茂德宫廷中的家具、马匹等统统卖掉。见 Dio, 74. 5。对此，*Historia Augusta*, *The Life of Pertinax*, 7. 8 – 10 中也有比较详细的记载。

④　Susan P. Mattern, *Rome and the Enemy*: *Imperial Strategy in the Principate*, University of California Press, Ltd., 1999. p. 140.

⑤　Anthony R. Birley, *Septimius Severus*, *The African Emperor*, Routledge, 1999. p. 91.

⑥　Robert F. Evans, *Soldiers of Rome*, *Praetorian and Legionnaires*, Washington, 1986. p. 43.

⑦　Albert A. Trever, *History of Ancient Civilization*, *Volume II*, *The Roman World*, Harcourt, Brace and Company, New York, 1939. p. 627.

军纪是"一个致命的错误"①。近卫军不能接受任何约束，皮尔提那克斯的统治从一开始便危机四伏。伴随时间的推移，近卫军对皮尔提那克斯的各种抱怨与日俱增②，他们渴望恢复康茂德统治时期的生活状态。近卫军将准备付诸实践的行动就是推翻皮尔提那克斯的统治③。也许皮尔提那克斯是一个励精图治的皇帝，整饬军纪，着手恢复经济亦应给予肯定，但近卫军和莱图斯的期待与皇帝的想法南辕北辙④，近卫军的不满逐渐升级为仇恨，皮尔提那克斯的统治朝不保夕。

皮尔提那克斯登基过程中，莱图斯的作用至关重要，但莱图斯很快发现他并不喜欢所拥立的皮尔提那克斯，后悔当初支持他登上王位。于是，莱图斯先是背叛了康茂德，后又抛弃了他支持登基的皮尔提那克斯。近卫军对皇帝的不满情绪得到了莱图斯的支持。193 年 3 月 28 日，情绪冲动的近卫军士兵，涌向皇宫，杀死了仅仅坐了 87 天王座的皮尔提那克斯⑤，割下他的头颅，丢弃在大街上⑥。但在此过程中，皇家骑兵卫队却依然对皮尔提那克斯保持忠诚⑦。敲诈了皮尔提那克斯的一笔巨额馈赠之后⑧，眼见已无太多油水可以挤压，见利忘义的近卫军凶相毕露，再次上演了弑

---

① 除了加强近卫军的军纪外，皮尔提那克斯还削减了近卫军军饷［见美国时代生活出版公司出版，李仁良等译：《全球通史（6）衰落的王朝》，吉林文史出版社 2010 年版，第 18 页］。此时的近卫军选择皮尔提那克斯为皇帝，目的就是为了装满腰包。"不识时务"的皮尔提那克斯竟然削减军饷，将其拥上王位的近卫军自然无法容忍。

② Herodian，2.4.4 – 5.

③ Ibid，2.5.2

④ Arthur E. R. Boak，*A History of Rome*，*To* 565 *A. D.* New York，The Macmillan Company，1921. p. 301.

⑤ H. Stuart Jones，*The Roman Empire*，*B. C.* 29 – *A. D.* 476，New York，G. . P. Putnam's Sons，London：T. Fisher Unwin，1908. p. 234.

⑥ Dio，74. 10. Europius 也记载，皮尔提那克斯死于近卫军的兵变。见 Europius *Abridgement of Roman History*. translated，with notes，by the Rev. John Selby Watson. London：Henry G. Bohn，York Street，Convent Garden ，1853. 8. 16. 也有后世学者认为，杀死皮尔提那克斯的是忠于康茂德的皇家骑兵卫队。见 Robert F. Evans，*Soldiers of Rome*，*Praetorian and Legionnaires*，Washington，1986. p. 43。

⑦ Michael P. Speidel，*Riding For Caesar：The Roman Emperors' Horse Guards*，Published by B. T. Batsford Ltd. ，1994. p. 40.

⑧ ［瑞士］雅各布·布克哈特著，宋立宏等译：《君士坦丁大帝时代》，上海三联书店 2006 年版，第 5 页。

君杀主的闹剧。在此之前一段小插曲值得注意：皮尔提那克斯得知近卫军反叛的消息后，派遣岳父、城市长官弗拉维乌斯·苏尔皮西亚努斯（Flavius Sulpicianus）到近卫军军营平息事端。但苏尔皮西亚努斯得知女婿被杀，王位虚置，便野心萌动，开始谋划自己如何践位①。亘古未见的近卫军"拍卖帝位"的闹剧，就是在这样的背景下发生的。

皮尔提那克斯成为帝国历史上第四个死于近卫军刀下的短命皇帝。莱图斯则在短短几个月时间里把两个皇帝送上黄泉路。莱图斯的行为公开解读了这一时期皇帝与近卫军长官之间扭曲的关系：不是皇帝决定近卫军长官的命运，而是近卫军长官把握着对皇帝的生杀予夺权力。"禁（近）卫军残暴地杀害佩提那克斯（皮尔提那克斯）的事实际上已彻底粉碎了皇帝宝座的尊严；他们接下去的行为则更进一步使得它威风扫地了。"②皮尔提那克斯因无法满足近卫军的贪欲丢掉性命，故有当代学者称，皮尔提那克斯是自己把自己送上了断头台③，但更重要的是，他把一笔恐怖的遗产留给了他的继任者④。

考察近卫军发展史、近卫军与皇权的关系，皮尔提那克斯是不能绕开的典型。

第二节　从"拍卖帝位"到内战

帝国历史上，近卫军猖狂与疯狂的事例连篇累牍，最能说明近卫军本质的却是 193 年在近卫军营地"拍卖帝位"，疯狂程度达到极点。但通过"竞拍"购得帝国的朱里亚努斯好景不长，很快遭近卫军废弃，接踵而至的是帝国历史上继 68—69 年之后的另一场大规模内战。

---

① Dio，74.11.1.

② ［英］爱德华·吉本著，黄宜思、黄雨石译：《罗马帝国衰亡史》上册，商务印书馆 1997 年版，第 100 页。

③ Alaric Watson, *Aurelian and the third century*, Routledge, 1999. p. 4.

④ *The Cambridge Ancient History*, Second Edition, Volume XII, The Crisis of Empire, a. d. 193 – 337. Cambridge University Press, 2008. p. 2.

一 拍卖帝位

193 年，近卫军杀死皮尔提那克斯后，帝位再次虚悬，给社会带来了极大的恐慌，罗马城内人人自危。"有权势的人逃到远离罗马城的庄园，以躲避新皇帝产生过程中的危机。"① 这场恐惧的制造者——近卫军"杀死皮尔提那克斯之后，返回自己的军营，静观事态发展"②。近卫军看到无人敢替皮尔提那克斯复仇，放心大胆地走出近卫军营房，高声喊叫要出卖帝位，基本条件是谁出钱多，谁就可以当皇帝③。这就是人类历史上罕见的、罗马帝国所独有的"拍卖帝位"的闹剧。"两个候选人为王位下赌注，仿佛是一场赌博。"④ 古典史家不无感慨地评论说，皮尔提那克斯死后近卫军"拍卖帝位"事件是"最可耻的事，也使罗马一文不名"⑤。当代史家不无讽刺地描述说："身在壁垒环绕的近卫军营地中的士兵宣称，要把罗马王座卖给出价最多的'投标者'。"⑥ 5 世纪希腊历史学家佐西木斯颇有感慨地指出，原本用来保卫皇帝、皇室人身安全的近卫军，却成为帝位的"拍卖者"⑦。

既然是"拍卖帝位"，便存在"竞拍"和"竞买"双方。在"拍卖帝位"过程中，"卖主"为近卫军，"买主"为狄迪乌斯·朱里亚努斯和富有的城市长官、刚刚被杀皇帝皮尔提那克斯的岳父苏尔皮西亚努斯⑧。"拍卖"活动"就像发生在市场内的拍卖行，罗马城和整个帝国都被拍卖。"⑨ 古典史家狄奥·卡西乌斯和希罗狄安对近卫军拍卖帝位的过程均有详细生动记载。

---

① Herodian, 2. 4. 3.

② Robert F. Evans, *Soldiers of Rome*, *Praetorian and Legionnaires*, Washington, 1986. p. 43.

③ Herodian, 2. 4. 4.

④ Anthony R. Birley, *Septimius Severus*, *The African Emperor*. Yale University Press. New Haven and London, 1988. p. 95.

⑤ Dio, 74. 11. 2.

⑥ William Smith and Eugene Lawrence, *A Smaller History of Rome*, New York, 1881. p. 244.

⑦ *The History of Count Zosimus*, *Sometime Advocate and Chancellor of the Roman Empire*, London, 1814. p. 9.

⑧ 关于苏尔皮西亚努斯产生觊觎王位的野心，前文已有说明。这段史实的详细记载见 Dio, 74. 11. 1。

⑨ Dio, 74. 11. 3.

　　据希罗狄安记载，第一个对"拍卖帝位"做出反应的是朱里亚努斯。据载，当时朱里亚努斯正在吃饭，周围的人包括妻子、女儿在内都支持、鼓动他前去"竞买"。朱里亚努斯来到近卫军军营，高声宣布能够满足近卫军的要求，能够让近卫军得到所要的一切；并保证近卫军能够得到大笔金钱，因为他的保险箱里装满了金银财宝。与此同时，另一位"竞买者"苏尔皮西亚努斯不甘示弱，与朱里亚努斯展开了"价格大战"。但近卫军最终选择了朱里亚努斯，放弃了苏尔皮西乌斯，因为他与皮尔提那克斯有直系亲属关系，近卫军官兵担心这位皮尔提那克斯的岳父登基后替女婿报仇①。不仅近卫军，所有罗马城内军队都对苏尔皮西乌斯表示忧虑②。鉴此，近卫军官兵把朱里亚努斯扶上近卫军军营的墙头，宣布他为皇帝③。

　　古典史家狄奥·卡西乌斯对于这一闹剧的记载更为生动详细：两个"买主"一个（苏尔皮西亚努斯）在近卫军营房内，另一个（朱里亚努斯）在营房外。两个人轮番下赌注，当代史家认为，帝位争夺"仿佛是一场赌博"④。在彼此不见面的情况下，各自"报价"。"价格"逐步提升到每个近卫军士兵2万塞斯退斯。一个近卫军士兵对朱里亚努斯说："苏尔皮西亚努斯出的是这个价，你能出多少钱？"等"价格"升高后，又返身对苏尔皮西亚努斯说："朱里亚努斯出的是这个价，你能出多少？"两人都想得到王位，不肯输给对手，竞价不惜血本。苏尔皮西亚努斯先出价2万塞斯退斯，朱里亚努斯则在此基础上"加价"5000塞斯退斯，"出价"2.5万塞斯退斯，近卫军接受了这个"价格"，宣布朱里亚努斯为皇帝⑤。朱里亚努斯以每名近卫军士兵2.5万塞斯退斯的"价格"，成为这场"拍卖"的赢家。西方史家分析说，近卫军对苏尔皮西亚努斯允诺的1.2万塞斯退斯——一个比较适度的标准——赏金不满意，把帝国"卖给"了愿意出价2.5万塞斯退斯——相当于近卫军士兵年军饷的6倍——的朱里亚努斯⑥。朱里亚努斯在全副武装的近卫军士兵保护下，前往元老

---

①　狄奥·卡西乌斯对此也有比较系统的记载，见 Dio, 74.11.5。

②　Anthony R. Birley, *Septimius Severus*, *The African Emperor*, Routledge, 1999. p. 95, p. 95.

③　Herodian, 2.4.5 – 10.

④　Anthony R. Birley, *Septimius Severus*, *The African Emperor*, Routledge, 1999. p. 95, p. 95.

⑤　Dio, 74.11.4 – 5.

⑥　Susan P. Mattern, *Rome and the Enemy*: *Imperial Strategy in the Principate*, University of California Press, Ltd., 1999. p. 141.

院,手无寸铁的元老们再次无可奈何地接受近卫军士兵的选择①。随后,朱里亚努斯由全副武装的近卫军护送,前往皇宫,而且人数比平时多许多。近卫军排成方阵,把朱里亚努斯置于方阵中间,随时准备应付各种袭击。近卫军用长矛和盾牌保护着朱里亚努斯的头部,以防止来自临街屋顶上各种投石伤及新皇帝的头部②。在近卫军严密保护下,朱里亚努斯进入皇宫。千古仅见的近卫军拍卖帝位的闹剧,以朱里亚努斯"买到"王座落下帷幕。古典史家希罗狄安用"无耻""不光彩""欺诈"等词语形容朱里亚努斯同近卫的这场肮脏的交易③,并且直截了当地声称,近卫军把帝国卖给了朱里亚努斯④。

朱里亚努斯"用巨额的赏金收买禁卫军的效忠,百人队长获得的可能比普通士兵要多十倍,而高级的军官们当然就更多"⑤。显然,"买卖双方"各自达到了目的:朱里亚努斯"购得"了王座,近卫军官兵装满了腰包。然而,作为罗马史上第一位"购得"皇帝宝座的朱里亚努斯,登基后却丝毫没有成功者的喜悦,恰如吉本所指出的那样:"他完全有理由感到不寒而栗。在他登上这个世界的宝座之后,他发现他不但再没有一个朋友,甚至连一个追随者也找不到了。禁(近)卫军自身对他们出于贪婪昧心接受的这位皇帝也感到可耻……。"⑥斥巨资购得帝位的朱里亚努斯忽视了这样一个事实:拍卖帝位"实际上等于宣布,只要有一个人比前一个人出钱更多,军队就可以把前一个人(哪怕他也是军队拥立为皇帝的)杀掉,把后一个人推上皇位。"⑦近卫军"拍卖帝位"的行径颠倒了主仆关系,破坏了应有的政治秩序,朱里亚努斯注定要成为又一个短命皇帝。"朱里亚努斯前景渺茫,对于他唯一可以依赖的近卫军必须付出比事先允诺高许多的赏金。"⑧早已习惯于无法无天、放任自流的近卫军,

---

① William Smith and Eugene Lawrence, *A Smaller History of Rome*, New York, 1881. p. 244.

② Herodian, 2. 6. 13.

③ Herodian, 2. 6. 12.

④ Ibid, 2. 8. 3.

⑤ [美]安德林·戈德斯沃司著,郭凯声、杨抒娟译:《非常三百年——罗马帝国衰落记》,重庆出版社2010年版,第29页。

⑥ [英]爱德华·吉本著,黄宜思、黄雨石译:《罗马帝国衰亡史》上册,商务印书馆1997年版,第102页。

⑦ 厉以宁:《罗马—拜占庭经济史》(上编),商务印书馆2006年版,第247页。

⑧ Anthony R. Birley, *Septimius Severus*, *The African Emperor*, Routledge, 1999. p. 96.

选择朱里亚努斯是对赏金的期待。皮尔提那克斯拿不出所允诺的赏金，彻底抛弃他不属意外。

朱里亚努斯从近卫军手中"购得"帝位后，允许近卫军自己推举长官（传统上应由皇帝任命）。朱里亚努斯的统治虽然短暂，但在近卫军的历史上、近卫军长官的历史上却是极其不寻常的一个时期①。既然皇帝都是近卫军同意后登基的，近卫军长官何尝不可以自己遴选？因近卫军大队长出身的图里乌斯·克里斯普斯（Tullius Crispinus）和弗拉维乌斯·盖尼里斯（T. Flavius Genealis）深得近卫军喜爱，顺理成章地成为近卫军长官。那位先后两次背叛自己主子的莱图斯则遭唾弃。图里乌斯·克里斯普斯和弗拉维乌斯·盖尼里斯也未能逃脱短命的厄运，因为朱里亚努斯的统治也不过数十天。塞维鲁斯夺得天下后，遣散了原来的近卫军，图里乌斯·克里斯普斯被处死②。弗拉维乌斯·盖尼里斯有幸躲过一劫，被塞维鲁斯撤职。

尽管朱里亚努斯在位时间短短几十天，但却是对近卫军产生过重要影响的皇帝。他在位期间，打破近卫军长官2人担任之常规，任命弗拉维乌斯·尤文纳利斯（Flavius Juvenalis）为第三名近卫军长官（为日后塞维鲁斯手下近卫军长官），与图里乌斯·克里斯普斯、弗拉维乌斯·盖尼里斯共同执掌近卫军权柄③，这种近卫军长官人数的变化既是对传统规则的颠覆，也说明皇帝面对近卫军束手无策，根本无力平衡与近卫军之间的关系。当然，近卫军长官人数的变化本身并不重要，重要的是此时的近卫军发生了质的变化。近卫军"拍卖帝位"的行为证明："近卫军已经彻底抛弃了应有的使命感，丢弃了纪律和爱国心；也揭示了只要有钱，帝国也可以买到手这样一个事实。应当说，近卫军已经成为一支被特别娇宠的部队，其腐败程度远甚于其他部队。"④

① Howe, Laurence Lee. *The Pretorian Prefect from Commodus to Diocletian* (AD 180 – 305), The University of Chicago Press, 1942. p. 42.

② 作为朱里亚努斯的近卫军长官，克里斯普斯在塞维鲁斯进军意大利时，曾率领军队阻击塞维鲁斯。但近卫军执行这项军事任务非常勉强，因为他们所面对的是训练有素，战斗力非常强的军团士兵。正是在这次与塞维鲁斯交锋之后，朱里亚努斯和莱图斯被杀。见 Anthony R. Birley, *Septimius Severus*, *The African Emperor*, Routledge, 1999. p. 99。

③ Matthew Bunson, *Encyclopedia of the Roman Empire* (revised edition), New York NY 10001, 2002. p. 296.

④ William Sterns Davis, *Rome and The West*, University of Minnesota, 1913. p. 203.

古典史家分析近卫军诛杀朱里亚努斯原因时，侧重强调了两点：一、他没有支付事先允诺的金钱；二、人们对他不屑一顾，是因为他花钱买来的帝位一文不名①。近卫军对他大失所望。"新的元首对近卫军许了太多的愿却不能实现它们。因此，在决定性的时刻，他就被近卫军摈弃了。"②虽然迫于近卫军的压力元老院违心承认了朱里亚努斯，但拯救不了朱里亚努斯遭近卫军抛弃之命运。

二 193年：近卫军与内战再起

朱里亚努斯用金钱"购买"的帝国，从一开始就充满了危机和动荡。近卫军"拍卖帝位"丑闻一经传出，帝国上下一片哗然。"普通罗马人对朱里亚努斯主要支持者的近卫军厌恶至极"③。近卫军拍卖帝位的举动祸国殃民，也招致了行省军团的强烈不满，外地军团不能听任近卫军在罗马城内为所欲为。因帝位"拍卖"所得全部归近卫军所有，罗马城外的军队、驻扎行省的军团自然一无所获。"未经同意，前线的军团拒绝承认这种无耻拍卖的买家。"④ 于是，"行省军队开始与罗马的禁卫军展开竞争"⑤。罗马城可以任由近卫军摆布，强大的行省军团却无法容忍近卫军的疯狂。68—69年内战所揭示的"秘密"，193年再度被近卫军和外地军团所揭示，罗马帝国呈现了特殊的"四日中天"的局面：除了罗马城内的朱里亚努斯之外，尼戈尔（Pescennius Niger）在东方称帝，塞维鲁斯（Septimius Severus）在多瑙地区由士兵宣布为王，阿尔比努斯（Decimus Clodius Albinus）则在不列颠军团支持下自立门户。与68—69年内战不同的是，"四帝之年"的皇帝依仗军队"轮流坐庄"，193—197年内战则是四位皇帝同时在帝国领土上称帝。"四日中天"的现状显然不可能长久维持下去，内战不可避免地又一次爆发。历史学家将193—197年内战称之

---

① Herodian，2.7.6.

② ［苏］科瓦略夫著，王以铸译：《古代罗马史》，生活·读书·新知三联书店1957年版，第848页。

③ David Potter, *The Roman Empire At Bay AD 180－395*, Routledge, 2004. p. 98.

④ Alaric Watson, *Aurelian and the third century*, Routledge, 1999. p. 4.

⑤ ［瑞士］雅各布·布克哈特著，宋立宏等译：《君士坦丁大帝时代》，上海三联书店2006年版，第5页。

为"第二次军团战争"①。无疑，第一次"军团战争"指的是 68—69 年内战。与前次内战不同的是，此次内战的导火索是近卫军在罗马城内"拍卖帝位"，引发军团不满，两者之间的竞争演变为全国规模的内战。帝国的命运再次任由军队安排。

朱里亚努斯之外"三帝"，全部为军队拥立，各有军队为后盾。但塞维鲁斯行动比其他两个竞争对手更加敏捷。在军团官兵拥立塞维鲁斯为皇帝后，塞维鲁斯打着为皮尔提那克斯复仇的旗号②，快速向罗马城进军。花钱买得王位的朱里亚努斯注定短命，在尚未"品尝"到皇帝权势的真正味道时，他的强大对手塞维鲁斯便带领自己的军团开赴意大利，旨在推翻朱里亚努斯。朱里亚努斯宣布塞维鲁斯为"公敌"，同时加固罗马城防，希望依赖近卫军和其他城市军队，以及罗马海军抵御塞维鲁斯的进攻③，并派克里斯普斯前往拉文那阻击塞维鲁斯，但当克里斯普斯的舰队落入塞维鲁斯之手后，一些军官投靠了塞维鲁斯，克里斯普斯只得返回罗马。为了保住自己的王位，朱里亚努斯再次派克里斯普斯前去同塞维鲁斯谈判，希望能够与塞维鲁斯共治帝国。士气正旺的塞维鲁斯当然不可能接受这一条件，克里斯普斯再度无功而返④。大敌当前，朱里亚努斯寄予厚望的近卫军却无所作为⑤，朱里亚努斯抵御塞维鲁斯的军事实力大打折扣。强硬的塞维鲁斯致信近卫军和元老院，命令杀死皮尔提那克斯的凶手投降，元老院也大胆地判处朱里亚努斯死刑。近卫军则相信了塞维鲁斯信中的承诺：逮捕杀死皮尔提那克斯的凶手，赦免近卫军。近卫军则为了保全性命，按照塞维鲁斯的指令，逮捕了凶手⑥。关键时刻，近卫军贪生怕死，抛弃了斥巨资买得王位的朱里亚努斯。

193 年 6 月 1 日，朱里亚努斯为一名近卫军士兵所杀，元老院则宣布

①　Arthur E. R. Boak, *A History of Rome*, *To* 565 *A. D.* New York, The Macmillan Company, 1921. p. 301.

②　Ibid, p. 301.

③　*The Cambridge Ancient History*, Second Edition, Volume XII, The Crisis of Empire, a. d. 193 - 337. Cambridge University Press, 2008. p. 3.

④　Matthew Bunson, *Encyclopedia of the Roman Empire* (revised edition), New York NY 10001, 2002. p. 158. 克里斯普斯未能像其他朝代的近卫军长官那样，继续服侍新君主。塞维鲁斯采纳莱图斯的建议，将克里斯普斯处死。

⑤　Dio, 74. 16. 3.

⑥　Ibid, 74. 17. 2; 74. 17. 3.

对他处以死刑。通过近卫军"买到"王座的朱里亚努斯最后仍然死于近卫军之手，成为一年之中第二个死于近卫军之手的皇帝。

197 年，塞维鲁斯战胜了另外三名对手，"四日"中"三日"陨落，皇权重新由塞维鲁斯一人执掌。此次内战，近卫军不是"主角"，也未像先前那样，跟随主子在前线厮杀，但内战的罪魁祸首却是近卫军，正是近卫军拍卖帝位引发了长达 4 年之久的内战。

第三节　近卫军第三次重大改革

西方学者认为："与其说塞维鲁斯是一个政治家，倒不如说他是一名士兵。"① 苏联学者称塞维鲁斯为"第一个士兵皇帝"②。塞维鲁斯是罗马帝国历史上处于转折点的皇帝，也是近卫军历史上的重要皇帝。他当政期间，对近卫军进行重构式的改革——近卫军历史上最后一次改革。

一　法学家近卫军长官及其权势

一如前文所述，近卫军长官自提比略时代开始，即已成为帝国的重要官职。"塞维鲁斯统治时期，具有重要意义的是近卫军长官权力扩大，并呈现出 3 世纪达到顶点的军事权力和行政权力分离的趋势。"③ 塞维鲁斯时代的近卫军长官权力触角几乎无所不及：行政、司法、财政等，权势、地位仅次于塞维鲁斯④，塞维鲁斯治下的近卫军长官有两个非常有代表性的人物：一个是弗尔维乌斯·普劳提亚努斯（C. Fulvius Plautianus，也是塞维鲁斯的同乡、亲戚和朋友），另一人为帕皮尼安。前者作为帝国的

---

① Michael Burgan, *Great Empires of the Past*：*Empire of Ancient Rome*, Revised Edition, New York, 2009. p. 56.

② 《历史研究》编辑部译：《罗马奴隶占有制崩溃问题译文集》，科学出版社 1958 年版，第 289 页。也许意识到了自己出身的非罗马—意大利化不利于统治，塞维鲁斯把自己"过继"到了安东尼和马尔库斯·奥莱里乌斯家族，并在名字上使用了这两个皇族的姓氏。塞维鲁斯的行为具有极大的讽刺意味，是对罗马帝国所谓皇统的挑战与蔑视。

③ Albert A. Trever, *History of Ancient Civilization*, *Volume II*, *The Roman World*, Harcourt, Brace and Company, New York, 1939. p. 632.

④ Robert F. Pennell, *Ancient Rome*, *from the earliest times down to* 476 A. D. , U. S, 1890. p. 161.

"二把手"出任近卫军长官，后者则以法学家的身份就职近卫军长官①。两人出身、作为、旨趣等大相径庭，相同的结局只是双双死于非命。

"塞维鲁斯统治时期一个重要标志是近卫军长官权势的扩大。"② 相形之下，元老院的权力却大为削减，无足轻重。塞维鲁斯登基后，近卫军长官由埃米里乌斯·萨图尔尼乌斯（Aemilius Saturninus）和普劳提亚努斯共同担任③。但两人共事时间并不长，大约在 197 年，骄横不羁的普劳提亚努斯蓄意谋杀了自己的同僚埃米里乌斯·萨图尔尼乌斯④，并剥夺了埃米里乌斯·萨图尔尼乌斯近卫军中支持者们的官职，使他有机会长期一人独霸近卫军长官一职⑤。不仅如此，普劳提亚努斯还把自己的女儿嫁给了塞维鲁斯的大儿子卡拉卡拉为妻，并把 100 个被阉割的、来自各个阶层的罗马人作为礼物送给女儿，当作她的私人宦官⑥。普劳提亚努斯的权势和地位彰显无遗。但这桩婚事仅维持了不到 3 年。普劳提亚努斯对塞维鲁斯影响非常大，在很长一段时间内权势非比寻常，地位甚至超过皇室⑦。借助塞维鲁斯的权势和与皇室的姻缘关系，普劳提亚努斯在塞维鲁斯王朝属一言九鼎式的人物⑧，狄奥·卡西乌斯记载，普劳提亚努斯处死了许多声名显赫的同僚，既分享了塞维鲁斯的权力，还拥有近卫军长官的所有权力，并对每个人都有巨大的威慑力。普劳提亚努斯不仅是唯一一个近卫军长官，而且还想成为终身近卫军长官⑨。另据狄奥·卡西乌斯记载，普劳

---

① Howe, Laurence Lee. *The Pretorian Prefect from Commodus to Diocletian*（*AD* 180 – 305），The University of Chicago Press, 1942. p. 42.

② Arthur E. R. Boak, *A History of Rome*, *To* 565 *A. D.* New York, The Macmillan Company, 1921. p. 304.

③ Herodian, 3. 11. 8.

④ Matthew Bunson, *Encyclopedia of the Roman Empire*（revised edition），New York NY 10001, 2002. p. 490.

⑤ Dio, 76. 14 . 2.

⑥ Matthew Bunson, *Encyclopedia of the Roman Empire*（revised edition），New York NY 10001, 2002. p. 435.

⑦ *The Cambridge Ancient History*, Second Edition, Volume XII, The Crisis of Empire, a. d. 193 – 337. Cambridge University Press, 2008. p. 13.

⑧ 由于权势重大，普劳提亚努斯与塞维鲁斯的第二任妻子茱莉亚·多玛（Julia Domna），即后来卡拉卡拉皇帝及其胞弟盖塔（Geta）的母亲关系恶化。见 Matthew Bunson, *Encyclopedia of the Roman Empire*（revised edition），New York NY 10001, 2002. p. 290。

⑨ Dio, 76. 14. 1 – 2.

提亚努斯不仅野心勃勃，而且贪得无厌，到各个行省和城市搜刮民财，没有一个行省和城市能够幸免；人们送给他的各种钱财比送给皇帝的还要多①。未经他的允许，低级军官甚至可以拒不执行塞维鲁斯的命令；许多人见到他不得不屈尊，"仿佛他就是皇帝"。普劳提亚努斯权势熏天，不可一世。近卫军历史上，能与普劳提亚努斯相提并论的近卫军长官寥寥无几。和塞亚努斯、佩伦尼斯等人一样，日益增大的权势使普劳提亚努斯的野心也日益膨胀，最后竟然想谋害塞维鲁斯父子，自己取而代之。也和其他野心家下场相同，普劳提亚努斯没有得逞，阴谋败露后被杀②。在剪除普劳提亚努斯过程中，塞维鲁斯担心近卫军不听他的命令，转而站在普劳提亚努斯一边，于是，专门找一些近皇家骑兵卫队中的年轻士兵，抓捕普劳提亚努斯，最后将其处死③。帝国历史上，所有不可一世、野心家式的近卫军长官无一有好下场，这一点似乎可视为近卫军历史上规律性要素。205 年处死普劳提亚努斯的正是他曾经的女婿卡拉卡拉。人们把普劳提亚努斯的尸体被从宫廷拖到了大街上④。吉本分析说："宫廷之间相互倾轧，激起了普劳提阿（亚）努斯的野心，也使他产生恐惧。皇帝感到受到革命的威胁，即使仍然喜爱如前，迫于形势也不得不将他处死。"⑤普劳提亚努斯的经历又一次证明，能够掌控近卫军的皇帝只能允许近卫军长官作为奴仆存在，绝不允许近卫军长官危及自己的统治。

处死普劳提亚努斯后，塞维鲁斯任命两名近卫军长官，其中一人是罗马史上最著名的法学家之一⑥，人称古典时代最后一位重量级法学家⑦的帕皮尼安（Papinian，拉丁名字为 Aemilius Papinianus）。法学家出任近卫

① Dio, 76. 14.

② Herodian, 3. 12. 8 – 12.

③ Michael P. Speidel, *Riding For Caesar: The Roman Emperors' Horse Guards*, Published by B. T. Batsford Ltd., 1994. p. 48.

④ Dio, 77. 4. 5. 狄奥·卡西乌斯议论说，此人权大盖主，人们对他的敬畏超过了皇帝。由狄奥·卡西乌斯的议论可知，普劳提亚努斯的权势登峰造极，皇帝当然不能容忍。普劳提亚努斯可谓诠释皇帝与近卫军长官关系的又一鲜活例证。

⑤ ［英］爱德华·吉本著，席代岳译：《罗马帝国衰亡史》第一册，吉林出版集团有限责任公司 2008 年版，第 103 页。

⑥ 另一个则是莱图斯（Laetus）。

⑦ Olga Tellegen – Couperus, *A short history of Roman law*, Published in the Taylor & Francis e – Library, 2003. p. 105.

军长官证明了近卫军长官军事职能和行政职能的分野。由于近卫军长官角色重要性得到了承认，才使得帕皮尼安等著名法学家在塞维鲁斯时代出任近卫军长官，帕皮尼安及其门徒乌尔比安（Ulpian）等由此得名"法学家近卫军长官"①。至于塞维鲁斯缘何垂青法学家近卫军长官，有人认为是塞维鲁斯本人有较好的司法素养②。诚然，这些因素不可忽视，但作为皇家卫队的指挥官，得到皇帝认可和器重永远是首要的，其他因素都是次要的。当然，这些法学家学养丰厚，统率近卫军，参与国政，某些思想也对皇帝的治国政策产生了积极影响。在特定的历史条件下，这些法学家对帝国政策的影响并不逊于对法学的影响③。

　　塞维鲁斯当政期间，不仅任用法学家出任近卫军长官，而且进一步扩大了近卫军长官的权力范围，堪称近卫军长官权势最为显赫的历史时期，近卫军长官"由最初的赳赳武夫，变成了皇帝手下的大臣，并掌管金融和法律。"④ 因近卫军长官司法方面权力的增长，在接下来的法学家时代里⑤，帕皮尼安等多名青史留名的大法官、法学家先后出任近卫军长官⑥，改变了近卫军长官人选的文化及素养结构。著名法学家乌尔比安被塞维鲁斯任命为帕皮尼安的助手，后在塞维鲁斯·亚历山大统治时代出任近卫军长官。继塞维鲁斯之后，塞维鲁斯家族统治期间，多位受过专业训练的著名法学家出任近卫军长官，构成了这一历史时期近卫军长官的一大特色⑦，也是几

---

①　Howe, Laurence Lee. *The Pretorian Prefect from Commodus to Diocletian* (*AD* 180 – 305), The University of Chicago Press, 1942. p. 44.

②　*The Cambridge Ancient History*, Second Edition, Volume XII, The Crisis of Empire, a. d. 193 – 337. Cambridge University Press, 2008. p. 12.

③　Howe, Laurence Lee. *The Pretorian Prefect from Commodus to Diocletian* (*AD* 180 – 305), The University of Chicago Press, 1942. p. 44.

④　William Smith and Eugene Lawrence, *A Smaller History of Rome*, New York, 1881. p. 245.

⑤　William F. Allen, *A Short History of the Roman People*, Boston, U. S. A. : Published By Ginn & Company, 1890. p. 279.

⑥　Michael Grant, *The Climax of Rome.* Weidenfeld & Nicolson, London, 1993. p. 77.

⑦　塞维鲁斯在罗马帝国历史上称不上贤君明主，但在罗马法发展史上却占有一席之地。塞维鲁斯统治期间，为罗马帝国历史上法学人才辈出的时代，许多著名法学家活跃在这一时期。塞维鲁斯对法理的重视，使其成为罗马法发展史上承上启下的人物：对此前罗马法进行了总结，也为日后罗马法进一步发展奠定了基础。西方学者认为，塞维鲁斯任用法学家为近卫军长官，是他行政管理方面取得的成就。参见 Kathleen Kuiper, *Ancient Rome: from Romulus and Remus to the Visigoth invasion*, Britannica Educational Publishing, 2001. p. 155。

位德高望重的法学家最为活跃的一个历史阶段①。从这时起，近卫军长官被赋予审判刑事案件的权力，以罗马城为中心，100英里范围内的刑事案件由近卫军长官审理。皇帝不在罗马城时，帝国司法会议由近卫军长官主持。此外，监督罗马城谷物供给的权力也转交到近卫军长官手中②。近卫军长官的权势、地位空前强化。与以往不同的是，塞维鲁斯治下的近卫军长官强大的权势地位是皇帝授予的，具有"合法性"。然而，塞维鲁斯王朝出现的职业法学家出任近卫军长官，绝非意味着真正改变了近卫军长官的出身，改变了近卫军长官最基本的职能。据统计，这一时期有历史记载的22名近卫军长官中，真正意义上的、训练有素的"法学家近卫军长官"不过四五人，不足近卫军长官总数的1/5，所占比例有限。一个不容回避的史实是，"法学家近卫军长官"在任时，都有一个军人出身的同僚，如帕皮尼安的同僚莱图斯等③。即使在法学家得到重用的时代，绝大多数近卫军长官依然是行伍出身，其根本性质并未改变：近卫军长官主要是武将，而非文臣；皇帝需要法学家出身的近卫军长官，但更需要统兵打仗的近卫军长官。因此，即使法学家出任近卫军长官，近卫军长官的基本职责也不会发生变化。和埃德温图斯、马克里努斯陪同卡拉卡拉前往帕提亚战争的前线一样，身为法学家的帕皮尼安也陪同塞维鲁斯前往不列颠前线④。2世纪晚期以降，近卫军长官司法职能的强化是一个大的趋势，近卫军长官除了军事职责外，越来越多地被赋予司法职责⑤。

吉本也指出，塞维鲁斯治下的近卫军长官，"不仅统帅着全部军队，同时还管辖着国家财政、甚至法律"⑥。帕皮尼安先后服侍塞维鲁斯和卡拉卡拉，连任两朝皇帝近卫军长官。帕皮尼安是罗马史上著名的法学家，

① Mary T. Boatwright, Daniel J. Gargola and Richard J. A. Talbert, *The Romans: From Village to Empire*, Oxford University, 2004. p. 245.

② Arthur E. R. Boak, *A History of Rome*, to 565 A. D. New York, The Macmillan Company, 1921. p. 304.

③ Howe, Laurence Lee. *The Pretorian Prefect from Commodus to Diocletian* (AD 180 – 305), The University of Chicago Press, 1942. pp. 47 – 49.

④ Ibid, p. 55.

⑤ Donald G. Kyle, *Spectacles of Death in Ancient Rome*, London and New York, 1998. p. 99.

⑥ [英] 爱德华·吉本著，黄宜思、黄雨石译：《罗马帝国衰亡史》上册，商务印书馆1997年版，第105页。

对罗马法和罗马法学家的影响远远大于任职近卫军长官的影响①。身为法学家的帕皮尼安仅为一系列出任近卫军长官的法学家之一②。帕皮尼安既是塞维鲁斯宫廷中地位显赫的法学家，也是权势、地位仅次于皇帝，无人能与之比肩的帝国官吏③。"在塞维鲁统治的最后七年，由帕皮尼安负责处理国家的主要事务，发挥影响力使皇帝迈向公理正义之路……。"④ 他曾经陪同塞维鲁斯巡幸不列颠，并为年迈的、死于此次巡幸的塞维鲁斯送终⑤。临终前，塞维鲁斯嘱咐帕皮尼安"尽力维护皇室的昌隆和团结"⑥。塞维鲁斯王朝，多位法学家被任命为近卫军长官，帕皮尼安当为代表人物。狄奥·卡西乌斯曾记载，塞维鲁斯当政期间，以布拉（Bulla）为首的盗贼横行不法，竟然在皇帝的鼻子底下，时常劫掠意大利达两年之久。塞维鲁斯派一名近卫军大队长率领骑兵打败了这伙强盗。帕皮尼安参与了对被捉强盗的审判⑦。著名的法学家出任近卫军长官，标志着近卫军长官进入一个新的权势重大的历史时期。这一时期，多名法学家出任近卫军长官，为近卫军长官某些职能的改变创造了条件。因此，塞维鲁斯时代，近卫军长官权势的扩大主要表现在司法领域。如果从近卫军长官的角度审视罗马法的发展，则不难发现，罗马法的发展进步也有近卫军长官的贡献。这可视为塞维鲁斯王朝近卫军长官与其他朝代近卫军长官的最大不同。

塞维鲁斯对近卫军长官选任条件的改革，改变了原来近卫军长官的资格条件，也使近卫军长官日益"名正言顺"地参与帝国管理和政治生活。"此时的近卫军长官已成为皇帝顾问会的副主席，并被授予了征收实物税

---

① Matthew Bunson, *Encyclopedia of the Roman Empire* (revised edition), New York NY 10001, 2002. p. 295.

② H. M. D. Parker, *A History of the Roman World from A. D.* 138 *to* 337, New York：Macmillan Co., 1939. p. 73.

③ 与其他几位权势巨大的近卫军长官相比，帕皮尼安没有成为野心家，并未因权限扩大产生觊觎王位的野心，这一点可视为帕皮尼安与塞亚努斯、普劳提亚努斯等人的最大区别；亦可视为训练有素的法学家与职业军人的区别。

④ ［英］爱德华·吉本著，席代岳译：《罗马帝国衰亡史》第一册，吉林出版集团有限责任公司 2008 年版，第 112 页。

⑤ Donald G. Kyle, *Spectacles of Death in Ancient Rome*, London and New York, 1998. p. 412.

⑥ ［英］爱德华·吉本著，席代岳译：《罗马帝国衰亡史》第一册，吉林出版集团有限责任公司 2008 年版，第 112 页。

⑦ Dio, 77. 10. 1 – 7.

的职能,军队必须仰赖他们提供供给,于是近卫军长官比原来的权力大了许多,成为十分重要的财政长官。"① 塞维鲁斯统治时代,近卫军长官的军事权力有所削弱,更多地扮演着宰相、首席大臣等角色,常常代表皇帝处理公共事务。由于几位著名法学家先后担任近卫军长官,近卫军长官的纯军事性质有一定的改变,处理国内事务的职能逐步增多②。

近卫军长官无论出身如何,无论被授予多少权限、职能,近卫军长官最重要的职能一定是军事上的,可谓万变不离其宗。塞维鲁斯通过军队夺取王权,清楚军队的重要性。塞维鲁斯在重新组建近卫军的同时,还新建了3个军团,其中两个驻扎在美索不达米亚,另一个则驻扎在意大利,归属近卫军长官管辖③。塞维鲁斯授权近卫军长官指挥军团,为帝国历史上破天荒之举。近卫军长官的军事权力"与生俱来",但该官职设置之初,并不涵盖其他军事权力④。当然,此前近卫军长官充任前线指挥官者不乏其人,也有学者论证近卫军长官拥有意大利境内和前线的军事指挥权⑤,但这些军事指挥权大多属于临时性,战争结束,军事指挥权随之交出,并未像塞维鲁斯这样明确地将军团交与近卫军长官指挥。塞维鲁斯把军团指挥权授予近卫军长官,说明近卫军长官在增加司法、行政等权力的同时,还扩大了军权。

二 兵员结构改变与提高军饷

自近卫军创建以来,构成成分在不断发生变化,当初那种出身意大利的硬性标准,伴随历史流变,早已发生根本动摇。奥古斯都时代的近卫军构成成分及其要求,注定会成为历史陈迹。塞维鲁斯入主罗马后,解散了原有的近卫军,组建了一支全新的近卫军。鉴于近卫军横行罗马,反复无常、气焰嚣张,以及公然在近卫军军营"拍卖帝位"等恶劣行为,塞维

---

① Michael Grant, *The Climax of Rome*. Weidenfeld & Nicolson, London, 1993. p. 76.

② William F. Allen, *A Short History of the Roman People*, Boston, U. S. A. : Published By Ginn & Company, 1890, pp. 282 – 283.

③ *The Cambridge Ancient History*, Second Edition, Volume XII, The Crisis of Empire, a. d. 193 – 337. Cambridge University Press, 2008. p. 12.

④ Howe, Laurence Lee. *The Pretorian Prefect from Commodus to Diocletian* (AD 180 – 305), The University of Chicago Press, 1942. p. 21.

⑤ Ibid, pp. 21 – 25.

鲁斯遣散了这支近卫军①。塞维鲁斯"严厉惩治了杀死皮尔提那克斯,将王座'卖给'朱里亚努斯的近卫军士兵。"② 塞维鲁斯独掌权柄后,做的第一件事就是解除了近卫军的武装,命令他们放下武器离开罗马城③,"如果在距罗马城100英里以内出现,格杀勿论。"④ 希罗狄安以生动的笔法记载了塞维鲁斯惩治近卫军的全部过程。塞维鲁斯先是以私人的名义,致信近卫军中的百人队长及其他军官,要求他们说服近卫军士兵,服从他的命令。然后,塞维鲁斯又给近卫军写了一封公开信,要求他们放下武器,和平时陪伴皇帝一样,身着普通市民的衣服,离开近卫军营地。他还命令近卫军对他宣誓效忠。近卫军听从了塞维鲁斯的指令,放下武器,身着便装,手持月桂树枝,到达指定地点,周围则是塞维鲁斯军队的官兵。被围在中间的近卫军官兵恐惧万分,但塞维鲁斯的军队并未伤害近卫军,因为他们已经放下了武器。此时的近卫军更像一群战俘。愤怒的塞维鲁斯对近卫军大声训斥,严厉地命令近卫军脱下军服,放下所有装备,尽可能远地离开罗马。听完塞维鲁斯的训斥,近卫军乖乖地交出了随身携带的短剑,解下腰带,摘下金银饰物,以及其他所有近卫军标识⑤。奥古斯都创建的近卫军就此退出了历史舞台。"这是帝国军队精英部队的终结。几乎全部由意大利人或行省意大利血统出身构成的近卫军,对各种事件的重要影响超过200年。"⑥ 就此意义而言,塞维鲁斯改变了近卫军的构成,对曾经长期存在的传统是一种颠覆。

塞维鲁斯严厉惩治近卫军带有为皮尔提那克斯复仇的心态⑦,但更主要的原因还在于塞维鲁斯无法忍受近卫军的作为。两个多世纪的历史上,近卫军第一次遭遇如此严苛的处置,昔日的骄横在塞维鲁斯高压之下荡然无存。塞维鲁斯遣散了原有的近卫军,并不意味着塞维鲁斯不需要近卫军。近卫军与皇权相辅相成,塞维鲁斯需要的是一支与"拍卖帝国"截

---

① Mary T. Boatwright, Daniel J. Gargola and Richard J. A. Talbert, *The Romans: From Village to Empire*, Oxford University, 2004. p. 408.

② *The History of Count Zosimus, Sometime Advocate and Chancellor of the Roman Empire*, London, 1814. p. 9.

③ Dio, 75. 1.

④ Herodian, 2. 13. 9.

⑤ Ibid, 2. 13. 1 – 12.

⑥ Anthony R. Birley, *Septimius Severus, The African Emperor*, Routledge, 1999. p. 103.

⑦ Herodian, 2. 13. 12.

然不同的近卫军，惩处原有近卫军与王权需要近卫军并不矛盾，塞维鲁斯所进行的只是改革和改组，绝非彻底裁汰近卫军："禁（近）卫军谋害皇帝出卖帝国。以叛国罪名得到惩处，这种军勤制度虽然危险但却必要……"① 近卫军与帝制相伴而生，所不同的是，历代君主对近卫军的态度决定了近卫军的生存状态，以及对帝国产生的不同的影响。"塞维鲁斯知晓他的政权是建立在士兵支持的基础之上，因此，解散了原有的近卫军，组建了一支新的、规模更大的忠于他的王朝的近卫军……"② 与以往任何一个历史时期相比，塞维鲁斯的近卫军构成的变化堪称别若天渊：来自帝国偏远地区的蛮族士兵取代近卫军中的罗马士兵，官兵主要来自支持塞维鲁斯的巴尔干军团③。这些军团是塞维鲁斯的嫡系部队，进一步突出了皇帝对近卫军的依赖关系。塞维鲁斯新改组近卫军使近卫军的发展走向发生了本质的变化，此后，近卫军官兵主要在多瑙地区那些有多年服役经历的军团士兵中征召④。一直以来，近卫军以意大利人为主，并成为一种特权或身份的象征。塞维鲁斯打破旧制，新组建的近卫军全无身份限制，军团中任何官兵都可以填补近卫军的空缺⑤，并将在近卫军服役作为奖赏，借以鼓励他的军团官兵到近卫军中服役⑥。据统计，塞维鲁斯的近卫军中，60.3%来自帝国西部，39.7%来自帝国东部⑦。传统的出身、籍贯规定被彻底否定。塞维鲁斯对近卫军实施的种种改革举措，是继维特利乌斯之后，又一次对近卫军进行比较彻底的重构，在近卫军中服役没有了当初的限制，成为蛮族士兵可以同样享有的权利。在此意义上讲，塞维鲁

---

① ［英］爱德华·吉本著，席代岳译：《罗马帝国衰亡史》第一册，吉林出版集团有限责任公司 2008 年版，第 102 页。

② Charles Matson Odahl, *Constntine and the Christian Empire*, First published 2004 by Routledge, New York, NY 10001, p. 15.

③ *A Companion to the Roman Empire*, Edited by David S. Potter, First published 2006 by Blackwell Publishing Ltd. , p. 217.

④ *The Cambridge History of Greek and Roman Warfare*, Volume II , Rome from the late Republic to the late Empire, Edited by Philip Sabin, et al. , Cambridge University Press, 2007. p. 73.

⑤ Dio, 75. 2. 4.

⑥ *The Cambridge Ancient History*, Second Edition, Volume XII, The Crisis of Empire, a. d. 193 – 337. Cambridge University Press, 2008. p. 13.

⑦ Antonio Santosuosso, *Storming the heavens: soldiers, emperors, and civilians in the Roman Empir*, Westview Press, 2001. p. 170.

斯并未削减近卫军的种种特权，只是把享有特权的范围扩大到蛮族。塞维鲁斯在行省征召近卫军之后，曾经是意大利青年人在被娇纵的部队中服役的独享特权随之消失①。近卫军的历史进入一个新的历史时期。

塞维鲁斯的近卫军是一支全新的、主要由蛮族构成的近卫军，以精选军团老兵为核心②，希望近卫军保持忠诚，拥有非常强的战斗力，从根本上保证近卫军是精锐之师。因此，塞维鲁斯的近卫军是与奥古斯都所创建的近卫军截然不同的军事精英。塞维鲁斯对蛮族官兵的信任超出了其他军团士兵。塞维鲁斯"通过允诺给予蛮族部队土地、金钱，表达他对蛮族部队的偏爱。此外，他还让罗马妇女嫁给蛮族军官……"③ 近卫军以蛮族为主体，是为罗马帝国历史上第一次④。由于原有的出身意大利的近卫军士兵已被来自帝国边远地区的士兵所取代⑤，且驻扎罗马城，使罗马城内平添了许多蛮族和"外乡人"。与塞维鲁斯同时代的历史学家狄奥·卡西乌斯抱怨说："（罗马）城内挤满了成群的五光十色的军人，相貌野蛮，说一些令人讨厌的意思颠倒的话语，举止行为粗鲁"⑥。"首都出现大批奇装异俗的蛮族使人惊骇不已"⑦。塞维鲁斯对近卫军"非罗马化""非意大利化"的改造，令近卫军"面目全非"，传统意义上的近卫军成为历史。尽管近卫军的构成成分发生了根本性改变，但近卫军的职能并未发生丝毫变化，近卫军仍是拱卫皇帝和宫廷的精锐之师。所不同的是，在这支精锐部队中，多瑙河军队官兵是绝对主力，等于多瑙河军团官兵"接管"了原来的近卫军。塞维鲁斯"让他们进入他们所向往的禁（近）卫军的

---

① Samuel Dill, *Roman Society*, *From Nero to Marcus Aurelius*, Macmillan and Co., Limited, 1905. p. 242.

② E. G. Hardy, *Studies In Roman History*, London & New York, 1906. p. 232.

③ *Encyclopedia of World History*：*The Ancient World Prehistoric Eras to* 600 *c. e.*, Volume I, edited by Marsha E., et al. Printed in the United States of America, 2008. p. 423.

④ 塞维鲁斯从蛮族中征召近卫军，从另一个侧面反映出罗马帝国军队的蛮族化趋势进一步加强。因此，塞维鲁斯以蛮族士兵为近卫军主力，重要意义远非是近卫军兵员的改变，还揭示了帝国军队构成成分的质的变化。

⑤ *Encyclopedia of World History*：*The Ancient World Prehistoric Eras to* 600 *c. e.*, Volume I, edited by Marsha E., et al. Printed in the United States of America, 2008. p. 432.

⑥ Dio, 75. 2. 6.

⑦ ［英］爱德华·吉本著，席代岳译：《罗马帝国衰亡史》第一册，吉林出版集团有限责任公司 2008 年版，第 102 页。

行列，也以此作为给他们的报酬和荣誉。……靠着这支在装备和人员配备方面都大大优于可能用来和它对抗的任何兵力为 5 万人的部队，便永远可以粉碎任何叛乱可能取得胜利的希望，并保证使帝国永远处在他和他的后代的掌握之中。"① 至于塞维鲁斯缘何以蛮族官兵充实近卫军，一个不容忽视的客观原因是，罗马军队本身已经"蛮族化"了②。塞维鲁斯当政时代，罗马军队兵员紧缺，为了维持庞大的军队兵员，帝国军队逐步向"非罗马化""非意大利化"过渡，并最终完成了"蛮族化"。历史学家评论说，塞维鲁斯对包括近卫军在内的各项军事改革，消除了近卫军与军团兵员出身方面的差别③，士兵来源更加宽泛。在塞维鲁斯改组近卫军过程中，原有的皇家骑兵卫队，因没有参与近卫军对皮尔提那克斯的谋杀，被塞维鲁斯继续留用，与近卫军的下场形成了鲜明对照。在改组近卫军的同时，塞维鲁斯将皇家骑兵卫队的人数增加至 2000 人，并专门为这支部队建造了军营④。

塞维鲁斯之所以遣散原有的近卫军，主要原因不外乎有两个：一是原来的近卫军桀骜不驯，甚至公然"拍卖帝位"；二是这些近卫军已经失去了原有的忠诚。塞维鲁斯新组建的近卫军"信任"是第一标准。但这支彻底改组后的近卫军是否能够对皇室保持塞维鲁斯所期待的忠诚呢？答案

---

① ［英］爱德华·吉本著，黄宜思、黄雨石译：《罗马帝国衰亡史》上册，商务印书馆1997 年版，第 105 页。关于塞维鲁斯新组建的近卫军人数，学术界并无定论。有学者认为，塞维鲁斯手下的近卫军为 4 万人。见 E. G. Hardy, *Studies In Roman History*, London & New York, 1906. p. 232；布克哈特认为，是原来近卫军数量的 4 倍，见［瑞士］雅各布·布克哈特著，宋立宏等译《君士坦丁大帝时代》，上海三联书店 2006 年版，第 7 页；有人则认为，近卫军总数多达5 万人。见 *Roman History*, Translated from the German of DR. Julius Koch by Lionel D. Barnett, M. A. London, 1901. p. 136. 笔者此处所采用的仅仅是其中一个观点。至于哪种说法更贴近现实，尚需进一步研讨。但可以肯定的是，塞维鲁斯当政后，近卫军人数大幅度增加确定无疑。综合各方面资料分析，罗马城内近卫军人数 4 万或 5 万人的说法尚缺少说服力。

② Maurice Plantnauer, *The Life and Reign of the Emperor: Lucius Septimius Severus*, Oxford University Press, 1918. p. 67.

③ Albert A. Trever, *History of Ancient Civilization*, Volume II, *The Roman World*, Harcourt, Brace and Company, New York, 1939. p. 631.

④ Michael P. Speidel, *Riding For Caesar: The Roman Emperors' Horse Guards*, Published by B. T. Batsford Ltd. , 1994. p. 44, p. 45, p. 108.

是否定的。近卫军依然是罗马城内各种乱象的根源①。只是在塞维鲁斯统治时代，通过改革和整治，使近卫军保持了安定，没有像从前那样恣意妄为。塞维鲁斯死后，近卫军不仅杀死过自己的长官，而且把多个皇帝送上黄泉路。这说明，塞维鲁斯可以改变兵员结构，却无法改变近卫军的本性。

和图拉真一样，塞维鲁斯把在潘诺尼亚任总督时的骑兵卫队加入皇家骑兵卫队中，使皇家骑兵卫队的人数增加了一倍。因人数增多，塞维鲁斯在罗马城为皇家骑兵卫队建造了一座新营地——坐落在当年图拉真所建造的旧营地旁边。塞维鲁斯通过重新组建近卫军等手段，使罗马城的军队大幅度增加：8000 近卫军、2000 皇家骑兵卫队、6000 城市警卫部队，另加相当于 4 个军团兵力的部队②。如此众多的军队驻扎罗马城，一方面反映出塞维鲁斯及其统治对军队的依赖性；另一方面，则是出于军事行动之需要，"和图拉真一样，塞维鲁斯也把这些军队用于东方战役。"③ 塞维鲁斯治下的近卫军，也与帝国其他常备军一样，战时开赴前线。此外，近卫军固有的职能依然在履行，塞维鲁斯前往高卢时，便由新组建的近卫军陪同；197 年初秋，塞维鲁斯到达安条克，除近卫军之外，近卫军长官普劳提亚努斯亦为陪同的高级官吏之一④。还是在 197 年，皇家骑兵卫队在里昂为塞维鲁斯作战。皇家骑兵卫队的另一次作战行动是 202 年的东方⑤。

塞维鲁斯打败敌手，赢得内战的胜利，全赖军队的支持。因此，夺得王位后，一如前朝皇帝，慷慨解囊，犒赏军队。塞维鲁斯"清楚他的统治仰仗士兵支持，因此，提高士兵的军饷，给予士兵更多的特权"，成为塞维鲁斯登基后主要内容⑥。塞维鲁斯通过苏拉式的剥夺聚敛了大量财产，用这些财产嘉奖、犒赏为他立下汗马功劳的军队和士兵，增加了士兵

① Howe, Laurence Lee. *The Pretorian Prefect from Commodus to Diocletian* (AD 180 – 305), The University of Chicago Press, 1942. p. 42.

② *The Cambridge History of Greek and Roman Warfare*, Volume II, Rome from the Late Republic to the late Empire, Edited by Philip Sabin, et al., Cambridge University Press, 2007. p. 73.

③ E. G. Hardy, *Studies In Roman History*, London & New York, 1906. p. 232.

④ Maurice Plantnauer, *The Life and Reign of the Emperor: Lucius Septimius Severus*, Oxford University Press, 1918. p. 67.

⑤ Boris Rankov, *The Praetorian Guard*, Osprey Publishing, Midland House, 1994. p. 14.

⑥ A. H. M. Jones, *Constantine and the Conversion of Europe.* Published by Toronto Press, 1994. p. 14.

的军饷。但军饷提高幅度最大的是近卫军。狄奥·卡西乌斯也记述了塞维鲁斯即位后，对近卫军慷慨解囊的事实①。近卫军的军饷的涨幅一直呈上升趋势，既反映出近卫军的特殊地位，也折射出历代皇帝对近卫军的无奈。奥古斯都时代近卫军的年军饷为 250 迪纳里，塞维鲁斯入主罗马后，则将近卫军的军饷提高到 1250 迪纳里②，是奥古斯都时代军饷的 5 倍。提高幅度之大，创下历史纪录。据狄奥·卡西乌斯记载，在塞维鲁斯登基 10 周年庆典活动中，塞维鲁斯给普通民众的赠礼是谷物，给予近卫军士兵的赠礼却是数量不菲的黄金③。近卫军军饷、赏赐的大幅度增加，只是塞维鲁斯对长久以来形成的传统的顺应，说明塞维鲁斯知晓重金贿赂与近卫军忠诚之间的关系，反映出皇帝与近卫军之间"交易成本"的增加。军队在塞维鲁斯治下的地位，以及塞维鲁斯对军队的态度，由塞维鲁斯临终前留给儿子的遗言可窥一斑。

三 其他改革

塞维鲁斯的改革涉及诸多方面，且影响深远，故被西方学者称之为"塞维鲁革命"④。在塞维鲁斯改革中，军事改革是重中之重。首先是近卫军人数的确定。在不同时期，近卫军人数各有不同。奥古斯都创建近卫军时，每个大队 1000 人。从奥古斯都到塞维鲁斯登基之前，近卫军编制大体维持在每个大队 1000 人。塞维鲁斯重新组建近卫军之后，每大队人数增加到 1500 人，创下近卫军人数的历史之最⑤。在意大利，驻扎军队的总数达到了 2.9 万—3 万人⑥——一个前所未有的数量。除近卫军的人数大幅度增加外，存在已久的皇家骑兵卫队的人数，以及哈德良时代创建的

---

① Dio, 77. 1.

② Albert A. Trever, *History of Ancient Civilization*, *Volume II*, *The Roman World*, Harcourt, Brace and Company, New York, 1939. p. 631.

③ Dio, 71. 1. 1.

④ Kathleen Kuiper, *Ancient Rome*: *from Romulus and Remus to the Visigoth invasion*, Britannica Educational Publishing, 2001. p. 155.

⑤ Matthew Bunson, *Encyclopedia of the Roman Empire* (revised edition), New York NY 10001, 2002, p. 448.

⑥ Antonio Santosuosso, *Storming the heavens*: *soldiers*, *emperors*, *and civilians in the Roman Empir*, Westview Press, 2001. p. 171.

"秘密警察"部队的人数也有所增加①。由于近卫军人数增多,塞维鲁斯不得不对原有的近卫军军营进行扩建,扩建后的近卫军兵营面积是从前的4倍②。是为帝国历史上最后一次对近卫军军营扩建和改造。

塞维鲁斯和奥古斯都一样注重自己身家性命的安全,注重首都的安全。对近卫军进行重组改建之后,塞维鲁斯加强了罗马城另外两支部队——城市步兵大队和夜间巡查部队(警察部队)的力量,并使夜间巡查部队人数增加到7000人之多③。为确保首都和皇室万无一失,塞维鲁斯把新建的帕提卡第二军团(Ⅱ Parthica)驻扎在罗马城附近的阿尔巴努姆④。这是塞维鲁斯又一个破天荒举措,因为"军团不在意大利和那些平静的行省驻扎……"⑤。将军团驻扎罗马城附近,加强了对都城的守卫与防范。军团与近卫军遥相呼应,也等于抵消了罗马城内近卫军独一无二军事力量的优势⑥,尤其不能排除塞维鲁斯吸取了历史教训,对桀骜不驯的近卫军的戒备之心。

帝国历史上,能够比较好地处理好同军队关系的皇帝并不多见,塞维鲁斯当为其中之一。塞维鲁斯同军队的关系既有恩威并重成分,也有其他措施和政策相配套。塞维鲁斯对军队和帝国之间的关系,以及对帝国政局等多方面的认识比大多数皇帝都深刻。关于这一点,塞维鲁斯临终前留给儿子的"至理名言":"让士兵装满腰包,其他人一概不管"⑦,很能说明这位皇帝对军队本质的认识。塞维鲁斯的"名言"表明了军队在政治生活中的地位,揭示了皇帝与军队之间一直存在的通过金钱达成的交易。"军队在罗马帝国第一次被视为主人,而不是奴仆。"⑧ 当帝国最高统治者也对军队无可奈何时,军队对帝国的各种影响不言而喻。

---

① Maurice Plantnauer, *The Life And Reign of the Emperor: Lucius Septimius Severus*, Oxford University Press, 1918. p. 160.

② Herodian, 3. 13. 4.

③ Graham Webster, *The Roman Imperial Army of the First and Second Centuries*. University of Oklahoma Press, 1998. p. 94.

④ Ibid.

⑤ Harold Mattingly, *Roman Imperial Civilisation*. The Norton Library, New York, 1971. p. 140.

⑥ Mary T. Boatwright, Daniel J. Gargola and Richard J. A. Talbert, *The Romans: From Village to Empire*, Oxford University, 2004. p. 409.

⑦ Dio, 77. 15. 2.

⑧ Harold Mattingly, *Roman Imperial Civilisation*. The Norton Library, New York, 1971. p. 150.

塞维鲁斯开创的新王朝得益于军队支持,"在塞维鲁斯王朝大部分时间内,军队一直是政治关注的中心。保持军队的强大——尤其是边境驻军——和忠诚是掌握政权的关键。"[1] 与前朝帝王和继任者相比,塞维鲁斯通过各种手段暂时保持了近卫军的稳定,维系了军团的忠诚。然而,不能忽视的是,塞维鲁斯的许多举措属于治标未治本,那句"名言"已经揭示了军队必定是帝国的祸根。尤其经过重构的近卫军,实力增强,继续在皇帝取舍过程中扮演着重要角色。他死后一长串皇帝名单中,许多人的皇帝生涯被近卫军的短剑斩断[2]。

第四节 卡拉卡拉时代的近卫军

211 年,塞维鲁斯在出行不列颠期间死去,将帝国留给了两个儿子:卡拉卡拉和盖塔(Geta)。兄弟二人始终不睦[3],裂痕难以修复。兄弟二人甚至计划将帝国一分为二,"分而治之"[4]。即使这种貌合神离的关系,兄弟二人也未能维持长久。212 年,卡拉卡拉设计诱骗盖塔,声称要与之修好。正在兄弟二人当着母亲茱莉亚·多玛(Julia Domna)的面谈话时[5],按照卡拉卡拉的安排,事先埋伏的百人队长杀死了盖塔。卡拉卡拉为摆脱罪责,假装恐慌,跑到近卫军营地,对近卫军说:"我是你们当中的一员……我会给你们很多财富,我所有的财富都是你们的。"[6] 卡拉卡拉用财富和谎言争得了近卫军的支持。在钱财诱惑下,近卫军听信了谎

---

① Michael Burgan, *Great Empires of the Past*: *Empire of Ancient Rome*, Revised Edition, New York, 2009. p. 59.

② Antonio Santosuosso, *Storming the heavens*: *soldiers*, *emperors*, *and civilians in the Roman Empir*, Westview Press, 2001. p. 172.

③ 据狄奥·卡西乌斯记载,塞维鲁斯在世时,卡拉卡拉就有杀死盖塔的图谋。见 Dio, 78. 1. 3。

④ William Smith and Eugene Lawrence, *A Smaller History of Rome*, New York, 1881. p. 245.

⑤ 茱莉亚·多玛在丈夫塞维鲁斯死后,也是帝国的权势人物。塞维鲁斯死后,一些东方人借助她的影响,得以在近卫军中服役。见 Warwick Ball, *Rome in the East*: *The transformation of an empire*, London and New York, 2002. p. 407。帝国历史上,对近卫军产生此类影响的皇太后大概只有茱莉亚·多玛一人。

⑥ Dio, 78. 4.

言，不再对卡拉卡拉产生怀疑。"卡拉卡拉接着拿出父亲在位期间积累的财富，用来犒赏禁（近）卫军……。"① 对此，古典史家希罗狄安有比较详细的记载。作为对军队拥戴称王的答谢，卡拉卡拉允诺每个士兵 2500 迪纳里，军饷增加一半，命令近卫军到神庙和国库拿取钱财，"他在一天的时间里，不顾一切地分发出了塞维鲁斯用 18 年积攒的财富。"当士兵们看到卡拉卡拉如此"慷慨解囊"时，根本不去计较凶手是谁，尽管清楚事实真相。拿了钱财的近卫军马上宣布卡拉卡拉为皇帝②。卡拉卡拉践行了父王的临终"名言"，用金钱平息了近卫军，金钱的魔力使卡拉卡拉躲过一劫。近卫军和军队应有的正义感被对金钱的贪欲所吞没，在金钱诱惑下，近卫军对卡拉卡拉的恶行充耳不闻。卡拉卡拉因此有恃无恐，杀死自己胞弟的同时，还免除了帕皮尼安的近卫军长官职务③。

　　杀死盖塔之后，卡拉卡拉并未善罢甘休，对亲兄弟的友人等大开杀戒，甚至网罗名目为自己制造杀人借口，近 2 万人惨遭不幸。在无辜的受害者中，包括近卫军长官——卡拉卡拉父王的近卫军长官帕皮尼安，时人"叹为国家的灾祸"。帕皮尼安是前朝重臣，深得塞维鲁斯信赖。卡拉卡拉对父王留下的大臣不满情绪由来已久，卡拉卡拉尤其希望帕皮尼安以法学家雄辩的口才，掩盖自己杀害胞弟的罪行。帕皮尼安拒绝了卡拉卡拉的要求后，选择了死亡④。据狄奥·卡西乌斯记载，当近卫军就某些事情指控帕皮尼安时，卡拉卡拉允许近卫军杀死这位著名的法学家。事后，卡拉卡拉抱怨杀人者，不应使用斧头，而应当使用短剑结束帕皮尼安的生命⑤。卡拉卡拉之所以对帕皮尼安仇恨万分，最主要的原因在于帕皮尼安是其胞弟盖塔的支持者⑥。杀死帕皮尼安之后，卡拉卡拉还准备除掉帕皮尼安的同僚，另一位近卫军长官麦西乌斯·莱努斯（Q. Maecius Laenus）。

---

① ［英］爱德华·吉本著，席代岳译：《罗马帝国衰亡史》第一册，吉林出版集团有限责任公司 2008 年版，第 110 页。

② Herodian, 4. 4. 7 – 8.

③ Matthew Bunson，*Encyclopedia of the Roman Empire*（revised edition），New York NY 10001，2002，p. 412.

④ ［英］爱德华·吉本著，席代岳译：《罗马帝国衰亡史》第一册，吉林出版集团有限责任公司 2008 年版，第 111—112 页。

⑤ Dio, 78. 4.

⑥ Aelius Spartianus，*Historia Augusta*，*The Life of Antoninus Caracalla*，Tranlated by David Magie, Ph. D. , for the Loeb Classical Library，1924. 8. 8.

只是因麦西乌斯·莱努斯重病在身，方免遭杀身之祸①。帕皮尼安被卡拉卡拉罢免后，他的同僚瓦莱利乌斯·帕特路努斯（Valerius Patruinus）与麦西乌斯·莱努斯共同担任近卫军长官。211年，帕皮尼安遇害后，瓦莱利乌斯·帕特路努斯也未能躲过近卫军的屠刀，尸体被人在街道上拖走②，莱努斯则被迫退休③。短时间内，先后三个近卫军长官或遭杀戮，或被撤职。

也许是对父王的临终教诲念念不忘，也许是自己也意识到了军队的重要性，卡拉卡拉"喜欢把金钱花在士兵身上"④，当政期间一项非常重要的举措是大幅度提高近卫军和军团的军饷。希罗狄安记载，公元212年，卡拉卡拉将近卫军的军饷增加了50%⑤。狄奥·卡西乌斯也记载，在一次战役之后，卡拉卡拉赏赐给近卫军士兵2.5万塞斯退斯，军团士兵为2万塞斯退斯⑥。与此同时，卡拉卡拉增加了退伍老兵的安置费用。215年，卡拉卡拉将军团老兵的安置费用增加到5000迪纳里，近卫军士兵大概为6250迪纳里⑦。当然，卡拉卡拉也不会对军团士兵的军饷不闻不问，同样增加了军团士兵的军饷：在其父王塞维鲁斯的基础上，再增加675—700迪纳里。有学者估算过，卡拉卡拉当政期间，士兵的军饷增加了50%⑧。在增加军饷3年之后，卡拉卡拉还给予陪同自己赴战场的近卫军每人2.5万塞斯退斯的赏赐⑨。卡拉卡拉在增加军饷的同时，肆意纵容军队，把"纵兵殃民"当成统治策略加以推行。由于卡拉卡拉对军队慷慨解囊，军

---

① Dio，78.5.4.

② Matthew Bunson，*Encyclopedia of the Roman Empire*（revised edition），New York NY 10001，2002. p. 416.

③ David Potter，*The Roman Empire At Bay AD* 180 – 395，Routledge，2004. p. 137.

④ Dio，78.9.1.

⑤ Herodian，4.4.7.

⑥ Dio，78.24.1.

⑦ *The Cambridge History of Greek and Roman Warfare*，Volume Ⅱ，Rome from the late Republic to the late Empire，Edited by Philip Sabin, et al.，Cambridge University Press，2007. p. 163。对于此次增加近卫军退伍安置费用的具体数额，狄奥·卡西乌斯没有明确记载，此处数据大概是依据军团老兵安置费数量推算的。见 Dio，77.24.1。

⑧ Michael Grant，*The Climax of Rome.* Weidenfeld & Nicolson，London，1993. p. 44.

⑨ Robert F. Evans，*Soldiers of Rome*，*Praetorian and Legionnaires*，Washington，1986. p. 46.

队的"薪饷和赏赐大幅度增加，使国家的财政极为困难，军队却人人发财。"① 卡拉卡拉之后登基的马克里努斯宣称，卡拉卡拉统治期间，仅增加军队军饷一项便支付了 7000 万迪纳里②，不能不说是一笔天文数字。

卡拉卡拉特别注意同近卫军搞好关系。行军途中，他喜欢将非常沉重的、带有诸多黄金饰物的军团军旗扛在肩上③；多数皇帝出征时，身边总有一些德高望重的元老陪伴，卡拉卡拉则乐于让近卫军军官随同。卡拉卡拉非常喜欢手下那支主要由日耳曼人组成的骑兵卫队——贴身卫队。这些日耳曼人颇得卡拉卡拉垂青与信任，其中许多人被任命为百人队长。卡拉卡拉把这支贴身卫队称为他的"雄狮"④。卡拉卡拉在位期间，近卫军一如既往地履行着皇帝鹰犬部队的职责。一次，卡拉卡拉观看赛车比赛时，一些观众辱骂他喜欢的赛车驭手。卡拉卡拉怒火顿生，认为这是对他本人的攻击，命令身边的近卫军击杀辱骂车手的观众⑤。卡拉卡拉前往高卢、色雷斯、埃及等边境行省巡视时，近卫军时刻陪伴左右⑥。

卡拉卡拉统治时期，其岳父，著名的大地主、大列普西斯（Lepcis Magna）地区橄榄油生产商普劳提亚努斯（Plautianus）担任近卫军长官⑦。皇帝的岳父出任近卫军长官，普劳提亚努斯在罗马帝国历史上为第一人（公元 3 世纪时，高尔迪安三世的近卫军长官提姆斯提乌斯也是皇帝的岳父）。有记载声称，卡拉卡拉在近卫军长官和宫廷随从陪伴下，审理涉及叙利亚农村村民的某一个案件⑧。这件事说明，此时的近卫军长官依然拥有司法权。

---

① ［英］爱德华·吉本著，席代岳译：《罗马帝国衰亡史》第一册，吉林出版集团有限责任公司 2008 年版，第 113 页。

② R. Alston, *Military Pay from Caesar to Diocletian*, The Journal of Roman Studies, Vol. 84 (1994), p. 115.

③ Herodian, 4.7.7.

④ ［美］安德林·戈德斯沃司著，郭凯声、杨抒娟译：《非常三百年——罗马帝国衰落记》，重庆出版社 2010 年版，第 42 页。

⑤ Herodian, 4.6.4.

⑥ Robert F. Evans, *Soldiers of Rome*, *Praetorian and Legionnaires*, Washington, 1986. p. 47.

⑦ *The Cambridge Economic History of the Greco - Roman World*, edited by Walter Scheidel, et al., Cambridge University Press, 2008. p. 561.

⑧ *Beyond Dogmatics*：*Law and Society in the Roman World*, Edited by J. W. Cairns and P. J. du Plessis, Edinburgh University Press, 2007. p. 40.

212 年，马克里努斯（Marcus Opellius Macrinus）赢得卡拉卡拉信任，与奥克拉提努斯·埃迪文图斯（Oclatinus Adventus）共同出任近卫军长官[1]。马克里努斯管理公共事务经验丰富，尤其精通法律，带兵打仗却不在行，卡拉卡拉经常在公开场合讽刺、挖苦马克里努斯，称其为"勇士"[2]。卡拉卡拉对马克里努斯采取两种伎俩：一方面，他需要近卫军长官对他保持忠诚；另一方面，还以近卫军中的百人队长、一直是皇帝随从的[3]马特里亚努斯（Materianus）为自己的嫡系鹰犬，并派马特里亚努斯监视马克里努斯及其他人。马特里亚努斯则按照皇帝的旨意，四处安插耳目，搜罗情报。马特里亚努斯深得卡拉卡拉的信赖，卡拉卡拉"将其视为自己最值得信任的朋友，唯有马特里亚努斯与他一起知晓帝国机密。"[4]卡拉卡拉致信马特里亚努斯，授权他负责罗马城内所有事务[5]。马特里亚努斯得势，与卡拉卡拉生性古怪、多疑有直接关系。卡拉卡拉总是怀疑有人要加害于他，他甚至荒唐地指示马特里亚努斯网罗所有著名先知，利用这些先知的法术寻找想要推翻皇帝的人。然而，卡拉卡拉无休止的戏弄、羞辱令马克里努斯的怨恨与日俱增[6]，终于使这位近卫军长官成为皇帝的掘墓人。

史载，卡拉卡拉对各种赛车钟爱有加，每逢观看比赛时，马克里努斯往往独自陪伴卡拉卡拉，许多公文由马克里努斯处理，并要求马克里努斯有紧急情况随时通报[7]。马特里亚努斯派人给卡拉卡拉送信，声言马克里努斯准备推翻皇帝的统治。马克里努斯得知了信中的内容，清楚危险迫在眉睫。了解卡拉卡拉秉性的马克里努斯把这封危及自己生命安全的信札从文件堆里拿走，方死里逃生[8]。身为近卫军长官的马克里努斯躲过这次劫难后，依然心有疑虑，害怕马特里亚努斯第二次奏本，决定采取行动，不再被动等待[9]。为使自己的行动顺利进行，马克里努斯还找到了一个盟

---

[1] 在埃迪文图斯之前，莱图斯或鲁菲努斯（Rufinus）曾是马克里努斯的同僚。

[2] Herodian，4. 12. 1.

[3] Ibid，4. 13. 1.

[4] Ibid，4. 12. 4.

[5] Ibid，4. 12. 4.

[6] Ibid，4. 12. 2.

[7] Ibid，4. 12. 7.

[8] Ibid，4. 12. 8.

[9] Ibid，4. 13. 1.

友：近卫军中的"留用老兵"、百人队长马提亚里斯·朱利乌斯（Martia-lis Julius）①。据古典史家记载，马提亚里斯·朱利乌斯因卡拉卡拉处死了自己的兄弟，对卡拉卡拉怀有刻骨仇恨，一心想为兄弟复仇。马克里努斯说服马提亚里斯·朱利乌斯，在适当的机会除掉卡拉卡拉②。

　　在马克里努斯与马提亚里斯密谋后不久，卡拉卡拉于217年前往美索不达米亚古城卡莱（Carrhae）的月神庙拜祭。伴随卡拉卡拉出行的只有少量的骑兵。途中，卡拉卡拉命随同骑兵在附近自由活动，身边只留下一个随从。马提亚里斯抓住这一难得的时机，用短剑杀死了卡拉卡拉，骑马逃遁。卡拉卡拉身边的日耳曼骑兵保镖（即卡拉卡拉的"雄狮"）发现皇帝被杀后，立刻追赶马提亚里斯。这些骑兵保镖很快捉住了马提亚里斯，将其杀死③。卡拉卡拉被杀的消息传开后，马克里努斯第一个赶到出事地点，守护着卡拉卡拉的尸体，假装出无限的悲伤与悲痛④。马克里努斯的"表演"蒙骗了所有人，军队丝毫没有察觉他就是杀害卡拉卡拉的主谋⑤。卡拉卡拉成为帝国历史上又一个殒命近卫军刀下的皇帝。

　　卡拉卡拉死去，军队群龙无首。此时，近卫军"的决定可以发挥举足轻重的作用"⑥。近卫军首先选择了另一位近卫军长官奥克拉提努斯·埃迪文图斯。但因埃迪文图斯年事已高，军队便推举马克里努斯为皇帝。最初，近卫军"对他的为人处世既不喜爱也不尊敬，想四处找一个可以竞争的对手。后来因为他答应给一大笔犒赏并且维持禁（近）卫军原有的特权，大家才勉强同意。"⑦据古典史家记载，军队之所以选择马克里努斯，主要是受近卫军中大队长的影响，这些大队长都是马克里努斯的朋友，有人怀疑这些大队长也参与了对卡拉卡拉的谋杀。因此，马提亚里斯

---

① 关于"留用老兵"参见第一章相关内容。

② Herodian，4.13.2.

③ Ibid，4.13.2–6.

④ Ibid，4.13.7.

⑤ Ibid，4.13.7.

⑥ ［英］爱德华·吉本著，席代岳译：《罗马帝国衰亡史》第一册，吉林出版集团有限责任公司2008年版，第114页。

⑦ 与此同时，马克里努斯还对自己的儿子迪亚杜米尼阿努斯（Diadumeninus）赋予帝国的荣衔和安东尼的封号（见［英］爱德华·吉本著，席代岳译《罗马帝国衰亡史》第一册，吉林出版集团有限责任公司2008年版，第115页），建立家天下的野心不言自明。

被杀后，拥戴他登上王位的近卫军大队长也陆续成为刀下冤魂①。尽管军队的选择是重要的，甚至是决定性的，但马克里努斯登基还需要履行一个"法定程序"：元老院批准。为了征得元老院的认可和"批准"，远在安条柯的马克里努斯致信元老院，信中表达了对死去皇帝的看法，允诺登基后将带给人民安宁与自由②。元老院对卡拉卡拉许多做法深恶痛绝，很快承认了马克里努斯登基的合法性③。马克里努斯成为帝国历史上第一个非元老出身的皇帝。当然，近卫军之所以接纳马克里努斯，超乎寻常的赏金是决定性的④。

罗马帝国历史上，卡拉卡拉绝对称不上贤君明主，但他在位期间颁布敕令，授予帝国境内所有自由民公民权，"完成了各个行省居民与意大利居民间权利的平等化过程"⑤，正式结束了罗马人关于公民权之争的历史。塞维鲁斯王朝是一个短命王朝——"二世而亡"，即在卡拉卡拉统治结束后，塞维鲁斯及其所建立的塞维鲁王朝随之成为历史陈迹。埋葬这个短命王朝的是，帝国近卫军长官马克里努斯，同时也拉开了近卫军大规模废立皇帝的序幕，近卫军的疯狂无以复加。

第五节　反复无常的近卫军与短命皇帝

一　马克里努斯：近卫军长官出身的皇帝

前文已述，罗马帝国历史上，前后共有 5 名近卫军长官登基称帝。第一位为弗拉维王朝第二帝、韦伯芗之子提图斯——同时也是合法继承人。马克里努斯与提图斯迥然有别：提图斯是皇帝子嗣，即使不出任近卫军长官，也是理所当然的皇位继承人。马克里努斯则不同，出身低微，亦非皇统，甚至连元老身份也不具备，获得王位是近卫军的"选择"，由普通骑士一步登天登上王位。需要说明的是，近卫军的"选择标准"往往带有

---

① Herodian, 4. 14. 2.

② Ibid, 5. 1. 2 – 8.

③ Ibid, 5. 2. 1.

④ Robert F. Evans, *Soldiers of Rome*, *Praetorian and Legionnaires*, Washington, 1986. p. 47.

⑤ 《苏联大百科全书选译·古代罗马》，生活·读书·新知三联书店 1959 年版，第 29 页。

非常大的不确定性：金钱的驱使、偶然性，以及毫无定数的近卫军的好恶。反复无常的近卫军造就了多个皇帝，是这一历史时段的重要内容。

马克里努斯登上王位，不仅在近卫军历史上是一件大事，也是罗马帝政发展史上一件大事。因为在帝国历史上，马克里努斯是"第一个以非元老和毛里塔尼亚人的身份登基的。此外，他应当是第一位三世纪危机期间统治帝国的士兵皇帝。"[1] 然而，更为重要的是，马克里努斯既以近卫军长官的身份篡位登基，也拉开了帝国短命皇帝轮流登基的序幕。马克里努斯缺乏统治基础，注定要成为帝国历史上另一个短命皇帝：在位仅仅一年[2]。

马克里努斯登基后，任命自己的同僚奥克拉提努斯·埃迪文图斯为罗马城城市长官，任命乌尔比乌斯·朱里亚努斯（Ulpius Julianus）和朱里亚努斯·尼斯特（Julianus Nestor）为近卫军长官[3]。乌尔比乌斯·朱里亚努斯和朱里亚努斯·尼斯特可谓真正的同僚，因为两人从前同为令罗马人恐惧的帝国秘密特务组织 frumentarii 的头目[4]。耐人寻味的是，frumentarii 的前任头目是近卫军长官奥克拉提努斯·埃迪文图斯。事实也证明，该组织与近卫军有千丝万缕的联系，一些 frumentarii 成员本身是近卫军官兵，该组织的许多任务也是近卫军完成的，近卫军作为皇帝的鹰犬、嫡系由此能够得到进一步诠释。

马克里努斯长期驻扎东方的叙利亚，近卫军的几个大队（包括皇家骑兵卫队）也离开都城，伴随他驻扎安条柯附近的军事指挥部。尤尔皮乌斯·朱里亚努斯作为近卫军长官，也一直驻扎在东方[5]。沿袭旧有传统，另一名近卫军长官朱里亚努斯·尼斯特则驻扎在罗马城。耐人寻味的

① Matthew Bunson, *Encyclopedia of the Roman Empire* (revised edition), Inc. New York NY 10001, 2002. p. 338.

② *A Companion to the Roman Empire*, Edited by David S. Potter, First published 2006 by Blackwell Publishing Ltd. , p. 136.

③ Dio, 79. 15. 1.

④ 作为属于秘密特务组织性质的 *frumentarii*，在帝国历史上由来已久，但从未公开过，也未成为常设机构。该组织的主要任务是向皇帝负责，四处打探各种情报，以防止任何推翻皇帝的企图。见 Matthew Bunson, *Encyclopedia of the Roman Empire* (revised edition), New York NY 10001, 2002. p. 221.

⑤ Robert F. Evans, *Soldiers of Rome*, *Praetorian and Legionnaires*, Washington, 1986. p. 48.

是，马克里努斯从未以皇帝的身份出现在罗马城，罗马人对他十分憎恶①。类似事例在近卫军历史上尚属首次。

近卫军长官出身的马克里努斯，从登基那天开始便危机四伏。马克里努斯缺少军队的支持，毫无皇室血统，他甚至想通过减免民众难以忍受的税收、降低卡拉卡拉确定的军饷等手段，缓解帝国日益增大的经济压力。马克里努斯虽然得到了元老院的认可②，但罗马城以外的军队并不接受这位皇帝，尤其是降低军饷的举措，使军队对马克里努斯仇恨万分。"军队开始痛恨马克里努斯，也因为金钱怀念卡拉卡拉……。"③ 叙利亚的部分军队首先发难。这部分军队宣布效忠塞维鲁斯的叙利亚妻子茱莉亚·多玛的侄孙巴西亚努斯（Bassianus），巴西亚努斯也宣布自己能够代表塞维鲁斯家族④，言外之意对马克里努斯的合法性予以否定，也借塞维鲁斯家族的名义赢得各方面的支持。马克里努斯得知这一消息后，马上派尤尔皮乌斯·朱里亚努斯带领几个军团前去镇压⑤。马克里努斯以为，凭借尤尔皮乌斯·朱里亚努斯所率军队的实力，平息这次兵变不成问题，因为前去迎战的军队中包括了近卫军和皇家骑兵卫队等精兵强将，战斗力非常强⑥。然而，事与愿违，乌尔比乌斯·朱里亚努斯率领军队围攻叛军营地时，叛军则向进攻的部队挥舞手中鼓鼓的钱包，乌尔比乌斯·朱里亚努斯军队的士气顿时被金钱瓦解，许多士兵开小差逃走。军队割下乌尔比乌斯·朱里亚努斯的头颅，送到马克里努斯手中⑦。马克里努斯的平叛行动以失败告终。

尽管卡拉卡拉被杀标志着塞维鲁斯王朝的覆亡，但塞维鲁斯家族势力

① ［荷］菲克·梅杰著，张朝霞译：《古罗马帝王之死》，广西师范大学出版社 2009 年版，第 82 页。

② 因为暂时找不到比马克里努斯更合适的人选，元老院同意马克里努斯当皇帝有相当多的"勉强"成分在其中。

③ Herodian, 5. 4. 2.

④ Arthur E. R. Boak, *A History of Rome*, *to* 565 *A. D.* New York, The Macmillan Company, 1921. p. 306.

⑤ Aelius Spartianus, *Historia Augusta*, *The Life of Opellius Macrinus*, Translated by David Magie, Ph. D. , for the Loeb Classical Library, 1924. 10. 1.

⑥ Michael P. Speidel, *Riding For Caesar*：*The Roman Emperors' Horse Guards*, Published by B. T. Batsford Ltd. , 1994. p. 52.

⑦ Herodian, 5. 4. 2 – 4.

并没有被彻底消灭，支持塞维鲁斯家族的帝国军队把茱莉亚·美萨（Julia Maesa，塞维鲁斯的妻妹）的儿子、太阳神祭司、年轻的埃拉加巴鲁斯①作为皇帝人选，与马克里努斯抗衡。为了争取军队的支持，茱莉亚·美萨四处散布谣言，声称埃拉加巴鲁斯是卡拉卡拉的儿子②。茱莉亚·美萨的做法果然奏效，军队纷纷支持埃拉加巴鲁斯登基取代马克里努斯。马克里努斯不甘心坐以待毙，率领军队与年轻的埃拉加巴鲁斯的军队决战。两军在腓尼基与叙利亚交界处相遇，埃拉加巴鲁斯的官兵作战勇敢，马克里努斯的士兵却为埃拉加巴鲁斯士兵待遇所诱惑，陆续投奔埃拉加巴鲁斯。见此状况，马克里努斯知道大势已去，败局难免，害怕被俘后遭羞辱，脱下紫袍和其他与皇帝相关的标识，在为数有限的、忠于他的几个近卫军百人队长伴随下，秘密溜出战场，坐上马车，以最快的速度逃跑。与此同时，效忠马克里努斯的近卫军还在战场上与埃拉加巴鲁斯的军队拼杀。这支精锐部队作战勇敢顽强。当这些为马克里努斯拼死作战的近卫军突然发现，自己效忠的皇帝不知去向，生死不明时，立刻无所适从，也无心恋战。他们中间有人变节，有人投降，也有人成为埃拉加巴鲁斯军队的俘虏。逃兵把战场的情况报告给埃拉加巴鲁斯，埃拉加巴鲁斯给继续进行抵抗的近卫军带去信息，告诉他们不要再为一个临阵脱逃的皇帝进行徒劳的抵抗。如果近卫军若停止抵抗，他将赦免他们，保证他们的安全，并可以继续留在他的近卫军中服役。近卫军听信了埃拉加巴鲁斯的诺言，停止了抵抗③。马克里努斯手下另一名近卫军长官朱里亚努斯·尼斯特虽然没有亲临前线与近卫军一道抗击埃拉加巴鲁斯，但最终也于 218 年被埃拉加巴鲁斯处死④。

218 年 6 月，山穷水尽，成为孤家寡人的马克里努斯和儿子——已被宣布为马克里努斯共治者的迪亚杜米尼阿努斯（Diadumenianus）一起被

---

① Elagabalus 拉丁文名字为 Alexianus，Elagabalus 是腓尼基人的名字，其原名为 Varius Avitus Bassianus。参见 Herodian, 5.3.4. 在罗马帝国历史上，Elagabalus 是第一个出身东方的皇帝。

② Michael Burgan, *Great Empires of the Past*：*Empire of Ancient Rome*, Revised Edition, New York, 2009. p. 58.

③ Herodian, 5.4.4 – 10.

④ Matthew Bunson, *Encyclopedia of the Roman Empire* (revised edition), New York NY 10001, 2002. p. 389.

杀①。乌尔比乌斯·朱里亚努斯死后，马克里努斯曾任命朱利乌斯·巴西
利亚努斯（Julius Basilianus）为近卫军长官②。但巴西利亚努斯在位仅仅
几个星期，便因马克里努斯战败被俘后遭杀戮③。马克里努斯之死不仅是
一个短命皇帝的死亡，更重要的是，军团再一次与近卫军因皇帝人选发生
战争。从表面上看，马克里努斯借助近卫军以"胜利者"身份篡位登基，
近卫军也的确为自己的主子战斗到了最后，但军团最终战胜近卫军，马克
里努斯成为军团与近卫军火并的牺牲品。

二　近卫军与少年天子

埃拉加巴鲁斯的登基表面看似乎与近卫军没有直接关联，但如果从马
克里努斯的命运分析，则不难看出与近卫军直接和间接的关系。马克里努
斯依仗近卫军得势，只有近卫军为他战斗到了最后时刻。埃拉加巴鲁斯登
上王位，除了母亲的计谋外，得到整个帝国军队的认可至关重要。"所有
军队都站到了埃拉加巴鲁斯一边，宣布他为皇帝，这个年轻人得到了帝国
的控制权。"④ 当然，除了军团的支持外，近卫军的支持一如既往地显示
着重要性。曾在埃拉加巴鲁斯手下担任近卫军长官的瓦莱利乌斯·卡玛逊
（P. Valerius Comazon）⑤，不仅参与了推翻马克里努斯的行动，还把埃拉加
巴鲁斯拥上王位，"他把埃拉加巴鲁斯带到近卫军军营，在他的母亲和祖
母对此全然不知的情况下，士兵们宣布埃拉加巴鲁斯为帝。"⑥ 所幸的是，
卡玛逊没有死于非命，而是在近卫军长官位置上退休。近卫军则发现正在
服侍的是帝国历史上第三个少年天子（前两个少年天子为尼禄和康茂
德）。埃拉加巴鲁斯登基时，近卫军大约离开罗马已经 5 年，经过多次战
役后，才陪同少年天子返回首都⑦。近卫军陪同皇帝如此长时间离开罗马

---

① 狄奥·卡西乌斯记载，一名近卫军百人队长杀死了马克里努斯。见 Dio, 79. 40。近卫军
长官出身的皇帝最后被近卫军杀死，也是一件颇能说明近卫军性质的历史事件。

② 巴西利亚努斯在出任近卫军长官之前，曾担任埃及行政长官。见 David Potter, *The Ro-
man Empire At Bay AD* 180 – 395, Routledge, 2004. p. 152.

③ Dio, 79. 35. 3.

④ Herodian, 5. 5. 1.

⑤ Dio, 79. 35. 3.

⑥ Howe, Laurence Lee. *The Pretorian Prefect from Commodus to Diocletian* (*AD* 180 – 305), The
University of Chicago Press, 1942. p. 98.

⑦ Robert F. Evans, *Soldiers of Rome*, *Praetorian and Legionnaires*, Washington, 1986. p. 50.

城，为帝国历史上独一无二。近卫军这种职能的变化，是特定历史时期的产物，皇帝长时期离开都城，近卫军不得不陪同主子离开罗马。

古典史家希罗狄安曾经记载，埃拉加巴鲁斯搞祭祀活动时，搬运祭祀所用动物内脏不是奴仆，也不是那些出身低微的人，而是将动物的内脏装在黄金容器内，由近卫军长官，也是最重要的帝国高级官吏穿着腓尼基样式的紫色长袍，高举拿到现场。"显然，埃拉加巴鲁斯给予了与他一同祭祀活动的近卫军长官以极高的礼遇"①。但是，埃拉加巴鲁斯对近卫军长官的重视绝非出自对近卫军长官忠诚的重视，而是将近卫军长官用于协助他搞祭祀活动。埃拉加巴鲁斯出行时，总要由近卫军陪伴两边，以防这位少年天子受到伤害。埃拉加巴鲁斯祭祀太阳神的各种珍贵的传家宝，也由骑兵和全体近卫军运送②。

埃拉加巴鲁斯是帝国历史上又一个荒淫无度的皇帝。这个无能、无德、无知的少年天子种种稀奇古怪的行为，已经到了令人匪夷所思的地步③。甚至连近卫军都成了他取笑、耍弄的对象。他让成群的妓女、娈童装扮成近卫军，然后给予大笔赏金④。近卫军从未遭到皇帝如此奚落、嘲讽。史载，疯狂的埃拉加巴鲁斯竟然在公共剧场的演员中提拔官吏，并安置到重要岗位。近卫军长官一直是帝国举足轻重的重要官吏，埃拉加巴鲁斯竟然选择一个在公共剧场跳舞的男孩出任该官职。演员、赛车手、被释奴乃至奴隶，只要他喜欢，都可委以重任，得到重用提拔。与此相反，许多帝国名流不是遭流放，便是被处死⑤。帝国长久以来形成的等级秩序被彻底打乱⑥。

由于埃拉加巴鲁斯对治理国家兴趣索然，虽然这位少年天子身居宫

---

① Herodian, 5. 5. 9.

② Ibid, 5. 6. 8.

③ ［美］安德林·戈德斯沃司著，郭凯声、杨抒娟译：《非常三百年——罗马帝国衰落记》，重庆出版社 2010 年版，第 47 页。

④ Robert F. Evans, *Soldiers of Rome*, *Praetorian and Legionnaires*, Washington, 1986. p. 50.

⑤ Herodian, 5. 7. 6 – 7.

⑥ 关于埃拉加巴鲁斯打乱帝国政治秩序的重要表现之一是，他专门建立一个女人元老院。这一荒唐、荒谬至极的事件，在罗马帝国历史上亦绝无仅有。埃拉加巴鲁斯卖官鬻爵，即使任命元老也不参照年龄、财富、等级等标准，一律以金钱为准。Aelius Spartianus, *Historia Augusta*, *The Life of Elagabalus*, 1. 3; 6. 3. Translated by David Magie, Ph. D. , for the Loeb Classical Library, 1924.

廷，但统治帝国的权力却把握在其祖母茱莉亚·美萨和近卫军长官卡玛逊手中①。面对无所事事、荒淫荒唐无度的埃拉加巴鲁斯，皇太后茱莉亚·美萨担心自己的孙子犯众怒，没有好下场，于 221 年强迫埃拉加巴鲁斯任命她的侄子塞维鲁斯·亚历山大（Marcus Aurelius Severus Alexander）为恺撒②。埃拉加巴鲁斯对亚历山大并不满意，总想踢开亚历山大，独揽朝纲，为所欲为。他多次设计谋害亚历山大，为防不测，茱莉亚·美萨甚至不让亚历山大接触埃拉加巴鲁斯送来的任何食物③。此时的近卫军不仅没有参与这些谋杀活动，反而千方百计保护亚历山大母子④。茱莉亚·美娅（Julia Mamaea，茱莉亚·美萨的女儿，亚历山大的母亲）知晓近卫军的重要性，暗地里向近卫军分发钱财，以赢得近卫军对亚历山大的善意。希罗狄安记述此事时明确指出，近卫军对金钱特别看重⑤，茱莉亚·美娅恰恰利用了这一点。茱莉亚·美娅用金钱赢得了近卫军的支持，为日后亚历山大践位奠定了基础。由于有了茱莉亚·美娅的金钱铺垫，埃拉加巴鲁斯想要剥夺亚历山大的恺撒名号时，在近卫军军营内引起轩然大波，近卫军发誓保护亚历山大，为受辱的恺撒报仇。昏庸无能的埃拉加巴鲁斯泪流满面求饶，近卫军方暂消怒火⑥。

历代史家笔下，埃拉加巴鲁斯是和尼禄、卡拉卡拉等昏君齐名的荒淫皇帝⑦。埃拉加巴鲁斯种种荒淫、荒唐、怪诞的行为及其各种表现导致罗马人的强烈不满，尤其是招致了近卫军的厌恶⑧。近卫军曾在 221 年迫使埃拉加巴鲁斯驱逐他的男宠，以及一些卑劣的宠男宠女，近卫军对埃拉加

---

① Matthew Bunson, *Encyclopedia of the Roman Empire* (revised edition), New York NY 10001, 2002. p. 193.

② Herodian, 5.7.4. 也有现代学者认为，是由于近卫军的压力，埃拉加巴鲁斯才接受了塞维鲁斯·亚历山大为恺撒。见 Albert A. Trever, *History of Ancient Civilization*, *Volume II*, *The Roman World*, Harcourt, Brace and Company, New York, 1939. p. 638。

③ Herodian, 5.8.2.

④ Aelius Spartianus, *Historia Augusta*, *The Life of Elagabalus*, Translated by David Magie, Ph. D., for the Loeb Classical Library, 1924.13.8, 14.1 – 8, 15.1.

⑤ Herodian, 5.8.3.

⑥ ［英］爱德华·吉本著，席代岳译：《罗马帝国衰亡史》第一册，吉林出版集团有限责任公司 2008 年版，第 122 页。

⑦ Aelius Spartianus, *Historia Augusta*, *The Life of Elagabalus*, Translated by David Magie, Ph. D., for the Loeb Classical Library, 1924. 1.1.

⑧ Herodian, 5.8.1.

巴鲁斯种种怪诞行为不堪忍受。埃拉加巴鲁斯对近卫军的态度并非一无所知，为了考察近卫军对他的忠诚程度，他散布谣言说亚历山大已经死去。近卫军则为见不到亚历山大感到悲伤，并未对埃拉加巴鲁斯本人表示热情与好感。形成强烈反差的是，近卫军对亚历山大报以热情，对当朝皇帝表现冷淡[①]。埃拉加巴鲁斯大为光火，下令逮捕、惩罚那些支持亚历山大，冷淡他的那些近卫军，假称这些人准备暴动[②]。但其余的近卫军同样痛恨埃拉加巴鲁斯，非但没有听从埃拉加巴鲁斯的指令，反而杀死了埃拉加巴鲁斯和他的母亲及其随从。222 年 3 月，反叛的近卫军把埃拉加巴鲁斯及其母亲的尸体拖到大街上，在罗马城全城示众，最后将尸体切成碎块丢入公共下水道，冲入台伯河[③]。与此同时，近卫军宣布亚历山大为帝，簇拥亚历山大离开近卫军营地，前往皇宫，元老院不得不第"N 次"接受近卫军的选择[④]。

埃拉加巴鲁斯登基依赖近卫军的支持，最终也死于近卫军之手，成为帝国历史上第六个死于近卫军之手的皇帝。和从前相比，这一时期的近卫军愈加反复无常，难以掌控，"如同历史多次证明的，近卫军对皇帝从未有正确的评价标准……。"[⑤] 此时的近卫军对皇帝的取舍已达到了随心所欲的程度，近卫军手中的刀剑让任何人望而生畏，皇帝的身家性命在近卫军手中一文不名。

三　塞维鲁斯·亚历山大

塞维鲁斯·亚历山大是元老院、罗马人和近卫军共同选择的皇帝，也成为近卫军所要服侍的第四个少年皇帝——登基时年仅 13 岁[⑥]。能够得到几方力量同时认可，在 3 世纪的罗马帝国已非常罕见。塞维鲁斯·亚历山大当政前 8 年，近卫军未曾逾国门一步。在他灭亡前，近卫军则与其他军团官兵一样，开赴东方前线。为了保持同近卫军的友好关系，宫廷三次

---

①　Herodian，5. 8. 5 – 6.

②　Ibid，5. 8. 7.

③　Ibid，5. 8. 8 – 9.

④　Robert F. Evans, *Soldiers of Rome*, *Praetorian and Legionnaires*, Washington, 1986. p. 51.

⑤　Warwick Ball, *Rome in the East*：*The transformation of an empire*, London and New York, 2002. p. 413.

⑥　Robert F. Evans, *Soldiers of Rome*, *Praetorian and Legionnaires*, Washington, 1986. p. 52.

主动给予近卫军赏赐①。近卫军相对"安分守己"的一段时间，这些赏赐发挥的作用不可忽视。

　　塞维鲁斯·亚历山大登基后，试图改变前辈从法学家中提拔近卫军长官的传统，自己选择了两名近卫军长官：弗拉维亚努斯（Flavianus）和克莱斯图斯（Chrestus）。塞维鲁斯·亚历山大不仅让两名近卫军长官掌管军事事务，还负责国内事务②。塞维鲁斯·亚历山大统治时期堪称近卫军末期历史的一个特殊时段，此间，"一个重要变化是扩大了近卫军长官特权的范围，近卫军长官可以代表皇帝主持元老院会议，近卫军长官此时变成了元老官职，并被授予元老头衔。"③等于近卫军长官一职既向骑士开放，也向元老开放。亚历山大使自己的近卫军长官跻身元老行列，目的是使这些人进入社会上流④。古典作家也声称，类似做法在塞维鲁斯·亚历山大之前极为罕见⑤。依据传统，近卫军长官只有在退役后才能成为元老。显然，塞维鲁斯·亚历山大的这一做法打破了许久以来的惯例。近卫军长官的权力、地位达到顶点，成为"首席大臣"（first minister）⑥。由于主掌帝国实际权力的茱莉亚·美娅对著名法学家乌尔比安格外器重，在弗拉维亚努斯和克莱斯图斯之外，任命乌尔比安为第三名近卫军长官⑦，权力在弗拉维亚努斯和克莱斯图之上，并负责对弗拉维亚努斯和克莱斯图两人的行为进行监督。弗拉维亚努斯和克莱斯图得知实情后，阴谋杀害乌尔比安，但被茱莉亚·美娅发现并将两人处死，乌尔比安成为唯一一名近卫军长官⑧。乌尔比安既是近卫军长官、塞维鲁斯·亚历山大顾问班底成

　　①　Robert F. Evans, *Soldiers of Rome*, *Praetorian and Legionnaires*, Washington, 1986. p. 52.

　　②　*The History of Count Zosimus*, *Sometime Advocate and Chancellor of the Roman Empire*, London, 1814. p. 10.

　　③　Albert A. Trever, *History of Ancient Civilization*, *Volume II*, *The Roman World*, Harcourt, Brace and Company, New York, 1939. p. 639.

　　④　Aelius Spartianus, *Historia Augusta*, *The Life of Severus Alexander*, Translated by David Magie, Ph. D., for the Loeb Classical Library, 1924. 19. 3.

　　⑤　Ibid, 19. 4.

　　⑥　Georges Castegnier, *Handbook of Greek and Roman History*, New York, Cincinnati, Chicaao, 1896. p. 101.

　　⑦　著名法学家乌尔比安出生于腓尼基的泰尔城，曾师从帕皮尼安研习法律，并在仕途上与业师有相同的经历：先后担任过城市长官和近卫军长官。见 Olga Tellegen - Couperus, *A short history of Roman law*, Published in the Taylor & Francis e - Library, 2003. p. 105。

　　⑧　Zosimus, *New History*. London：Green and Chaplin, 1814. p. 10.

员，也是该顾问班底的负责人①。史载，亚历山大对乌尔比安非常信任，不仅让他掌管近卫军，而且还让他掌管其他帝国事务②。虽然还在沿袭塞维鲁斯以来法学家担任近卫军长官的惯例，但亚历山大经常审阅近卫军长官审理的案件③。塞维鲁斯·亚历山大对乌尔比安信赖有加，举凡他召集咨询会议，总是要求乌尔比安出席④。塞维鲁斯·亚历山大一直将乌尔比安视为监护人。历史学家评论说，正是由于有了乌尔比安的指导，亚历山大才没有成为昏君⑤。近卫军长官在宫廷中的积极作用，乌尔比安可谓正面典型之一。

　　塞维鲁斯·亚历山大当政期间与元老院交好，元老院的权力、地位比之先前大有提高。2 世纪以后，皇帝与元老院的这种关系是非常少见的。史载，塞维鲁斯·亚历山大统治时期，选择近卫军长官时要征得元老院的同意⑥。近卫军长官本身即皇家卫队指挥官，近卫军长官的选择需服从元老院的决定，这在罗马帝国历史上已属空前绝后。

　　塞维鲁斯·亚历山大问鼎王位与近卫军有直接关系，但他统治期间，近卫军的不"安分守己"已成传统⑦，这种传统和无法改变"惯例"注定要成为亚历山大统治的危机所在。"禁（近）卫军拥戴年轻的亚历山大，把他看成温柔的学生那样爱他，将他从暴君的虎口救出，安置在宝座之上。"⑧ 亚历山大虽然在近卫军支持下登基，但却无法像前辈（塞维鲁斯、卡拉卡拉）那样赢得军队的支持与尊重。他的母亲是他的最忠实的支持者，但也没有给予军队所期待的赠予⑨。和历朝历代近卫军一样，近

---

①　Aelius Spartianus, *Historia Augusta*, *The Life of Severus Alexander*, Translated by David Magie, Ph. D., for the Loeb Classical Library, 1924. 26. 6.

②　Dio, 80. 1. 1.

③　Aelius Spartianus, *Historia Augusta*, *The Life of Severus Alexander*, Translated by David Magie, Ph. D., for the Loeb Classical Library, 1924. 32. 2.

④　Ibid, 31. 1.

⑤　Ibid, 51. 4.

⑥　Ibid, 19. 1.

⑦　*The Cambridge Ancient History*, Second Edition, Volume XII, The Crisis of Empire, a. d. 193 – 337. Cambridge University Press, 2008. p. 25.

⑧　[英] 爱德华·吉本著，席代岳译：《罗马帝国衰亡史》（第一册），吉林出版集团有限责任公司 2008 年版，第 127 页。

⑨　Michael Burgan, *Great Empires of the Past*: *Empire of Ancient Rome*, Revised Edition, New York, 2009. p. 59.

卫军拥戴亚历山大,是希望得到更多的金钱与"自由"。由于乌尔比安等人对亚历山大的正面影响,亚历山大并未让军队随心所欲,以近卫军为代表的军队对亚历山大不满情绪与日俱增,因为亚历山大治下的军队反倒失去了昏君埃拉加巴鲁斯统治时期的"自由"。乌尔比安"身为法律和人民的朋友,却被军队视为敌人";近卫军对乌尔比安"的反感借着一些微小的事件,爆发为狂暴的叛变。"① 乌尔比安危在旦夕,被迫跑进宫廷避难,希望得到亚历山大及其母后的保护,但即使躲进宫闱,也仍未能逃脱厄运②。近卫军的猖狂已到了无以复加的地步。乌尔比安被杀后,因近卫军叛乱引发的内战又一次在罗马城内展开,近卫军与罗马城内民众激战 3 天,双方死亡甚众③,许多无辜罗马人遭杀戮。狄奥·卡西乌斯记载,罗马民众支持乌尔比安,近卫军则站在乌尔比安的对立面④。此次兵变的幕后元凶埃帕伽图斯(Epagathus)却逍遥法外,并未受到应有的惩罚⑤。近卫军公然在罗马城内兵变,杀死自己的长官,皇帝尚且不能保全近卫军长官的性命,近卫军的疯狂为人类历史所仅见。近卫军桀骜不驯,骄横不羁,以及当朝皇帝的无可奈何,从不同侧面反映出"军权至上"时代近卫军的地位无人撼动。面对如此嚣张的近卫军,塞维鲁斯·亚历山大并没有采取严厉措施,更无胆量杀一儆百,等于纵容了其他军队效法近卫军,不断以兵变、叛乱向皇权挑战。"此次事件之后,近卫军对亚历山大从前的尊重逐步消失,公然不愿意执行皇帝的命令……"⑥ 包括近卫军在内的士兵根本不把软弱无能的亚历山大放在眼里,各种兵变、叛乱随之发生已成必然⑦。

不仅如此,狂妄自大的近卫军甚至要求(历史学家)狄奥向近卫军屈服,

① [英]爱德华·吉本著,席代岳译:《罗马帝国衰亡史》第一册,吉林出版集团有限责任公司 2008 年版,第 127 页。

② *The Cambridge Ancient History*, Second Edition, Volume XII, The Crisis of Empire, a. d. 193 – 337. Cambridge University Press, 2008. p. 26.

③ Dio, 80. 2. 2 – 4.

④ Ibid, 80. 1. 2.

⑤ Matthew Bunson, *Encyclopedia of the Roman Empire* (revised edition), New York NY 10001, 2002. p. 196.

⑥ *The History of Count Zosimus*, *Sometime Advocate and Chancellor of the Roman Empire*, London, 1814. p. 10.

⑦ Mary T. Boatwright, Daniel J. Gargola and Richard J. A. Talbert, *The Romans: From Village to Empire*, Oxford University, 2004. p. 415.

原因是他在担任潘诺尼亚总督期间，曾致力于加强军队的纪律①。狄奥虽然躲过了近卫军的刀锋，但疯狂至极的近卫军此时已经难以控制，成为帝国祸患的主要根源。近卫军的失控、兵变产生了巨大的负激励效应，此起彼伏的兵变、内乱相互激荡，国无宁日，近卫军堪称一系列乱象始作俑者。

近卫军杀死乌尔比安后，近卫军再度群龙无首。亚历山大似乎要沿袭前辈的传统，任命法学家为近卫军长官。乌尔比安被杀后直至塞维鲁斯·亚历山大殒命的一段时间内，著名法学家鲍卢斯（Iulius Paulus）和戴西姆斯（Decimus）被任命为近卫军长官②。鲍卢斯成为帝国历史上最后一名"法学家近卫军长官"。

史载，塞维鲁斯·亚历山大的母亲茱莉亚·美娅爱财如命，经常打着亚历山大要犒赏近卫军的旗号——最"正当"的理由，聚敛钱财。实际上，这些不义之财统统落进了自己的腰包。亚历山大对此十分反感③。亚历山大的懦弱和茱莉亚·美娅的贪婪最终导致了母子二人厄运的降临。235年，塞维鲁斯·亚历山大把他的前线指挥部从安条克转移到多瑙地区。在这里，他任命从前近卫军中的百人队长马克西米努斯（Maximinus I Thrax, Gaius Julius Verus Maximinus）为近卫军长官，负责军队的军事训练。马克西米努斯负责军事训练，在士兵中颇有威望④。军队清楚马克西米努斯是优秀的军人，而塞维鲁斯·亚历山大则不是。拥有反叛"传统"的军队哗变，包括近卫军在内，所有前线军队都投向了马克西米努斯，在位14年的亚历山大和母后茱莉亚·美娅被马克西米努斯派去的几名百人队长杀死在营帐中⑤。同时被杀的还有塞维鲁斯·亚历山大的近卫军长官⑥。近卫军长官和主子共赴黄泉，亦为近卫军历史上所罕见。

身为近卫军长官的马克西米努斯不仅杀死了一个皇帝，也开启了帝国三世纪危机的帷幕。

---

① *The Cambridge Ancient History*, Second Edition, Volume XII, The Crisis of Empire, a. d. 193 – 337. Cambridge University Press, 2008. p. 25.

② Howe, Laurence Lee. *The Praetorian Prefect from Commodus to Diocletian* (*AD* 180 – 305), The University of Chicago Press, 1942. p. 52.

③ Herodian, 6. 1. 8.

④ Robert F. Evans, *Soldiers of Rome*, *Praetorian and Legionnaires*, Washington, 1986. p. 53.

⑤ *The Cambridge Ancient History*, Second Edition, Volume XII, The Crisis of Empire, a. d. 193 – 337. Cambridge University Press, 2008. p. 26.

⑥ Robert F. Evans, *Soldiers of Rome*, *Praetorian and Legionnaires*, Washington, 1986. p. 58.

第七章

三世纪危机：近卫军的最后疯狂

西方史家常常把公元 235—285 年的半个世纪称为混乱和无政府时期①，或"军事无政府"时期，也是中国学术界流行的"三世纪危机"的别样说法。西方学者更将三世纪称为"送终的一个世纪"②，亦即帝国走向覆亡的世纪。按照西方史学界的主流观点，三世纪危机主要指的是235—285 年半个世纪的历史时段，即始于马克西米努斯即位，终于戴克里先掌政。"这场危机的突出特点是战事频仍，内战外战不断。"③ 首尾相接的战争凸显了军队的作用与地位，故此，研究三世纪危机必须关注军队的作为，既需要关注军团的作为，也需要关注近卫军的各种表现。因文本文献和出土文献的匮乏，对于这一历史时段的近卫军难以有比较详细的把握。

三世纪危机是席卷整个罗马帝国的一场危机。国内学术界的主流观点认为，这场波及罗马帝国各个方面的危机是罗马奴隶制危机。史实说明，三世纪危机既是政治危机、经济危机，也是军事危机、社会危机，军队在危机期间起到的是推波助澜的作用。笔者曾撰文探讨三世纪危机与帝国军队之间的关系④。无论从哪个视角研讨三世纪危机，考察危机期间军队的作为，不难发现，虽然军队非始作俑者，但对危机的种种负面作用则使危

---

① 西方学术界有学者将公元前 31 年至公元 285 年称之为"元首制"，将 285 年后称之为"君主制"。见 ［法］菲利普·内莫著，张竝译《罗马法与帝国的遗产——古罗马政治思想史讲稿》，华东师范大学出版社 2011 年版，第 23、33 页。

② ［英］J. F. C. 富勒著，钮先钟译：《西洋世界军事史》（卷一），广西师范大学出版社 2004 年版，第 231 页。

③ *The Cambridge Ancient History*, Second Edition, Volume XII, The Crisis of Empire, a. d. 193 – 337. Cambridge University Press, 2008. p. 27.

④ 见拙文《军队的堕落与三世纪危机》，《哈尔滨工业大学学报（哲学社会科学版）》，2000 年第 4 期。

机进一步加剧。和其他军队一样，这一时期近卫军的所作所为加剧了危机，诚如西方学者所论："近卫军在其长官的带领下，做了许多加剧危机的事情。"①

接替亚历山大王位的是军人出身的马克西米努斯。吉本评论说：马克西米努斯"登基以后，没有一位君王可以高枕无忧安坐帝位，每一个边疆的蛮族农人，都想登上权势熏人而又危险无比的宝座。"② 短短50年间，纷乱的罗马帝国共有26个皇帝问鼎王位③，除一人外，其余25人均遭横死；差不多所有的皇帝都由士兵提名，但最后又被士兵抛弃。造成这种局面的根本原因在于军队对帝国忠诚的缺失，并为近卫军的种种表现一再证实④。此处所言"士兵"，包括了军团和近卫军的士兵。三世纪危机一项主要历史内容是王位争夺，近卫军的"利器"作用得以充分发挥。诚然，作为罗马奴隶制总体危机的三世纪危机，不可能由近卫军一手造成，但近卫军的疯狂与帝国统治危机相互激荡，也是不争的事实。一直以来，近卫军的各种表现决定了帝国军队对皇帝的忠诚程度，近卫军的忠诚难以维系，军团对皇帝的忠诚必然大打折扣。

3世纪，近卫军为所欲为，登峰造极，是为近卫军最后的疯狂。此间，帝国中央政权软弱，危机四伏，控制军队能力大为降解，近乎疯狂的军队制造了一个帝国历史上杀戮皇帝的"新高潮"，即吉本所说的"军队

---

① Matthew Bunson, *Encyclopedia of the Roman Empire* (revised edition), New York NY 10001, 2002. p. 449.

② ［英］爱德华·吉本著，席代岳译：《罗马帝国衰亡史》（第一册），吉林出版集团有限责任公司2008年版，第127页。

③ 关于这一时期皇帝的总人数，不同学者有不同的估算，John Drinkwater 认为，合法与非法问鼎王位的人数至少有55人。见 *The Cambridge Ancient History*, Second Edition, Volume XII, The Crisis of Empire, a. d. 193 – 337. Cambridge University Press, 2008. p. 27。苏联学者认为："从公元235年至284年这段时期内，曾出现过十九位'合法'（即或多或少在罗马城和意大利被公认的）皇帝。"见《苏联大百科全书选译——古代罗马》，三联书店1959年版，第30页。然而，这一时期到底有多少个皇帝问鼎王位，"更确切的数字现今已无从统计，因为在有些情况下，并不清楚叛乱头目是否真的觊觎帝位，甚至也不清楚这些叛乱头目是否真的存在过。"见［美］安德林·戈德斯沃司著，郭凯声、杨抒娟译《非常三百年——罗马帝国衰落记》，重庆出版社2010年版，第101页。

④ Arthur E. R. Boak, *A History of Rome*, to 565 A. D. New York, The Macmillan Company, 1921. pp. 308 – 309.

拥立（皇帝）的风气"①。皇帝走马灯般地轮换，陆续死于军队之手。于是，在三世纪危机期间的罗马帝国，出现了一个极为奇特的、为罗马帝国所仅见的历史现象："皇帝本来是位极人间富有天下的最尊荣职衔，唯独罗马帝政史上军人皇帝时代的罗马皇帝，一般罗马人却把当皇帝视为畏途，因为一个人如果被近卫军拥立为皇帝，就等于是被判处了死刑。"②三世纪危机期间，近卫军与皇帝之间的关系进一步凸显悖论关系：皇帝及皇室的安危离不开近卫军，而近卫军却每每弑君杀主，让皇帝成为近卫军的刀下冤魂。近卫军肆意杀戮皇帝，彻底蜕变为帝国祸患的主要源头之一。此间，多个短命皇帝成为历史舞台上的匆匆过客，近卫军的恶劣表现罪责难逃。这一时期，不仅是"军队彻底堕落的时代"③，更是近卫军彻底堕落的时代。

三世纪危机期间，军队对帝国忠诚早已被彻底抛弃，以废立皇帝为主要内容的兵变一再发生。兵变的"主要原因是这种混乱状态制造了职业军队对帝国忠诚信念彻底缺失的事实，制造了一种经常为近卫军和卡拉卡拉及其后继者们治下军团所证实的态势……军队的唯一目标是通过劫掠或向他们拥立的皇帝勒索高额军饷，使自己装满腰包。"④ 三世纪危机期间，近卫军和军团交替折磨着千疮百孔的帝国。近卫军与军团"遥相呼应"，使帝国深陷危机泥淖。

这一时期，近卫军逐步堕落成为唯利是图的不逞之徒，近卫军长官往往凭借特殊地位，每每成为王座更替时的关键人物，亲登王位者也不乏其人。一个颇有说服力的数据是，帝国历史上，近卫军长官出身的皇帝总共6人，三世纪危机期间竟然占了4人之多，占总数的2/3⑤。这一事实不

① ［英］爱德华·吉本著，席代岳译：《罗马帝国衰亡史》第一册，吉林出版集团有限责任公司 2008 年版，第 156 页。

② 冯作民编著：《西洋全史（四）罗马兴亡史》，燕京文化事业有限公司 1975 年版，第523 页。

③ Harold Mattingly, *Roman Imperial Civilisation*. The Norton Library, New York 1971. p. 158.

④ Arthur E. R. Boak, *A History of Rome*, *To* 565 *A. D.* New York, The Macmillan Company, 1921. p. 309.

⑤ 282—283 年在位的卡卢斯（Marcus Aurelius Carus）、244—249 年在位的阿拉伯人菲利普（Philip the Arab）、276 年 4—6 月在位的弗洛里亚努斯（Marcus Annius Florianus）、282—283 年在位的卡卢斯（Marcus Aurelius Carus）。

仅说明，此时"近卫军长官的权势达到了顶点"①，而且说明帝国的混乱与无序也为近卫军长官登上王位创造了条件。有学者评价说，3世纪是近卫军衰落的时代，近卫军再也未能扮演塞维鲁斯时代的角色②。在"军事无政府状态"下③，近卫军长官是以中央军队的司令官身份，以及对帝国各地有威慑力的军事总督身份出现的④。蒙森指出，3世纪的近卫军长官拥有了"副皇帝身份"（deputy emperorship），不仅控制军队，而且拥有了皇帝才拥有的控制行省、任命官吏等权力。最初，近卫军长官的军事权力仅限于罗马城、意大利，如今则把权力的触角伸向帝国各地，并参与帝国管理、制定法律等，近卫军长官的权力、地位的重要性得以进一步凸显⑤。军事上的强势地位，各项权力的增加，使近卫军长官比先前更有机会夺取王位。近卫军长官出身的皇帝主要集中在三世纪危机期间，能从另一个侧面说明这一点。三世纪危机期间，"陪伴皇帝的近卫军长官在军事智慧、掌控军队方面扮演核心角色"⑥。正是因为有了军事大权，近卫军长官方能为所欲为。尤其在三世纪危机军权至上的背景下，军权的扩大无异于扩大了近卫军长官的权势。与以往不同的是，由于这一时期边境频频告急，近卫军未能整体驻扎罗马城，近卫军长官的军事指挥权得以加强，多名近卫军长官担任前线指挥官。因此，帝国危机时期是近卫军长官军事权力最为重大的历史时期。

　　3世纪，罗马帝国内外战事频仍，近卫军长官因经常陪同皇帝东征西战，经常不在罗马城，与罗马城之间的关系越来越缺少实际意义。一些时候，近卫军长官转换了角色——更像前线军团将领。近卫军则从"阿拉伯人菲利普"统治时代末期，到戴克里先统治初期淡出历史舞台，不再

---

　　① Laurence Lee Howe, *The Praetorian Perfect from Commodus to Diocletian* (A. D. 180 – 305), University of Chicago, 1942, p. 11.

　　② Ibid, p. 42.

　　③ Joseph Vogt, *The Decline of Rome*. Great Britain, 1967. p. 43.

　　④ Laurence Lee Howe, *The Praetorian Perfect from Commodus to Diocletian* (A. D. 180 – 305), University of Chicago, 1942. p. 62.

　　⑤ Theodor Mommsen, *A History of Rome under the Emperors*, English translation by Clare Krojzl, Routledge, 1996. pp. 307 – 308.

　　⑥ *A Companion to the Roman Army*, Edited by Paul Erdkamp, Blackwell Publishing Ltd., 2007. p. 269.

在政治上扮演重要角色①。简而言之，三世纪危机期间的近卫军以弑君杀主、不断制造祸端为特征，是近卫军灭亡前的最后猖狂。

第一节　马克西米努斯

开启罗马帝国历史上混乱无序时期的是马克西米努斯。马克西米努斯踏着亚历山大母子尸骨登上王座，成为帝国历史上又一个著名的昏君。与卡利古拉、尼禄、康茂德、卡拉卡拉等昏君不同的是，马克西米努斯以冷酷、残暴闻名。"他的残酷源于害怕遭人轻视"②。历史学家记载，为了掩盖自己卑微的出身，马克西米努斯不惜对知道自己身世者杀人灭口，其中包括危难之际慷慨帮助过他的那些人③。马克西米努斯滥杀无辜，聚敛钱财，激起民愤，罗马人对其恨之入骨，密谋刺杀他④，推翻其统治的人遍及帝国。为平息不稳定的军队，马克西米努斯沿袭前朝皇帝做法，慷慨解囊，分发钱财⑤。有学者认为，马克西米努斯在卡拉卡拉提高近卫军和军团军饷的基础上，将近卫军和军团官兵军饷增加了一倍⑥，马克西米努斯由此成为帝国历史上，最后一个大幅度提高士兵军饷的皇帝。

马克西米努斯当政 3 年，从未在罗马城逗留。马克西米努斯忠诚支持者之一是近卫军长官埃里乌斯·维塔利亚努斯（P. Aelius Vitalianus）⑦，希罗狄安称他是马克西米努斯的挚友⑧，两人关系远远超出了皇帝与卫队

---

①　Laurence Lee Howe, *The Praetorian Perfect from Commodus to Diocletian* (A. D. 180 – 305), University of Chicago, pp. 57 – 58.

②　[英] 爱德华·吉本著，席代岳译：《罗马帝国衰亡史》第一册，吉林出版集团有限责任公司 2008 年版，第 141 页。

③　Aelius Spartianus, *Historia Augusta*, *The Two Maximini*, Tranlated by David Magie, Ph. D. , for the Loeb Classical Library, 1924. 9. 1.

④　Herodian, 7. 1. 7 – 10.

⑤　Ibid, 6. 8. 9.

⑥　*The Cambridge History of Greek and Roman Warfare*, Volume Ⅱ, Rome from the Late Republic to the late Empire, Edited by Philip Sabin, et al. , Cambridge University Press, 2007. p. 160.

⑦　马克西米努斯的另一名近卫军长官是 M. Aedinus Julianus。当埃里乌斯·维塔利亚努斯坐镇罗马城时，M. Aedinus Julianus 则率领几大队近卫军驻扎日耳曼地区。见 Robert F. Evans, *Soldiers of Rome*, *Praetorian and Legionnaires*, Washington, 1986. p. 53。

⑧　Herodian, 7. 6. 4.

长官之间的关系。由于马克西米努斯长期不在罗马城，罗马城一切事务都由维塔利亚努斯负责，并且负责掌管罗马城的军队①，权势之大，不言而喻。和马克西米努斯一样，维塔利亚努斯也恶名昭彰。希罗狄安称他残暴、毒辣到了极点②。正因如此，起兵反叛马克西米努斯的戈尔狄安（史称戈尔狄安一世）首先把目标对准了维塔利亚努斯。或许是接受了历史的教训，或许是知晓近卫军的唯利是图，戈尔狄安不得不事先打通"关节"，允诺给予近卫军绝不少于从前的任何人所给予的金钱，答应给予罗马人赏金和礼物③。重金安抚了近卫军和罗马人，戈尔狄安设计杀死了近卫军长官维塔利亚努斯④。元老院因对马克西米努斯极端仇恨，宣布戈尔狄安为帝⑤，同时宣布马克西米努斯及其儿子、追随者为国家公敌⑥。不久，戈尔狄安的儿子也被拥为皇帝，建立了自己的王朝。然而，好景不长，戈尔狄安父子被推翻，短命皇帝和短命王朝同时作古。

　　马克西米努斯远离罗马城，罗马城内的元老院权力、地位日隆，推举马克西姆斯（Marcus Clodius Pupienus Maximus）和巴尔比努斯（Decimus Caelius Calvinus Balbinus）为帝。援引希罗狄安的话说，选举他们二人为帝是遵从了大多数元老的意见⑦。元老院宣布两人为皇帝，并将所有的帝王荣誉授予二人。但两人均不为罗马民众看好，拒绝接受元老院的决议，罗马人以棍棒、石头为武器，向卡皮托林山进发⑧。按照吉本的说法，双方为了不至于两败俱伤，拥立老戈尔狄安之孙戈尔狄安为恺撒⑨，并获得元老院批准，愤怒的人群才得以安抚，事件逐步平息⑩。

---

① Howe, Laurence Lee. *The Praetorian Prefect from Commodus to Diocletian* (AD 180 – 305), The University of Chicago Press, 1942. p. 26.

② Herodian, 7. 6. 4.

③ Ibid, 7. 6. 4.

④ Ibid, 7. 6. 5 – 8.

⑤ Matthew Bunson, *Encyclopedia of the Roman Empire* (revised edition), New York NY 10001, 2002. p587.

⑥ ［英］爱德华·吉本著，席代岳译：《罗马帝国衰亡史》第一册，吉林出版集团有限责任公司 2008 年版，第 146 页。

⑦ Herodian, 7. 10. 3.

⑧ Ibid, 7. 10. 7.

⑨ ［英］爱德华·吉本著，席代岳译：《罗马帝国衰亡史》第一册，吉林出版集团有限责任公司 2008 年版，第 148 页。

⑩ Herodian, 7. 10. 9.

此后不久，一场帝国历史上罕见的战斗发生在近卫军营地。近卫军营地成为交战双方争夺的焦点，最终演变成一场罗马城的重大灾难。原因是在皇位变更过程中，近卫军士兵无礼闯入元老院，被当作奸细杀死。不明真相的罗马民众被鼓动去打杀近卫军，一些死里逃生的近卫军逃回近卫军营地，关紧大门，拿起兵器迎战来袭者。近卫军成为人们袭击的对象，一些近卫军士兵在毫无防备的情况下遭袭丧命。罗马民众则手持各种武器，并打开角斗士学校的大门，让角斗士加入暴民行列。角斗士和武装的罗马民众包围了近卫军营地，攻击近卫军营地的大门和围墙，近卫军则凭借丰富的军事经验和娴熟的军事技能同围攻者搏斗。近卫军使用长矛和弓箭，击退了围攻者，围攻者伤亡较多，始终未能攻破近卫军营地。夜幕降临，围攻者中间的罗马民众精疲力竭，来自角斗士学校的角斗士也伤亡大半，战斗力大打折扣。围攻者在慌乱中奔命，近卫军官兵则打开营地大门，紧追不舍。剩余的角斗士悉数遭杀戮，围攻者伤亡惨重①。近卫军保住了自己的营地。在王位更迭中，虽然近卫军长官被杀，但近卫军依然是马克西米努斯的近卫军。罗马人与近卫军的冲突，实质上是近卫军与马克西米努斯之间的关系决定的。新任皇帝不甘心攻打近卫军营地的失败，近卫军营地第一次长时间成为兵家血刃的战场。

马克西米努斯得知种种变故，以及被元老院宣布为公敌后，带兵直奔罗马。普皮努斯（马克西姆斯）则带领大部分军队迎击马克西米努斯，留下一部分军队继续攻打近卫军营地。此次对近卫军营地的进攻依然毫无结果。近卫军凭借地形优势，令进攻者伤亡惨重。留守罗马城的另一个皇帝巴尔比努斯颁布敕令，宣布赦免进行抵抗的近卫军，不予以任何追究，希望以此平息动乱。结果，交战双方对留守皇帝的决定都不满意，近卫军更是不把巴尔比努斯放在眼里。围攻者久攻不克，指挥官们决定采取新的战略——切断近卫军营地的供水，通过断水胁迫近卫军投降。围攻者切断了供水，让清水从近卫军营地城墙下流走。身陷绝境的近卫军意识到了问题的严重性，打开营地大门向进攻者发动反攻。进攻者全线溃败。近卫军并未就此善罢甘休，在罗马城各个角落追查进攻者。罗马城内变成了战场。肉搏战中，进攻者显然不是训练有素的近卫军的对手。一些人逃到房顶，用石块、瓦片、陶罐等袭击近卫军，给近卫军造成了伤亡。近卫军不

① Herodian, 7. 11. 2 – 9.

熟悉城里房屋、地形，不敢贸然登上屋顶，于是便在城内放火，焚烧房屋。罗马城内的房屋以木结构为主，大火迅速"火烧连营"，大部分城区燃起熊熊烈火。人们多年积累的财富，以及建筑的精美装饰顷刻间化为灰烬。更有人无法火海逃生，被大火活活烧死。士兵则趁火打劫，所有的财富都成为遭劫掠的战利品①。古典史家指出："就被大火焚毁的罗马城区面积而言，远比帝国境内任何一座完整的大城市大得多。"② 近卫军与罗马人之间的冲突，酿成了一场巨大的灾难，帝国蒙受了巨大的财产损失。一如前文所述，近卫军营地遭袭击、遭围攻不乏先例，但造成如此灾难性严重后果的却无先例。近卫军形同攻陷敌方城池一样，在首都大肆烧杀劫掠的史实说明，此时近卫军已堕落成为不逞之徒，狰狞面目一览无遗。

　　近卫军在罗马城内疯狂烧杀抢掠时，进军罗马的马克西米努斯在阿奎利亚遭遇顽强抵抗。马克西米努斯的士兵"饱尝雨淋日晒、疾病流行和饥饿难捱之苦，眼见田园被毁，尸横遍野，血流成河，失望和不满情绪弥漫军中。"③ 许多士兵被饥饿夺去生命④。马克西米努斯的军队人心浮动，大多数官兵无心恋战。此时，一些官兵的军营在罗马附近的阿尔巴山脚下（Mount Alba），他们的妻儿也驻扎在军营中。许多官兵没有心思再为卑劣的暴君在意大利复仇，决定杀死马克西米努斯。反叛的士兵冲进马克西米努斯的营帐，近卫军非但没有阻止，反而加入谋杀活动之列。一同被叛军杀死的除了马克西米努斯父子之外，还有马克西米努斯手下的军事将领，以及关系密切的朋友。马克西米努斯及其儿子的首级被送到罗马城，插在长矛矛头上示众⑤。

　　从戈尔狄安父子称帝，到近卫军焚烧罗马城，再到参与谋杀马克西米努斯，应当说，是近卫军与马克西米努斯一起拉开了三世纪危机的序幕。"近卫军、行省军队激烈地为特权地位而相互争斗"⑥。这种争斗的直接后

　　① Herodian, 7. 12. 1 – 7.

　　② Ibid, 7. 12. 7.

　　③ ［英］爱德华·吉本著，席代岳译：《罗马帝国衰亡史》第一册，吉林出版集团有限责任公司2008年版，第151页。

　　④ Herodian, 8. 5. 6.

　　⑤ Ibid, 8. 7. 8.

　　⑥ ［苏］科瓦略夫著，王以铸译：《古代罗马史》，生活·读书·新知三联书店1957年版，第885页。

果是进一步加剧了帝国奴隶制的总危机。

第二节　238 年——近卫军一年诛二帝

　　和帝国历史上诸多皇帝一样，238 年，普皮努斯和巴尔比努斯踏着马克西米努斯的尸骨登上王位。罗马帝国再次呈现两个皇帝共掌国政的局面：两个皇帝权力完全等同。由于马克西米努斯生前恶名远播，加之各种赏金的作用，军队接受了普皮努斯。然而，近卫军却以别样目光注视着新皇帝。希罗狄安声称："……近卫军对马克西姆斯（即普皮努斯——引者注）从元老院得到王位愤愤不平"①。言外之意，马克西姆斯获得王位过程中"绕过"了近卫军。对此，吉本的解说更有说服力："当全体成员都进驻禁（近）卫军大营以后，那些追随马克西明（马克西米努斯）的卫队，还有留守罗马的成员，在暗地里相互埋怨而且感到忧虑，军队拥立的皇帝很可耻的遭到覆亡，元老院的人选高踞帝国的宝座。"② 吉本的议论说明，近卫军对普皮努斯、巴尔比努斯的敌意，根本原因在于二人非近卫军"选举"。为使人们认可两个新皇帝，戈尔狄安的孙子戈尔狄安三世被任命为恺撒。与巴尔比努斯相比，普皮努斯的知名度略低一些。也正因如此，普皮努斯进入罗马城时，也将自己的日耳曼辅军部队带入城里。此举招致巴尔比努斯和近卫军的不满③。然而，关键时刻，普皮努斯的日耳曼辅军部队也未能发挥救驾的作用。

　　此时的近卫军只是心怀不满，尚无胆量发动兵变，他们对普皮努斯手下的日耳曼辅军部队惧怕三分，如果发动兵变，势必会遭到这支部队的镇压。近卫军甚至怀疑，这支日耳曼辅军部队就是普皮努斯为了替换他们所准备的。近卫军清楚，当年塞维鲁斯遣散原有的近卫军，以军团士兵取而代之，原因即是近卫军杀死了皮尔提那克斯④。三世纪危机期间，近卫军

　　① Herodian，8. 8. 1.

　　② ［英］爱德华·吉本著，席代岳译：《罗马帝国衰亡史》第一册，吉林出版集团有限责任公司 2008 年版，第 153 页。

　　③ Matthew Bunson, *Encyclopedia of the Roman Empire* (revised edition), New York NY 10001, 2002. p. 587.

　　④ Herodian，8. 8. 2.

已经成为帝国最不安定的因素，且随时可能发动内乱，寻机杀死皇帝，另立新主。此外，两个皇帝各怀心事，彼此制约，无法联合起来共同对付近卫军，无异于为近卫军起事创造了条件①。

238 年 7 月 15 日，罗马城全体军民参加卡皮托林竞技会，近卫军借机突然发动兵变，对两个皇帝发动袭击。两个皇帝寝宫各在一处，各怀腹事，达不成统一意见。当普皮努斯听说近卫军前来夺命时，准备集中驻扎在罗马的日耳曼辅军部队，平息兵变。巴尔比努斯则认为，普皮努斯在玩弄阴谋诡计，尽管也清楚日耳曼辅军部队对普皮努斯保持忠诚，但不同意普皮努斯签署命令；巴尔比努斯甚至固执地认为，普皮努斯的日耳曼辅军部队无法平息近卫军，只是为了保全普皮努斯一个人的性命。两个皇帝互不信任，还在争执不休时，近卫军冲进皇宫，将两个皇帝捆绑后，通过罗马城中心，拖到近卫军营地杀死，并对他们的尸体极尽羞辱之能事。近卫军不愿意在皇宫中杀死两个皇帝，而乐于先折磨两个皇帝，以便使他们遭受更多的痛苦②。近卫军的历史发展至此，杀戮皇帝不再稀奇，但同时将两个皇帝杀死在近卫军军营，却仅此一例。近卫军的本性毋庸赘言。

忠于普皮努斯的日耳曼辅军部队得知消息后，迅速拿起武器，急忙赶往出事地点救驾。在日耳曼辅军部队出动时，近卫军已经将两个皇帝送上了黄泉路，并陈尸街头。和历史上的近卫军一样，杀死当朝皇帝后，没有忘记拥立一个自己选择的新皇帝：年仅 13 岁的戈尔狄安三世取而代之。戈尔狄安三世在近卫军陪同下，离开近卫军营地，前往皇宫。那支前来复仇的日耳曼辅军部队，眼见大势已去，不愿意再做无谓牺牲，主动撤回驻地③。

至此，三世纪危机以来，近卫军在短短几个月内，令两个皇帝成为刀下冤魂④。近卫军杀戮皇帝既是罗马史上屡见不鲜的现象，也为罗马帝国

---

① ［英］爱德华·吉本著，席代岳译：《罗马帝国衰亡史》第一册，吉林出版集团有限责任公司 2008 年版，第 153 页。据希罗狄安记载，巴尔比努斯总以为自己出身高贵，异常富有；马克西姆努斯则认为，自己担任过罗马城市长官，并通过自己在行政管理方面的成就，赢得了人们的尊重。见 Herodian, 8.8.4. 总之，两个皇帝互不服气，相互抵触，形不成合力对付近卫军。

② Herodian, 8.8.5 - 7.

③ Ibid, 8.8.7.

④ 238 年一年中，5 个皇帝遭杀戮：马克西米努斯、戈尔狄亚努斯父子、巴尔比努斯、普皮努斯，其中两人殒命近卫军刀下，创造了帝国时代一年之中皇帝被军队杀戮的最高纪录。

历史所独有。进入 3 世纪后，近卫军杀戮皇帝此起彼伏，与从前相比，用肆无忌惮、变本加厉形容并不为过。近卫军存在的本真意义被彻底颠覆。普皮努斯和巴尔比努斯之所以横尸街头，主要原因之一是元老院的选择未得到近卫军认可。对皇帝的生杀予夺，近卫军的意志已经是决定性的。在危机重重的 3 世纪，近卫军不断犯上作乱不仅彻底破坏了原有的政治秩序，也使皇帝的身家性命毫无定数可言。

第三节　近卫军的选择与"阿拉伯人菲利普"

近卫军杀死了元老院选择的两个皇帝后，由罗马民众推举为恺撒的戈尔狄安（戈尔狄安父子的后代，戈尔狄安一世的孙子）成为唯一的皇帝，史称戈尔狄安三世。当然，时年 13 岁的戈尔狄安能够登基，全赖近卫军的支持。近卫军杀死了另外两个皇帝，选择了戈尔狄安三世。戈尔狄安三世成为又一个近卫军选择的皇帝①。

年幼的戈尔狄安三世不谙朝政，帝国的管理权旁落元老院、其他帝国官吏，尤其是生母手中。然而，这种局面只维持了不到 3 年，帝国大权便由骑士出身的近卫军长官提姆斯提乌斯（Gaius Furius Sabinus Aquila Timesitheus）执掌②。提姆斯提乌斯是戈尔狄安三世手下的重要朝臣，军事经验丰富，长于财政管理。241 年，戈尔狄安三世任命提姆斯提乌斯为近卫军长官。提姆斯提乌斯一身兼多职：消防队长、谷物供应长官等，都由这位近卫军长官担任③。除此之外，提姆斯提乌斯还是帝国军队的总司令，戈尔狄安三世对波斯战争的总指挥官，全部战事安排、监督士兵、边境城市设防、军队装备、营地建设、粮食补给等，均由这位近卫军长官负责④。帝国历史上，比提姆斯提乌斯军事权力更大的近卫军长官已无多

---

① Robert F. Evans, *Soldiers of Rome*, *Praetorian and Legionnaires*, Washington, 1986. p. 57.

② 戈尔狄安三世任命的第一个近卫军长官是多米提乌斯（Domitius）。多米提乌斯曾参与推翻普皮努斯、巴尔比努斯，但很快便被提姆斯提乌斯所取代。提姆斯提乌斯骑士阶层出身，是戈尔狄安三世身边最重要的顾问。

③ David Potter, *The Roman Empire At Bay AD* 180 – 395, Routledge, 2004. p. 230.

④ Howe, Laurence Lee. *The Pretorian Prefect from Commodus to Diocletian*（*AD* 180 – 305）, The University of Chicago Press, 1942. p. 26.

见。不仅如此，年轻的戈尔狄安三世还迎娶了提姆斯提乌斯的女儿特兰奎丽娜（Furia Sabinia Tranquillina）① ——当朝皇帝成为自己近卫军长官的乘龙快婿，帝国历史上寥寥无几。一方面近卫军长官与皇帝之间的关系通过翁婿关系得以强化；另一方面，有了岳丈为近卫军长官，戈尔狄安三世统治也有了比较强大的靠山。人们认为，提姆斯提乌斯是戈尔狄安三世的得力助手和出色的军事指挥官。他和女婿戈尔狄安三世共同打败了波斯人②，平息了东方事态。史载，戈尔狄安三世不仅对自己的岳父、近卫军长官绝对信赖，也给予这位近卫军长官极高的荣誉。在庆祝战胜波斯人的庆典仪式上，身为皇帝的戈尔狄安三世乘坐的是四匹大象拉的战车，提姆斯提乌斯乘坐的则是六匹马拉的战车③，"规格"与当朝君主不相上下。和这一时期其他近卫军长官一样，提姆斯提乌斯屡屡前往边境地区与入侵的蛮族作战，并在非洲建构了边境防御体系，多次参与平定内乱。从现存有限的资料看，提姆斯提乌斯是一名比较出色的近卫军长官，尤其在三世纪危机期间，权倾朝野，但不玩弄权术的近卫军长官，仅此一人。历史学家宣称，权势熏天的提姆斯提乌斯没有觊觎王位的野心④，与塞亚努斯、克里安德等野心勃勃的近卫军长官形成了鲜明对照。"幸运的是，戈尔狄安三世选择了有能力的提姆斯提乌斯辅佐自己，提姆斯提乌斯成为帝国的实际统治者达 3 年时间。"⑤

243 年，提姆斯提乌斯死去。关于提姆斯提乌斯的死因说法不一，有西方学者认为，是"阿拉伯人菲利普"（Philip the Arab）⑥ 谋杀了提姆斯

---

① Matthew Bunson, *Encyclopedia of the Roman Empire*（revised edition）, New York NY 10001, 2002. p. 330.

② William Smith and Eugene Lawrence, *A Smaller History of Rome*, New York, 1881. p. 246.

③ Aelius Spartianus, *Historia Augusta*, *The Three Gordians*, Tranlated by David Magie, Ph. D., for the Loeb Classical Library, 1924. 27. 9.

④ Matthew Bunson, *Encyclopedia of the Roman Empire*（revised edition）, Facts On File, Inc. New York NY 10001, 2002. p. 543.

⑤ Albert A. Trever, *History of Ancient Civilization*, *Volume II*, *The Roman World*, Harcourt, Brace and Company, New York, 1939. p. 642.

⑥ 因其为阿拉伯酋长的儿子而得名。但"阿拉伯人菲利普"同时也是骑士阶层一员。佐西木斯称其为阿拉伯土著。见 Zosimus, *New History*. London：Green and Chaplin, 1814. p. 14。

提乌斯①。提姆斯提乌斯死后，戈尔狄安三世任命"阿拉伯人菲利普"为近卫军长官和战场指挥官。历史学家声称，戈尔狄安三世任用"阿拉伯人菲利普"是一个不明智的选择②。"阿拉伯人菲利普"与提姆斯提乌斯完全是两类人。自担任近卫军长官之日起，"阿拉伯人菲利普"即有取代戈尔狄安三世的野心。为了达到目的，"阿拉伯人菲利普"千方百计与军队交好③。"阿拉伯人菲利普"就任近卫军长官仅几个星期，便策动东方军队兵变，戈尔狄安三世被那些"不愿意为一个孩子效力的士兵杀死"④。与此同时，"阿拉伯人菲利普"则被"杀死戈尔狄安（三世）的凶手拥立为王"⑤，成为帝国历史上第三个近卫军长官出身的皇帝。

　　吉本曾用下段文字说明了菲利普登基过程中近卫军和军队的决定作用：

　　"当军队拥立菲利普之际，那时他正是戈尔狄安三世的禁（近）卫军统领。戈尔狄安向军队要求让他单独成为皇帝，无法获得同意；戈尔狄安请求让他与菲利普平分权力，军队根本不听他的话……戈尔狄安希望至少能被任命为禁（近）卫军统领，恳求仍遭拒绝。"⑥

　　为了掩盖自己的暴行，"阿拉伯人菲利普"派信使回罗马，假称戈尔狄安三世死于疾患，以避免招致罗马民众不满。菲利普抵达罗马后，主动与元老院搞好关系⑦，获得了元老院的认可。后世史学家指出，菲利普用温和的行动赢得了罗马人的赞同⑧。人们对于菲利普统治时代的近卫军知之不多。据说，菲利普在位期间，任命胞弟（亦有人认为是胞兄）、戈尔狄安三世手下近卫军长官朱利乌斯·普利斯库斯（Julius Priscus）为近卫

---

①　Matthew Bunson, *Encyclopedia of the Roman Empire*（revised edition）, New York NY 10001, 2002, p. 426.

②　Robert F. Evans, *Soldiers of Rome*, *Praetorian and Legionnaires*, Washington, 1986. p. 58.

③　Zosimus, *New History*. London：Green and Chaplin, 1814. p. 14.

④　Matthew Bunson, *Encyclopedia of the Roman Empire*（revised edition）, New York NY 10001, 2002. p. 246.

⑤　J. C. L. Desismondi. *History of the Fall of the Roman Empire*, *Comprising a View of the Invasion of the Barbaria - ns*, Vol. 1, London, 1834. p. 37.

⑥　[英]爱德华·吉本著，席代岳译：《罗马帝国衰亡史》第一册，吉林出版集团有限责任公司2008年版，第156页。

⑦　Zosimus, *New History*. London：Green and Chaplin, 1814. p. 14.

⑧　William Smith and Eugene Lawrence, *A Smaller History of Rome*, New York, 1881. p. 246.

军长官,同时担任美索不达米亚总督①。朱利乌斯·普利斯库斯或许是一位训练有素的法学家,负责行省刑事案件的审理。正是从这时起,近卫军长官对国内行政事务管理的作用开始淡漠。"至少从菲利普开始,法学家近卫军长官消失,他们对政治的直接影响就此终结。"②

尽管菲利普采取了"温和"的统治,但反复无常的军队已经难以治理。249 年,伊里利库姆地区军队发动叛乱,推举自己的指挥官特拉亚努斯·戴西乌斯 (Trajanus Decius) 为皇帝。菲利普率领包括一部分近卫军在内的军队前往镇压。尽管菲利普的军队在数量上占有优势,但缺乏纪律性,而戴西乌斯的军队以经验丰富的老兵为主力,很快打败菲利普。菲利普战败的消息传回罗马后,留守罗马城的部分近卫军立刻背叛了皇帝,并杀死菲利普的儿子、家人及其追随者③。"阿拉伯人菲利普"有幸躲过了近卫军的屠刀,他的家人却死于近卫军之手。这一事例说明,此时的近卫军对帝国、对皇帝已无丝毫忠诚可言,皇帝及皇室的保卫者及其职能不仅无从谈起,而且从各个方面充当着掘墓人的角色。三世纪危机期间,皇帝走马灯般地轮换的事实,已经揭示了近卫军在 3 世纪的疯狂。

第四节　249—268 年

"阿拉伯人菲利普"死后,"羞辱不堪而灾祸连接的二十年光阴弹指而过 (248. A. D. —268. A. D.) ……对历史学家而言,这也是一个混乱的年代,缺乏可信的史料记载,要想把整个史实交代清楚又不容间断的记述,确实有很大的困难。"④ 因此,人们对这一历史时期的了解是粗线条的。

从戴西乌斯 249 年"紫袍加身",到 268 年盖利努斯 (Publius Licinius

---

① Matthew Bunson, *Encyclopedia of the Roman Empire* (revised edition), New York NY 10001, 2002. p. 426. 普利斯库斯生于罗马行省叙利亚,为帝国历史上罕见的皇帝胞弟出任近卫军长官。

② Howe, Laurence Lee. *The Praetorian Prefect from Commodus to Diocletian* (AD 180 – 305), The University of Chicago Press, 1942. pp. 53 – 54, p. 47. 戈尔狄安三世被杀时,近卫军长官普利斯库斯在东方。有皇族血缘关系的普利斯库斯在东方权势熏天。见下文。

③ Zosimus, *New History*. London:Green and Chaplin, 1814. p. 14.

④ [英] 爱德华·吉本著,席代岳译:《罗马帝国衰亡史》第一册,吉林出版集团有限责任公司 2008 年版,第 194 页。

Egnatius Gallienus）被杀，罗马帝国内忧外患，各种危机前所未有。内忧以皇帝屡屡遭杀戮、割据政权（著名的"三世僭主"即出现在这一时期）的出现为特征，外患则以此起彼伏的蛮族入侵为主要内容。戴西乌斯在位仅仅两年便在同哥特人的战役中死去，接替戴西乌斯王位的是他的儿子霍斯提利雅努斯（Hostilianus），军事经验丰富的伽卢斯（Caius Vibius Trebonianus Gallus）与他共掌王权，并成为霍斯提利雅努斯的监护人。然而，这种局面维持时间非常短暂，霍斯提利雅努斯便死于伽卢斯组织的谋杀。伽卢斯同样是短命皇帝。253 年，伽卢斯的军队被埃米利亚努斯（Aemilianus）的军队打败，他和儿子死于埃米利亚努斯军队刀下。历史学家并未留下在菲利普、戴西乌斯、伽卢斯轮番登基又迅速垮台过程中近卫军种种作为的记载。人们认为，此间至少有一部分近卫军驻扎在维罗纳——菲利普战败之处，而另一部分则在戴西乌斯统治时期同哥特人交战①。如此一来，近卫军已经成为"野战军"，多数时间不在罗马城。

250—268 年，先后数位短命皇帝现身罗马帝国政治舞台，但全部死于各种兵变。此间，著名的近卫军长官是西尔瓦努斯（Silvanus）。

西尔瓦努斯是盖利努斯手下近卫军长官，兼任盖利努斯儿子的保镖和老师，曾控制高卢行省。大约 260 年时，西尔瓦努斯因卷入王权之争而被得势的波斯图姆斯杀死（Postumus）②。赫拉克里亚努斯（Aurelius Heraclianus）是盖利努斯手下另一名近卫军长官，也是 268 年杀害盖利努斯的主谋。但盖利努斯被杀后，赫拉克里亚努斯自杀③。

自 253 年瓦莱利安（Valerian, Publius Licinius Valerianus）登基，到盖利努斯统治期间，帝国危机重重，其时，近卫军长官的职能、分工等发生了一些新的变化。瓦莱利安当政期间，离开罗马前往东方，并在东方建立了永久居所，将帝国西部的统治权交给了共治者，也是他的儿子盖利努斯，父子二人成为最好的"搭档"④。瓦莱利安在东方有自己的两名近卫军长官，盖利努斯在西方也有两名近卫军长官。由于皇帝主要在行省活

---

①　Robert F. Evans, *Soldiers of Rome, Praetorian and Legionnaires*, Washington, 1986. p. 60.

②　Howe, Laurence Lee. *The Pretorian Prefect from Commodus to Diocletian* (*AD* 180 – 305), The University of Chicago Press, 1942. p. 56, 81.

③　Ibid, p. 82.

④　[荷] 菲克·梅杰著，张朝霞译：《古罗马帝王之死》，广西师范大学出版社 2009 年版，第 103 页。

动，极少"光临"罗马，因此，在罗马城内罕见近卫军的身影①。这也成为近卫军发展史上的一道奇观。四名近卫军长官同时存在，只不过两名在西部，两名在东部。四名近卫军长官各侍其主，活动空间也分别为帝国的东西部。四名近卫军长官中的两人，分别充当所驻防地区统治者的角色②。近卫军历史上第一次出现同时 4 个近卫军长官在任，并在东西方为自己的主子服务的局面。四名近卫军长官并存是对原有近卫军体制的彻底否定，反映出三世纪危机背景下对帝国所有传统的消解。

第五节　268—284 年

268 年，盖利努斯被杀，马尔库斯·奥莱利乌斯·克劳狄乌斯（Marcus Aurelius Claudius）登上王位。一如 249—268 年的历史，从克劳狄乌斯到戴克里先问鼎王位，不足 20 年的光阴，罗马帝国依然帝位频繁更替，蛮族屡屡进犯，边患加重。比较而言，奥莱利安（Aurelian, Lucius Domitius Aurelianus）是三世纪危机期间有作为的皇帝，而且也是近卫军历史上值得关注的一位皇帝。他登基时，近卫军长官、前朝皇帝克劳狄乌斯的近卫军长官尤里乌斯·普拉西狄亚努斯（Julius Placidianus）前往高卢等地与蛮族作战③。尤里乌斯·普拉西狄亚努斯颇得奥莱利安的赏识，两人曾共同担任执政官④。

奥莱利安当政的 270 年，阿拉曼尼人（Alamanni）入侵意大利，威胁罗马城安全，迫切需要近卫军保卫罗马城。此时，奥莱利安不在罗马，而在潘诺尼亚。奥莱利安击退了汪达尔人之后，获悉阿拉曼尼人威胁罗马城，急速返回罗马。当时的形势十分危急，因为大多数近卫军跟随奥莱利安赴潘诺尼亚迎击入侵者。为了加快行军速度，奥莱利安只带领近卫军和辅军部队返回意大利。奥莱利安带领这样一支以近卫军为主力的军队，经过强行军，在意大利某地追赶上了入侵者。奥莱利安的军队取得了两场战

---

① 　David Potter, *The Roman Empire At Bay AD* 180 – 395, Routledge, 2004. p. 254.

② 　Howe, Laurence Lee. *The Pretorian Prefect from Commodus to Diocletian*（*AD* 180 – 305）, The University of Chicago Press, 1942. pp. 58 – 59.

③ 　Ibid, p. 83.

④ 　Robert F. Evans, *Soldiers of Rome*, *Praetorian and Legionnaires*, Washington, 1986. p. 62.

斗的胜利，削弱了阿拉曼尼人的战斗力，最终将其驱逐出意大利。以近卫军为主力的军队使罗马城躲过了蛮族劫掠之灾，是 3 世纪近卫军所做的仅有的、值得称道的一件事。除此之外，奥莱利安在位期间所做出的与近卫军密切相关的举措是，加高、加固了近卫军营地的城墙。阿拉曼尼人对意大利入侵使奥莱利安意识到，外敌入侵罗马城的危险近在咫尺。为抵御外敌入侵，奥莱利安加高了罗马城墙①。240 多年前，提比略将近卫军集中在罗马城时，近卫军营地城墙高 12—14 英尺，奥莱利安将其加高到 40 英尺。今天仍可见到的城墙遗迹②即是奥莱利安加高、加固的城墙遗址。奥莱利安也由此成为帝国历史上第三个修缮近卫军军营的皇帝。不过，奥莱利安加固近卫军营地城墙四十几年后，该营地便被君士坦丁大帝毁掉，成为历史遗迹。

奥莱利安在位的 271 年，曾亲率由近卫军、军团，以及由摩尔人、达尔玛提亚人轻骑兵组成的强大部队，前往东方平息反叛③。275 年，因战事频仍，近卫军长官经常陪伴皇帝前往行省前线，近卫军长官的权力有了地理上的划分。这一时期，一名近卫军长官跟随奥莱利安在东方前线，另一名驻留罗马城。如同"阿拉伯人菲利普"在位期间一样，奥莱利安把控制东方的权力交给自己的胞弟、他所信赖的近卫军长官朱利乌斯·普利斯库斯④。近卫军长官在三世纪危机期间，往往被赋予统治一方的权力，犹如独霸一方的"诸侯"或封疆大吏。3 世纪中叶，皇帝经常亲自指挥军队，在前线陪同皇帝的近卫军长官既是军事指挥官，也要负责物资供给⑤，被赋予了前线司令官的权力。在特殊的历史条件下，近卫军长官由禁军首领变成了前线重要指挥官，近卫军也随之变成"野战军"。

---

① 奥莱利安主持修筑的新城墙始于 271 年，长 19 公里，包裹了共和国早期修筑的城墙。见 Olivier Hekster with Nicholas Zair , *Rome and Its Empire*, *AD* 193 – 284, Edinburgh University Press, 2008. p. 16。

② Robert F. Evans, *Soldiers of Rome*, *Praetorian and Legionnaires*, Washington, 1986. p. 62.

③ ［美］爱德华·勒特韦克著，时殷宏、惠黎文译：《罗马帝国的大战略——从公元一世纪到三世纪》，商务印书馆 2008 年版，第 190 页。

④ *The Cambridge Ancient History*, Second Edition, Volume XII, The Crisis of Empire, a. d. 193 –337. Cambridge University Press, 2008. p. 161. 按照其兄的指令，普利斯库斯在东方征税过重，导致了伊奥塔皮亚努斯（Iotapianus）的反叛。

⑤ *The Cambridge History of Greek and Roman Warfare*, Volume Ⅱ, Rome from the Late Republic to the late Empire, Edited by Philip Sabin, et al. , Cambridge University Press, 2007. p. 307.

　　奥莱利安被杀后，帝国发生了一件空前绝后的历史事件，用吉本的话说，在皇帝人选问题上，元老院和军队相互推诿，致使帝位虚悬——无人当皇帝——长达 8 个月之久①。奥莱利安死后，"强硬的近卫军军官们给元老院捎信，要元老院选定一位奥莱利安的继承人……元老院不愿意涉足这种选择是可以理解的……如果元老院的选择并不能取悦于近卫军，他们立刻就会把元老院的人选置于死地，就会因背离他们的意图对所有支持者治罪。几经商讨，元老院推举曾礼貌拒绝的塔西图斯为帝。"② 在近卫军骄横到顶点的 3 世纪，帝位虚悬与近卫军的反复无常有直接关系。帝国当然不能没有国王，最后元老院和军队达成妥协，选择了年逾七旬的塔西图斯（Marcus Claudius Tacitus，据称是历史学家塔西佗的后裔）为帝，总算结束了帝国无皇帝的局面。和此前诸多皇帝一样，塔西图斯能够得到近卫军的认可，是因为塔西图斯给予了近卫军数目不菲的赏金③，无异于变相买到了王座。塔西图斯任命自己同父异母的兄弟马尔库斯·安尼乌斯·弗洛里亚努斯（Marcus Annius Florianus）为近卫军长官，并派弗洛里亚努斯率兵沿小亚地区黑海边境，驱逐入侵的哥特人。塔西图斯在位仅仅 6 个月便殒命沙场。得知塔西图斯死亡的消息后，弗洛里亚努斯马上宣布继承王位，并通知军团和元老院，成为帝国历史上第五个、三世纪危机期间第三个问鼎王位的近卫军长官④。"弗洛里亚努斯马上控制了军队和帝国，元老院和帝国西部——从大西洋至小亚，包括意大利和北非——承认他为皇帝。然而，东方军团却推举自己的司令官 M. 奥莱利乌斯·普罗布斯（M. Aurelius Probus）为帝。"⑤ 弗洛里亚努斯 6 月登基，夏末便被手下士兵杀死，可谓来去匆匆。近卫军选择皇帝毫无原则，亦无持久性，三世纪危机期间帝位频繁更替，"短命皇帝"丛生，近卫军罪责难逃。

　　出身多瑙地区土著、曾出任埃及行政长官的普罗布斯，和这一时期其

　　① ［英］爱德华·吉本著，席代岳译：《罗马帝国衰亡史》第一册，吉林出版集团有限责任公司 2008 年版，第 262 页。

　　② Michael Grant, *The Collapse and Recovery of the Roman Empire*. Routledge，1999. p. 32.

　　③ Robert F. Evans, *Soldiers of Rome, Praetorian and Legionnaires*, Washington，1986. p. 62.

　　④ Matthew Bunson, *Encyclopedia of the Roman Empire*（revised edition），New York NY 10001，2002. pp. 214–215. 弗洛里亚努斯早就对王位垂涎三尺。同父异母刚死去，便迫不及待地自封为王。见［荷］菲克·梅杰著，张朝霞译《古罗马帝王之死》，广西师范大学出版社 2009 年版，第 114 页。

　　⑤ Alaric Watson, *Aurelian and the third century*, Routledge，1999. p. 108.

他许多军事将领一样，拥有称王称帝的野心。在弗洛里亚努斯被自己的军队杀死后，普罗布斯便成为罗马世界的主人。但是，短短一年时间里，接连三个皇帝死于军队刀下，也让普罗布斯深感不安。为了维持统治的安定，普罗布斯不惜采取屠杀的手段，震慑敌对势力。和各位军人皇帝一样，普罗布斯的血腥镇压并未换来长时间的安宁。282年，在一次兵变之后，普罗布斯同样未躲过近卫军的刀锋。但普罗布斯还算"幸运"，在这个皇帝往往朝不保夕，走马灯般轮换的时代，能够统治罗马帝国6年之久，堪称奇迹。

　　"王位经常更替，世袭权利的概念已经荡然无存……。"① 原本缺少血统、血缘支撑的罗马帝制，在帝国奴隶制总危机爆发时，为军人篡位制造了机会，近卫军则"大显身手"，随时随地充当主角。继弗洛里亚努斯之后，卡卢斯（Marcus Aurelius Carus）成为三世纪危机期间，第四个夺得王位的近卫军长官。卡卢斯曾是前朝皇帝普罗布斯手下近卫军长官，担任过来提亚（Rhaetia）和诺里库姆（Noricum）行省总督，被任命为近卫军长官的同时，还担任战场指挥官。卡卢斯成功地指挥了对波斯人的战争，占领了波斯人的首都泰西峰②。卡卢斯就此成为帝国历史上最后一个近卫军长官出身的皇帝。取得对波斯人战争胜利后不久，卡卢斯被来提亚和诺里库姆军队推举为王③。听到卡卢斯被军队拥立为王后，和普罗布斯一同前往东方的军队发动反叛，杀死了普罗布斯④。卡卢斯和两个儿子：卡利努斯（Carinus）和努米利安（Numerian）共掌帝国大权。在卡卢斯前往东方与波斯人作战时，命近卫军长官阿里斯托布鲁斯（T. Claudius M. Aristobulus）和许多近卫军长官一样驻留罗马。戴克里先当权后，阿里斯托布鲁斯继续担任近卫军长官至285年⑤。

　　① ［英］爱德华·吉本著，席代岳译：《罗马帝国衰亡史》第一册，吉林出版集团有限责任公司2008年版，第267、285页。

　　② Robert F. Evans, *Soldiers of Rome*, *Praetorian and Legionnaires*, Washington, 1986. p. 63.

　　③ Howe, Laurence Lee. *The Pretorian Prefect from Commodus to Diocletian* (*AD* 180 – 305), The University of Chicago Press. 1942. p. 83.

　　④ Robert F. Evans, *Soldiers of Rome*, *Praetorian and Legionnaires*, Washington, 1986. p. 63.

　　⑤ Howe, Laurence Lee. *The Pretorian Prefect from Commodus to Diocletian* (*AD* 180 – 305), The University of Chicago Press. 1942. p. 84.

283 年，卡卢斯死后，帝国留给了两个儿子①。284 年，阿利乌斯·
阿培尔（Arrius Aper）担任努米利安的近卫军长官。同时，阿利乌
斯·阿培尔还是努米利安的岳父。当时，努米利安正忙于东方战事。
阿培尔轻而易举说服对战事不感兴趣的努米利安撤兵回罗马。在漫长
的返回途中，努米利安死去。阿利乌斯·阿培尔和部分近卫军封锁消
息，依然假借努米利安的名义发布命令②。野心勃勃的阿培尔之所以
这样做，目的是"想让自己被推举为帝"③。当人们发现被掩藏的努
米利安尸体后，便指控阿培尔为凶手。阿培尔无奈，只得将王冠献给
卡卢斯提拔的年轻的御林军（Protectores Domestici）④ 长官戴克里先。
戴克里先"并不领情"，随即处死了阿培尔⑤。随后，戴克里先指挥
军队于 285 年春天，打败了另一个皇帝卡利努斯，卡利努斯的军队归
顺戴克里先，宣布戴克里先为罗马帝国皇帝⑥。戴克里先击败了竞争
对手，成为三世纪危机的"终结者"。

---

① 后世学者认为，卡卢斯可能是被其手下近卫军长官阿培尔毒死的。见 Matthew Bun-
son, *Encyclopedia of the Roman Empire*（revised edition）, New York NY 10001, 2002. p. 448。

② Charles Matson Odahl, *Constantine and the Christian Empire*, First published 2004 by
Routledge, New York, NY 10001. p. 32. 也有学者认为，努米利安被阿培尔毒死。见 Matthew
Bunson, *Encyclopedia of the Roman Empire*（revised edition）, New York NY 10001,
2002. p. 448。

③ ［英］爱德华·吉本著，席代岳译：《罗马帝国衰亡史》第一册，吉林出版集团有
限责任公司 2008 年版，第 267、285 页。

④ 此处的御林军与帝国历史上的近卫军并不是一支军队。这支御林军是战场上陪同皇
帝的精锐部队（见 *Encyclopedia of World History*：*The Ancient World Prehistoric Eras to* 600 *c. e.*,
Volune I, edited by Marsha E., et al. Printed in the United States of America, 2008. p. 118）。这
支御林军何时组建，功能、地位怎样，史载无详。蒙森认为，这支卫队是骑兵卫队，即为
日后取代奥古斯都所创建的近卫军的御林军（见 Theodor Mommsen, *A History of Rome under
the Emperors*, English translation by Clare Krojzl, Routledge, 1996. p. 350.）。学术界多数人认
为，戴克里先不是传统意义上的近卫军长官——罗马帝国原有的近卫军的司令官，因此，
未将其列入帝国近卫军长官之列。但笔者认为，将戴克里先视为近卫军长官也有一定道理。

⑤ Howe, Laurence Lee. *The Praetorian Prefect from Commodus to Diocletian*（AD 180 –
305）, The University of Chicago Press, 1942. pp. 83 – 84. 有人认为，戴克里先是否参与了取
代努米利安的阴谋，还是一个待解之谜。见 Pat Southern, *The Roman Empire*：*from Severus to
Constantine*, First published by Routledge, 2001. p. 134。

⑥ Charles Matson Odahl, *Constantine and the Christian Empire*, First published 2004 by
Routledge, New York, NY 10001. p. 33.

第六节　近卫军与三世纪危机

3 世纪罗马帝国内外交困，近卫军和其他军队在帝国内部屡生事端，蛮族则不断进犯边境，交替折磨着百孔千疮的帝国。在 3 世纪危机最为混乱的半个世纪里，近卫军的所作所为进一步加剧了帝国的危机。有学者认为，危机造成了军队纪律的涣散、军人风气败坏，等等①。3 世纪帝国军队的纪律废弛，恣意妄为与社会动荡构成了相辅相成的关系。既是危机为军队兴风作浪提供了用武之地，也因军队唯利是图，使帝国危机日益深重。从更深层次讨论，军队失控的主要根源来自制度设计，是制度疏漏使对军队的管理最终难以奏效。

3 世纪危机是近卫军的最后疯狂，亦可视为灭亡前的最后猖狂。近卫军在帝国政治、军事的特殊地位在这一时期得以充分显现，近卫军忠诚的缺失，以及各种给帝国制造种种不安与动乱的行为，动辄在罗马城内摆开战场，大开杀戒，远甚于 3 世纪之前各个历史时期。由于边境屡屡告急，多数帝王忙于边防②，近卫军多数时间并未全部驻扎罗马，构成了 3 世纪近卫军的一大特征。近卫军长官则借助近卫军的力量，或亲自发动兵变、叛乱，杀君弑主，夺得王位；或直接参与对皇帝的谋杀，短短 50 年间竟然有 4 名近卫军长官问鼎王位即是非常有力的说明。因此，即使混乱无序的 3 世纪，近卫军长官一职仍是骑士追求的最高目标③。3 世纪是野心勃勃的近卫军长官施展身手的时代，通过武力夺得王位已不稀奇，在暴力、武力流行，皇帝性命朝不保夕、政治秩序大坏的时代，近卫军的"朝三暮四"不仅催生了一系列"短命皇帝"，也使得各色皇帝的诞生无丝毫定数。从表象上看，近卫军拥废了几个皇帝，但最终结果是加重了社会危机，彻底消解了近卫军原本不多的积极作用。

在动荡不安的社会环境中，帝国社会经济遭受到了前所未有的打击。

---

① ［美］安德林·戈德斯沃司著，郭凯声、杨抒娟译：《非常三百年——罗马帝国衰落记》，重庆出版社 2010 年版，第 114 页。

② 例如，275—284 年在位的 6 个皇帝均为外战所困扰，忙于应付外族入侵。

③ Pat Southern, *The Roman Empire*: *from Severus to Constantine*, First published by Routledge, 2001. p. 257.

天灾人祸导致经济凋敝，生产萧条。经济危困也改变或增加了近卫军长官的某些职能。危机期间，某些近卫军长官身兼前线指挥官，负责监督行省以实物形式支付税赋，供给军队的某些必需品①。帝国沉重的经济负担，相当大一部分来自军队的开销和支出，自然包括近卫军的开销和支出。因近卫军的军饷、赏赐远远大于军团官兵，所以，近卫军在各种军事负担中占有较大比重，加之近卫军的贪婪由来已久，给予近卫军的各种赏赐、军饷不断上涨，使凋敝不堪的帝国经济雪上加霜。

　　诚然，三世纪危机的主要祸根不是近卫军，但近卫军的作为却使帝国陷入更加深重的危机。三世纪危机造就了"军权至上"的时代②，随之也提升了包括近卫军在内的帝国军队的地位，军队的暴行与帝国危机相互激荡，使帝国深陷危机泥沼，难以自拔。某种意义上讲，近卫军应是帝国的"稳定剂"，但在 3 世纪，近卫军每每扮演各种混乱、骚乱的制造者角色，不断把各色皇帝拥上王位，又不断将自己选定的皇帝送上断头台，近卫军参与的、频繁发生的帝位更迭，使混乱不堪的帝国愈加混乱。社会纷乱不堪，政治秩序遭到严重破坏的三世纪危机，不啻为近卫军为所欲为创造了条件。在对近卫军约束机制缺失、皇帝又离不开近卫军保驾的 3 世纪，近卫军依仗特殊地位，愈加疯狂，几乎无法掌控。三世纪危机是近卫军所有消极作用的"大会演"，在乱象横生的帝国危机时代，近卫军的各种恶行史不绝书，登峰造极。近卫军接二连三将自己保驾的皇帝送进坟墓时，也使自己走到了命运的"终点站"。

---

① Charles Matson Odahl, *Constantine and the Christian Empire*, First published 2004 by Routledge, New York, NY 10001. p. 21.

② ［美］威尔·杜兰：《世界文明史——凯撒与基督》（上册），东方出版社 1999 年版，第828 页。

第八章

退　场

从奥古斯都当政期间的公元前 27 年近卫军登上历史舞台，到 312 年君士坦丁大帝遣散近卫军——近卫军退出帝国政治舞台，历时 300 余年。几个世纪的历史流变，早已使近卫军"面目全非"，此时的近卫军已经恶名远播，尤其在三世纪危机期间的种种倒行逆施，已令戴克里先、君士坦丁深恶痛绝。戴克里先、君士坦丁未忘前车之鉴，剪除帝国肌体上的这一毒瘤，让近卫军退出历史舞台应属必然。鉴于近卫军的势力根深蒂固，这种"退出"不可能一蹴而就。

第一节　退场前的衰微：戴克里先时代的近卫军

戴克里先作为三世纪危机的"终结者"，在帝国历史上开启了一个新的时代①。历史学家对戴克里先赞誉有加，他所推进的各项改革延缓了帝国灭亡的速度。近卫军的历史发展到戴克里先统治时代，已经接近了命运的尽头，处于君士坦丁大帝遣散近卫军的前夜。如同前文所叙，帝国历史上对近卫军进行脱胎换骨式的改造，并从根本上削弱近卫军的皇帝并不多见。戴克里先堪称前无古人。

285 年，戴克里先登基后，首先着手削弱近卫军的地位：减少近卫军的兵员、取消一直拥有的各种特权，等等②。除此之外，戴克里先还遣散

---

① Joseph Fletcher, *Life of Constantine The Great*, London, 1852. p. 8.

② ［英］爱德华·吉本著，席代岳译：《罗马帝国衰亡史》第 1 册，吉林出版集团有限责任公司 2008 年版，第 310 页。

了隶属近卫军多年的、作恶多端、声名狼藉的"暗探（frumentarius）"①。诚然，皇帝不能没有自己的"御林军"，不能没有卫队，削弱原有近卫军的同时，戴克里先重新组建了自己的私人卫队重装骑兵（scutarii）——以盖利努斯时代的骑兵部队为基础组建的（盖利努斯把骑兵部队用作特殊的步兵），取代了原来的近卫军，"组建一支核心的精锐部队——皇帝们的护卫队"②。重装骑兵的士兵主要从戴克里先麾下的伊里利安（Illyrian）军团招募，戴克里先知晓这些地区士兵的勇武，且比原有近卫军更忠诚③。与原来常驻罗马城的近卫军相比，这支皇帝的私人卫队是一支新型的、突出骑兵作用的皇家卫队，与从前以步兵为主体的近卫军别若天渊。"戴克里先的御林军不是塞弗茹斯（塞维鲁斯）所废除的禁（近）卫军的替代，而是一支人数少、训练精良的骑士队伍……它采用一切早期的战术，而以个人的勇敢自豪。"④从战略和战术意义上讲，突出骑兵的优势，不仅提升了新型御林军的战斗力，也是顺应时代潮流之举，也使近卫军发生了质的变化。

　　戴克里先的皇家卫队由两部分组成：约维尼安军团（Jovians）和赫尔库里安军团（Herculians）。"约维尼安"和"赫尔库里安"分别来自罗马神话中的主神朱皮特（Jupiter 或 Jove）和希腊神话中的大力神赫拉克勒斯（Heracles）。新组建的皇家卫队履行原来近卫军的各项义务或职能，分属戴克里先及其副帝两个皇室：戴克里先皇室的卫队是约维尼安军团（Jovians），他的同僚皇帝、副帝马克西米安（Maximian）的卫队为赫尔库里安军团（Herculians）⑤。两支卫队着装颜色不同，构成了彼此之间的差别：约维尼安军团穿着红色军服，赫尔库里安军团着黑色军装。两支卫

① Matthew Bunson, *Encyclopedia of the Roman Empire*（revised edition）, New York NY 10001, 2002. p. 221.

② ［英］J. C. 斯托巴特著，王三义译：《伟大属于罗马》，上海三联书店 2011 年版，第 372 页。戴克里先通过整顿军纪恢复帝国秩序，也重视军队的机动性，配备骑兵部队是集中表现。

③ Matthew Bunson, *Encyclopedia of the Roman Empire*（revised edition）, New York NY 10001, 2002. p. 493.

④ ［德］奥斯瓦尔德·斯宾格勒著，齐世荣等译：《西方的没落》（上册），商务印书馆 1995 年版，第 346 页。

⑤ 这两个军团的称谓还与神化皇帝密切相关。皇帝是人间的神：戴克里先自称约维乌斯（Jovius），而与他共治帝国的马克西米安则为赫拉克勒斯。

队士兵使用的盾牌均为椭圆形，饰有鹰的图案①。这两支皇家卫队的人数各为 6000 精锐。在这两支卫队服役的士兵，从前被人称为"大力神"，原因是他们所使用的盾牌上系有 5 只（或 5 对）铅球，并可用飞快的速度投掷这些铅球。两支新组建的御林军，因其忠诚和作战勇敢而得到宠爱，但并不意味着这两支卫队驻扎皇帝身边②。

此时的近卫军不仅性质发生改变，构成成分也发生了彻底的变化。近卫军曾经一直坚持在意大利人中招募的原则，经塞维鲁斯改组后，发生了根本动摇，蛮族的军团官兵充实到近卫军中。到了戴克里先时代，新型的皇家卫队兵员主要来自伊里利安军团（*Illyrian legions*）。"罗马帝国被从德西乌斯开始的一批伊利里亚皇帝所拯救；毫不奇怪，三十年的战争在他们培养出一帮忠心耿耿的同胞，与禁卫军里的拉丁人和萨宾人相比，这些人与皇帝更亲密。"③ 戴克里先的新型皇家卫队之所以在伊里利安军团中征召，原因在于伊里利安军团士兵不仅军事技能娴熟，而且以忠诚闻名④。和所有的皇帝一样，戴克里先首先考虑和顾及的是对皇帝和皇室的忠诚，而不能像先前的近卫军那样，动辄把皇帝推向断头台。但近卫军毕竟是一股根深蒂固的势力，戴克里先不可能操之过急。"戴克里先采取步步为营的做法，在不知不觉中减少了禁卫军的员额，取消他们所具有的特权……"⑤ 因此，戴克里先对近卫军的各种改革与限制是一个渐进的过程。

戴克里先的近卫军行列中，还包括由骑兵组成的宫廷卫队——*Scholae Palatinae*——或曰骑兵卫队、帕拉丁骑兵卫队等，用以替代实力、势力同时被削减的原有的近卫军。这支野战部队陪同皇帝出巡，尤

① Matthew Bunson, *Encyclopedia of the Roman Empire*（revised edition），New York NY 10001, 2002. p. 287.

② ［瑞士］雅各布·布克哈特著，宋立宏等译：《君士坦丁大帝时代》，上海三联书店 2006 年版，第 40 页。

③ 同上。

④ Matthew Bunson, *Encyclopedia of the Roman Empire*（revised edition），New York NY 10001, 2002. p. 287.

⑤ ［英］爱德华·吉本著，席代岳译：《罗马帝国衰亡史》第一册，吉林出版集团有限公司 2008 年版，第 310 页。

其用于支持守卫前线的边防部队①，并不像从前的近卫军那样，首都是主要活动中心。戴克里先的这一做法被君士坦丁沿用，骑兵卫队彻底取代了奥古斯都创建的近卫军。重装骑兵也是戴克里先时代皇家卫队之一。盖利努斯当政期间，重装骑兵是骑兵部队的一部分，也是一支有特殊用途的骑兵部队，主要在伊里利安军团征召。戴克里先对这部分骑兵的信赖超过了原来的近卫军②。因此，重装骑兵成为戴克里先手下近卫军的一部分，决定性的原因在于信任。戴克里先手下皇家卫队突出了骑兵的地位和作用，皇家卫队"将等同于一支野战军，远不止是警卫，因为（1）它规模可观，（2）它在成分上不统一，不像老的近卫军步兵大队那样。"③由此可知，戴克里先治下的皇家卫队除卫队职能外，还肩负其他军事战斗职能。这支卫队因以骑兵为主，机动性进一步增强，战斗力亦非原有近卫军所能比拟的。

与此同时，原来的近卫军并未被彻底解散，依然驻留罗马城。因戴克里先长期驻扎尼克米迪亚（Nicomedia），只到过一次罗马城，其副帝（deputy emperor）马克西米安长期居住米兰④，罗马几成"废都"，罗马城内的近卫军与先前相比有名无实，与宫廷、皇室的关系形同虚设。罗马城内的近卫军在3世纪时似乎又恢复了旧制，主要在罗马和意大利比邻地区征召，但这时的近卫军已不被视为皇家卫队，因为皇帝并不住在罗马城，且大规模削减了近卫军的人数，所以，这支近卫军更像驻扎罗马城的卫戍部队⑤，地位一落千丈。至此，奥古斯都时代创建的、骄横一时的近

① Matthew Bunson, *Encyclopedia of the Roman Empire* (revised edition), New York NY 10001, 2002. p. 176.

② Ibid, p. 493.

③ [美] 爱德华·勒特韦克著，时殷宏、惠黎文译：《罗马帝国的大战略——从公元一世纪到三世纪》，商务印书馆2008年版，第192页。

④ 两位皇帝都不居住都城罗马，有违常理，罗马人非常反感，几次密谋推翻戴克里先的统治，元老、近卫军每次都卷入其中，但均遭到马克西米安无情镇压。见 W. T. Arnold, *The Roman System of Provincial Administration to the Accession of Constantine The Great.* Formerly Scholar of University College, Oxford, 1906. p. 189。

⑤ [瑞士] 雅各布·布克哈特著，宋立宏等译：《君士坦丁大帝时代》，上海三联书店2006年版，第40页。也有学者将这一时期的近卫军称之为"作为一支警察部队存在"。见 W. T. Arnold, *The Roman System of Provincial Administration to The Accession of Constantine The Great.* Formerly Scholar of University College, Oxford, 1906. p. 189。

卫军开始淡出历史舞台。作为连锁反应，近卫军地位的削弱，也同时意味着罗马城帝国都城地位开始衰微。

需要说明的是，戴克里先组建的宫廷卫队则是帝国后期皇家近卫军的开端。这支皇家卫队"直接服务于皇帝本人，不仅肩负着保卫皇帝安全的任务，在宫廷庆典上协助皇帝，而且还作为帝国在所控制行省和军队司令部中的代理人。"① 与从前的近卫军相比，戴克里先的宫廷卫队职责、义务更加宽泛，戴克里先本人则强化了对这支卫队的控制。

戴克里先对近卫军的各种改革措施与"四帝共治"的统治体制联系在一起。"四帝共治"前，戴克里先将帝国分成东西两大部分：拉丁西部和希腊东部，分别交由两名近卫军长官管理。两名近卫军长官掌管着各级行政人员，并负责税收、司法等事务。此时的近卫军长官控制近卫军的职能大为削减，主要扮演"副皇帝"（vice sacra）角色，在一些庆典仪式上拥有帝王般的身份。就管理权限而言，近卫军长官的权限范围有所扩大，主要包括：帝国的财政预算、道路管理、邮政、税收、各个城市的粮食采购，等等②。近卫军长官行政化的趋势，造成了行政权限、职能逐步扩大的现实，与之总伴随的则是军事职能的弱化。戴克里先治下的近卫军长官还是"帝国邮政总局局长"，掌管整个帝国的邮政系统，并逾越了行省之间的种种障碍③。近卫军长官指挥军队的军事权势逐步减少，行政权力日渐增多，这种此消彼长的过程，使昔日依仗近卫军兴风作浪的近卫军长官变成了帝国行政官吏。

"四帝共治"期间，与戴克里先"共治"帝国的四位皇帝——帝国分成四个部分，每个皇帝都有一名近卫军长官帮助皇帝打理军事、财政、司法等事务④，等于帝国设置了 4 名近卫军长官。"皇帝身边的近卫军长官主

---

① R. I. Frank, *Scholae Palatinae: the Palace Guards of the Later Roman Empire.* The Classical Review, New Series, Vol. 22, No. 1 (Mar., 1972), pp. 136 – 138.

② *Beyond Dogmatics: Law and Society in the Roman World*, Edited by J. W. Cairns and P. J. du Plessis, Edinburgh University Press, 2007. p. 43.

③ Theodor Mommsen, *A History of Rome under the Emperors*, English translation by Clare Krojzl, Routledge, 1996. p. 340, p. 308.

④ Olga Tellegen – Couperus, *A short history of Roman law*, Published in the Taylor & Francis e – Library, 2003. pp. 118 – 119. 关于戴克里先"四帝共治"时代近卫军长官的人数，学术界存在两种观点，一种观点认为，四个皇帝每人都有一名近卫军长官，应是四名近卫军长官；另一种观点

要负责帝国境内行政管理事务……也负责指挥隶属皇帝的部分军队，偶尔也率军队在前线作战。"① 作为戴克里先行政改革的成果之一，执事官（*magister officiorum*）的设置也直接涉及近卫军及其长官，被彻底剥夺军事职能的近卫军长官置于执事官之下②。戴克里先的行政改革处处带有军事印记，他把各种公共管理纳入军事系列。戴克里先把近卫军的下级军官作为帝国宫廷公务人员的负责人，通过这种做法削减近卫军长官的各种权力。不难看出，戴克里先的各种改革，许多措施都与近卫军、近卫军长官有千丝万缕的联系。比如，原有的帝国行省被戴克里先划分为更小的行政区域——将原有50个行省分散为近100个小的行政区域，这些小规模的行政区域又分属"辖区"（diocese）管辖，"辖区"总督属纯粹的行政官吏，并置于近卫军长官掌控之下③。依据蒙森的观点，戴克里先将原来的行省重新划分为13个行政区域④，其中部分由近卫军长官负责监管，部分由副近卫军长官（*vicarii praefectorum praetorio or vice agens praefectorum praetorio*）管辖，13个大行政区域中的4个由近卫军长官负责，其余则是副近卫军长官管辖。属于帝国中心地带的行政区域由近卫军长官管理，边

则认为，近卫军长官依然保持两人。见 Howe, Laurence Lee. *The Pretorian Prefect from Commodus to Diocletian*（*AD* 180 – 305），The University of Chicago Press. 1942. p. 7。关于戴克里先时代的近卫军长官人数，佐西木斯则记载为 2 人，且说明两人权力等同。但未说明担任这两个官职者为何人。见 Zosimus, *New History*. London: Green and Chaplin, 1814. p. 53。学术界普遍认为，戴克里先当政后，他任命的第一个近卫军长官是阿里斯托布鲁斯，曾在卡卢斯手下任职近卫军长官。296 年，戴克里先任命阿非利卡奴斯·汉尼拔亚努斯（Africanus Hannibalianus）为近卫军长官。但戴克里先手下最著名的近卫军长官是朱利乌斯·阿司克莱皮奥都图斯（Julius Asclepiodotus），285—297 年一直担任近卫军长官，曾指挥军队进军不列颠，平息了那里的叛乱。朱利乌斯·阿司克莱皮奥都图斯不仅指挥步兵，还是罗马舰队的总指挥。他在不列颠登陆后，烧毁了所有船只，不准备再返回。见 Robert F. Evans, *Soldiers of Rome*, *Praetorian and Legionnaires*, Washington, 1986. p. 64. 此乃近卫军长官最后一次率兵远征。

　　① Charles Matson Odahl, *Constantine And The Christian Empire*, First published 2004 by Routledge, New York, NY 10001. p. 43.

　　② Theodor Mommsen, *A History of Rome under the Emperors*, English translation by Clare Krojzl, Routledge, 1996. p. 308.

　　③ J. B. Bury, *History of The Later Roman Empire*, Macmillan & Co., Ltd., 1923. p. 27.

　　④ 许多西方学者认为是 12 个。例如，T. D. Barnes, *Constantine and Eusebius*, Harvard U. Press, 1981, p. 9.

远地区则由副近卫军长官负责①。副近卫军长官是戴克里先行政管理改革的产物，职能已与"近卫"毫无关系，只是一种官职的符号代码。"严格说来，副近卫军长官不是近卫军长官的下属，但级别低于近卫军长官。"②因此，副近卫军长官并非近卫军长官的下属，仅仅是一个戴克里先新设置的官职。近卫军长官与此前帝国的行省总督相似，但又不完全等同于先前的行省总督。原来的行省总督掌管军队，主持司法，监督税收（但不涉及支出）等。新任副近卫军长官则主要负责司法和税收③，军事权力荡然无存。近卫军长官曾经作为帝国重要的军事官吏，被皇帝赋予诸多行政权力，并且经历了一个权力内容逐步增多的过程，但在戴克里先时代，近卫军长官权倾朝野、骄横不羁成为往事。戴克里先侧重削减近卫军长官的军事权力，赋予其较多的行政权限。尽管如此，不可否认的是，近卫军长官作为管理帝国的行政官吏，权势仍然重大。

戴克里先彻底剥夺了近卫军长官的军事权力，重新组建的皇家卫队置于执事官之下。元首制时代那种权力无限、无所不能的近卫军长官一去不复返④。由于帝国分成了两部分，原有的两名近卫军长官分别被安置在帝国东部和西部。两名近卫军长官的活动空间是地理意义的，而非职权概念的。分派到帝国西部的近卫军长官的管辖权限定在高卢、西班牙、不列颠，而近卫军长官的副手则拥有意大利、非洲和伊利里亚的司法权⑤。东方的近卫军长官驻扎拜占庭⑥，与往日不可一世、狂妄骄横相比，戴克里先治下的近卫军长官权力大为削弱，近卫军长官已经逐步远离军事和军队，正在变成一个普通的行政官职。有学者认为，此时的近卫军长官权力范围更加宽泛，拥有行政、财经、司法乃至立法等领域的权力，而且意大利的近卫军长官仍是帝国最高官职之一⑦。尤其在司法方面的权力日渐突出，各种上诉都由副近卫军长官和近卫军长官审理。各种从前由皇帝处理

---

① Theodor Mommsen, *A History of Rome under the Emperors*, English translation by Clare Krojzl, Routledge, 1996. p. 339.

② Ibid, p. 341.

③ T. D. Barnes, *Constantine and Eusebius*, Harvard U. Press, 1981, p. 9.

④ Theodor Mommsen, *A History of Rome under the Emperors*, English translation by Clare Krojzl, Routledge, 1996. p. 341.

⑤ Ibid, p. 308.

⑥ J. B. Bury, *History of The Later Roman Empire*, Macmillan & Co. Ltd., 1923. p. 28.

⑦ Ibid.

的上诉，均交由近卫军长官组成的上诉法庭审理①。这种看似比从前更加宽泛的权力，实际上否定了近卫军长官作为军事长官存在的依据，也为君士坦丁的最后改革奠定了基础。

一直以来，近卫军长官"副皇帝"的身份呈上升势头，并在三世纪危机期间登峰造极。自塞维鲁斯王朝任命法学家出任近卫军长官之后，近卫军长官的司法权力和军事权力同时得以加强。戴克里先打破了近卫军长官军事权力与司法权力的平衡，尤其在近卫军长官在行省的军事权力与行政权力分野后，近卫军长官的地位彻底动摇。这一做法为君士坦丁大帝所承袭②，近卫军长官彻底"非军事化"。戴克里先治下的近卫军长官，各种权限似乎不比从前小，但唯独缺少指挥军队的权力。这一点可视为戴克里先对近卫军长官采取的最有效的制裁措施。戴克里先统治时期，近卫军长官的军事职能一再淡化，皇帝赋予近卫军长官更多的行政官吏职能和权限。比之从前，近卫军长官已经成为行政官吏。"曾经权力无限的副皇帝身份遭废弃"③。近卫军长官指挥近卫军的权力被剥夺的同时，曾经在帝国历史上，上演过一幕幕拥废皇帝闹剧的近卫军营地变得无足轻重。305年，戴克里先退隐田园后，近卫军营地只不过是罗马城内一个普通要塞而已④。

在"四帝共治"体制下，尽管戴克里先对近卫军实施了彻底的改革，但原有近卫军依然驻扎罗马城。所不同的是，驻扎罗马城的近卫军日子并不好过，原因是戴克里先对这支近卫军并不信任。戴克里先隐退前，一直在限制近卫军原有的种种特权，缩减近卫军大队的人数，甚至试图把近卫军降至罗马城的一支卫戍部队的地位⑤。总之，戴克里先的种种措施均以降低近卫军的地位、作用为核心，并为君士坦丁最后遣散近卫军做了最好

---

① Theodor Mommsen, *A History of Rome under the Emperors*, English translation by Clare Krojzl, Routledge, 1996. p. 344.

② Howe, Laurence Lee. *The Pretorian Prefect from Commodus to Diocletian* (*AD* 180 – 305), The University of Chicago Press, 1942. p. 62.

③ Theodor Mommsen, *A History of Rome under the Emperors*, English translation by Clare Krojzl, Routledge, 1996. p. 340.

④ Matthew Bunson, *Encyclopedia of the Roman Empire* (revised edition), New York NY 10001, 2002. p. 447.

⑤ Robert F. Evans, *Soldiers of Rome*, *Praetorian and Legionnaires*, Washington, 1986. pp. 64 – 65.

的铺垫。

第二节 近卫军的"终点站"：君士坦丁时代

君士坦丁（Flavius Valerius Aurelius Constantinus）是罗马帝国历史上为数不多的有作为的皇帝。君士坦丁不仅结束了数帝"共治"帝国的历史，而且对后世影响巨大的诸多历史事件与他的名字联系在一起：他统治期间，通过"米兰敕令"使基督教徒获得了合法地位；迁都拜占庭，等等。西方学者每每赞誉他的"雄才大略"和文治武功，认为他"延缓了罗马帝国的崩溃"[1]。纵观君士坦丁的各种作为，彻底遣散了原有的近卫军，根除了帝国一大祸患，应视为最重要的贡献之一。

自公元前 27 年奥古斯都创设近卫军，到君士坦丁大帝遣散近卫军，近卫军走过了 300 多年的历程。审视近卫军 300 余年的历史，近卫军制造的种种祸端罄竹难书。尤其是 2 世纪末以降 100 多年间，帝国政治秩序遭到践踏，内战纷争频繁，军队为罪魁祸首，近卫军则堪称罪魁之罪魁，祸首之祸首。

一 米尔维安桥战役——近卫军最后亮相

戴克里先在位期间，由于长期不在罗马城居住，罗马都城地位大大降低，城内的近卫军徒具"近卫"虚名。尽管如此，近卫军拥立皇帝的"传统"并未丢失。当不列颠军队拥立君士坦丁为恺撒时，罗马城内的近卫军则宣布马克西米安（即戴克里先的共治皇帝）之子马克森提乌斯为恺撒[2]。近代西方学者认为，是马克森提乌斯唆使近卫军兵变，拥立自己为皇帝[3]。和历史上诸多皇帝一样，马克森提乌斯不会"亏待"拥戴他登基的

① Perry M. Rogers, *Aspects of Western Civilization*：*Problems and Sources in History*. The Ohio State University, 1997. p. 275. 君士坦丁在罗马帝国历史上占有特殊的地位，他不仅使基督教获得了合法地位，他本人也是第一个信仰基督教的罗马皇帝。

② *The history of Zonaras*：*from Alexander Severus to the death of Theodosius the Great*, translation by Thomas M. Banchich and Eugene N. Lane, First published 2009 by Routledge. p. 67.

③ John Baptist Lewis Crevier, *The History of the Roman Emperors*, *From Augustus to Constantine*, Vol. X, Translated by John Mill ESQ. London, 1814. p. 2.

近卫军，对近卫军给予赏赐①。当然，近卫军之所以拥戴马克森提乌斯为帝，还有一个非常重要的客观原因，戴克里先当政后近卫军连同都城罗马长期被轻视，近卫军因失去昔日的特权、声望、地位怨恨已久。近卫军终于找到了自己的同盟者马克森提乌斯，并拥立他为皇帝②。在特殊的时代背景下，马克森提乌斯成为帝国历史上最后一个由近卫军拥立的皇帝。史载，为了使这支军队保持忠诚，马克森提乌斯不惜动用大笔金钱贿赂近卫军③。关于马克森提乌斯贿买近卫军，还有一段小"插曲"。君士坦丁称帝后，另一位（与君士坦丁争夺天下的）皇帝加莱利乌斯（Galerius）曾效仿前辈，解散了原有的近卫军，以新的卫队取而代之。近卫军大为不满，马克森提乌斯则借机贿赂近卫军，取得了近卫军的支持——帝国皇帝完成了最后一次同近卫军的"交易"，近卫军于306年10月28日拥立马克森提乌斯为帝④。马克森提乌斯称王后，处死了加莱利乌斯在罗马城的军队指挥官和部分高级官吏，马克森提乌斯由此被视为罗马城的解放者⑤。

与戴克里先的"打压"政策相比，近卫军的现状在马克森提乌斯统治的罗马城发生了极大的改观。深知近卫军对自己的重要性，马克森提乌斯很快恢复了近卫军被戴克里先剥夺的种种特权，不仅恢复了近卫军的人数，而且实力比从前有所加强。马克森提乌斯的父亲马克西米安想恢复先前的地位，遭到近卫军拒绝。但近卫军坚决支持马克森提乌斯，使马克森提乌斯自信他能够在诸强争雄中独霸天下⑥。"马克森提乌斯知道必须拥有禁卫军，才能坚定他的宝座，因此扩大编制至以往的规模，把从意大利应召服役的人员都拨进去，成为八万人的强大部队。"⑦ 马克森提乌斯此举颇有慌不择路之意味，在近卫军走向灭亡之前，人数达到了前所未有的水平。

---

① Zosimus, *New History*. London：Green and Chaplin, 1814. p. 41.

② Hans A. Pohlsander, *The Emperor Constantine*, London and New York, 1996. p. 15.

③ *The History of Count Zosimus*, *Sometime Advocate and Chancellor of the Roman Empire*, London, 1814. p. 41.

④ Charles Matson Odahl, *Constantine And The Christian Empire*, First published 2004 by Routledge, New York, NY 10001, p. 74.

⑤ John Baptist Lewis Crevier, *The History of the Roman Emperors*, *From Augustus to Constantine*, Vol. X, Translated by John Mill ESQ. London, 1814. p. 20.

⑥ Robert F. Evans, *Soldiers of Rome*, *Praetorian and Legionnaires*, Washington, 1986. pp. 64 – 65.

⑦ ［英］爱德华·吉本著，席代岳译：《罗马帝国衰亡史》第1册，吉林出版集团有限责任公司2008年版，第337页。

近卫军依然是身居罗马城的马克森提乌斯的皇室卫队。311 年，马克森提乌斯派遣近卫军长官鲁福斯·瓦露西亚努斯（Rufius Volusianus）前往非洲平定叛乱①。参与此次非洲反叛的是埃及的亚历山大和迦太基两座城市。非洲历来是罗马人的"谷仓"，亚历山大等城市切断了对罗马城的谷物供给，致使罗马城遭受饥饿威胁。在这种背景下，瓦露西亚努斯率领几个大队的近卫军摧毁了亚历山大城，破坏了迦太基的大部分，两座支持叛乱的非洲城市付出了惨痛的代价，瓦露西亚努斯用血腥恢复了罗马城的谷物供给②。通过平定埃及的反叛，马克森提乌斯加强了自己的实力。马克森提乌斯治下近卫军的非洲之行，是近卫军灭亡前最后一次履行职责。平定了非洲叛乱，马克森提乌斯确信自己的统治区域已经稳定后，着手组织军队进攻高卢。但在马克森提乌斯尚未准备完毕时，君士坦丁已挥兵意大利，与马克森提乌斯一决雌雄。

君士坦丁与马克森提乌斯争夺天下过程中，发生在公元 312 年的米尔维安桥（Milvian Bridge，米尔维安桥位于罗马城附近的台伯河上）战役堪称经典。一方面，君士坦丁战胜了马克森提乌斯，获得了帝国西部的霸主地位；另一方面，也正是因为此次战役近卫军忠于马克森提乌斯，给君士坦丁制造了诸多麻烦，促使君士坦丁下决心遣散近卫军③。米尔维安桥战役是近卫军在帝国历史上最后一次以皇帝卫队身份亮相，也是近卫军最后一次对主子表达忠诚。米尔维安桥成为近卫军的"终点站"。

米尔维安桥战役之前，双方兵力对比非常悬殊。君士坦丁一方的军队数量为 4 万精兵，全部为训练有素、久经沙场的老兵。按照吉本的说法，马克森提乌斯拥有的兵力是君士坦丁的三倍。仅从军队数量上看，君士坦丁不占上风。但马克森提乌斯真正能够依赖的、可信赖的军队只有近卫军几个大队。马克森提乌斯的军队和君士坦丁的军队相比，不过是一支

---

① Zosimus, *New History*. London：Green and Chaplin, 1814. pp. 43 - 44.

② Matthew Bunson, *Encyclopedia of the Roman Empire*（revised edition）, New York NY 10001, 2002. p. 358，p. 589.

③ 除此之外，这次战役的重要性和经典性还体现在基督教发展史上。根据基督教史家的说法，在这次战役中，君士坦丁按照上帝的旨意，把十字架绣在自己的军旗上，涂画在士兵的盾牌上，并在十字架的保佑下大获全胜。鉴于君士坦丁在基督教发展史上的贡献，基督教神学史家对此大书特书。唯物主义史家并不将其视为信史，认为这一"神迹"缺乏客观依据。伏尔泰指出："这种谬误，哲学斥之为非，也经不起批判，有学识的古史学家已对它作了足够的批判。"见[法] 伏尔泰著，梁守锵译《风俗论》，商务印书馆 1994 年版，第 338 页。

"杂牌军"：近卫军几个大队、城市警卫大队、部分辅军、来自摩尔人和努米底亚的轻骑兵等。然而，"罗马的军队不敢面对战争的危险，都配置在安全距离以外，他们过着毫无训练的太平生活，整体战斗力变得衰弱不堪"①。君士坦丁本人也认为，皇帝娇纵的近卫军无法抵挡他手下军队的进攻②。此外，马克森提乌斯本人不是出色的将领，军队的作战经验也不及君士坦丁手下那支能征善战的军队③。但米尔维安桥战役发生时，马克森提乌斯仍不缺乏作战资源④。双方交战中，马克森提乌斯的近卫军"知道所做的恶行不会得到赦免，就拼死做困兽之斗。"⑤ 激战中，马克森提乌斯落入台伯河淹死。主子死后，剩余的近卫军部队仍在坚持抵抗。"娴熟的作战技能和勇敢精神，使近卫军坚持了好长一段时间。"近卫军毕竟势单力薄，远非君士坦丁手下重装步兵和高卢骑兵的对手，最终被彻底击败⑥。君士坦丁大获全胜，成为罗马帝国西部的主人⑦。

　　君士坦丁战胜马克森提乌斯之后，一劳永逸地解决了近卫军问题。君士坦丁入主罗马后，并未大开杀戒，他所采取的一个惩罚性措施是解散了支持马克森提乌斯的近卫军⑧，亦即已有 300 多年历史、作恶多端的近卫军。君士坦丁遣散了与他作对、早已声名狼藉的近卫军，把近卫军士兵发配到帝国各个角落，并将近卫军军营围墙拆毁⑨。自提比略建造近卫军军营以来，营地内驻扎的近卫军，"曾如此频繁地让皇帝的紫袍在他们的刀

---

① ［英］爱德华·吉本著，席代岳译：《罗马帝国衰亡史》第一册，吉林出版集团有限责任公司 2008 年版，第 337 页。

② Joseph Fletcher, *Life of Constantine The Great*, London, 1852. p. 40.

③ Charles Matson Odahl, *Constantine and the Christian Empire*, First published 2004 by Routledge, New York, NY 10001, pp. 87 – 88.

④ ［英］爱德华·吉本著，席代岳译：《罗马帝国衰亡史》第 1 册，吉林出版集团有限责任公司 2008 年版，第 340 页。

⑤ 同上书，第 342 页。

⑥ Robert F. Evans, *Soldiers of Rome*, *Praetorian and Legionnaires*, Washington, 1986. p. 69.

⑦ Matthew Bunson, *Encyclopedia of the Roman Empire* (revised edition), New York NY 10001, 2002. p. 369.

⑧ Charles Matson Odahl, *Constantine And The Christian Empire*, First published 2004 by Routledge, New York, NY 10001, p. 95.

⑨ *The History of Count Zosimus, Sometime Advocate and Chancellor of the Roman Empire*, London, 1814. p. 44. 但近卫军营地的外部城墙依然保留，并成为罗马城防的一部分。

剑所向的寒气中瑟瑟颤抖"①，如今近卫军及其军营同时成为历史陈迹。近卫军营地的毁灭，不只是一座建筑物的消亡，而是一段历史的终结，一个特殊时代的结束。与此同时，存在已久的皇家骑兵卫队也被解散。近卫军遭遣散，曾经在帝国历史上骄横一时的近卫军长官的权势大为削弱。不仅如此，君士坦丁不仅裁撤了原有近卫军，还解散了所有驻扎罗马城的军队②。由于君士坦丁将首都移至君士坦丁堡——"新罗马"，曾经无限辉煌的罗马城地位、作用大大降低。颇具讽刺意味的是，君士坦丁统治下的罗马帝国也成为"没有罗马城的罗马帝国。"③

二　君士坦丁的宫廷卫队

和历史上所有皇帝一样，君士坦丁不能没有自己的私人卫队，只是君士坦丁的近卫军是帝国晚期的近卫军，与先前的近卫军相比，无论是结构，还是职能、社会地位等，均与昔日产生了巨大差异。君士坦丁拥有自己的御林军。在组建这支御林军时，君士坦丁并未一味地沿袭戴克里先的做法④。君士坦丁时代，统称为 *protectores et domestici*——御林军。*protectores et domesticii* 亦不是君士坦丁的"发明创造"，前朝皇帝曾创建了不同以往的近卫军，称为 *protectores* 或 *domestici* ⑤，君士坦丁所做的是进一步完善。

公元 312 年，君士坦丁击败马克森提乌斯，遣散原有近卫军（包括存在了两个多世纪的皇家骑兵卫队）之后，以新组建的宫廷卫队（*Scholae Palatinae*）和御林军（*protectores et domestici*）两支部队取而代之。两支部队承担了原有近卫军各项职能，既包括骑兵，也有步兵。在这

① ［瑞士］雅各布·布克哈特著，宋立宏等译：《君士坦丁大帝时代》，上海三联书店 2006 年版，第 41 页。

② Theodor Mommsen, *A History of Rome under the Emperors*, English translation by Clare Krojzl, Routledge, 1996. p. 336.

③ Raymond Van Dam, *The Roman Revolution of Constantine*, Cambridge University Press, 2007. p. 19.

④ 君士坦丁即位后，许多军事和行政方面的改革措施是戴克里先诸多改革的继续，但君士坦丁并非简单地沿袭戴克里先的做法，而是在许多方面深化了戴克里先未完成的改革，许多改革措施远比戴克里先的改革更加彻底。

⑤ John Baptist Lewis Crevier, *The History of the Roman Emperors*, *From Augustus to Constantine*, Vol. X, Translated by John Mill ESQ. London, 1814. pp. 63 – 64.

两支部队中，御林军的地位高于宫廷卫队。原因在于，君士坦丁给予了御林军更多的特权。御林军分成若干个作战单位，这些作战单位被称为"scholae"。最初的近卫军中，每一个大队都有一个大队长，新组建的宫廷卫队中各个独立的 scholae 也效仿旧制，设有大队长一人作为指挥官，而且这些指挥官在整个帝国军队属地位显赫的官职。按照蒙森的说法，scholae 中的绝大多数为步兵①。御林军社会地位较高，相当于帝国初期的高级官吏，以及从前的近卫军大队长。按照蒙森的说法，其中许多人出身高贵②。和从前的近卫军一样，此时的御林军也有不菲的军饷收入③。从这个意义上讲，君士坦丁即使对近卫军进行脱胎换骨式的改革，也不能不"善待"和优待近卫军。

君士坦丁并非戴克里先时代即已存在的宫廷卫队的创始人，但宫廷卫队得到进一步发展却是在君士坦丁时代。宫廷卫队彻底取代了被遣散的近卫军④。新组建的御林军归属戴克里先时代创立的执事官（magister officio-rum）指挥。君士坦丁对这支皇家卫队十分重视，也希望这支新组建的卫队对宫廷保持绝对忠诚。君士坦丁的御林军最初主要在日耳曼骑兵中招募，全部宫廷卫队分为7个作战单位，每个单位500精壮，由一名大队长指挥，大队长向执事官负责⑤。宫廷卫队兵员结构的彻底改变成为"帝国军队中蛮族成分增长的标志"⑥ 之一。

宫廷卫队主要驻扎在新都城君士坦丁堡，但其中一部分也有可能驻扎在帝国东部地区。虽然近卫军的组织形式发生了根本性变化，但作为近卫军的各种职能没有发生改变。君士坦丁组建的近卫军的主要职能是伴随皇帝左右，尤其皇帝巡视前线时，近卫军必陪同前往。此外，君士坦丁创建

---

① Theodor Mommsen, *A History of Rome under the Emperors*, English translation by Clare Krojzl, Routledge, 1996. p. 328.

② Ibid, p. 329.

③ Matthew Bunson, *Encyclopedia of the Roman Empire* (revised edition), New York NY 10001, 2002. p. 180.

④ *The Cambridge History of Greek and Roman Warfare*, Volume II, Rome from the Late Republic to the late Empire, Edited by Philip Sabin, et al., Cambridge University Press, 2007. p. 280.

⑤ 有学者认为，从君士坦丁时代开始，重装骑兵已经成为宫廷卫队的一部分。见 Matthew Bunson, *Encyclopedia of the Roman Empire* (revised edition), New York NY 10001, 2002. p. 493。

⑥ A. H. M. Jones, *Constantine and The Conversion of Europe.* Published by Toronto Press, 1994. p. 185.

的御林军也执行一些诸如给行省总督和前线将领送达信息等任务。御林军长官被称为御林军钦差——*comes domesticorum*，与昔日近卫军长官不同的是，御林军钦差住在宫廷内，随时听候皇帝调遣，并负责御林军的马匹和食物供给。君士坦丁希冀新组建的近卫军对自己和皇室保持长久的忠诚，在宫廷专门为执勤的御林军开辟了一个特定区域，以便这支皇家鹰犬部队随时接到皇帝的指令①。从君士坦丁开始，直至西罗马帝国灭亡，帝国的皇帝卫队及其构成基本没有改变君士坦丁开创的建制。君士坦丁之前的近卫军带有奥古斯都时代的痕迹，君士坦丁之后的近卫军则处处凸显君士坦丁改革的烙印。与被遣散的近卫军相比，君士坦丁新组建的御林军人数大为减少：由原来的 1 万人左右，减少到 3500 人②；出身天壤之别：君士坦丁的御林军蛮族占了较大比重；最重要的是，训练有素的骑兵取代了原来的步兵。君士坦丁御林军的战斗力、机动性进一步增强，精锐之师名副其实。

君士坦丁所推进的各项军事改革中，涉及近卫军及其长官的内容，在帝国历史上有深远的意义。"军队指挥官不再担负行政管理工作……自此以后，军人与行政、司法、给养或税收毫无瓜葛。军人就是军人，不再具有干预其他事务的动因。"③ 君士坦丁的改革举措意味着近卫军无法像先前那样参与政治，政治角色彻底淡化，真正结束了近卫军依照自己意愿废立皇帝的历史，近卫军必须履行的各项职能由此重新回到原点——为皇帝、皇室保驾护驾。

三　近卫军长官——帝国特殊的行政官职

君士坦丁某些治国方略是戴克里先的继续，但在对待近卫军的态度上，君士坦丁比戴克里先走得更远，措施更彻底，并集中表现为削减了曾经无限膨胀的近卫军长官的权限。近卫军长官从前的军事权力被剥夺，不

---

① Matthew Bunson, *Encyclopedia of the Roman Empire* (revised edition), New York NY 10001, 2002. pp. 492 – 493.

② 一说认为，君士坦丁以 2000 精锐骑兵取代了原来近卫军的 1 万步兵。见 Michael P. Speidel, *Riding For Caesar: The Roman Emperors' Horse Guards*, Published by B. T. Batsford Ltd., 1994. p. 59。

③ R. H. 巴洛著，黄韬译：《罗马人》，上海人民出版社 2000 年版，第 190 页。

再拥有军事指挥权①。"君士坦丁通过剥夺近卫军长官的军事权力,使近卫军长官的行政职能和军事职能彻底分离……"②,成为纯粹的文职官吏③。不仅如此,君士坦丁剥夺近卫军长官手中的军事权力的同时,进一步削减了他们手中的司法和作为皇帝代理人的行政权力④。取消了近卫军长官手中的军事权力之后,帝国的军权移交到新设置的、独立指挥军队并辅佐皇帝的"军事长官"(*Magister militum*)手中⑤,同时任命一名骑兵长官(*Magister equitum*)为"军事长官"的副手。尽管近卫军长官没有像所统率的近卫军那样遭到遣散,但却从曾经有过的权力顶峰跌落下来。君士坦丁削减了近卫军长官令人望而生畏的权力,将近卫军长官的人数增加到 4 人,缩小了近卫军长官的权力范围⑥。帝国历史上,近卫军长官一再野心勃勃,呼风唤雨,兴风作浪,手中的军事权力和武装的近卫军是"法宝"。军事权力被剥夺后,近卫军长官无所依靠,成为帝国再也无法危及皇权的官职。近现代西方学者一再强调,这一变化彻底改变了近卫军长官原有的军事性质,"致使其成为纯粹的行政官员"⑦。孟德斯鸠也指出,君士坦丁改革后的近卫军长官失去了原来的军事长官的性质,变成了一种"民政职务"⑧。既然是"民政职务",近卫军长官也等于失去了昔日那种横行天下,干预朝政,动辄把皇帝送上断头台的机会。同理,作为"民政职务",近卫军长官曾使其他各帝国高级官吏黯然失色的局面,由此作古。

---

① 〔美〕汉斯·A. 波尔桑德尔著,许绶南译:《君士坦丁大帝》,上海译文出版社 2001 年版,第 76 页。

② Albert A. Trever, *History of Ancient Civilization*, *Volume II*, *The Roman World*, Harcourt, Brace and Company, New York, 1939. p. 670.

③ A. H. M. Jones, *Constantine and The Conversion of Europe.* Published by Toronto Press, 1994. p. 185.

④ Howe, Laurence Lee. *The Pretorian Prefect from Commodus to Diocletian* (*AD* 180 – 305), The University of Chicago Press, 1942. p. 62.

⑤ *The Cambridge History of Greek and Roman Warfare*, Volume Ⅱ, Rome from the late Republic to the late Empire, Edited by Philip Sabin, et al. , Cambridge University Press, 2007. p. 307.

⑥ John Baptist Lewis Crevier, *The History of the Roman Emperors*, *From Augustus to Constantine*, Vol. X, Translated by John Mill ESQ. London, 1814. p. 128.

⑦ John Baptist Lewis Crevier, *The History of the Roman Emperors*, *From Augustus to Constantine*, Vol. X, Translated by John Mill ESQ. London, 1814. p. 129.

⑧ 〔法〕孟德斯鸠著,婉玲译:《罗马盛衰原因论》,商务印书馆 1995 年版,第 93 页。

尽管近卫军长官的军事权力遭剥夺，但作为帝国的行政官吏权力依然比较重大。君士坦丁治下的帝国分为四个大的部分——高卢、意大利、伊利里库姆和东方，分别交由 4 名近卫军长官管辖，君士坦丁直接控制这些近卫军长官①。佐西木斯对此有比较详细的记载，例如，君士坦丁将整个东方和埃及、利比亚等地交由一名近卫军长官管辖。君士坦丁这样做的目的是削减近卫军长官的影响②，但同时使作为行政长官的重要性进一步彰显，特别是作为皇帝的"副手"，权势依然不可小觑。331 年，君士坦丁在给所有行省的敕令中甚至宣称，如果不上诉到皇帝，近卫军长官的司法裁决视为最后裁决。近卫军长官权限之宽，几乎涉及帝国各个领域，远比戴克里先手下的"副皇帝"权力更大。"戴克里先手下对城市长官负责的副皇帝，此时被从属近卫军长官的城市长官所取代，'副皇帝'的权限因此大为削减"③。

近卫军长官虽然不再把握军权，不再掌控近卫军，但手中的行政权力比之先前大为增多。蒙森认为，君士坦丁手下的近卫军长官依然保留着诸多重要的行政权力，颇似首相官职④。君士坦丁以军事和行政分离的方式，给予古老的近卫军长官新的生存方式：与军事"绝缘"，充任帝国行政长官。君士坦丁遣散了原有的近卫军之后，赋予了近卫军长官更多繁杂的国内行政事务管理权。近卫军长官不仅负责税收、司法等事务，而且各种属于皇室的生产制造业也由其管辖⑤。此时的近卫军长官连同手下雇员负责诸多帝国内部行政事务，与此前的历史形成了鲜明对照，同一时间内多名近卫军长官，在帝国不同的地理区域内，负责金融、司法等事务⑥。君士坦丁手下的近卫军长官更多地表现为"符号意义"，主要职责是"负

① Georges Castegnier, *Handbook of Greek and Roman History*, New York, Clninnati, Chicao, 1896. p. 68.

② Zosimus, *New History*. London: Green and Chaplin, 1814. p. 55.

③ Albert A. Trever, *History of Ancient Civilization*, *Volume II*, *The Roman World*, Harcourt, Brace and Company, New York, 1939. p. 670.

④ Theodor Mommsen, *A History of Rome under the Emperors*, English translation by Clare Krojzl, Routledge, 1996. pp. 310 – 331.

⑤ Ibid, p. 332.

⑥ *The Cambridge History of Greek and Roman Warfare*, Volume II, Rome from the Late Republic to the Late Empire, Edited by Philip Sabin, et al. , Cambridge University Press, 2007. p. 404.

责征兵和为军队提供补给，通常还要对行省总督进行监督。"① 帝国历史上近卫军长官骄横不羁，军权在握有决定性意义。君士坦丁剥夺了近卫军长官的军事权力，赋予他们的权力范围主要集中在司法和行政管理领域②。应当说，君士坦丁手下的近卫军长官还有一定权势，但此时的权势已无法同昔日相提并论，因为诸多国内行政权力均无法与此前的军事权力相比拟。近卫军长官由武将向文官的转变，从一个侧面揭示了近卫军命运的结局，近卫军长官曾经有过的显赫和觊觎、夺取王位的野心等，就此化作历史云烟。

① Olga Tellegen – Couperus, *A short history of Roman law*, Published in the Taylor & Francis e – Library, 2003. p. 120.

② Howe, Laurence Lee. *The Pretorian Prefect from Commodus to Diocletian* (*AD* 180 – 305), The University of Chicago Press, 1942. p. 62.

结　语

　　严格意义上讲，近卫军在君士坦丁统治时代退出历史舞台，指的是奥古斯都创建的近卫军。近卫军是皇权的伴生物，只要皇权存在，近卫军必然存在，古往今来，概莫能外。因此，君士坦丁时代，既是传统近卫军的末日，也是新型近卫军"诞辰"。不同之处只是君士坦丁创建的近卫军——御林军、宫廷卫队等被赋予了新的内容和意义，御驾的职能更加突出。

　　"纵观近卫军的历史，我们可以清楚地看到，近卫军可以依据自己的意愿废立皇帝……诸多近卫军长官卷入争夺皇权的谋杀或战争"；近卫军可以是皇帝性命的安全保障，也往往是皇帝最危险的敌人[①]，这便是近卫军在罗马帝国历史上的双刃剑角色。人们可以从不同的角度解读近卫军，但近卫军的双刃剑角色不可不提。正是这柄双刃剑，大多数时候没有给皇帝带来安全，也没有很好地捍卫帝国的安全，带来的多是社会灾难。古典作家之所以对近卫军评价不高，多有微词，原因在于近卫军好事无多，恶名累累。

　　研究罗马帝国近卫军的历史，另一个值得关注的话题无疑是近卫军与皇帝之间的悖论关系。和近卫军桀骜不驯一样，罗马帝国近卫军与皇帝之间的悖论关系，在人类历史上差不多绝无仅有。这种特殊的悖论关系属于罗马政治史范畴，折射的是与近卫军密切相关的制度史问题。令人寻味的是，这种悖论关系并非与生俱来，是在近卫军成长过程中逐步生成的，近卫军的历史几乎是这种悖论不断强化的历史。这种悖论关系也昭示着近卫军不断在同自己的主子——皇帝不断博弈的历史，并且呈现出此消彼长的特征：当皇帝处于强势地位，能够很好掌控近卫军时，近卫军俯首称臣，

---

　　①　Boris Rankov, *The Praetorian Guard*, Osprey Publishing, Midland House, 1994. p. 1.

认真履行职责，乃至为帝国捐躯疆场；反之，近卫军处于强势地位时，皇帝或被其玩弄于股掌之间，或成为其刀下冤魂。这种主子和奴仆的博弈，只发生在罗马帝国，也构成了罗马帝国特殊的帝制、帝政史的重要内容。

近卫军的政治角色在于同政治纠缠，并具体表现为屡屡参与帝位传承，随之而来的问题是：罗马帝国是否存在"军人政治"？笔者没有把握给出答案，学术界也未见实证研究。不过，历史事实是，历朝历代各色元首、皇帝中，军人武将出身者不在少数，68—69年内战、193年内战、三世纪危机等重大变故的发生，军人武将参与是重要因素。另一个耐人寻味的史实是，帝国历史上那些杰出的皇帝，绝大多数不是文臣，而是武将，如图拉真、哈德良、塞维鲁斯等，甚至连帝国开国皇帝奥古斯都，亦堪称靠军队起家的武将。帝国的血脉里与生俱来地存在着诸多军队、军人的基因，也等于为近卫军"大显身手"创造了先决条件。这一切是否为"军人政治"具体表征呢？答案需要在进一步研究中得出。

从"军人政治"的视角考察帝国政治史、帝政史，近卫军无疑是最佳视角之一。近卫军是帝国武装力量的一部分，也是极为特殊的一部分。作为皇家卫队，作为享有各种军团眼热特权与优惠的军队，先天的优越感自然提升了近卫军的地位，近卫军亦理应以忠诚作为回报；作为精锐之师，拱卫朝廷本是其核心职责，但事实却是，这支训练有素的精锐之师不断被野心勃勃的近卫军长官所利用，或颠覆皇权，或要挟皇帝增加军饷和赏金，乃至杀死当朝皇帝，"另请高明"。在近卫军存续的300多年间，这一问题绝大多数时候没有得到解决，优越条件和各种优惠变成了对近卫军的娇纵，近卫军的骄横日益滋长，缺失的却是忠诚。应当说，罗马帝国历史上，无论是昏君，抑或"贤帝"，都为此不同程度付出过努力，后果千差万别。帝国历史上，最需要解决关于近卫军的问题是对皇帝、帝国忠诚。近卫军的悲剧及其给帝国平添的各种祸患，均可归结为忠诚的缺失或沦丧。这一问题恰恰是奴隶制帝国无法彻底解决的问题。

近卫军数百年的历史可视为一部"颠覆"的历史：近卫军颠覆了自己的信念、职责、义务、形象、忠诚等，尤其经常颠覆与皇帝的主仆关系，令诸多皇帝不得不依赖金钱赎买近卫军的忠诚。

近卫军的历史似乎也是一部"消解史"，近卫军逐步唯利是图，消解了自己的意志，消解了自己的声望和地位，最后彻底消解近卫军存在的真实价值意义，被君士坦丁解散，使近卫军的一切变成历史陈迹。

参考文献

一　外文文献

（一）古典作家作品

1. Aelius Spartianus, *Historia Augusta.* Translated by David Magie, Ph. D. , for the Loeb Classical Library, 1924.

2. Dio Cassius, *Historia Romana.* Translated by David Magie, Ph. D. , for the Loeb Classical Library, 1924.

3. Europius *Abridgement of Roman History.* translated, with notes, by the Rev. John Selby Watson. London: Henry G. Bohn, York Street, Convent Garden , 1853.

4. Flavius Josephus, *Jewish Antiquities*, Translated by William Whiston, Wordsworth, 2006.

5. Flavius Josephus, *Death of an emperor*, translation and commentary by T. P. Wiseman. U. K. Published 1991.

6. *Herodian*, Books1 – 8. Translated by C. R. Whittaker for Loeb Classical Library, 1970.

7. PLINY THE YOUNGER, *Complete Letters*, *Translated with an Introduction and Notes by* P. G. Walsh, Published in the United States, by Oxford University Press Inc. , New York, 2006.

8. *The Natural History of Pliny*, Translated With Copious Notes And Illustrations by The Late John Bostock, and H. T. Riley, Late Scholar of Clare Hall, Cambridge, Vol. Ⅰ – Ⅵ. 1856.

9. Zosimus, *New History.* London: Green and Chaplin, 1814.

10. *The History of Count Zosimus*, *Sometime Advocate and Chancellor of the Ro-*

man Empire, London, 1814.

11. *The history of Zonaras*: *from Alexander Severus to the death of Theodosius the Great*, translation by Thomas M. Banchich and Eugene N. Lane, First published 2009 by Routledge.

（二）近现代学者著述

1. *A Companion to the Roman Empire*, Edited by David S. Potter. Blackwell Publishing Ltd. , 2006.

2. *A Companion to the Roman Army*, Edited by Paul Erdkamp, Blackwell Publishing Ltd. , 2007.

3. A. H. Allceoft, M. A. Oxon. , *The Early Principate*: *A History of Rome*, 30*BC*. 96*AD* London Ondon: W. B. Olive, University Correspondence College Press, 1898.

4. A. H. J. Greenidge, *Roman Public Life*, Macmillan and Co. , Limited St. Martin's Street, London, 1922.

5. A. H. J. Greenidge, *History of Rome from the Earliest Times down to 476 AD*, 1904.

6. A. H. M. Jones, *Constantine and The Conversion of Europe*. Published by Toronto Press, 1994.

7. Albert A. Trever, *History of Ancient Civilization*, *Volume II*, *The Roman World*, Harcourt, Brace and Company, New York, 1939.

8. Alaric Watson, *Aurelian and the third century*, Routledge, 1999.

9. Antonio Santosuosso, *Storming the heavens*: *soldiers*, *emperors*, *and civilians in the Roman Empir*, Westview Press, 2001.

10. Anthony R. Birley, *Septimius Severus*, *The African Emperor*, Routledge, 1999.

11. Anthony A. Barrett, *Caligula*: *The Corruption of Power*, First published 1989 by B. T. Batsford Ltd. .

12. Antony Kamm, *The Romans*: *An Introduction*, Second edition, Routledge, 2008.

13. Arther Ferrill, *The Fall of Roman Empire*, *The Military Explanation*. Thames and Hudson, London, 1986.

14. Arthur E. R. Boak, Ph. D. , *A History of Rome*, *To 565 A. D.* New York,

The Macmilan Company, 1921.

15. Arthur Keaveney, The army in the Roman revolution, First published by Routledge, 2007.

16. Arthur James Mason, *The Persecution of Diocletian*, *A Historical Essay*, Cambrdge, 1876.

17. Barbara Levick, *Claudius*, Yale University Press, 1990.

18. Barbara Levick, *Vespasian*, Routledge , 1999.

19. Barbara Levick, *The Government of the Roman Empire*: *A Sourcebook*, London and New York, 2000.

20. Bernard W. Henderson, M. A. , *Civil War and Rebellion in the Roman Empire A. D.* 69 – 70, *A Companion to The "Histories" of Tacitus*, Macmillan Co. , Limited, London, 1908.

21. Bernard W. Henderson, M. A. , *The Study of Roman History*, London, 1921.

22. *Beyond Dogmatics*: *Law and Society in the Roman World*, Edited by J. W. Cairns and P. J. du Plessis, Edinburgh University Press, 2007.

23. Boris Rankov, *The Praetorian Guard*, Osprey Publishing, Midland House, 1994.

24. Brain Campbell, *The Roman Army*, 31*BC* – *AD*337, *A Source Book*, Routledge, London, 1994.

25. Brian Campbell, *The emperor and the Roman Army*, Clarendon Press, Oxford, 1984.

26. Brain Campbell, *The Roman Army*, *A Sourcebook*. London and New York, 1994.

27. Caelton Huntley Hayes, A. M. *An Introduction to the Sources Relating to the Germanic Invasions* Lecture in History in Columbia University, 1909.

28. Charles Matson Odahl, *Costantine And The Christian Empire*, First published 2004 by Routledge, New York, NY 10001.

29. Charles Merivale, *History of the Romans Under the Empire*, second edition, Vol. I. London, 1852.

30. Charles Seignobos, *History of The Roman People*, Translation Edited by William Fairley, Ph. D. , New York, Henry Holt and Company, 1902.

31. Christopher Kelly, *The Roman Empire*: *A Very Short Introduction*, Published in the United States by Oxford University Press Inc., New York, 2006.

32. David Potter, *The Roman Empire At Bay AD* 180 – 395, Routledge, 2004.

33. David Shotter, *Nero*, Second Edition, Routledge, 2005.

34. David Shotter, *Augustus Caesar*, Routledge, 1991.

35. Donald G. Kyle, *Spectacles of Death In Ancient Rome*, London and New York, 1998.

36. Donald R. Dudley, *The Civilization of Rome*. U. S. A, 1962.

37. Donald Kagan, Steven Ozment, Frank M. Turner, The *Weatern Heritage*, 2001, by Prentice Hall Inc.

38. Danny Danziger & Nicholas Purcell, *Hadrian's Empire*, Hodder & Stoughton, 2006.

39. E. T. Salmon. *A history of the Roman World from* 30 *BC to AD* 138, London, Methuen, 1959.

40. E. G. Hardy, *Studies In Roman History*, London & New York, 1906.

41. *Encyclopedia of World History*: *The Ancient World Prehistoric Eras to* 600 *c. e.*, Volume I, edited by Marsha E. et al. Printed in the United States of America, 2008.

42. Frank Burr Marsh, Ph. D., *The Founding of the Roman Empire*, University of Texas Press, 1922.

43. Ferdinand Gregorovius, *The Emperor Hadrian*, *A Picture of The Graeco – Roman World in his Time*, Translated by Mary E. Robinson, London Macmilan and Co., Limited, 1898.

44. Fergus Millar, *Rome*, *the Greek World*, *and the East*, Volume I, The University of North Carolina Press, 2002.

45. Francis Hobler, *Records of Roman History*, *From Cnaus Pompeius to Tiberius Constantinus*, *Exhibited on the Roman Coins*, Vol. I. Westminster, 1860.

46. Georges Castegnier, *Handbook of Greek and Roman History*, New York, Cincinnati, Chicago, 1896.

47. G. R. Watson, *The Roman Soldier*. Cornell University Press Ithaca, New

York, 1985.

48. Graham Webster, *The Roman Imperial Army of the First and Second Centuries*. University of Oklahoma Press, 1998.

49. *Greek and Roman Historiography in Late Antiquity*, *Fourth to Sixth Century A. D.* Edited By Gabriele Marasco, BRILL, LEIDEN · BOSTON, 2003.

50. Guglielmo Ferrero, Litt. D, *Characters and Events of Roman History*: *From Caesar to Nero*, Translated by Frances Lance Ferrero, G. P. Putnam's Sons, New York and London, 1909.

51. Gwyn Morgan, 69 *A. D.* : *The Year of Four Emperors*, Oxford University Press, 2006.

52. Hans A. Pohlsander, *The Emperor Constantine*, London and New York, 1996.

53. Harold Mattingly, *Roman Imperial Civilisation*. The Norton Library, New York, 1971.

54. Harold Mattingly, *Outlines of Ancient History*: *From The Earliest Times to The Fall of The Roman Empire in The West*, *A. D.* 476, Cambridge at the University Press, 1914.

55. Harry Sidebottom, *Ancient Warfare*: *A Very Short Introduction*, Oxford University Press, 2004.

56. Henry C. Boren, *Roman Society*, Second Edition, Lexington MA, 1992.

57. Henry Francis Pelham, *Essays*, Oxford, 1911.

58. Henry George Liddell, *A History of Rome*, New York, 1864.

59. H. M. D. Parker, *A History of the Roman World from A. D.* 138 *to* 337, Methuen & Co, Ltd. , 1958.

60. Howe, Laurence Lee. *The Pretorian Prefect from Commodus to Diocletian* (*AD* 180 – 305), The University of Chicago Press, 1942.

61. H. Stuart Jones, *The Roman Empire*, *B. C.* 29 – *A. D.* 476, New York, G. P. Putnam's Sons, London: T. Fisher Unwin, 1908.

62. J. B. Bury, *The Constitution of the Later Roman Empire*, Cambridge: at the University Press, 1910.

63. J. B. Bury, *A History of The Roman Empire From Its Foundation to The Death of Marcus Augustus* (27 *B. C.* – 180 *A. D.*), New York, Harper &

Brothers Publishers, 1893.

64. J. B. Bury, *History of The Later Roman Empire*, Macmillan & Co, Ltd. , 1923.

65. J. C. Stobart, *The Grandeur that Was Rome*: *A Survey of Roman Culture and Civilisation*, London, 1912.

66. J. C. Tarver, *Tiberius The Tyrant*, New York, 1902.

67. J. C. L. Desismondi. *History of the Fall of the Roman Empire*, *Comprising a View of the Invasion of the Barbarians*, Vol. 1, London, 1834.

68. Jackson J. Spielvogel, *Western Civilization*. volume 1, West Publishing Company, 1994.

69. James W. Ermatinger , *The decline and fall of the Roman Empire*, Greenwood Press, Printed in the United States of America, 2004.

70. James S. Reid, Lirr. D. *The Municipalities of The Roman Empire*, Cambridge, 1913.

71. John Baptist Lewis Crevier, *The History of the Roman Emperors*, *From Augustus to Constantine*, Vol. X, Translated by John Mill ESQ. London, 1814.

72. John Rich and Graham Shipley, *War And Society In The Roman World*, London and New York, 1993.

73. John Richardson, The Language of Empire, *Rome and the Idea of Empire from the Third Century BC to the Second Century AD*, Cambridge University Press, 2008.

74. Joseph Vogt, *The Decline of Rome*, Great Britain , 1967.

75. Joseph Fletcher, *Life of Constantine The Great*, London, 1852.

76. Jonathan P. Roth, *The logistics of the Roman army at war*: (264 *B. C. - A. D.* 235) , Leiden ; Boston ; Koln: Brill, 1998.

77. John D. Grainger, *Nerva and the Roman succession crisis AD* 96 – 99, First published by Routledge, 2003.

78. Julian Bennett, *Trajan*, *optimus princeps*: *a life and times*, First published by Routledge, 1997.

79. Jürgen Malitz, *Nero*, English translation by Allison Brown, Blackwell Publishing Ltd. , 2005.

80. Kenneth Wellesley, *The Year of The Four Emperors*, Third Edition, published by Routledge, 2000.

81. Koninklijke Brill, *Crises and the Roman Empire*, Leiden · Boston. 2007.

82. Lawrence Keppie, *The Making of the Roman Army*: *From Republic to Empire*, Routledge, 1998.

83. Leonhard Schmitz, F. R. S. E., *History of Rome*, *From The Earliest Times to The Death of Commodus*, *A. D* 192, New York: Harper & Brother, Publishers, 1854.

84. Lesley and Roy Adkins. *Handbook to life in Ancient Rome*. Oxford University Press, 1993.

85. Ludwig Friedlander, *Roman Life And Manners under the Early Empire*, Volume III, Translated by J. H. Freese, London and New York, 1910.

86. Magaret L. King, *Western Civilization*: *A Social Cultural History*, Volume 1, Prehistory – 1750, Published 2003 by Prentice Hall Inc.

87. Mary T. Boatwright, Daniel J. Gargola and Richard J. A. Talbert, *The Romans*: *From Village to Empire*, Oxford University, 2004.

88. Martin Goodman, *The Roman World*: *44B. C. – A. D.* 180, First published by Routledge, 1997.

89. Martin Windrow, *Rome's Enemies* (2): *Gallic and British Celts*, Printed in Hong Kong through Bookbuilders Ltd., 1995.

90. Mary T. Boatwright, Richard J. A. Talbert, Daniel J. Gargola, The Romans, *From Village to Empire*. Oxford University Press, 2004.

91. Matthew Bunson, *Encyclopedia of the Roman Empire* (revised edition), New York NY 10001, 2002.

92. Maurice Plantnauer, *The Life And Reign of the Emperor*: *Lucius Septimius Severus*, Oxford University Press, 1918.

93. McKay Hill Buckler, *A History of Western Society——From Antiquity to the Enlightenment*. Volume 1, U. S. A. 1995.

94. Michael Burgan, *Great Empires of the Past*: *Empire of Ancient Rome*, Revised Edition, New York, 2009.

95. Michael Grant, *The Collapse and Recovery of the Roman Empire*, Routledge, 1999.

96. Michael Grant, *The Climax of Rome.* Weidenfeld & Nicolson, London, 1993.

97. Michael P. Speidel, *Riding For Caesar: The Roman Emperors' Horse Guards*, Published by B. T. Batsford Ltd. , 1994.

98. Michael Simkins, *The Roman Army from Hadrian to Constanine*, Osprey Publishing Ltd. , 2001.

99. Michael Simkins, Ron Embleton, *The Roman Army from Caesar to Trajan.* Osprey Publishing Ltd. , 2000.

100. Miriam T. Griffin, *Nero: The End of A Dynasty*, Routledge, 1987.

101. Mortimer Chambers⋯et al. *The Western Experience.* Volume I, McGraw – Hill Humanities/Social Sciences/Languages, 1991.

102. N. Sekunda & S. Northwood, *Early Roman Armies*, Osprey Publishing Ltd. , 2001.

103. Nic Fields, *The Roman Army of the Principate* 27 BC – AD 117, First Published in Great Britain in 2009 by Osprey Publishing Ltd. .

104. Niels M. Saxtorph, *Warriors and Weapons* 3000B. C. to A. D1700, Blandford Press London, Reprinted 1975.

105. Olga Tellegen – Couperus, *A short history of Roman law*, Published in the Taylor & Francis e – Library, 2003.

106. Olivier Hekster with Nicholas Zair , *Rome and Its Empire*, AD 193 – 284, Edinburgh University Press, 2008.

107. Pat Southern, *The Roman Empire: from Severus to Constantine*, First published by Routledge, 2001.

108. Pat Southern, *The Roman army: a social and institutional history*, ABC – CLIO, Inc. , 2006.

109. Perry M. Rogers, *Aspects of Western Civilization: Problems and Sources in History.* The Ohio State University, 1997.

110. Peter Michael Swan, *The Augustan Succession: A Historical Commentary on Cassius Dio's Roman History Books* 55 – 56 (9B. C. – A. D. 14) Oxford University, 2004.

111. Peter Rietbergen, *Europe, A Cultural History*, London and New York, 2005.

112. Peter Jones & Keith Sidwell, *The World of Rome: an introduction to Roman culture.* Cambridge University Press, 1997.

113. Peter Wilcox, *Rome's Enemies: Germanics and Dacians*, Printed in Hong Kong, 1994.

114. R. Ross Holloway, *Constantine and Rome*, Yale University Press, 2004.

115. Raymond Van Dam, *The Roman Revolution of Constantine*, Cambridge University Press, 2007.

116. Raymond Henry Lacey , *The Equestrian officials of Trajan and Hadrian: Their Careers, With Some Notes on Hadrian's Reforms*, Princeton University Press, 1917.

117. Raymond Van Dam, *The Roman Revolution of Constantine.* Cambridge University Press, 2008.

118. Rev. John T. White, *The History of the Roman Emperors: From Augustus to the Death of Marcus Antoninus*, London, 1850.

119. Richard Alston, *Aspects of Roman history*, AD 14 – 117, First published by Routledge, 1998.

120. Richard Duncan – Jones, *Money and government in the Roman Empire*, Cambridge University Press, 1994.

121. Richard Congreve, *The Roman Empire of The West*, London, 1855.

122. Robert F. Pennell, *Ancient Rome, from the earliest times down to 476 A. D.* , U. S, 1890.

123. Robert F. Evans, *Soldiers of Rome, Praetorian and Legionnaires*, Washington, 1986.

124. Robin Seager, *Tiberius*, Second Edition, published by Blackwell Publishing Ltd. , 2005.

125. *Roman History*, Translated from the German of DR. Julius Koch by Lionel D. Barnett, M. A. London, 1901.

126. Ronald Mellor, *The Roman Historians*, London and New York, 2002.

127. Samuel Dill, *Roman Society, From Nero to Marcus Aurelius*, Macmillan and Co. , Limited, 1905.

128. R. W. Browne, *A History of Rome, From the Earliest Time to the Death of Domitian*, London, 1853.

129. Sian Lewis, *Ancient Tyranny*, Edinburgh University Press, 2006.

130. Sandra J. Binghan. *The Praetorian Guard in the Political and Social Life of Julio – Claudian Rome*, The University of British Columbia, 1997.

131. *Seneca*, Edited by John G. Fitch, Oxford University Press, 2008.

132. Simon Swain and Mark Edwards, *Approaching Late Antiquity*, *The Transformation from Early to Late Empire*, Oxford, 2003.

133. Solomon Katz, *The Decline of Rome and the Rise of Mediaeval Europe*, Cornell University Press, 1955.

134. Stewart C. Easton, *A Brief History of the Western World*, Barns & Noble, Inc. , 1965.

135. Susan P. Mattern, *Rome and the Enemy*: Imperial Strategy in the Principate*, University of California Press, Ltd. , 1999.

136. Syme, Ronald, *The Roman Revolution*, Oxford University Press, Oxford, 1939.

137. T. D. Barnes, *Constantine and Eusebius*, Harvard U. Press, 1981.

138. *The Cambridge Ancient History*, Volume XI, The Imperial Peace, A. D. 70 – 192, Cambridge University Press, 1936.

139. *The Cambridge Ancient History*, Second Edition, Volume XI, *The High Empire*, A. D. 70 – 192, Edited by Aan K. Bowman, et, 2007.

140. *The Cambridge Ancient History*, Second Edition, Volume X, The Augustan Empire, 43 B. C – A. D. 69, edited by Aan K. Bowman et, 1996.

141. *The Cambridge Ancient History*, Second Edition, Volume XII, The Crisis of Empire, a. d. 193 – 337. Cambridge University Press, 2008.

142. *The Cambridge companion to the Age of Augustus*, edited by Karl Galinsky, Cambridge University Press, 2005.

143. *The Cambridge History of Greek Aad Roman Warfare*, Volume II, Rome from the late Republic to the late Empire, Edited by Philip Sabin, et al. , Cambridge University Press, 2007.

144. *The Cambridge Economic History of The Greco – Roman World*, edited by Walter Scheidel, et al. Cambridge University Press, 2008.

145. *The Emperor Hardrian*: A picture of the Graeco – Roman World in his Time*, by Ferdinand Gregorovius, Translated by Mary E. Robinson, London

Macmillan and Co. , Limited, New York: The Macmillan Company, 1898.

146. *The Thought of the Emperor M. Aurelius Antoninus*, Translated by Goerge Long, London and New York, 1887.

147. Theodor Mommsen, *A History of Rome under the Emperors*, English translation by Clare Krojzl, Routledge, 1996.

148. Theodor Mommsen, *The History of Rome: The Province, from Caesar to Diocletian*, Part Ⅱ, Translated by William P. Dickson, London, 1886.

149. Thomas DeCoursey Ruth, *The Problem of Claudius, Some Aspects of a Character Study* (A Dissertation), The Johns Hopkins University, 1916.

150. Thomas Keightley, *History of The Roman Empire, From The Accession of Augustus To The End of The Empire of The West.* Boston: Hillard, Gray, and Company, 1841.

151. Thomas Keightley, *The Illustrated History of The Roman and the Roman Empire.* New York, 1877.

152. Thomas F. X. Noble, *Western Civilization, The Continuing Experiment*, Published 2005 by Houghton Miffilin Company.

153. Victor Duruy, *History of Rome, and of the Roman People, From Its Origin To the Invasion of the Barbarians.* Volume V. Translated By M. M. Ripley and W. F. Clarke. Published by C. F. Jewett Publishing Company, Boston, 1883.

154. Victoria Emma Pagán, *Conspiracy narratives in Roman history*, University of Texas Press, 2004.

155. Warwick Ball, *Rome in the East: The transformation of an empire*, London and New York, 2002.

156. Werner Eck, *The Age of Augustus*, second edition, by Blackwell Publishing Ltd. , 2007.

157. William C. Taylor, *History of Rome*, Philadelphia: Thomas, Cowperthwait & Co. , 1851.

158. William Dodge Gray, *A Study of the Life of Hadrian Prior to His Accession*, Northampton, MASS. 1912.

159. William F. Allen, *A Short History of The Roman People*, Boston,

U. S. A. : Published By Ginn & Company, 1890.

160. W. F. Mason And F. Stout, *A Synopsis of Roman History To* 138 *A. D.* London: W. B. CLIVE, 1911.

161. W. F. Mason And A. H. Alllcroft, *A Synopsis of Roman History B. C.* 31 – *A. D.* 37: *From The Battle of Actium To The Death of Tiberius*, LONDON: W. B, _ CLIVE & CO. , UNIV. CORE. OLLEGE PRESS TAREHOUSE, 1890.

162. William H. McNeill, *A History of the Human Community.* Volume 1, New Jersey, 1993.

163. William Smith and Eugene Lawrence, *A Smaller History of Rome*, New York, 1881.

164. William Sterns Davis, *Rome and The West*, University of Minnesota, 1913.

165. W. T. Arnold, *The Roman System of Provincial Administration to The Accession of Constantine The Great.* Formerly Scholar of University College, Oxford, 1906.

166. W. W. Capes, *The Roman Empire of The Second Century or The Age of The Antonines*, New York: Charles Scribner's Sons, 1911.

167. William Wotton, *The history of Rome*, *From the Death of Antoninus Pius*, *to the Death of Severus Alexander*, London, 1701.

（三）外文杂志（论文）

1. Ann Boddington, *Sejanus. Whose Conspiracy?* The American Journal of Philology, Vol. 84, No. 1 (Jan. , 1963), pp. 1 – 16.

2. E. G. Turner, *Tiberivs Ivlivs Alexander*, The Journal of Roman Studies, Vol. 44 (1954), pp. 54 – 64.

3. M. Alexander Speidel, *Roman Army Pay Scales*, The Journal of Roman Studies, Vol. 82 (1992), pp. 87 – 106.

4. Norman H. Baynes, *Three Notes on the Reforms of Diocletian and Constantine*, The Journal of Roman Studies, Vol. 15 (1925), pp. 195 – 208.

5. P. A. Brunt, *Princeps and Equites*, The Journal of Roman Studies, Vol. 73 (1983), pp. 42 – 75.

6. Philip B. Sullivan, *A Note on the Flavian Accession*, The Classical Journal,

Vol. 49, No. 2 (Nov., 1953), pp. 67 –70.

7. Ronald Syme, *Guard Prefects of Trajan and Hadrian*, The Journal of Roman Studies, Vol. 70 (1980), pp. 64 –80.

8. R. I. Frank, *Scholae Palatinae: the Palace Guards of the Later Roman Empire*. The Classical Review, New Series, Vol. 22, No. 1 (Mar., 1972), pp. 136 –138.

9. R. Alston, *Military Pay from Caesar to Diocletian*, The Journal of Roman Studies, Vol. 84 (1994), pp. 113 –123.

10. T. D. Barnes, *Lactantius and Constantine*, The Journal of Roman Studies Vol. 63, (1973), pp. 29 –46.

11. William Dodge Gray. *A Study of The Life of Hadrian——Prior to His Accession.* Smith College Studiesin History, Published Quarterly by the Department of History of Smith College, 1919.

二 汉译著作

（一）史料

1. ［古罗马］苏维托尼乌斯著，张竹明、王乃新、蒋平译：《罗马十二帝王传》，商务印书馆 1995 年版。

2. ［古罗马］塔西佗著，王以铸、崔妙因译：《历史》，商务印书馆 1997 年版。

3. ［古罗马］塔西佗著，王以铸、崔妙因译：《编年史》（上下），商务印书馆 1981 年版。

4. ［古罗马］普鲁塔克著，席代岳译：《希腊罗马名人传》（1—3 册），吉林出版集团有限责任公司 2009 年版。

5. 约瑟福斯著，王丽丽等译：《犹太战争》，山东大学出版社 2007 年版。

6. ［古罗马］阿庇安著，谢德风译：《罗马史》（下册），商务印书馆 1997 年版。

7. ［古罗马］尤特罗庇乌斯著，谢品巍译：《罗马国史大纲》，世纪出版集团、上海人民出版社 2011 年版。

8. ［古罗马］塔西佗著，马雍、傅正元译：《阿古利可拉传，日耳曼尼亚志》，商务印书馆 1985 年版。

9. ［古罗马］韦格蒂乌斯著，袁坚译：《兵法简述》，商务印书馆 2013

年版。

(二) 近现代西方学者专著

1. R. H. 巴洛著, 黄韬译:《罗马人》, 上海人民出版社 2000 年版。

2. 吉尔·费耶尔、马蒂娜·贝尼埃:《罗马人》, 浙江教育出版社 1999 年版。

3. [英] 赫·乔·韦尔斯著, 吴文藻、谢冰心等译:《世界史纲》, 人民出版社 1985 年版。

4. [英] 特威兹穆尔:《奥古斯都》, 中国社会科学出版社 1988 年版。

5. [英] 爱德华·吉本著, 黄宜思、黄雨石译:《罗马帝国衰亡史》(下册), 商务印书馆 1997 年版。

6. [英] 伯兰特·罗素著, 崔权醴译:《西方的智慧》(上册), 文化艺术出版社 1997 年版。

7. [英] 阿诺德·汤因比著, 徐波等译, 马小军校:《人类与大地母亲———一部叙事体世界历史》, 上海人民出版社 2001 年版。

8. [英] 戴维·肖特著, 许绥南译, 赵立行校:《提比略》, 上海译文出版社 2001 年版。

9. [英] 彼得·阿克罗伊德著, 冷杉、杨立新译:《古代罗马》, 生活·读书·新知三联书店 2007 年版。

10. [英] 戴维·肖特著, 李丹、赵蓓蓓译:《尼禄》, 上海译文出版社 2003 年版。

11. [英] 戴维·肖特著, 杨俊峰译, 赵立行校:《奥古斯都》, 上海译文出版社 2001 年版。

12. [英] 迈克尔·格兰特著, 王乃新、郝际陶译:《罗马史》, 世纪出版集团、上海人民出版社 2008 年版。

13. [英] 爱德华·吉本著, 席代岳译:《罗马帝国衰亡史》第一册, 吉林出版集团有限责任公司 2008 年版。

14. [英] 莱斯莉·阿德金斯、罗伊·阿德金斯著, 张楠等译:《探寻古罗马文明》, 商务印书馆 2008 年版。

15. [英] J. F. C. 富勒著, 钮先钟译:《西洋世界军事史》(卷一), 广西师范大学出版社 2004 年版。

16. [英] 约翰·埃德温·桑兹著, 张治译:《西方古典学术史》(上下), 世纪出版集团、上海人民出版社 2010 年版。

17. ［英］J. C. 斯托巴特著，王三义译：《伟大属于罗马》，上海三联书店 2011 年版。

18. ［法］伏尔泰著，梁守锵译：《风俗论》，商务印书馆 1994 年版。

19. ［法］孟德斯鸠著，婉玲译：《罗马盛衰原因论》，商务印书馆 1995 年版。

20. ［法］费尔南·布罗代尔著，蒋明炜等译：《地中海考古——史前史和古代史》，社会科学文献出版社 2005 年版。

21. ［法］菲利浦·阿利埃斯、乔治·杜比主编，李群等译：《私人生活史 I（古代人的私生活——从古罗马到拜占庭）》，三环出版社、北方文艺出版社 2007 年版。

22. ［法］菲利普·内莫著，张竝译：《罗马法与帝国的遗产——古罗马政治思想史讲稿》，华东师范大学出版社 2011 年版。

23. ［法］基佐著，陈洪逵、沅芷译：《欧洲文明史》，商务印书馆 2010 年版。

24. ［德］黑格尔著，王造时译：《历史哲学》，商务印书馆 1963 年版。

25. ［德］黑格尔著，王造时译：《历史哲学》，上海世纪出版集团、上海书店出版社 2001 年版.

26. ［德］特奥多尔·蒙森著，李稼年译：《罗马史》第三卷，商务印书馆 1994 年版。

27. ［德］奥斯瓦尔德·斯宾格勒著，齐世荣等译：《西方的没落》（上册），商务印书馆 1995 年版。

28. ［德］奥托·基弗著，姜瑞璋译：《古罗马风化史》，辽宁教育出版社 2000 年版。

29. ［美］M. 罗斯托夫采夫著，马雍、厉以宁译：《罗马帝国社会经济史》（上下册），商务印书馆 1985 年版。

30. ［美］马文·佩里主编，胡万里等译：《西方文明史》，商务印书馆 1993 年版。

31. ［美］威尔·杜兰：《世界文明史——凯撒与基督》（上册），东方出版社 1999 年版。

32. ［美］斯塔夫里阿诺斯著，董书慧等译：《全球通史——从史前史到 21 世纪（第 7 版）》，北京大学出版社 2006 年版。

33. ［美］戴维·弗罗姆金著，王琼淑译：《世界大历史——从文明的曙光到 21 世纪》，国际文化出版公司 2006 年版。

34. ［美］埃里克·纳尔逊著，邢锡范等译：《罗马帝国》，辽宁教育出版社 2006 年版。

35. ［美］杰弗里·布莱恩著，何顺果译：《世界简史》，国际出版公司 2008 年版。

36. ［美］汉斯·A. 波尔桑德尔著，许绶南译：《君士坦丁大帝》，上海译文出版社 2001 年版。

37. ［美］菲利普·李·拉尔夫等著，赵丰等译：《世界文明史》上卷，商务印书馆 2006 年版。

38. Christopher Kelly 著，黄洋译：《罗马帝国简史》，外语教学出版社 2008 年版。

39. ［美］伊迪斯·汉密尔顿著，王昆译：《罗马精神》，华夏出版社 2008 年版。

40. ［美］韦戈尔著，王以铸译：《罗马皇帝尼禄》，辽宁教育出版社 2003 年版。

41. ［美］爱德华·勒特韦克著，时殷宏、惠黎文译：《罗马帝国的大战略——从公元一世纪到三世纪》，商务印书馆 2008 年版。

42. ［美］威廉·哈迪·麦克尼尔著，张卫平等译：《西方文明史纲》，新华出版社 1992 年版。

43. ［美］费雷德里克·J. 梯加特著，丘进译：《罗马与中国：历史事件的关系研究》，大象出版社 2009 年版。

44. ［美］安德林·戈德斯沃司著，郭凯声、杨抒娟译：《非常三百年——罗马帝国衰落记》，重庆出版社 2010 年版。

45. 美国时代生活出版公司出版，李仁良等译：《全球通史（6）衰落的王朝》，吉林文史出版社 2010 年版。

46. ［美］里克著，肖涧译：《塔西佗的教诲——与自由在罗马的衰落》，华东师范大学出版社 2011 年版。

47. ［苏］科瓦略夫著，王以铸译：《古代罗马史》，生活·读书·新知三联书店 1957 年版。

48. ［苏］卡里斯托夫、乌特钦科主编：《古代的罗马》，人民教育出版社 1958 年版。

49. 《历史研究》编辑部译：《罗马奴隶占有制崩溃问题译文集》，科学出版社 1958 年版。

50. 《苏联大百科全书选译——古代罗马》，生活·读书·新知三联书店 1959 年版。

51. ［苏］B. H. 狄雅可夫、C. И. 科瓦略夫主编：《古代世界史（古代罗马部分)》，高等教育出版社 1959 年版。

52. ［俄］科瓦略夫著，王以铸译：《古代罗马史》，上海书店出版社 2007 年版。

53. ［瑞士］雅各布·布克哈特著，宋立宏等译：《君士坦丁大帝时代》，上海三联书店 2006 年版。

54. ［意］安娜·玛利亚·利贝拉蒂、法比奥·波旁著，方春晖、张文译：《古罗马——一个曾经统治世界的文明》，中国水利水电出版社 2006 年版。

55. ［荷］菲克·梅杰著，张朝霞译：《古罗马帝王之死》，广西师范大学出版社 2009 年版。

三　中国学者专著

1. 张乃燕：《罗马史》，上海商务印书馆 1929 年版。
2. 邢鹏举：《西洋史》，师承书店 1941 年版。
3. 曹绍濂：《西洋古代史（下)》，商务印书馆 1934 年版。
4. 冯作民编著：《西洋全史（四）罗马兴亡史》，燕京文化事业有限公司 1975 年版。
5. 朱龙华：《罗马文化与古典传统》，浙江人民出版社 1993 年版。
6. 王德昭：《西洋通史》，商务印书馆（香港）有限公司 1995 年版。
7. 陈衡哲：《西洋史》，辽宁教育出版社 1998 年版。
8. 叶民：《最后的古典：阿米安和他笔下的晚期罗马帝国》，天津人民出版社 2004 年版。
9. 厉以宁：《罗马—拜占庭经济史》（上下编），商务印书馆 2006 年版。
10. 杨共乐：《罗马史纲要》，商务印书馆 2007 年版。

四　中国学者论文

1. 张广智：《"成也萧何，败也萧何"——古罗马兴亡的启示》，《探索与争鸣》1995 年第 12 期。

2. 张晓校:《军队堕落与罗马帝国三世纪危机》,《哈尔滨工业大学学报（社会科学版)》2000 年第 4 期。

3. 张晓校:《罗马帝国军队与皇帝悖论关系刍议》,《北方论丛》2007 年第 1 期。

五　网络文献

The Praetorian Guard, from：http：//www. angelfire. com/or2/jrscline/elite-praetorian. htm.

http：//warandgame. wordpress. com/2008/05/06/germani – corporis – custodes/

http：//www. mux. net/ ~ eather/news/praetor. html.

http：//www. jerryfielden. com/essays/praetorians. htm.

http：//en. wikipedia. org/wiki/Praetorian_ Guard.

http：//www. romanarmy. com/elitepraetorian. htm.

后 记

　　本书为 2009 年家社科基金项目"古罗马近卫军研究"（项目批准号 09BSS003）结项成果，也可视为本人研习罗马史的一份心得体会。拙作得以付梓，首先感谢中国社会科学出版社王浩副总编、宫京蕾编辑付出的辛苦与劳动。当然，追根溯源，还应感激国家社科基金项目评审委员会的专家的厚爱，将此项目给予本人。也愿借此机会，表达对多年来给予本人各种帮助的好心人的诚挚谢意。我还要借此机会，对师兄田德全教授表示感谢。感谢田师兄百忙之中提携后学，为小书撰写了序言，使小书增色许多。

　　自 1983 年师从王阁森先生学习罗马史以来，三十余年过去。其间，又承蒙朱寰先生不弃，在先生门下攻读博士学位。正是在朱寰先生门下攻读博士学位期间，接触到了罗马近卫军，引发了相关思考，并借助国家社科基金项目资助，完成了拙作。没有胆量宣称拙作有些许原创性，只敢说自己尽到了努力。本人才疏学浅，加之某些客观条件限制，书中难免出现这样那样的错误，故恳请学界的师长、同人批评指正。

张晓校

2016 年暑期于哈尔滨